应用型高级法律人才系列教材

律师实务教程

主　编　李祖军　林蜀鲁

撰稿人　（以撰写章节先后为序）
李祖军　黄　宣　丁宝同　包冰锋
田　璐　朱福勇　林蜀鲁　肖　晖
王　伟　刘福泉

中国人民大学出版社
·北京·

编审委员会

总　序

法学是研究法律现象及其规律的科学。法学的实践性、技术性要求法学教育密切关注社会现实，尤其要与法律职业形成衔接与互动机制，以更好地实现法学的社会功能，推进社会发展。社会分工的不断细化对应用型法律实务人才应具备的能力提出了更高的标准——熟练运用法律解决社会问题、化解社会纠纷、平衡利益冲突，进而维护社会秩序、实现社会公正。这种在应用法律的过程中融汇法学知识与社会现实的法律实务能力，既要求法律人才对法学知识精准理解，对社会、人性、案件细节等准确把握，更需要综合法律规范与事实情况，将职业技能和品质融会贯通。因此，作为法学教育的重要目标之一，法律实务能力培养必须以法律职业为导向，使知识结构、职业技能、职业伦理的学习与训练统筹兼顾，为经济发展和社会管理输送优秀的应用型高级法律实务人才。

近年来，各高校、科研院所及法律职业培训机构在应用型高级法律实务人才培养方面进行了有效探索。西南政法大学作为全国法学教育的重要基地，六十余年的法学教育经验积淀成型“论辩文化”和“实务人才培养”两个鲜明的办学特色；不断丰富和完善法律实务教育内涵的课堂教学与社会实践，初步构建具有西政特色的法律实务教育体系。以此为基础，西南政法大学在法律硕士研究生的教育培养中进行大胆实践。2010 年，西南政法大学作为教育部首批确定的 19 所高水平法律硕士培养单位，参与了国家专业学位教育综合改革试点工作，在深化应用型高级法律实务人才教育改革、探寻应用型高级法律实务人才培养需求、开拓具有鲜明特色的法律实务教育模式等方面进行了有益的探索与创新：

——为丰富课堂教学手段，学校将课堂教学改革与考试制度改革紧密结合，通过“模拟法庭”、“法律诊所”、“案例分析报告”、“实践调研报告”等多样化的日常实务性教学内容，将真实案例纳入课堂教学，引导学生进行思考、讨论和演练，并聘请实务专家进行指导。

——为开拓学生的法律实践视野，学校广邀实践经验丰富的法律专家举办“律师面对面”、“实务课堂”、“法官论坛”、“律师周讲课堂”、“实务大讲堂”等系列讲座，聘请法律实务专家担任校外兼职导师，邀请他们实质性地参与学生培养方案制定、课程设置和日常教学工作等培养工作。

——为弥补学院派法学教育在实务教学方面的不足，学校坚持学生到一线实践，通过与地方基层法律实务部门合作，建立了规模化法律实务实习基地，确立了“律师助理制度”、“法官助理制度”、“检察官助理制度”、“警官助理制度”等具有创新价值的实习制度。

——为增强人才培养的针对性和适应性，学校与法律实务部门深入合作，开展联合订单培养工作试点，不仅为学生提供了较高的法律实践平台，还为法律实务部门建立了稳定的专业人才储备。

霍姆斯说：“法律的生命从来不是逻辑，而是经验”。应用型法律实务人才教育应当侧重于实务能力的培养，既要掌握扎实的法学“知识”，更要具备丰富的法律“经验”。在教学过程中充分体现实务的理念，将法学原理与法律实践密切结合，将学生对法律实践的零散认知升华为系统的法律实务能力训练，成为实务课程教学的重要任务。为此，急需一套能简明扼要地阐明法律精义、条分缕析地叙述法律逻辑、深入浅出地讲授实践案例的优质教科书，作为课堂教学的重要载体。

针对目前实务性法学教材比较匮乏的问题，我校结合长期培养经验，充分发挥师资力量雄厚与实务经验丰富的优势，将教材建设作为定位人才培养、凝练教学特色和强化实践环节的重要途径，组织编写了这套“应用型高级法律人才系列教材”，旨在为法律硕士专业研究生、法律实务工作者及重视实务教学的法学本科生提供一套理论与实务并重的特色教材。

与其他法学教材相比，本套教材主要有以下几个特点：

第一，多方合作、体系完整。本套教材分为两类：必修课教材和选修课教材。必修课教材涵盖了法律硕士专业学位研究生培养的全部学位课程，选修课教材则主要精选西南政法大学教学效果优良、师资力量雄厚、学科体系成熟的特色研究生课程。教材原则上实行双主编制，主编分别由来自实践部门和教学研究机构具有高级职称以上的专家、学者担任，编委成员中 1/3 来自法律实务部门，1/3 为其他法律硕士培养单位院校的教师，西南政法大学校内编委成员不超过编委总人数的 1/3，力求最大限度地保证教材体系的完整性、内容的充实性与学习的实用性。

第二，立足基础、突出应用。本套教材对于一些与基本知识关系不大的内容（如性质、特征、意义、历史沿革、中外对比等），或简述要领，或略而不谈，以突出重点、突出应用。同时，为透彻讲述知识的关联性、逻辑性，增强文本的形象性、可读性，在教材中适当使用了实务图表，如票据背书的举例图片、知识列举性的表格等，更便于学生理解和把握知识框架结构和内部逻辑关系。

第三，案例丰富、融会贯通。本套教材运用了丰富的实践案例，将知识讲授与案例评析有机结合，避免“两张皮”。真正做到以案说法，用案例突出、引导和解释重点知识，突出案例与知识的互动。

第四，启发思维、侧重能力。本套教材重视实务思维和实践能力的专门培养，每章设疑难问题、延伸阅读等板块，引导学生进行法律思维训练。

第五，立体多元、新旧并重。本套教材将配套建设背景知识、延伸阅读、图片音像、法律法规等网络资源，为教学、研习提供多元化、全方位的立体化服务。

第六，篇幅适中、便于使用。本套教材篇幅严格控制，一般不超过 30 万字，个别课程内容较多的也控制在 60 万字以内。每本教材各章的篇幅内容也较为均衡。

本套教材得以面世，首先要感谢校内外多位主编、编委和作者们的精诚合作和辛勤笔耕；还要感谢中国人民大学出版社的大力支持，特别感谢郭虹编辑对教材编写和出版的精心策划和宝贵建议。西南政法大学副校长孙长永教授、法律硕士学院院长李燕教授在教材设计和编写方面做了大量的开创性工作；西南政法大学研究生部（法律硕士学院）培养管理办公室的各位工作人员，在教材编写和出版过程中做了大量耐心细致的工作。还有很多为本套教材默默付出辛劳的人员，教材编委会一并表示诚挚的敬意和谢忱。

是为序。

付子堂 谨识

2012 年初春

编写说明

本书是西南政法大学在探索培养高层次卓越法律实务人才的过程中，批准立项编写的应用型系列教材之一。该系列教材在体例结构上较之以往实务教材有所突破，将知识要点、案例评析、实务训练等融为一体，以提升理论素养、训练实务思维为目的，符合高层次实务人才的培养目标。本书立足司法实践，注重实务与应用，但又不失其理论性。一方面配合理论教材，另一方面又着重而深入探究操作层面。

法学是一门应用性极强的学科。近年来，立法在与实务互动的同时逐步得到推进和完善。民事诉讼法、刑事诉讼法以及律师法的修改，为理论研究和实践操作提供了新的指引和依据。律师作为从事法律服务工作的专业人员，其执业能力和自身素养的高低是我国法治建设的重要标杆。为了规范律师实务，提高从业人员的素质，推动法治建设进程，我们组织重庆市高级人民法院、西南政法大学、四川外语学院、长沙学院有关审判专家和学者编写了本书。本书编者理论与实务兼备，既有经验丰富的审判人员和兼职律师，也有长期从事理论研究且积极关注实务的学者。在编写过程中，主编与各位作者多次进行讨论，力求准确阐释和解读现有立法文件，希望能够对读者学习提供参考和帮助。

本书章节重点突出，除保留有传统的律师实务内容外，还增加了新的专题，旨在与时俱进，以更为有效地解决现实问题。本书各章作者分工如下（以撰写章节先后为序）：

李祖军（西南政法大学）：第一章；
黄　宣（西南政法大学）：第二章；
丁宝同（西南政法大学）：第三章；
包冰锋（西南政法大学）：第四章；
田　璐（西南政法大学）：第五章、第六章；
朱福勇（西南政法大学）：第七章；
林蜀鲁（重庆市高级人民法院）：第八章；
肖　晖（西南政法大学）：第九章、第十章、第十三章、第十四章；
王　伟（四川外语学院）：第十一章；
刘福泉（长沙学院）：第十二章。

本书由主编李祖军统稿和定稿。

最后要特别感谢中国人民大学出版社的大力支持。你们的努力使得本书能够及时出版，在此一并致谢。考虑到实务案件纷繁复杂，加之编写人员的水平有限，书中存在的疏漏在所难免，恳请读者批评指正。

李祖军

2013 年 3 月于敬业楼

目 录

第一章　律师与律师制度

【内容摘要】

本章学习需要了解律师的概念、我国律师制度的概况，掌握和熟悉律师的执业条件、律师的权利与义务以及执业过程中的职业道德和执业纪律。清楚认识律师事务所的权利和义务、内部管理制度以及设立、变更和终止的程序，特别是对律师执业的主要机构形式，即合伙律师事务所的相关知识要重点把握。为了规范律师执业，律师的执业行为若违反法律和有关规范的规定，将受到相应的制裁，本章在案例评析部分以律师的民事法律责任为例进行了分析。对于初学者及致力于从事律师职业的法律硕士，应当认真研习实务训练中有关律师与当事人沟通的技巧部分，争取早日成为一名成功的律师。

【知识要点】

一、概述

纵观现代各国的律师制度，对于律师的理解差异甚微，基本上将律师界定为依法通过国家组织的司法考试或律师考试，取得律师从业资格，按规定到实务部门进行专业训练，经考核合格由司法部门颁发律师证，从事为社会提供法律服务的专业人员。律师行业便是由律师组成的一种行业类型。律师在特定的行业里肩负着法律赋予的任务和使命，成为我国法制建设进程中不可或缺的力量之一。律师和律师行业的出现，使相关法律和行业规范不断完善，并形成了律师制度。

(一) 律师概述

根据我国《律师法》第 2 条的规定，律师是指依法取得律师执业证书，接受委托或者指定，为当事人提供法律服务的执业人员。这是我国立法对律师所作的明确界定。

1. 律师的特征

根据以上定义，我们可以看出律师具有以下基本特征：

第一，律师是法律专业人员。在世界上任何一个国家，从事律师职业必须具备一定的条件。在我国成为一名律师，需要具备扎实的法律理论知识，具有高等院校法学专科以上学历，或者高等院校其他专业本科以上学历且具有法律专业知识的人员，依法取得国家统一司法考试合格证书，并受过专业的实务训练。因此，一个人如果不具备相当的法律专业知识，是不可能成为一名律师的。

第二，律师以提供法律服务为业。律师以自身的专业知识为社会提供法律服务，而且一般情况下提供这种服务实行有偿收费制度。因为律师收费是其生存的保障，也是律师劳动成果的等价交换。律师按照法律的规定提供法律服务，根据《律师法》第 28 条的规定，律师可以接受自然人、法人或者其他组织的委托，担任法律顾问；接受民事案件、行政案件当事人的委托，担任代理人，参加诉讼；接受刑事案件犯罪嫌疑人、被告人的委托或者依法接受法律援助机构的指派，担任辩护人，接受自诉案件自诉人、公诉案件被害人或者其近亲属的委托，担任代理人，参加诉讼；接受委托，代理各类诉讼案件的申诉；接受委托，参加调解、仲裁活动；接受委托，提供非诉讼法律服务；解答有关法律的询问、代写诉讼文书和有关法律事务的其他文书。

第三，律师提供法律服务需经委托或指定。律师的业务来自于当事人的委托或法院的指定。除特殊情况下，刑事案件中由人民法院指定负有法律援助义务的律师担任被告人的辩护人外，在一般案件中，律师承办案件都需要与当事人签订委托合同。这不是基于权力范围，而是基于相互选择的合意，不同于法官、检察官所进行的不可选择性的司法活动。如果没有当事人的委托，律师的法律业务便无从谈起。

2. 律师的任务

律师的任务是指由国家法律明确规定的，通过律师的执业活动所要实现的目的。根据我国《律师法》第 2 条的规定，律师的任务表现为以下几个方面：

(1) 维护当事人的合法权益是我国律师的首要任务

律师接受当事人的委托后，应本着依法办事的原则，切实维护当事人的合法权益。对于法律明文规定及法律未明确规定但又未予以限制和禁止的，律师应当帮助当事人争取其应得的权益。无论当事人实施的行为合法与否，其合法权益都应当得到维护。但是，对当事人提出的非法要求，律师不能维护其非法利益。律师维护当事人合法权益的方式并不限于诉讼，可以在当事人授权的范围内与对方当事人协商解决，也可以在双方当事人达成符合法定条件的仲裁协议的情况下通过仲裁解决。

（2）维护法律的正确实施是我国律师的重要任务

立法的目的必须通过法律实施才能体现出来。律师实施法律的方式有别于其他机关。行政机关主要以行政执法的形式来实施法律；人民检察院主要通过检查监督来维护法律的有效实施；人民法院则主要以案件审判来保证法律的正确实施。律师作为一种特殊的主体，通过担任当事人的代理人或辩护人，为当事人提供法律服务来维护法律的正确实施。

（3）发挥在社会主义法制建设中的积极作用是律师的长远任务

律师制度是我国社会主义法律制度的重要组成部分，对于社会主义法制建设起着重要的作用，这是律师的一项长远任务。律师在业务活动中，除了实施法律外，在与当事人接触、交流时，也在某种程度上达到了宣传法律的效果。此外，在我国律师虽然不参与国家法律的制定，但他们作为亲身体验和经历法律事务的一线人员，提出的关于实务操作中存在问题的见解，无疑具有可贵的参考价值。

律师任务的这三个方面是密切联系在一起的，三者缺一不可，这是由三者的一致性所决定的。

（二）律师制度概述

有关律师资格、执业机构、职业道德和执业纪律等形成的一整套法律规范，称为律师制度。律师制度作为国家司法制度的一部分，它的产生、发展和成熟与国家的政治、经济、文化的发展密不可分。一方面，政治体制改革使律师制度从国家行政体制中分离出来，经济快速发展导致社会对法律服务的需求增多，文化进步增强了公众的法律维权意识；另一方面，律师提供法律服务又反向推动了国家政治、经济、文化的发展，促进政治制度、经济制度和文化制度的完善。

我国现行律师制度恢复于党的十一届三中全会以后，尤其是1980年第五届全国人大常委会第十五次会议通过了《中华人民共和国律师暂行条例》（下称《律师暂行条例》），为我国律师制度的重建提供了法律依据。该条例将律师的性质、任务、活动原则、资格、组织体制等作了初步的界定和明确，是我国律师制度建设的一个新起点。在《律师暂行条例》的指引下，我国律师行业取得了长足发展。1986年召开了全国第一次律师代表大会，通过了中华全国律师协会章程，成立了中华全国律师协会，并产生了中华全国律师协会的组织机构。

但是，《律师暂行条例》毕竟是按照当时的社会状况制定的，难免具有时代的局限性，如将律师性质规定为“国家的法律工作者”；律师执业机构是法律顾问处，其性质是国家事业单位等。随着我国社会主义市场经济体制的确立，该条例已滞后于时代的变革，要求制定律师法的呼声日益高涨。在理论界与实务界的共同努力和大胆探索下，1996年5月第八届全国人大常委会第十九次会议通过了《中华人民共和国律师法》（下称《律师法》）。该法较为系统完善，其后进行过几次修订，经过2012年10月26日第十一届全国人大常委会第二十九次会议的修订，确立了7章60条的体例。第一章为总则，第二章是律师执业许可，第三章是律师事务所，第四章规定了律师的业务和权利、义务，第五章为律师协会，第六章是法律责任，第七章为附则。

《律师法》是迎合时代的产物，科学界定了律师的性质，将律师的执业机构划分为国资律师事务所、合伙律师事务所和个人律师事务所。从此，律师的执业权利进一步扩大。同时，律师的依法执业受到法律的保护，大大改善了律师的执业环境。该法的出台和修改表明具有中国特色的社会主义律师制度基本形成。①

二、我国律师的管理制度

根据我国《律师法》第4条的规定，司法行政部门依照本法对律师、律师事务所和律师协会进行监督、指导。另外，依照2008年5月28日司法部审议通过的《律师执业管理办法》第5条的规定，司法行政机关依照《律师法》和本办法的规定对律师执业进行监督指导；律师协会依照《律师法》、协会章程和行业规范对律师执业实行行业自律。这确立了司法行政机关监督指导和律师协会行业管理相结合的管理模式。

律师协会是律师的自治性组织，属于社会团体法人。在全国设立中华全国律师协会，省、自治区、直辖市设地方律师协会，设区的市根据需要可以设立地方律师协会。律师协会章程由会员大会制定，并报同级司法行政部门备案。律师、律师事务所应当加入所在地的地方律师协会。律师协会会员享有律师协会章程规定的权利，履行章程规定的义务。律师协会在行业自律中，应当依法履行的职责有：保障律师依法执业，维护律师的合法权益；总结、交流律师工作经验；制定行业规范和惩戒规则；组织律师业务培训和职业道德、执业纪律教育，对律师的执业活动进行考核；组织管理申请律师执业人员的实习活动，对实习人员进行考核；对律师和律师事务所实施奖励和惩戒；受理对律师的投诉或者举报，调解律师执业活动中发生的纠纷，受理律师的申诉；法律、行政法规、规章以及律师协会章程规定的其他职责。律师协会制定的行业规范和惩戒规则不得与有关法律、行政法规、规章相抵触。

（一）律师的执业条件

律师作为特殊的服务行业，是一种依法取得行业准入的职业，必须符合法律规定的执业条件。律师的执业条件包括律师的资格取得与执业申请，前者是公民从事法律职业所必备的基本条件；后者是在前者的基础上，依法定手续申请办理执业证书，正式从事律师事务。

1. 律师资格的取得

律师资格的取得，《律师法》规定了考试和考核两种途径。

一是考试取得律师资格。具有高等院校法学专科以上学历（专科学历报考限国家政策照顾的放宽条件地区）、高等院校其他专业本科以上学历具有法律专业知识的人员，经国家统一司法考试合格，通过向当地司法行政部门申请，由国务院司法行政部门授予法律职业资格证书（正本和副本）。

二是考核取得律师资格。即具有高等院校本科以上学历，在法律服务人员紧缺

---

① 参见徐家力、王文书：《律师实务》，4版，6页，北京，法律出版社，2009。

领域从事专业工作满 15 年，具有高级职称或者同等专业水平并具有相应的专业法律知识的人员，申请专职律师执业的，经国务院司法行政部门考核合格，准予执业。具体办法由国务院规定。

2. 律师执业申请

（1）申请领取执业证的条件及例外

我国《律师法》第 5 条规定："申请律师执业，应当具备下列条件：（一）拥护中华人民共和国宪法；（二）通过国家统一司法考试；（三）在律师事务所实习满一年；（四）品行良好。实行国家统一司法考试前取得的律师资格凭证，在申请律师执业时，与国家统一司法考试合格证书具有同等效力。"

并非具备以上条件便当然符合申请领取律师执业证的条件，律师执业证书的取得是对从业者综合素质和能力的认可，《律师法》规定了不予颁发律师执业证书的情形，其中包括以下三种情形：无民事行为能力或者限制民事行为能力的；受过刑事处罚的，但过失犯罪的除外；被开除公职或者被吊销律师执业证书的。

没有取得律师执业证书的人员，不得以律师名义从事法律服务业务。即使依法取得律师执业证书，律师担任各级人民代表大会常务委员会组成人员的，任职期间不得从事诉讼代理或者辩护业务。这既是出于有效保障律师正常执业的考虑，也是规范律师行业，从而更好地为社会提供法律服务的要求。

（2）申请领取执业证的程序

申请律师执业证书，应当由本人或通过律师事务所向设区的市级或者直辖市的区（县）司法行政机关提交下列材料：执业申请书；法律职业资格证书或律师资格证书；律师协会出具的申请人实习考核合格的材料；申请人的身份证明；律师事务所出具的同意接收申请人的证明。申请执业许可时，申请人应当如实填写《律师执业申请登记表》。申请兼职律师执业除提交以上材料外，还应当提交在高等院校、科研机构从事法学教育、研究工作的经历及证明材料和所在单位同意申请人兼职律师执业的证明。公务员不得兼任执业律师。

设区的市级或者直辖市的区（县）司法行政机关接到申请人提出的申请后，根据提交材料是否齐全及符合法定形式作出是否受理的决定。受理申请的司法行政机关应当自决定受理之日起 20 日内完成对申请材料的审查，对申请人是否符合法定条件、提交的材料是否真实齐全出具审查意见，并将审查意见和全部申请材料报送省、自治区、直辖市司法行政部门。

省、自治区、直辖市司法行政机关应当自收到受理申请机关报送的审查意见和全部申请材料之日起 10 日内予以审核，作出是否准予执业的决定。准予执业的，应当自决定之日起 10 日内向申请人颁发律师执业证书；不准予执业的，应当向申请人书面说明理由。

（二）律师的权利和义务

1. 律师的权利

律师的权利，是指律师在执行职务时依法享有或当事人授予的能够为或不为一定行为的权能。律师权利包括法定权利和约定权利。由于律师的约定权利不是固定的，不同的委托合同约定的权利内容可能不同，一般是关于要求当事人提供必要的经费、工作条件、证据材料等内容，因此，我们重点阐述律师的法定权利。

律师的法定权利主要由《律师法》、《民事诉讼法》、《刑事诉讼法》和《行政诉讼法》来规定。我国律师享有的法定权利主要有以下几项：

（1）查阅案卷材料的权利

《律师法》第 34 条规定，受委托的律师自人民检察院对案件审查起诉之日起，有权查阅、摘抄和复制本案的案卷材料。

（2）调查取证权

《律师法》第 35 条规定，受委托的律师根据案情的需要，可以申请人民检察院、人民法院收集、调取证据或者申请人民法院通知证人出庭作证。律师自行调查取证的，凭律师执业证书和律师事务所证明，可以向有关单位或者个人调查与承办法律事务有关的情况。

（3）同犯罪嫌疑人、被告人会见和通信权

《律师法》第 33 条规定，律师担任辩护人的，有权持律师执业证书、律师事务所证明和委托书或者法律援助公函，依照刑事诉讼法的规定会见在押或者被监视居住的犯罪嫌疑人、被告人。辩护律师会见犯罪嫌疑人、被告人时不被监听。

（4）为犯罪嫌疑人、被告人申请变更或解除强制措施的权利

《刑事诉讼法》第 95 条规定，犯罪嫌疑人、被告人及其法定代理人、近亲属或者辩护人有权申请变更强制措施。人民法院、人民检察院和公安机关收到申请后，应当在 3 日以内作出决定；不同意变更强制措施的，应当告知申请人，并说明不同意的理由。《刑事诉讼法》第 97 条规定，犯罪嫌疑人、被告人及其法定代理人、近亲属或者辩护人对于人民法院、人民检察院或者公安机关采取强制措施法定期限届满的，有权要求解除强制措施。

（5）拒绝辩护或代理权

《律师法》第 32 条第 2 款规定，律师接受委托后，无正当理由的，不得拒绝辩护或者代理。但是，委托事项违法、委托人利用律师提供的服务从事违法活动或者委托人故意隐瞒与案件有关的重要事实的，律师有权拒绝辩护或者代理。

（6）有得到人民法院开庭通知的权利

《刑事诉讼法》第 182 条第 3 款规定，人民法院确定开庭日期后，应当将开庭的时间、地点通知人民检察院，传唤当事人，通知辩护人、诉讼代理人、证人、鉴定人和翻译人员，传票和通知书至迟在开庭 3 日以前送达。

（7）出席法庭参与诉讼的权利

法庭审理是诉讼的核心阶段，律师的该项权利与审理的结果关系重大，其在《民事诉讼法》、《刑事诉讼法》和《行政诉讼法》中都有所体现。《律师法》第 36 条规定，律师担任诉讼代理人或者辩护人的，其辩论或者辩护的权利依法受到保障。

（8）代行上诉的权利

《刑事诉讼法》第 216 条规定，被告人的辩护人经被告人同意，可以提起上诉。

《民事诉讼法》第59条规定，诉讼代理人提起上诉，必须有委托人的特别授权。

（9）获取本案诉讼文书副本的权利

律师承办案件，有权获得人民法院的裁定书、判决书和调解书副本；有权获取人民检察院的起诉书副本。

（10）依法执业受法律保护的权利

《律师法》第37条第1、2款规定，律师在执业活动中的人身权利不受侵犯。律师在法庭上发表的代理、辩护意见不受法律追究。但是，发表危害国家安全、恶意诽谤他人、严重扰乱法庭秩序的言论除外。

在实务中，司法机关忽视、剥夺律师权利或不提供权利行使的保障的现象在一定范围内依然存在，有关部门应给予相当的重视。

2. 律师的义务

律师在执行业务中，享有权利的同时，也要承担相应的义务。律师的义务，是指律师依法应为一定行为或不为一定行为的范围和限度。根据《律师法》、《刑事诉讼法》、《民事诉讼法》等法律的规定，律师在执业中应履行如下的义务：

（1）保密义务

《律师法》第38条规定，律师应当保守在执业活动中知悉的国家秘密、商业秘密，不得泄露当事人的隐私。律师对在执业活动中知悉的委托人和其他人不愿泄露的有关情况和信息，应当予以保密。

（2）不得在同一案件中担任双方的代理人

《律师法》第39条规定，律师不得在同一案件中为双方当事人担任代理人，不得代理与本人或者其近亲属有利益冲突的法律事务。

（3）不得私自接受委托

《律师法》第40条第1项规定，律师不得私自接受委托、收取费用，接受委托人的财物或者其他利益。

（4）不得利用执业便利牟取当事人的利益

《律师法》第40条第2、3项规定，律师不得利用提供法律服务的便利牟取当事人争议的权益；不得接受对方当事人的财物或者其他利益，与对方当事人或者第三人恶意串通，侵害委托人的权益。

（5）不得违反规定会见法官、检察官、仲裁员以及其他有关工作人员

《律师法》第40条第4项规定，律师不得违反规定会见法官、检察官、仲裁员以及其他有关工作人员。

（6）不得以不正当方式影响法官、检察官、仲裁员以及其他有关工作人员依法办理案件

《律师法》第40条第5项规定，律师不得向法官、检察官、仲裁员以及其他有关工作人员行贿，介绍贿赂或者指使、诱导当事人行贿，或者以其他不正当方式影响法官、检察官、仲裁员以及其他有关工作人员依法办理案件。

（7）不得妨害作证

《律师法》第40条第6项规定，律师不得故意提供虚假证据或者威胁、利诱他

人提供虚假证据，妨碍对方当事人合法取得证据。

（8）遵守诉讼秩序、公共秩序的义务

《律师法》第 40 条第 7、8 项规定，律师不得煽动、教唆当事人采取扰乱公共秩序、危害公共安全等非法手段解决争议；不得扰乱法庭、仲裁庭秩序，干扰诉讼、仲裁活动的正常进行。

（9）法律援助义务

《律师法》第 42 条规定，律师、律师事务所应当按照国家规定履行法律援助义务，为受援人提供符合标准的法律服务，维护受援人的合法权益。依据《刑事诉讼法》的相关规定，特定情形下法院得为被告人指定辩护律师，律师有接受指定担任辩护人的义务。

（10）执业限制义务

《律师法》第 41 条规定，曾经担任法官、检察官的律师，从人民法院、人民检察院离任后 2 年内，不得担任诉讼代理人或者辩护人。

（11）不得以不正当手段承揽业务

《律师法》第 26 条规定，律师事务所和律师不得以诋毁其他律师事务所、律师或者支付介绍费等不正当手段承揽业务。

其中前四项义务，是律师对当事人应承担的义务。律师必须处理好与当事人之间的关系，在忠于事实与法律的基础上，也要忠于当事人。因为律师与当事人之间不是纯粹的委托合同关系，更大的程度上是当事人对律师的信任。第 5 项到第 10 项义务，是律师对于国家及司法机关所负的义务。司法公正是司法的生命与灵魂，律师的行为不得违反法律的规定，以不正当的方式影响有关工作人员，否则将受到相应的制裁。最后一项义务，是律师同行之间的义务。同行之间一般有共同的职业理想和追求，但又是竞争对手。同行之间应当相互尊重、公平竞争，在法律和行业规范内执行业务，共同提高业务水平，维系职业共同体的生存和发展。

(三) 律师职业道德与执业纪律

1. 律师职业道德

律师职业道德，是指从事律师职业的人所应信奉的道德准则，以及在执行律师职务的过程中所应遵守的道德规范。[①] 根据我国《律师法》及《律师职业道德和执业纪律规范》的规定，我国律师职业道德的基本准则是：

（1）律师应当忠于宪法和法律，坚持以事实为根据，以法律为准绳，严格依法执业；

（2）律师应当忠于职守，坚持原则，维护国家法律与社会正义；

（3）律师应当诚实守信，勤勉尽责，尽职尽责地维护委托人的合法利益；

（4）律师应当敬业勤业，努力钻研业务，掌握执业所应具备的法律知识和服务技能，不断提高执业水平；

① 参见谭世贵主编：《律师法学》，117 页，北京，法律出版社，1999。

（5）律师应当珍视和维护律师职业声誉，模范遵守社会公德，注重陶冶品行和职业道德修养；

（6）律师应当严守国家机密，保守委托人的商业秘密及委托人的隐私；

（7）律师应当尊重同行，同业互助，公平竞争，共同提高执业水平；

（8）律师应当自觉履行法律援助义务，为受援人提供法律帮助；

（9）律师应当遵守律师协会章程，切实履行会员义务；

（10）律师应当积极参加社会公益活动。

2. 律师执业纪律

律师执业纪律，是指从事律师职业的人在执业活动中必须遵守的行为准则。[①]律师职业道德较为抽象，难以操作。执业纪律是职业道德的具体化，违反执业纪律将受到相应的制裁。根据《律师职业道德和执业纪律规范》的规定，我国律师执业纪律的基本内容主要有以下四个方面：

第一，律师在执业机构中应遵守的纪律：

（1）律师的执业活动必须接受律师事务所的监督和管理；

（2）律师不得同时在两个或两个以上律师事务所执业，同时在一个律师事务所和一个法律服务所执业的视同在两个律师事务所执业；

（3）律师不得以个人名义私自接受委托，不得私自收取费用；

（4）律师不得违反律师事务所收费制度和财务纪律，挪用、私分、侵占业务收费；

（5）律师因执业过错给律师事务所造成损失的，应当承担相应责任。

第二，律师在诉讼、仲裁活动中应遵守的纪律：

（1）律师应当遵守法庭和仲裁庭纪律，尊重法官、仲裁员，按时提交法律文件、按时出庭；

（2）律师出庭时应按规定着装，举止文明礼貌，不得使用侮辱、谩骂或诽谤性语言；

（3）律师不得以影响案件的审理和裁决为目的，与本案审判人员、检察人员、仲裁员在非办公场所接触，不得向上述人员馈赠钱物，也不得以许诺、回报或提供其他便利等方式与承办案件的执法人员进行交易；

（4）律师不得向委托人宣传自己与有管辖权的执法人员及有关人员有亲朋关系，不能利用这种关系招揽业务；

（5）律师应依法取证，不得伪造证据，不得怂恿委托人伪造证据、提供虚假证词，不得暗示、诱导、威胁他人提供虚假证据；

（6）律师不得与犯罪嫌疑人、被告人的亲属或者其他人会见在押犯罪嫌疑人、被告人，或者借职务之便违反规定为被告人传递信件、钱物或与案情有关的信息。

第三，律师与委托人、对方当事人的关系方面应遵守的纪律：

（1）律师应当充分运用自己的专业知识和技能，尽心尽职地根据法律的规定完

① 参见田平安主编：《律师、公证与仲裁教程》，110页，北京，法律出版社，2002。

成委托事项，最大限度地维护委托人的合法利益；

（2）律师不应接受自己不能办理的法律事务；

（3）律师应当遵循诚实守信的原则，客观地告知委托人所委托事项可能出现的法律风险，不得故意对可能出现的风险做不恰当的表述或做虚假承诺；

（4）为维护委托人的合法权益，律师有权根据法律的要求和道德的标准，选择完成或实现委托目的的方法，对委托人拟委托的事项或者要求属于法律或律师执业规范所禁止的，律师应告知委托人，并提出修改建议或予以拒绝；

（5）律师不得在同一案件中为双方当事人担任代理人，同一律师事务所不得代理诉讼案件的双方当事人，偏远地区只有一个律师事务所的除外；

（6）律师应当合理开支办案费用，注意节约；

（7）律师应当严格按照法律规定的期限、时效以及与委托人约定的时间，及时办理委托的事务；

（8）律师应及时告知委托人有关代理工作的情况，对委托人了解委托事项情况的正当要求，应当尽快给予答复；

（9）律师应当在委托授权范围内从事代理活动，如需特别授权，应当事先取得委托人的书面确认，律师不得超越委托人委托的代理权限，不得利用委托关系从事与委托代理的法律事务无关的活动；

（10）律师接受委托后无正当理由不得拒绝为委托人代理；

（11）律师接受委托后未经委托人同意，不得擅自转委托他人代理；

（12）律师应当谨慎保管委托人提供的证据和其他法律文件，保证其不丢失或毁损；

（13）律师不得挪用或者侵占代委托人保管的财物；

（14）律师不得从对方当事人处接受利益或向其要求或约定利益；

（15）律师不得与对方当事人或第三人恶意串通，侵害委托人的权益；

（16）律师不得非法阻止和干预对方当事人及其代理人进行的活动；

（17）律师对与委托事项有关的保密信息，委托代理关系结束后仍有保密义务；

（18）律师应当恪守独立履行职责的原则，不因迎合委托人或满足委托人的不当要求，丧失客观、公正的立场，不得协助委托人实施非法的或具有欺诈性的行为。

第四，律师与同行之间的关系方面应遵守的纪律：

（1）律师应当遵守行业竞争规范，公平竞争，自觉维护执业秩序，维护律师行业的荣誉和社会形象；

（2）律师应当尊重同行，相互学习，相互帮助，共同提高执业水平，不应诋毁、损害其他律师的威信和声誉；

（3）律师不得以不正当方式进行竞争。

三、我国律师事务所的管理制度

（一）我国律师事务所概述

1. 律师事务所的概念

律师事务所是律师的执业机构。律师必须首先成为在律师事务所的成员，才能接受当事人的委托，并以律师身份开展律师业务活动。

早期我国律师执业场所是法律顾问处，不但与国际通行的称谓不同，而且对法律顾问处的性质定位也与其他国家的规定不同。随着经济的逐步发展，问题不断显现出来。因此，1984 年 8 月，全国司法行政工作会议确定法律顾问处改称律师事务所。[①]

2. 律师事务所的种类

律师事务所按照不同的标准有不同的分类。我国现行法是按照组织形式、出资方式、责任承担主体，把律师事务所分为以下三类：(1) 合伙律师事务所，是合伙人根据合伙协议出资，以合伙形式进行经营，全体合伙人对合伙债务承担无限责任和连带责任的律师事务所；(2) 个人律师事务所，是由一名律师单独出资开办的律师事务所，由个人对外承担无限连带责任。(3) 国资律师事务所，是由国家出资设立的律师事务所，以该所的全部资产对其债务承担有限责任。

其中合伙律师事务所，又分为普通合伙律师事务所和特殊的普通合伙律师事务所。在普通合伙律师事务所中，合伙人对律师事务所的债务承担无限连带责任。在特殊的普通合伙律师事务所中，一个或者多个合伙人在执业活动中因故意或重大过失造成律师事务所债务的，应承担无限责任或无限连带责任，而其他合伙人以其在律师事务所的财产份额为限承担责任；合伙人在执业活动中非因故意或重大过失造成律师事务所债务的，由全体合伙人承担无限连带责任。

3. 律师事务所的权利和义务

根据《律师法》的规定，律师事务所享有的权利有：统一接受委托，并与委托人签订书面合同的权利；按照国家规定统一向当事人收取费用的权利。

在享有权利的同时，律师事务所也应当履行以下义务：依法纳税的义务；不得以诋毁其他律师事务所或者支付介绍费等不正当手段承揽业务；对该所律师因违法执业或过错给当事人造成的损失承担赔偿责任。

(二) 律师事务所的内部管理

我国《律师法》对律师的内部管理制度作出了概括性的规定，律师事务所应健全执业管理、利益冲突审查、收费与财务管理、投诉查处、年度考核、档案管理等制度。2008 年 5 月 28 日司法部审议通过了《律师事务所管理办法》，对律师事务所内部管理制度进一步细化，规范了律师事务所的内部活动，有利于司法行政部门对律师事务所的监督与考核。

1. 收案制度

收案制度，是指律师事务所有关接受当事人的委托，同意办理某项法律事务的一系列规定。[②] 它是律师事务所开展工作的第一步，律师事务所应安排专人接待当事人，问清事实和证据后，报告给主任，最终确定是否接受委托。律师不得以自己的名义单独接案。案件必须由律师事务所统一接受委托，与委托人签订书面的委托

---

① 参见谭世贵主编：《律师法学》，67 页。

② 参见程荣斌主编：《中国律师制度原理》，105 页，北京，中国人民大学出版社，1998。

合同，再分配给专业律师承办案件。若当事人指明委托某个律师的，律师事务所应尽量满足当事人的要求。在收案过程中，对诉讼案件与非诉讼案件有不同的注意事项。

对于诉讼案件，律师应当注意：案件是否属于人民法院管辖范围并符合受理条件；委托人是否具有委托权限；是否属于律师代理或辩护的案件范围；有无足够的出庭准备时间。

对于非诉讼案件，律师应当注意：委托事项是否在法律、法规规定的范围内；法律是否允许律师代理该项事务。

2. 案件集体研究和请示汇报制度

案件的集体研究和请示汇报制度，是针对律师在承办案件过程中遇到的重大疑难案件，由承办人向律师事务所主任或副主任汇报，由律所组织进行讨论，防止差错案发生的制度。在集体研究时，首先由承办律师客观、全面地汇报案情，提出需要讨论的关键问题；其他参与讨论者发表对案件的看法和观点，供承办律师参考和采纳。该制度既有利于提高律师的办案质量，也有利于加强律师事务所对律师执业活动的指导和监督。

3. 收费管理和财务管理制度

律师事务所的收费和财务管理制度，关系到律师事务所的生存和长远发展。律师不得违规收费，应由律师事务所统一收费和报账，具体收费数额应符合国家的相关规定。在财务管理制度上，律师事务所应当建立和实行合理的分配制度与激励机制。

4. 投诉查处制度

投诉查处制度，是为了及时查处、纠正本所律师在执业活动中的违法违规行为，调处在执业中与委托人之间的纠纷，而在律师事务所内部建立的一项管理制度。律师事务所认为对被投诉的律师需要给予行政处罚或行业惩戒的，应当及时向所在地的县级司法行政机关或者律师协会报告。

5. 年度考核制度

年度考核制度，是律师事务所按照规定对本所律师的执业情况进行年终考核，并按照考核结果评定等次，实施奖惩的制度。考核的内容包括执业表现、职业道德和执业纪律。对于年度考核不合格的，律师事务所可以与其解除聘用关系或者经合伙人会议通过将其除名。考核结果由律师事务所在每年的第一季度逐级上报设区的市级司法行政机关，直辖市的考核结果直接上报到所在地的区（县）司法行政机关，接受司法行政机关的年度检查考核。建立年度考核制度是激励律师依法提供高质量法律服务的有效措施。

6. 档案管理制度

律师业务档案，是律师进行业务活动的真实记录，反映律师维护国家法律正确实施，维护当事人合法权益的情况，体现律师的基本职能和社会作用。律师业务档案分为诉讼、非诉讼和涉外三类，应分别立卷归档。诉讼类包括刑事（含刑事辩护和刑事代理）、民事代理、经济诉讼代理、行政诉讼代理四种；非诉讼类包括法律顾问、仲裁代理、咨询代书、其他非诉讼业务四种；涉外类根据具体情况按前二类确定。律师业务文书材料应在结案或事务办结后 3 个月内整理立卷，立卷按照年度和一案一卷、一卷一号的原则进行。

(三) 律师事务所的设立、变更和终止

1. 设立的条件和程序

在我国律师事务所的设立条件，包括设立律师事务所的基本条件、设立普通合伙律师事务所的条件、设立特殊的普通合伙律师事务所的条件、设立个人律师事务所的条件和设立国资律师事务所的条件。

根据《律师事务所管理办法》第 6 条的规定，设立律师事务所应当具备以下四个基本条件：

(1) 有自己的名称、住所和章程；

(2) 有符合《律师法》和本办法规定的律师；

(3) 设立人应当是具有一定的执业经历并能够专职执业的律师，且在申请设立前 3 年内未受过停止执业处罚；

(4) 有符合本办法规定数额的资产。

设立普通合伙律师事务所，除应当符合以上基本条件外，还应当具备下列条件：

(1) 有书面合伙协议；

(2) 有 3 名以上合伙人作为设立人；

(3) 设立人应当是具有 3 年以上执业经历并能够专职执业的律师；

(4) 有人民币 30 万元以上的资产。

设立特殊的普通合伙律师事务所与设立普通合伙律师事务所的条件有两个不同之处：一是设立人数要求不同，前者要求的设立人数是 20 名以上的合伙人；二是资产的要求不同，前者要求的资产数额为人民币 1 000 万元以上。

由上述可知，设立合伙律师事务所，书面合伙协议是必备条件。原因在于能够方便确定合伙人内部的权利义务关系。《律师事务所管理办法》第 15 条对合伙协议的内容作出了明确规定，合伙协议应载明以下内容：

(1) 合伙人，包括姓名、居住地、身份证号、律师执业经历等；

(2) 合伙人的出资额及出资方式；

(3) 合伙人的权利、义务；

(4) 合伙律师事务所负责人的职责及产生、变更程序；

(5) 合伙人会议的职责、议事规则等；

(6) 合伙人收益分配及债务承担方式；

(7) 合伙人入伙、退伙及除名的条件和程序；

(8) 合伙人之间争议的解决方法和程序，违反合伙协议承担的责任；

(9) 合伙协议的解释、修改程序；

(10) 其他需要载明的事项。

合伙协议的内容不得与有关法律、法规、规章相抵触。合伙协议由全体合伙人

协商一致并签名，自省、自治区、直辖市司法行政机关作出准予设立律师事务所决定之日起生效。

设立个人律师事务所，除应当符合《律师事务所管理办法》第 6 条规定的条件外，还应当具备以下两个条件：

(1) 设立人应当是具有 5 年以上执业经历并能够专职执业的律师；

(2) 有人民币 10 万元以上的资产。

国资律师事务所的设立，除符合《律师法》规定的一般条件外，应当至少有 2 名符合《律师法》规定并能够专职执业的律师。

律师事务所的设立许可，由申请人提出申请，提交如下材料：(1) 设立申请书；(2) 律师事务所的名称、章程；(3) 设立人的名单、简历、身份证明、律师执业证书，律师事务所负责人人选；(4) 住所证明；(5) 资产证明。设立合伙律师事务所，还应提交合伙协议。设立国资律师事务所，应当提交所在地县级人民政府有关部门出具的核拨编制、提供经费保障的批件。以上材料由所在地的设区的市级或者直辖市的区（县）司法行政机关受理之日起 20 日内进行初审，并报上级司法行政部门审核，省、自治区、直辖市司法行政部门收到材料之日起 10 日内进行审核。准予设立的，自决定之日起 10 日内向申请人颁发律师事务所执业许可证；不准予设立的，应当向申请人书面说明理由。

律师事务所可以设立分所，条件是成立 3 年以上并具有 20 名以上执业律师的合伙律师事务所。设立分所，须经拟设立分所所在地设区的市级或者直辖市区（县）司法行政机关受理进行初审，报省、自治区、直辖市司法行政机关审核，决定是否准予设立分所。申请设立分所的，依照设立律师事务所的程序办理。

2. 变更的程序

律师事务所的变更，是律师事务所在业务活动过程中，改变其法定重大事项并报原审核部门批准的活动。律师事务所变更名称、负责人、章程、合伙协议的，应当经所在地设区的市级或者直辖市的区（县）司法行政机关审查后报原审核机关批准。律师事务所变更住所、合伙人的，应当自变更之日起 15 日内经所在地设区的市级或者直辖市的区（县）司法行政机关报原审核机关备案。

3. 终止的程序

律师事务所有下列情形之一的，应当终止：

(1) 不能保持法定设立条件，经限期整改仍不符合条件的；

(2) 执业许可证被依法吊销的；

(3) 自行决定解散的；

(4) 法律、行政法规规定应当终止的其他情形。

除此之外，律师事务所在取得设立许可后，6 个月内未开业或者无正当理由停止业务活动满 1 年的，视为自动停办，应当终止。

律师事务所自终止事由发生后，不得受理新的业务，应当向社会公告，并依照有关规定进行清算。在清算结束后 15 日内向所在地设区的市级或直辖市的区（县）司法行政机关提交注销申请书、清算报告、本所执行许可证以及其他有关材料，由其出具审查意见后连同全部注销申请材料报原审核机关审核，办理注销手续。律师事务所被批准注销的，应当按照有关规定移管、处置本所的业务档案、财务账簿和本所印章。

【案例评析】

案例一

（一）案情简介

甲有限责任公司与乙合伙律师事务所的合伙律师王某签订法律顾问协议，双方约定：甲公司向王某支付顾问费3万元人民币；王某负责审查公司的合同，出具法律意见书；若因王某的过错造成甲公司损失，王某应承担赔偿责任；顾问费在10日内付清后合同即生效。一个月后，甲公司欲与丙公司合作开发项目，王某未经调查便出具丙公司资信度高的法律意见书，甲公司遂与对方签订合同。甲公司依约付款后，丙公司人逃财空，甲公司遭受重大经济损失。

（二）基本问题

1. 王某的行为是否违反了法律规定？应否承担赔偿责任？
2. 若王某应承担责任，甲公司应如何追究王某的责任？
3. 律师承担民事责任的条件、范围及当事人的救济程序如何？

（三）案例评析

律师民事法律责任，是指律师在执业过程中，因违法执业或过错给当事人造成损失的，依法应当承担损害赔偿的责任。律师为当事人提供法律服务，建立在双方签订的委托合同的基础上。律师有权收取与案件复杂程度或标的相符的律师费用，也有义务为当事人提供有效的法律服务。律师因违法执业或过错导致当事人经济损失，既违反了我国民法、合同法的规定，也是律师法所不容许的，必须承担损害赔偿责任。

1. 王某应当承担甲公司经济损失的赔偿责任

（1）律师承担民事责任的要件

律师承担民事责任要符合法律的规定，并非所有给当事人造成损失的行为，律师都应当承担赔偿责任。按照法律规定，律师承担民事责任的要件如下：

第一，律师主观上存在过错。律师明知其行为可能会导致当事人的损失，因故意或过失而实施，导致发生当事人受损的结果。律师的过错不同于工作上的失误，若主观上没有过错，即使因失误而造成当事人的经济损失，亦无须承担赔偿责任。故意损害当事人利益的行为不多见，一般律师都希望能够达到或超过当事人委托事项的预期，为自己争取更多的客户和业务量。因此，过错通常发生在过失行为上，如疏忽大意、不负责任等本可避免的行为。

第二，律师实施了损害当事人合法权益的行为。律师的行为可以是作为，如超越委托代理权限实施的行为；也可以是不作为，如应当收集的证据由于律师的原因而未及时收集，导致证据灭失的。若律师未实施损害当事人合法权益的行为，因其他事由如第三人原因损害当事人利益的，或者依照法律规定，对当事人准备或正在实施的危害国家安全、公共安全以及其他严重危害他人人身、财产安全的犯罪事实和信息的行为泄露或举报，损害了当事人的非法利益的，在法律的豁免范围内，不予追究律师的责任。

第三，律师的行为给当事人造成了损失，且存在因果关系。造成当事人的损失，是律师承担责任的结果要件。如果当事人的利益未受损，即使存在违法执业或过错行为，应当由司法行政部门给予律师惩戒或纪律处分，而不必向当事人承担赔偿责任。如果当事人的合法利益受损，但与律师的行为无直接因果关系，律师也不应当承担赔偿责任。

第四，律师的行为具有违法性。律师实施的违法行为，既包括违反了法律的禁止性规定的行为，也包括违反了法定义务或合同约定的义务的行为。如果律师实施的是在执业过程中的正当行为，既没有违反律师法及其他相关法律，也没有违反律师执业行为规范和委托合同的规定，则无须承担赔偿责任。

第五，律师的损害行为必须发生在执业过程中。律师承担赔偿责任与一般的民事损害赔偿责任不同，它是一种执业行为所导致的责任，具有特殊性。如果律师实施的损害行为，没有发生在执业过程中，则与普通的个人行为无异，不属于律师执业过错或违法行为，不受律师法及律师执业行为规范的规制，只会受到民事实体法的制约，承担相应的民事损害赔偿责任或其他责任。

（2）律师承担民事责任的范围

律师承担民事责任的范围存在两种观点，一种认为律师承担责任的范围限于非诉讼业务；另一种观点认为律师承担责任的范围不应限制在非诉讼业务，诉讼业务也应当包括在内。根据《律师法》的规定，律师的违法执业或过错给当事人造成损失的，没有限制具体的业务类型和业务范围。因此，只要是当事人委托律师的法律事务，无论是否涉及诉讼，只要符合了律师承担民事责任的要件，就应承担法律规定的责任。

律师的违法行为，主要是指律师违反了现行《律师法》、《律师执业管理办法》和《律师职业道德和执业纪律规范》的规定，在本章知识要点部分已详细阐述。律师因过错产生的民事责任，其内容极为广泛。如因懈怠致使证据灭失的、委托关系终止后继续代理的、不经调查而出具法律意见书的、草率审核当事人的合同的、律师无故不按期出庭的等等。

（3）律师承担民事责任的资金来源

律师承担民事责任的资金来源，有的律师事务所是把律师业务收入的一部分提取出来作为执业风险基金；有的律师事务所按照所里的规定将律师的福利扣除一部分作为赔偿补助金；还有的律师事务所也是多数律师事务所的通常做法，即向保险公司办理律师执业责任保险，可以在很大程度上减轻律师的代理风险。

本案中，律师王某受聘为甲有限责任公司的法律顾问，甲公司依约支付了法律顾问费，合同成立并生效。王某因自身过错，不履行合同义务，对合作对方的资信未经调查便出具失实的法律意见书，造成了甲公司重大经济损失。王某在执业过程中的过错行为，与甲公司的损失之间存在直接的因果关系，属于律师承担民事责任的范围。因此，王某应当承担甲公司经济损失的赔偿责任。

2. 应由乙合伙律师事务所先行赔偿甲公司的损失

依照我国《律师法》的规定，律师违法执业或者因过错给当事人造成损失的，由其所在的律师事务所承担赔偿责任。律师事务所赔偿后，可以向有故意或者重大过失行为的律师追偿。可见，当事人追究责任的主体不是实施违法行为的律师，而是律师所在的律师事务所。法律之所以这样规定是为了充分保护当事人的利益。因为各个律师的偿付能力不同，倘若年轻律师造成当事人损害，却无力赔偿，则法律规定由律师承担赔偿责任将形同虚设。另外，我国《律师法》规定，律师只能在一家律师事务所执业，由律师事务所统一收案和收费，律师事务所内部管理制度要求律师事务所对所里的律师负有一定的监管义务。

本案中，乙律师事务所是普通合伙律师事务所，合伙人对律师事务所的债务承担无限连带责任。若律师事务所的资产不足以支付甲公司的经济损失，则甲公司可以请求任意一个或多个合伙人承担赔偿责任，合伙人支付后可就超出自己应承担份额的赔偿金向其他合伙人追偿。

乙律师事务所或其合伙人在承担甲公司赔偿责任后，律师事务所可以向有过错行为的律师王某追偿。因王某的行为已构成重大过失，乙律师事务所可要求王某承担大部分责任或全部责任，律师事务所内部合伙协议有约定或章程有规定的，按照约定或规定处理。

3. 甲公司追究乙律师事务所承担民事责任的程序

甲公司追究乙律师事务所的民事赔偿责任，应通过以下程序来实现：

（1）提出申请

甲公司应向乙律师事务所提出书面赔偿申请，并提交相关证据。说明基本情况、赔偿的理由、请求赔偿的数额。

（2）审查

乙律师事务所负责人接到申请后，应进行必要的调查，作出审查决定。根据调查结果，如果甲公司的请求所依据的事实清楚、证据确凿，乙律师事务所应作出给予赔偿的决定，与甲公司协商赔偿事宜；若调查结果发现律师王某既无违法执业情况也无过错，纯属工作失误造成甲公司的损失，则作出不予赔偿的决定，书面通知甲公司。

（3）申诉或起诉

如果甲公司与乙律师事务所无法达成赔偿协议，或者乙律师事务所认为其不应当承担赔偿责任，甲公司可以向司法行政部门申诉或直接向人民法院提起诉讼。如果甲公司未直接起诉，而是向司法行政部门申诉，对处理决定不服的，仍然可以向人民法院起诉。

（4）执行

甲公司与乙律师事务所达成赔偿协议或人民法院判决生效后，乙律师事务所应当按照协议内容或生效判决承担相应的赔偿责任。

（四）法律依据

《律师法》

第15条第2款　合伙律师事务所可以采用普通合伙或者特殊的普通合伙形式设立。合伙律师事务所的合伙人按照合伙形式对该律师事务所的债务依法承担责任。

第29条　律师担任法律顾问的，应当按照约定为委托人就有关法律问题提供意见，草拟、审查法律文书，代理参加诉讼、调解或者仲裁活动，办理委托的其他法律事务，维护委托人的合法权益。

第54条　律师违法执业或者因过错给当事人造成损失的，由其所在的律师事务所承担赔偿责任。律师事务所赔偿后，可以向有故意或者重大过失行为的律师追偿。

《律师事务所管理办法》

第38条　律师违法执业或者因过错给当事人造成损失的，由其所在的律师事务所承担赔偿责任。律师事务所赔偿后，可以向有故意或者重大过失行为的律师追偿。

普通合伙律师事务所的合伙人对律师事务所的债务承担无限连带责任。特殊的普通合伙律师事务所一个合伙人或者数个合伙人在执业活动中因故意或者重大过失造成律师事务所债务的，应当承担无限责任或者无限连带责任，其他合伙人以其在律师事务所中的财产份额为限承担责任；合伙人在执业活动中非因故意或者重大过失造成的律师事务所债务，由全体合伙人承担无限连带责任。个人律师事务所的设立人对律师事务所的债务承担无限责任。国家出资设立的律师事务所以其全部资产对其债务承担责任。

案例二

（一）案情简介

甲律师事务所是经乙省司法厅审核成立的合伙制律师事务所。2000年成立以来，在管理上出现了严重的问题：一是所内财务管理混乱；二是合伙人会议制度得不到有效执行；三是代理费不交回所里。这些行为导致该所无法正常运营，严重违反了法律的相关规定。经市司法局多次警告，无果。乙省司法厅遂作出了吊销甲律师事务所执业证书的行政处罚决定，律师事务所合伙人对处罚决定不服，遂向法院提起行政诉讼。一、二审法院均维持行政处罚决定。

（二）基本问题

1. 乙省司法厅吊销甲律师事务所执业证书是否正确？
2. 律师事务所受到行政处罚的种类及情形有哪些？

3. 甲律师事务所如何办理终止的程序?

(三) 案例评析

1. 乙省司法厅吊销甲律师事务所执业证书依法有据

(1) 司法行政管理机关的机构设置

我国司法行政管理机关是各级人民政府的职能机构之一，主管律师、公证、监狱、劳动教养等方面的工作，司法行政机关依照律师法对律师、律师事务所和律师协会进行监督、指导。

我国司法行政机关分四级：中央设司法部；省、自治区、直辖市设司法厅(局)；地区、省辖市、盟设司法局(处)；县、县级市、市辖区、旗设司法局。司法部是中央司法机关，负责对全国的司法行政工作进行宏观管理，通过制定方针、政策和规章等对司法行政工作实行间接管理。省、市、县三级司法行政机关负责实施、执行司法部和上级司法行政机关的政策和决定，对司法行政工作实行直接管理。各级司法行政机关都设有专门机构对律师工作进行监管：司法部设律师公证工作指导司；省、自治区、直辖市司法厅(局)设律师工作指导处；地、市司法局(处)和县、区司法局设律师管理科。各级司法行政管理机关依法管理律师事务所，履行各自的职责。

(2) 乙省司法厅对辖区内律师事务所的监管职责

根据《律师事务所管理办法》的规定，依法对律师事务所的严重违法行为实施吊销执业许可证的处罚，监督下一级司法行政机关的行政处罚工作，办理有关行政复议和申诉案件等事务均属于律师事务所所在地的省、自治区、直辖市司法行政机关履行监督管理的职责范围。

因此，乙省司法厅有权对辖区内律师事务所的严重违法行为实施吊销其执业证书的行政处罚。

(3) 甲律师事务所符合法定被吊销执业证书的条件

按照《律师法》的规定，律师事务所违反规定接受委托、收取费用以及对本所律师疏于管理，造成严重后果，情节特别严重的，由所在地的省、自治区、直辖市人民政府司法行政部门吊销律师事务所执业证书。甲律师事务所在成立以后，管理上出现了严重的问题。是否属于“对本所律师疏于管理，造成严重后果的”违法行为，《律师和律师事务所违法行为处罚办法》对该项的解释包括：不按规定建立健全内部管理制度，日常管理松懈、混乱，造成律师事务所无法正常运转的；不按规定对律师执业活动实行有效监督。甲律师事务所出现的问题：一是所内财务管理混乱；二是合伙人会议制度得不到有效执行；三是代理费不交回所里。这些问题致使该所无法正常运营，违反了律师法及律师事务所管理办法的规定，经过市司法局的警告处分，依然无法制止甲律师事务所的违法违纪行为。

综上，乙省司法厅依照法律规定，对甲律师事务所作出吊销执业证书的行政处罚决定，事实清楚、证据确凿，程序合法。一、二审人民法院作出判决维持乙省司法厅行政处罚决定和维持原判，认定事实清楚，适用法律正确。

2. 律师事务所受到行政处罚的种类及情形

根据《律师法》的相关规定，律师事务所受到行政处罚的种类包括：警告、罚款、没收违法所得、停业整顿和吊销执业证书 5 种。其中，司法行政机关对律师事务所的违法行为给予警告、罚款、没收违法所得、停业整顿的，由律师事务所所在地的设区的市级或者直辖市区（县）司法行政机关实施；给予吊销执业许可证书处罚的，由许可该律师事务所设立的省、自治区、直辖市司法行政机关实施。律师事务所受到行政处罚的情形，详见下文法律依据。

3. 甲律师事务所办理终止的程序

（1）公告和清算

甲律师事务所自执业证书被吊销之日起，不得受理新业务，乙省司法厅应当向社会发出公告。甲律师事务所应按规定进行清算，依法清偿债务、分割资产。

（2）审查与审核

甲律师事务所清算结束后 15 日内向市司法局提交注销申请书、清算报告、本所执业许可证以及其他有关材料，由其出具审查意见后连同全部注销申请材料报乙省司法厅审核。

（3）注销

乙省司法厅审核同意后，办理注销手续。

（四）法律依据

《律师法》

第 50 条　律师事务所有下列行为之一的，由设区的市级或者直辖市的区人民政府司法行政部门视其情节给予警告、停业整顿一个月以上六个月以下的处罚，可以处十万元以下的罚款；有违法所得的，没收违法所得；情节特别严重的，由省、自治区、直辖市人民政府司法行政部门吊销律师事务所执业证书：

（一）违反规定接受委托、收取费用的；

（二）违反法定程序办理变更名称、负责人、章程、合伙协议、住所、合伙人等重大事项的；

（三）从事法律服务以外的经营活动的；

（四）以诋毁其他律师事务所、律师或者支付介绍费等不正当手段承揽业务的；

（五）违反规定接受有利益冲突的案件的；

（六）拒绝履行法律援助义务的；

（七）向司法行政部门提供虚假材料或者有其他弄虚作假行为的；

（八）对本所律师疏于管理，造成严重后果的。

《律师事务所管理办法》

第 30 条　律师事务所在终止事由发生后，应当向社会公告，依照有关规定进行清算，依法处置资产分割、债务清偿等事务。因被吊销执业许可证终止的，由作出该处罚决定的司法行政机关向社会公告。因其他情形终止、律师事务所拒不公告的，由设区的市级或者直辖市的区（县）司法行政机关向社会公告。

律师事务所自终止事由发生后，不得受理新的业务。

律师事务所应当在清算结束后十五日内向所在地设区的市级或者直辖市的区（县）司法行政机关提交注销申请书、清算报告、本所执业许可证以及其他有关材料，由其出具审查意见后连同全部注销申请材料报原审核机关审核，办理注销手续。

律师事务所被注销的，其业务档案、财务账簿、本所印章的移管、处置，按照有关规定办理。

第55条 省、自治区、直辖市司法行政机关履行下列监督管理职责：

（一）制定本行政区域律师事务所的发展规划和有关政策，制定律师事务所管理的规范性文件；

（二）掌握本行政区域律师事务所组织建设、队伍建设、制度建设和业务开展情况；

（三）监督、指导下级司法行政机关的监督管理工作，指导对律师事务所的专项监督检查和年度检查考核工作；

（四）组织对律师事务所的表彰活动；

（五）依法对律师事务所的严重违法行为实施吊销执业许可证的处罚，监督下一级司法行政机关的行政处罚工作，办理有关行政复议和申诉案件；

（六）办理律师事务所设立核准、变更核准或者备案、设立分所核准及执业许可证注销事项；

（七）负责本行政区域律师事务所有关重大信息的公开工作；

（八）法律、法规规定的其他职责。

《律师和律师事务所违法行为处罚办法》

第30条 有下列情形之一，造成严重后果和恶劣影响，属于《律师法》第五十条第八项规定的律师事务所"对本所律师疏于管理，造成严重后果的"违法行为：

（一）不按规定建立健全内部管理制度，日常管理松懈、混乱，造成律师事务所无法正常运转的；

（二）不按规定对律师执业活动实行有效监督，或者纵容、袒护、包庇本所律师从事违法违纪活动，造成严重后果的；

（三）纵容或者放任律师在本所被处以停业整顿期间或者律师被处以停止执业期间继续执业的；

（四）不按规定接受年度检查考核，或者经年度检查考核被评定为"不合格的"；

（五）不按规定建立劳动合同制度，不依法为聘用律师和辅助人员办理失业、养老、医疗等社会保险的；

（六）有其他违法违规行为，造成严重后果的。

【疑难问题】

1. 律师提供法律服务的主要形式有哪些？

基本思路：总的来说，以是否参与诉讼为标准，律师的业务分为诉讼业务与非诉讼业务。

一方面，在诉讼业务中，律师承担的工作主要有：

（1）分析案件事实；

（2）出具法律意见；

（3）会见当事人；

（4）收集证据；

（5）制作阅卷笔录；

（6）起草起诉状、代理词、辩护词；

（7）参加庭审活动；

（8）申请强制执行。

另一方面，在非诉讼业务中，律师承担的工作主要有：

（1）起草各种法律文书，包括遗嘱、合同、律师函等；

（2）代为办理各种法律手续，包括商标申请、公司上市等；

（3）作为团队成员参与商事谈判；

（4）提供法律咨询和帮助；

（5）制定内部规章制度。

以上主要列举了律师具体的业务范围，在现实生活中，随着市场经济的发展，加上当事人的特殊需要，律师的业务范围在不断地扩展，这既是律师面临的机遇，也是对律师业务能力的挑战。

2. 如何成为一名成功的律师？

基本思路：成功律师一般都有如下共同的特性：

（1）将律师作为人生的事业来追求；

（2）能够最大限度地把自己的时间和精力投入到工作上去；

（3）忠于法律、忠于事实、忠于客户；

（4）不断培养自己各方面的能力，包括撰写法律文书的能力、开拓案源的能力、创办和管理律师事务所的能力等。

而这些能力是在日积月累的业务中逐步培养、锻炼和提升的，年轻的律师应该一步一个脚印的迈向成功的目标。以下几点对于律师的成长和成功极为重要：

（1）选择适合自己的律师事务所和有经验的实习指导老师；

（2）把握最新的法律法规动态；

（3）重视最高人民法院及各地方高级人民法院的经典判例；

（4）培养专业思维方式和业务技巧；

（5）建立良好的人际关系，拓宽案源的渠道；

（6）善于总结经验教训，制订规划和目标。

3. 律师行业与其他行业有何不同？

基本思路：律师行业在我国是一个新兴行业，自新中国成立以来，律师作为一个行业在中国真正兴起是在20世纪八九十年代。改革开放之后，我国律师行业取得了长足的发展，但相对于发达国家而言，各方面制度尚有待健全。该行业自诞生以来，便是一个充满着激情与挑战的行业，它承载着法律人的梦想和追求，以专业技能捍卫当事人的合法权益，实现公平和正义。步入律师行业，首先必须正视该行业与其他行业的不同之处，才能更好地朝着自己的目标和理想前进，成为一名成功的律师。

（1）律师行业门槛限制较高

律师是门槛限制较高的行业之一，除需通过国家统一组织的司法考试外，还要在一个愿意接收其为实习律师的律师事务所专职实习，实习期间还要进行地方律师协会组织的为期 30 天的集中培训，实习 1 年期满后再由专门的资深律师组成的考核小组来考核，考核通过后按规定提交申请材料，审核通过后正式取得律师执业资格。

（2）律师行业要求综合素质强、阅历丰富

律师要面对各行各业的当事人，各个当事人一般都有不同的需求，可能有合法的要求，也可能有非法的要求。律师不仅仅要具备为当事人消除疑虑和困惑的法律本领，还要妥善处理好与当事人之间的关系，得到当事人的信任。在法律规定的范围内，为当事人提供服务，为了不错失一项业务，有时律师要充分发挥自身沟通交流的魅力，说服当事人按照自己的思路来处理法律问题。有的当事人是特定领域的专家或能手，需要律师至少要熟悉该行业的相关知识，否则就会产生共同语言的障碍，丰富的阅历往往能够成为制胜的法宝，因此，律师在日积月累的业务中，身价也在不断地隐形提高。

（3）律师行业能充分展示个人价值，同时又能体现出社会价值

由于律师提供的法律服务，不像其他行业的成果多以有形的外在形式体现出来，而是以一种无形的智力成果，通过口述的形式展示出来。加上律师的工作具有独立于司法机关、独立于当事人的特性，律师可以完全按照自己对案情的把握，运用法律专业知识，形成对特定案件的独到见解和看法，为律师施展自己的才华和能力提供了舞台，充分展示了律师的个人价值。同时，律师与当事人接触时，当事人往往将自己财产、乃至生命的希望寄托于律师身上。律师在一起起案件中，为一个个当事人讨回公道，推动了法治社会的进程，体现出较高的社会价值。

富有积极进取精神的年轻人，投身于律师行业是大有可为的，它会让你的人生充满无限的期待与美好。

实务训练

训练主题：律师办案基本技巧——律师如何与当事人沟通

年轻律师在初步踏入法律职业时，面临的难题之一就是如何与当事人沟通。因为当事人一般是案件的亲历者，其对于案情的陈述，属于律师了解案情的第一手材料，而当事人又有可能会隐瞒对己不利的事实，只有当事人充分信任受委托的律师，

才可能完整说明事实的来龙去脉。对案情的把握关系到诉讼的成败，结案后当事人对律师的满意程度会影响律师的口碑，关系到律师今后案源的广度。因此，掌握与当事人沟通的基本技巧，对律师的发展至关重要。笔者总结多年办案的经验，提出以下几点与当事人沟通的技巧。

（一）塑造形象，给当事人留下深刻的印象

律师在与当事人接触过程中，他的形象会给当事人留下一个基本的印象，所以律师必须要有正确的职业形象观。与当事人会见是为了了解当事人的委托事项，找到解决问题的对策和方案，因为当事人最关心的事情莫过于你是否有能力办好委托的事项。律师形象的塑造，主要通过热情认真的态度、应有的自信和严谨务实的作风三个方面来表现的。

律师在当事人陈述案件事实时，应认真聆听，对要点作必要的记录。由于当事人的知识水平、表达能力、社会经验参差不齐，需要律师在当事人陈述模糊的地方予以提醒或引导，在必要时进行追问。同时，律师热情的态度表现在能够感同身受地与当事人达到感情的共鸣，表示自己的关心和同情。

律师的自信源于专业的运用能力。在与当事人交流的过程中，当事人可能会有很多疑问，甚至某些当事人为了试探律师的水平而有意提出事先已经向其他律师咨询过的问题。这时律师要沉着、镇静，表现出应有的自信，围绕当事人的问题，将所学的理论知识、现行法律规定与当事人问及的法律事务紧密结合起来，透彻地回答和讲解。遇有疑难问题而一时难以解决的，可以与当事人另行约定会见时间予以答复。

律师的严谨作风反映在分析案件法律关系时条理清晰，处理问题有侧重点但又不忽视细节，设想一切可能出现的疏漏并有效预防和控制。律师的务实反映在切实以自己的行动，一步一步地将案件事实再现，做到成竹在胸，还要及时与当事人沟通案件的进展情况。

（二）承办案件过程中，摆正自己的位置

律师角色的定位，不同的律师有不同的看法，但真正能够摆正自身位置的律师不在多数。律师应是当事人辅助者，帮助当事人完成特定的法律事务，这种角色定位比较准确，兼顾了当事人的委托人地位和律师的受托人角色。在重要事项的处理上，比如诉讼案件里是否起诉、调解、上诉，非诉讼业务中是否签订合同等，当事人应当起决定作用，律师要尊重当事人的意志；在证据的收集、提交及法庭举证、质证、辩论或者法律意见书的出具等事项上，律师应当根据自己的经验和专业技能自行判断和处理。诚然，即使是在由当事人决定的事项上，律师也应当提出合理化的法律建议和意见，最终是否被采纳则属于当事人的权限范围。律师与当事人建立辅助型关系，处理好这种关系将对律师的前程产生深远的影响。

（三）与当事人会见前，做好充分准备

律师与当事人沟通的方式一般是面谈和电话，若传递资料又有可能涉及传真、

电子邮件等沟通方式，关于案件事实的询问、诉讼策略等重要事项基本是要面谈。任何律师都不是万能的，特别是对于年轻的律师来说更是如此，所以律师在会见或致电当事人前，要做好充分的准备。一是法律准备，主要是与案件有关的法律、法规、司法解释等，律师应当提前进行检索和研究，可利用网络资源或者图书资源，相关法律信息的准备要全面，特别是最近的法律修改或修订的动态要熟练把握。二是会见安排，主要包括会见的时间、地点、参与人员（一般是律师助理同往），时间和地点是比较讲究的，尽量在当事人的空闲时间，选择适合谈话的安静环境面谈。

（四）学会营造气氛，让当事人消除陌生感

准备工作做好后，接下来是与当事人见面。见面后首先是问好，若对方是长者、位高者，律师的问候应当在前，等待对方先伸出手来握手。律师在与当事人谈话伊始，最好不要直接切入正题，可以先谈下工作、爱好等大众话题，从而营造一种温馨的气氛，让当事人消除陌生感，双方的谈话才会较为顺畅。

在谈话过程中，律师也应当根据当事人的情绪，适当调节气氛，或安慰当事人，或称赞当事人的成就。律师的控场能力和调节气氛的风格，会让当事人乐意与你交往，拉近与当事人之间的距离。

（五）站在当事人的立场上，设身处地为当事人着想

律师以提供法律服务为业，收取必要的律师费是生存所需，但其前提是要为当事人提供优质的法律服务。律师要让当事人感到选择你作为代理人或辩护人是正确的，这需要律师在工作中处处站在当事人的立场上来考虑问题。

通过诉讼解决的案件，律师应提醒当事人案件的诉讼时效、开庭时间；嘱咐当事人务必保留好证据原件；在开庭前至少会见一次当事人，告知开庭注意事项及应对技巧和策略。总之，律师应该设身处地地为当事人着想，尽量为当事人争取最大的收益。

（六）讲清诉讼风险，不向当事人作任何承诺

任何诉讼都是有风险的，有时候案件的进展情况不像预料的那样顺利，即便律师能够灵活地应对和处理新出现的情况，也可能会出现无力挽回的局面。若律师向当事人承诺必胜或很有把握，当事人会把全部希望都寄托在律师身上，在没有达到预期目标，甚至结果与承诺完全相反的情况下，势必会造成当事人恼羞成怒，甚至对簿公堂，这将严重影响律师的声誉。因此，律师必须事先给当事人讲清可能出现的风险，给当事人一个心理准备，不向当事人作任何承诺，从而避免承担不必要的责任。

（七）掌握谈话时间，清楚谈话目的

律师收费分为计时收费和计件收费，律师要控制谈话时间，既不能在计时收费时故意拖延时间，也不能在计件收费时花费太多时间。毕竟双方的时间都很宝贵，所以律师在会见当事人时，必须清楚此次谈话的目的和重点。

当事人有时会有意回避某些问题，甚至表述前后矛盾，致使律师难以实现谈话目的，倘若无关紧要，就没有必要刨根问底。律师切不可听取当事人的片面之词，要能够辨别真伪。对谈话总结后，进行必要调查来印证当事人所说的事实。

(八) 让当事人补充和确认文书材料，学会保护自己

律师在每次与当事人会谈案件结束后，都应当制作书面笔录，提炼核心要点，请当事人补充和修改，没有问题后最好再让当事人签字确认；向有关部门提交材料时，应当争取当事人的意见，当事人无异议方可按规定的时间送交，并让接收单位出具签收回执。有的当事人人品比较差，若稍不注意，就可能被他恶意举报、投诉，律师要学会保护自己。

运用律师与当事人沟通的技巧，最终目的是顺利完成当事人交付的委托事项。以上所述是常用的比较有效的沟通技巧，律师应当因人而异，在适用时根据具体情况灵活调整，以达到最佳的沟通效果。

课后练习

1. 根据我国《律师法》的规定，下列哪一选项是正确的？(　　)

A. 律师事务所变更名称、负责人、章程、合伙协议的，应当报原审核部门备案

B. 律师服务机构一般采用公司形式，但在经济社会发展欠发达地区仍可保留少数合作制律师事务所

C. 个人律师事务所实行无限责任，因此在成立条件上比合伙律师事务所要宽松

D. 律师事务所采用特殊的普通合伙形式的，当个别合伙人因故意或重大过失造成对外债务时，其他合伙人不承担对外责任

2. 下列哪一种情况不违反《律师法》的规定？(　　)

A. 甲律师原在深圳某律师事务所执业，迁居后转入北京某律师事务所，同时仍在深圳某律师事务所执业

B. 大学教授乙在学校不知道的情况下，申请兼职律师执业并要求受理机关保密

C. 丙律师在担任县人大常委会委员期间，代理了一起为农民工追讨工资的诉讼

D. 赵先生法律本科毕业后，尚未取得律师执业证书，在一家律师事务所参与非诉讼法律事务

3. 王律师为扩大业务范围采用的下列哪一做法是错误的？(　　)

A. 在晚报上发布介绍自己专业范围、所在律师事务所和联系方法的广告

B. 加入当地的企业家协会并免费提供法律咨询服务

C. 向所有的同学发函，承诺给介绍案源者 10%的回报

D. 参加房地产专题研讨会，在会上发表“按揭”法律问题研究报告，并向与会者派发名片

4. 律师接受律师事务所安排办理的业务后，律师事务所可以因某些情况的出现终止其代理工作。但发生下列哪一种情况时，不得终止承办律师的代理工作？

（　　）

A. 发现了不可克服的利益冲突

B. 承办律师另有一重大案件需要办理

C. 承办律师突发急病无法继续工作

D. 承办律师被管理机关中止执业资格

5. 根据律师法、刑事诉讼法、民事诉讼法和行政诉讼法的规定，我国律师在执业过程中享有多个方面的权利。下列哪种权利在这些法律中没有明确规定？（　　）

A. 同犯罪嫌疑人、被告人通信的权利

B. 提出新证据的权利

C. 执业活动中人身权利不受侵犯的权利

D. 要求法官签发调查令的权利

6. 下列关于律师执业行为规范的表述哪一项是正确的？（　　）

A. 律师可以根据案件的进展情况，适时就某一案件的判决结果向委托人作出承诺

B. 律师依法辩护、代理案件提出的预先分析意见没有实现，可以认定律师的意见是虚假承诺

C. 律师接受委托时必须与委托人明确规定包括程序法和实体法两方面的委托权限。委托权限不明确的，视为全权委托

D. 律师可以公开委托人授权同意披露的信息

延伸阅读

1. 中华全国律师协会编．律师执业基本素养．北京：北京大学出版社，2010

2. 中华全国律师协会编．律师职业道德与执业基本规范．北京：北京大学出版社，2010

3. 徐家力．关于律师事务所质量管理的几点思考．中国司法，2010（1）

4. 高增军，袁秀挺．律师执业责任保险免赔事宜的认定．人民司法，2009（10）

5. 沈定成．青年律师职业倦怠及其应对策略研究．中国司法，2010（8）

6. 齐楠．论律师行业的诚信构建．法制与社会，2009（25）

7. 王进喜，张玲．论律师服务可得性的制度保障．中国司法，2010（6）

8. 林广华．律师执业权利保障的思考．中国律师，2008（6）

第二章　民事诉讼代理

【内容摘要】

律师民事诉讼代理是民事诉讼代理制度中的一项重要内容。它由代理权限，诉讼代理的效力，诉讼代理人的权利、义务和法律地位，诉讼代理的方法，诉讼代理法律关系的发生、变更和消灭等诸多内容构成。在现代社会中，律师代理民事诉讼具有特别的积极意义。

【知识要点】

一、律师民事诉讼代理的基本范畴

根据《律师法》第28条规定，接受当事人的委托代理民事诉讼是律师诉讼法律服务中的一项重要业务。根据《民事诉讼法》第58条规定，律师代理民事诉讼是民事委托代理诉讼制度的一项重要内容。

我国《民事诉讼法》以代理权发生的根据为标准，将诉讼代理人分为法定诉讼代理人和委托诉讼代理人两种。民事诉讼代理人，是指根据一定的权限以当事人的名义，为维护当事人的利益，代替或协助当事人进行民事诉讼的人。民事诉讼代理制度的设置，既可以在立法上使无民事诉讼行为能力当事人的诉讼能力得到弥补，又可以使有诉讼行为能力的当事人通过授权委托使其诉讼能力得以扩张，从而有利于民事诉讼程序的顺利进行。律师民事诉讼代理作为民事诉讼代理制度的重要组成部分，由代理权限，诉讼代理的效力，诉讼代理人的权利、义务和法律地位，诉讼代理的方法，诉讼代理法律关系的发生、变更和消灭等诸多内容构成。

(一) 民事诉讼中的律师代理与民事诉讼中的法定代理的区别

二者的区别就是民事诉讼中的委托诉讼代理（律师作为诉讼代理人）与法定诉讼代理的区别。主要区别是：第一，代理对象的范围不同。法定诉讼代理人适用于代理无诉讼行为能力的人进行诉讼；委托诉讼代理人适用于代理有诉讼能力的人（当事人、法定诉讼代理人、法定代表人）进行诉讼。第二，代理权产生的基础不同。法定诉讼代理权基于法律规定的监护权而产生；委托诉讼代理人基于委托人的授权而产生。第三，代理权限不同。法定诉讼代理人的代理权限不受限制，他可以代理当事人为一切诉讼行为；委托诉讼代理人的代理权限不得超出委托人的授权范围。第四，诉讼地位不完全相同。法定诉讼代理人在诉讼中居于与当事人相同的诉讼地位，但在性质上又不是当事人；委托诉讼代理人是具有相对独立诉讼地位的诉讼参加人。第五，代理权取得的方式不同。法定诉讼代理人要取得代理权，必须向法院提交有关监护关系的身份证明书；委托诉讼代理人要取得代理权，必须向法院提交由委托人签名或者盖章的授权委托书。第六，诉讼代理权消灭的原因不完全相同。法定诉讼代理权基于监护权的消失而消灭；委托诉讼代理权基于委托授权的取消而消灭。

(二) 代理律师在民事诉讼中的代理权限

民事诉讼代理权是指诉讼代理人代理当事人进行民事诉讼活动的权限。律师代理民事诉讼，其诉讼代理的事项和代理权限的范围取决于当事人的授权。律师只能在当事人授权范围内代理进行诉讼活动，其超越代理权限所实施的诉讼行为，除非得到被代理人的事后追认，否则就属于无效诉讼行为，由其承担相应的法律后果。根据委托人是否将处分实体权利的诉讼权利授予律师，可以将委托诉讼代理权限分为一般授权和特别授权两种。在一般授权的情况下，代理律师仅享有纯程序性质的诉讼权利，只能代为一般的诉讼行为，如申请回避、提出管辖权异议、申请新证人到庭、陈述案情、收集提供证据、进行质证和辩论等等，通常情况下，授权委托书仅表明诉讼代理人有权代为一般的诉讼行为。如果当事人需要代理律师代为实施某些与其实体权益密切相关的诉讼行为，则必须在一般授权的基础上进行特别授权。根据我国《民事诉讼法》第 59 条第 2 款的规定，委托诉讼代理人代为承认、放弃、变更诉讼请求，进行和解，提起反诉或上诉，必须有委托人的特别授权。在司法实践中，当事人进行特别授权时应将特别授权的事项和权限在委托书中明确载明，否则，代理律师不得代为实施。授权委托书仅写“全权代理”而无具体授权的，仍视为一般授权，代理律师也无权代为实施上述诉讼行为。

在民事诉讼中，代理律师的诉讼代理权限随着某种法律事实和法律关系的变化会发生变化。表现方式有：(1) 代理权限的变更，即增大代理权限或者缩小代理权限两种情况。例如，由于情况发生了变化，经委托人与代理律师协商取得一致意见后，将原来确定的“一般代理”改为“特别授权代理”，或由“特别授权代理”变更为“一般代理”。(2) 诉讼代理权限的终结。代理律师的民事诉讼代理权限一般是在法院对民事诉讼案件作出判决、裁定、调解协议，或者作出有关终结诉讼程序的裁定（例如裁定驳回起诉、裁定终结诉讼）而告终结。但由于某些特殊情况的出现，也可以在诉讼程序的进行中终结代理权，主要有下列几种情况：第一，代理人因故辞去代理或委托人因故撤销律师代理，从而解除委托代理关系。第二，在诉讼过程中，因代理人丧失了诉讼行为能力或死亡而终结代理权限。第三，在民事诉讼代理中，凡出现下列情形之一的，诉讼代理权限即告终结：原告死亡，没有继承人或者继承人放弃诉讼权利；被告死亡，没有遗产，也没有应当承担义务的人；离婚案件一方当事人死亡。

（三）代理律师的诉讼地位

民事诉讼中的代理律师在诉讼过程中是具有相对独立地位的诉讼参加人。一方面，代理律师只能在授权范围内进行代理活动，才能产生与被代理人实施的诉讼行为具有同等的法律效力，其行为的法律后果也才能直接归属于被代理人。在诉讼活动中，如果委托人与代理律师就案件事实向法庭所作陈述不一致时，只能以当事人的陈述为准。被代理人可以向法庭要求变更或撤销代理律师在法庭上所作的某些陈述，而且委托人还可以变更代理律师的诉讼代理权限，并有权随时解除委托合同。另一方面，代理律师在委托权限范围内有独立进行意思表示的权利，有权决定是否和如何为意思表示，是否接受他人的意思表示，从而以自己的思维和行为完成代理事务。代理律师有权拒绝委托人的无理要求，在必要时还可以终止诉讼代理关系。代理律师除了要维护当事人的合法权益外，还必须以事实为根据，以法律为准绳，必须遵守宪法和法律，遵守律师职业道德和执业纪律，维护自己的执业形象和法律的尊严。代理律师除享有委托人授予的权利之外，还享有法律赋予从事民事诉讼代理业务律师的固有权利，如《民事诉讼法》第 61 条规定，代理诉讼的律师和其他诉讼代理人有权调查收集证据，可以查阅本案有关材料，又如《律师法》第 35 条规定，受委托的律师根据案情的需要，可以申请人民检察院、人民法院收集、调取证据或者申请人民法院通知证人出庭作证。律师自行调查取证的，凭律师执业证书和律师事务所证明，可以向有关单位或者个人调查与承办法律事务有关的情况。法院在诉讼过程中，应对委托诉讼代理人实施的诉讼行为，不能通过向被代理人实施予以取代。如法院向被代理人送达开庭传票时，还应向委托诉讼代理人送达开庭通知书。

二、律师代理民事诉讼的作用

根据《民事诉讼法》第 58 条第 2 款规定，可以担任委托诉讼代理人的范围包括：律师、基层法律服务工作者；当事人的近亲属或者工作人员；当事人所在社区、单位以及有关社会团体推荐的公民。这一规定，体现了在我国委托诉讼代理人范围的广泛性，从而为当事人有效地行使诉讼权利，维护当事人合法权益提供了充分保障。在当前民事诉讼代理实践中，聘请律师代理诉讼有着积极的价值。因为，律师是现代法治社会不可或缺的一个职业，律师是精通法律的实务专家，作为当事人的委托诉讼代理人，律师能运用其专业知识与技能收集到有利于当事人的证据，及时有效地开展代理活动，在诉讼代理中更易于与法官进行有关案件情况的交流，使当事人的合法权益得以充分实现。

三、律师代理民事诉讼案件的范围

根据我国《民事诉讼法》和《律师法》的规定，律师代理民事诉讼案件的范围是相当广泛的。民事诉讼案件的来源大致有：依据民事法律关系所产生的财产关系和人身关系方面的纠纷、依照婚姻关系所产生的纠纷、依照商事法律关系和劳动法律关系所产生的纠纷等，这些纠纷只要符合我国《民事诉讼法》第 119 条规定的起诉必须具备的四个条件的，通过当事人起诉即可形成民事诉讼案件，律师可以接受当事人、当事人的法定代理人、法定代表人的委托开展民事诉讼的代理活动。

从民事诉讼程序阶段来说，律师既可以在第一审程序，也可以在第二审程序，还可以在审判监督程序中担任诉讼代理人，并可以在民事强制执行程序中担任代理人以保护被代理人的合法权益。

四、代理律师在民事诉讼中的权利和义务

(一) 代理律师在民事诉讼中享有的权利

代理律师在民事诉讼代理中享有的权利包括以下四类：

1. 代理律师在民事诉讼代理中的人身权利

代理律师在执业活动中的人身权利不受侵犯，律师在法庭上发表的代理意见不受法律追究，但发表危害国家安全、恶意诽谤他人、严重扰乱法庭秩序的言论除外。律师依法执行民事诉讼代理职务时，任何单位、个人不得非法干涉，不得强迫律师作出违背事实和法律的代理行为。

2. 代理律师在民事诉讼中享有的程序权利

具体有：第一，阅卷权与调查权。律师在民事诉讼代理中，有权按照法律规定，查阅案件的证据和材料；有权向有关单位和个人进行调查。第二，提出申请与异议权。诸如申请财产保全、申请先予执行、提出管辖权异议、提出对法院作出的民事决定的异议等。第三，申请延期审理权。律师认为人民法院开庭的日期太仓促的，有权申请延期审理。第四，出席法庭参与开庭审理活动权。律师应依法提前得到法院开庭审理并参与庭审活动通知权；在法庭上，享有举证权与质证权，即经审判长许可，律师有权向当事人、证人、鉴定人发问，有权申请通知新的证人到庭作证，有权申请调取新的证据，有权对当庭宣读的证人证言、鉴定结论、勘验笔录等证据提出异议，有权申请重新鉴定或者重新勘验。

3. 代理律师在民事诉讼中享有的实体权利

具体有：经过当事人、法定代理人或法定代表人的特别授权，可以代为承认、放弃、变更诉讼请求，进行和解，参与法院调解，提起反诉，提出上诉与申请再审。律师在被代理人的特别授权范围内有权处理被代理人的实体权利。

4. 代理律师在民事诉讼中享有的其他权利

具体有：第一，检举与控告权。律师在民事诉讼活动中，对人民法院的审判人员、执行人员侵犯国家、集体和公民合法权益的违法、犯罪行为，有揭发、检举和控告的权利。第二，解除委托权。律师发现被代理人委托事项违法、被代理人利用律师提供的服务从事违法活动或者被代理人故意隐瞒与案件有关的重要事实的，律师有权拒绝代理，解除与被代理人的委托关系。

律师依法在代理权限内所为的一切诉讼行为和法律行为，与被代理人的诉讼行为和法律行为具有同样的法律效力。

（二）代理律师在民事诉讼代理中应当履行的义务

总结《民事诉讼法》、《律师法》以及有关律师行业规范的规定，代理律师在民事诉讼中应当履行的义务有以下几类：

1. 忠实履行律师执业活动的一般义务要求

代理律师在民事诉讼中，必须遵照国家的方针、政策办事；律师必须在民事诉讼代理活动中，认真贯彻执行和大力宣传社会主义法制；律师必须忠实于民事诉讼案件的事实真相，忠于国家的法律，忠于职守，做好民事诉讼案件代理业务。

2. 诚实信用履行民事诉讼案件代理合同的义务

代理律师接受当事人委托和人民法院的指定担任民事诉讼代理工作后，应依法在授权的范围内，尽心竭力地做好代理工作；没有特殊情况的出现，不得中止或终结诉讼代理工作。

3. 恪守民事诉讼法律服务中的律师执业纪律要求的义务

具体有：第一，律师代理必须由律师事务所统一接受当事人的委托，禁止私自接受当事人的委托，禁止私自向当事人收取报酬。第二，律师在民事诉讼代理活动中应认真贯彻保守秘密的原则，对接触到的国家秘密、当事人的商业秘密和个人隐私问题，必须严加保密，不得泄露。第三，律师不得弄虚作假，不得伙同委托人歪曲事实真相，不得提供虚假证据，隐瞒事实或者威胁、利诱他人提供虚假证据，不得伪造、隐藏、毁灭证据。第四，律师应当廉洁奉公，不徇私情，不营私舞弊，不得对当事人挟嫌报复、敲诈勒索。第五，律师收到人民法院的开庭通知书，必须按照通知日期准时出庭，不得借故迟到、早退或不到庭。第六，律师不得向法官以及其他工作人员请客送礼或者行贿，或者指使、诱导当事人行贿，律师不得违反规定会见法官。第七，律师出庭履行代理职责时必须遵守法庭的各项纪律，维护庭审秩序。

五、代理律师在民事诉讼中完成的诉讼代理行为与诉讼代理文件

在民事诉讼过程中，代理律师作为当事人的代言人，其诉讼代理行为以言词行为和书面行为为表现形式。一般而言，诉讼代理行为应当以书面文件的形式予以规定下来，诉讼代理人进行诉讼代理行为的书面文件即为诉讼代理文件。诉讼代理文件主要有授权委托书、委托代理诉讼合同、起诉状、反诉状、上诉状、答辩状、代理词、再审申请书、财产保全申请书、执行申请书以及各种笔录（如调查笔录、阅

卷笔录）等。诉讼代理文件的制作具有以下特点：第一，从文件的形式上看，诉讼代理文件具有明显的格式化的特点。第二，与诉讼程序的阶段性相联系，特定的诉讼代理文件的制作、使用具有时间的限制。第三，从文件的使用上看，诉讼代理文件的使用都有明确的法律依据。第四，从文件的表达内容和表达的形式上看，诉讼代理文件的基本内容应包括案件事实、有关证据材料和本案应当如何适用法律予以正确处理的理由论证。任何一份诉讼代理文件的内容均应体现“以事实为根据，以法律为准绳”的诉讼基本原则。诉讼代理文件主要有记叙、描写、说明和议论等表达方法。其写作方法的运用具有相对的程式性。

六、代理律师在民事诉讼中应当完成的主要任务

（一）第一审民事诉讼中代理律师的任务

1. 办理好委托代理诉讼法律手续

具体为：接受一方当事人的委托，签订“第一审诉讼委托代理合同”，由当事人出具“授权委托书”，办理诉讼代理费用收取手续，确立第一审诉讼代理法律服务合同关系。

2. 做好调查案情、收集证据和阅卷工作

代理律师接受当事人委托后，需要进一步掌握案件的事实，搞清纠纷的起因、发展和结果，明确双方争执的关键所在，因此，应当做好调查案情、收集证据和阅卷工作。主要任务是，除向委托人作详细的调查外，还应当向知情人调查各种证据，积极主动地协助当事人收集证据和查证各种证据材料，还要到人民法院认真查阅案卷，以便对正反两方面的证据材料加以对比研究与综合分析，全面客观地熟悉案情。

3. 开庭前的答辩、证据交换与撰写代理词

作为被告的代理律师，接到人民法院送达的起诉状副本后，应当在法定期限内拟写并向人民法院提交答辩状。民事答辩状的写作除首部和尾部外，要着重写明被告承认原告的哪些诉讼请求，反对原告的哪些诉讼请求。对于反对的部分，要针对原告起诉状中提出的事实和理由，提出相反的事实、证据和理由，证明自己主张的合法性与合理性。

作为当事人的诉讼代理律师，应当依照《民事诉讼法》的规定和第一审法院的通知，在规定或指定的举证期限和期日内提供证据材料，完成证据交换事务。

代理词是代理律师应当在法院开庭审理前准备好的在法庭辩论阶段的重要发言材料，它是对所代理的一方当事人主张的事实和理由进行全面而系统的论证，是针对对方当事人所主张的事实和理由进行全面而又系统的反驳，因此，这是代理律师履行诉讼代理义务、维护被代理人权益的重要诉讼文书。代理词是代理律师在掌握了足够的证据，综合整理全部案卷材料的基础上写出的。律师代理的对象不同，第一审诉讼代理词的内容也不相同，原告代理律师的代理词，主要是阐明案件事实、诉讼请求的依据和理由。被告代理律师的代理词，应着重阐明反驳原告起诉的事实和诉讼请求的依据和理由。

4. 开庭审理程序中代理律师的主要任务

开庭审理程序，在民事诉讼中是关键性的阶段，是决定当事人胜诉或败诉的主要环节。代理律师接到法院的出庭通知后应做好以下准备：拟出向证人等发问提纲；就对方当事人或其代理人可能对代理词反驳的问题，拟出答辩提纲；准备好在法庭上宣读、出示和引用的证据；进一步熟悉与案件有关的法律政策。代理律师在参与法庭审理过程中，应当全面地分析、研究案情的发展趋势，在不超越代理权限范围和有利于维护被代理人权益的前提下，针对变化的情况，随时修改和补充开庭前准备的主张和观点，以充分发挥律师代理职能的作用。律师参加庭审活动，要做简要的庭审笔录以反映出庭审的程序和内容，重点是反映出律师本人参与庭审活动的情况。法庭审理虽然可分若干阶段，但律师代理的重点应放在法庭调查和法庭辩论阶段。

（1）审判长或独任审判员宣布法庭审理开始阶段，律师首先应考虑是否有法定理由提出申请审判组织组成人员回避的要求。

（2）法庭调查阶段的律师代理任务有：第一，代理委托人回答审判人员的询问。在法庭调查阶段，委托人与律师共同出庭的，应首先由委托人回答审判人员的询问，律师进行补充说明。如果是委托人没有出庭，或者虽然出庭，但已商定统一由律师回答法庭询问和陈述案件事实的，律师就必须全面掌握整个案情，认真研究案件的所有重要问题，以正确回答审判人员的询问。第二，审查证据。代理律师在法庭调查阶段，主要应做好证据材料的提出、质证审查工作，要特别注意对方当事人及其诉讼代理人对案情的陈述和回答法庭询问的内容，一旦发现了新的事实和证据就要加以核实，并作为修订自己在法庭辩论中发表代理意见的论点和论据的参考。具体技巧有：在法庭调查过程中，代理律师应认真记录，做好向其他当事人、证人、鉴定人发问的准备，完善庭前准备的发问提纲。代理律师出示证据，应当简要说明该证据可以证明的事实。对方出示证据的，代理委托人质证，有异议的，阐明异议理由和根据。经审判长许可，代理律师可以向证人、鉴定人及其他当事人发问，代理律师应就与本案有关的问题发问，发问受到审判长制止时，律师应尊重法庭的决定，改变问题或发问方式。针对其他当事人、诉讼代理人威逼性、诱导性发问和与本案无关的发问，代理律师有权提出反对意见。反对意见被法庭驳回后，应尊重法庭意见。在法庭调查过程中，代理律师有权申请重新鉴定、勘验，要求补充证据，必要时可以申请延期审理。每一案件事实的全部证据出示完毕后，代理律师可以发表综合性意见。对于有矛盾的证据、程序违法的证据及其他不具备证明资格和证明力的证据资料，应建议法庭不予采信。

（3）法庭辩论阶段的律师代理工作。法庭辩论是民事庭审程序中极其重要的程序阶段，在法庭辩论阶段，律师要认真发表代理词，无论担任原告或被告方代理人，都应根据法庭调查情况对自己的代理词或代理意见作及时必要的修改、充实。法庭的辩论发言，应紧紧围绕着争议的焦点或者法庭调查的重点进行。从事实、证据、法律依据等不同方面进行分析，阐明观点，陈述理由，充分论证自己所代理的一方当事人诉讼请求的正确性和合法性，否定对方当事人的无理要求和违法论点，以使审判人员接受自己的观点，从而作出有利于自己所代理的一方当事人的裁判。要完成好法庭辩论阶段的代理任务，律师应当注重积累法庭辩论的技巧，确定好所代理案件的辩论方案、思路，既要维护被代理人的合法权益，又要做好被代理人的思想工作，防止矛盾激化；既要与对方当事人及其诉讼代理人进行针锋相对的辩论，又不与对方势不两立，不意气用事。律师还要注意维护与审判人员之间相互配合和彼此制约关系，在案件事实认定、法律适用上与审判人员相互配合、相互信任和相互尊重，共同保证民事审判工作的质量，以实现维护当事人的合法权益、维护法律的正确实施和维护社会的公平正义的职业任务。

（4）参与案件的调解工作。律师代理当事人接受调解方式结案，必须依法有委托人的特别授权，只有与委托人协商取得一致意见后，才能决定是否接受法庭调解。若是委托人亲自出庭的，应由委托人自己对法庭调解表示意见以确定能否调解结案。

（5）完成结案手续。律师第一审民事诉讼代理合同关系到第一审法院对诉讼案件判决、裁定（驳回起诉裁定或终结诉讼裁定）、调解结案而结束。代理一审诉讼活动的，如法院作出的裁判合理合法，律师应说服委托人服判，当事人坚持上诉的，律师一般不再接受其委托；如法院的裁判不当，律师应向委托人讲清楚裁判文书的不合法不合理的具体理由，当事人是否上诉由其自己决定。如果委托人决定上诉，并继续委托律师代理的，原承办律师可继续担任其代理人参加二审诉讼活动，但应另办委托手续。结案后，承办律师应按律师业务立卷归档要求，及时整卷归档。

（二）第二审程序中代理律师的任务

第二审程序中的律师代理的阶段任务大致与第一审一致。律师接受被代理人的上诉案件代理诉讼委托后，应集中精力拟写并在法定期限内递交上诉状或答辩状、代理词，向第二审法院提供新证据，在第二审开庭审理时按时参加；在第二审不开庭审理时要注意向合议庭陈述自己所代理的一方当事人的上诉请求与上诉理由。对于第二审法院作出的裁判合理合法，代理律师应说服委托人服判，按判决书或裁定书的要求执行；如果二审法院的裁判违法或显失公正的，可告诉委托人按民事诉讼的审判监督程序向人民法院申请再审或向人民检察院申请抗诉，如果委托人继续委托律师代理的，原承办律师可继续担任其代理人，代理委托人进行再审的申请，但应另办委托手续。

（三）再审程序中代理律师的任务

律师在接受当事人再审案件的诉讼代理授权委托后，应针对案件再审适用第一审程序再审还是适用第二审程序再审，一一做好再审程序各阶段的代理事务，切实维护委托人的合法权益。

（四）执行程序中代理律师的任务

律师在接受一方当事人代理案件执行的委托后，应当注意适时提出各项申请（诸如执行申请、执行异议申请等），提供有利于执行的证据材料与信息，配合人民法院所采取的执行措施，以切实维护委托人权益。

(五) 民事涉外诉讼案件中代理律师的任务

在我国，涉外民事诉讼案件的当事人，如果要委托律师代理诉讼的话，只能委托中国的律师代理诉讼，不得委托外国的律师代理诉讼。律师代理涉外民事诉讼活动是十分必要的：第一，律师代理涉外民事诉讼，有利于正确、合法地处理涉外民事案件。第二，有利于维护涉外民事案件当事人的合法权益。律师担任涉外民事案件当事人的代理人，不仅有利于保护委托人的实体权利，而且能够保障涉外民事诉讼当事人充分地享受其诉讼权利。第三，律师代理涉外民事诉讼活动，有利于宣传社会主义法制，有利于促进我国与世界各国政治、经济和文化的交往与合作，有利于我国改革开放事业的持续发展。

律师代理涉外民事诉讼案件的任务与国内民事诉讼案件诉讼代理任务基本一致。根据法律规定，律师代理涉外民事诉讼案件过程中，要注意严格遵循优先适用特别规定、外国人和中国人权利与义务同等原则与对等原则、维护我国主权原则等涉外民事诉讼的基本原则要求。

七、民事诉讼代理中的律师法律援助

为经济困难的公民进行民事诉讼提供法律援助是我国律师民事诉讼代理中一项执业义务。根据我国《法律援助条例》规定，公民对下列需要代理的民事诉讼案件，因经济困难没有委托代理人的，可以向法律援助机构申请指派律师进行法律援助：请求给予社会保险待遇或者最低生活保障待遇的；请求发给抚恤金、救济金的；请求给付赡养费、抚养费、扶养费的；请求支付劳动报酬的；主张因见义勇为行为产生的民事权益的。律师在民事诉讼代理中践行法律援助义务具有多重意义：（1）体现国家对法律赋予公民包括诉讼权在内的基本权利的切实保障，实现“法律面前，人人平等”的宪法原则；（2）为当事人提供平等的司法保障，有利于实现司法为民与司法公正；（3）有利于完善社会保障体系，促进社会稳定和社会主义市场经济的有序发展；（4）有利于促进律师队伍的职业道德与执业纪律建设，提高我国律师队伍的执业素养。因此，律师应当依照《法律援助条例》和《关于民事诉讼法律援助工作的规定》的规定，遵守职业道德和执业纪律，提供法律援助不得收取任何财物。

【案例评析】

案例一

(一) 案情简介

2006 年 4 月 25 日，委托人程强到某律师事务所聘请律师代理诉讼。他向值班律师提交了某市中区法院送达的市华侨城市信用社诉程强借款合同纠纷的《民事起诉状》副本一份。市华侨城市信用社起诉状中的事实与诉讼请求主要为（摘要）：被告程强于 2005 年 2 月 14 日向该社贷款 65 万元以美国产福特小轿车、丰田佳美小轿车各一辆作为该笔贷款抵押，并约定贷款应于 2005 年 5 月 14 日归还。贷款到期后，该信用社多次催收，被告还款 22 万元，但仍欠贷款及利息 54 万元（至起诉时 2006 年 3 月 20 日止）。原告请求法院判令被告程强归还贷款 43 万元及利息 11 万元，并承担一切诉讼费用。程强欲聘请律师代理本案诉讼。

（二）基本问题

作为律师，应当办理哪些手续以接受当事人程强的委托？

（三）案例评析

在律师民事诉讼代理实务中，办理接受当事人诉讼代理委托的法律手续是律师进行民事诉讼代理的前提。主要手续包括：第一，与委托人交谈，询问委托人委托事项、要求，并将询问的基本情况制作成笔录；第二，与委托人签订委托书、委托代理合同，同时应依法收取诉讼代理费用；第三，由律师事务所主任签发《案件受理审批登记表》备案。

以下是律师接受前述案件被告程强委托代理诉讼需要完成的手续：

1. 询问笔录一份

询问笔录

询问人：（由负责接待的值班律师填写自己的姓名）

被询问人：（填写委托人姓名及其基本情况）

询问地点：本所办公室。

事由：关于借贷合同纠纷。

问：需要我们代理何事宜？

答：因市华侨城市信用社起诉我还借款一案需要请律师代理诉讼。

问：请将借款情况简述一下。

答：我去年 2 月 14 日以个人名义向市华侨城市信用社借贷了 65 万元人民币，并约定 5 月 14 日归还。为贷此款，我以美国产福特小轿车和日本产丰田佳美小轿车作为抵押。其间，信用社将我作抵押的小轿车擅自动用，经常开往外地，并先后将两辆车造成不同程度的损害。为此，我在交付 22 万元贷款后先取回了福特车，另一辆佳美车已被对方使用并损害了部分部件，由此形成纠纷，我就没有及时还贷款。

问：对方起诉前与你有否协商？

答：没有。

问：你的基本态度和要求是什么？

答：借钱该还，但是我的车应按抵押时的原值计算，已使用并损害的应作价抵扣。

> 问：现在你能拿出钱来返还对方吗？
>
> 答：现在没有钱，只有分期分批偿还。如果贷方坚持其主张，可就丰田佳美小轿车按抵押时原值作价抵债。
>
> 问：前述情况你能提供相关证据，特别是轿车损害的证据吗？
>
> 答：可以。
>
> 问：按照规定，你委托律师代理诉讼，应交纳诉讼代理费。
>
> 答：可以。
>
> （委托人签名或盖章）程强
>
> 时间：2006年4月25日

2. 授权委托书一份

> **授权委托书**
>
> 委托人 程强 因 借款合同纠纷 一案，特委托 某某（律师事务所名称）律师事务所 某某某（代理律师姓名）担任本案 第一 审的代理人。其代理权限为：一般代理。
>
> （委托人签名或盖章）程强
>
> 2006年4月25日

《民事诉讼法》第59条第1款规定："委托他人代为诉讼，必须向人民法院提交委托人签名或者盖章的授权委托书。"可见，人民法院收到委托人签名或者盖章的《授权委托书》，是律师取得委托诉讼代理权的法定方式和凭证。根据《民事诉讼法》规定，《授权委托书》必须记明委托的事项和代理权限。如果一方当事人同时委托二人代理的，《授权委托书》应分别记明委托诉讼代理人各自代理的事项和权限。在诉讼实践中，各律师事务所按照司法部规定印制有《授权委托书》的格式，《授权委托书》由委托人填写。《授权委托书》一式3份，一份由委托人在开庭前递交给审理本案的人民法院，一份由委托人存查，一份由接收委托的办案律师归卷保存。

3. 委托代理合同一份

> **委托代理合同**
>
> 字第　　号
>
> 程强（简称甲方）因借贷合同纠纷一案，委托 某某（律师事务所名称）律师事务所（简称乙方）律师出庭代理，经双方协议，订立下列各条，共同遵守履行：
>
> 一、乙方接受甲方的委托，指派某某某（姓名）律师为甲方诉讼代理人。
>
> 二、甲方必须真实地向律师叙述案情，提供有关本案证据，乙方在接受委托

后，如发现甲方捏造事实，弄虚作假，有权终止代理，依约所收费用不予退还。

三、乙方律师必须认真负责维护委托人合法权益。

四、如乙方无故终止合同，报酬费全部退还甲方，如甲方无故终止合同，报酬费不予退还。

五、甲方委托乙方代理权限：一般代理。

六、根据律师收费办法的规定，甲方应向乙方缴纳劳动报酬人民币　　元整。

七、乙方为本案工作所支付的差旅费，按国家规定的标准，全部由甲方负担，现预交　　元整。

八、如一方要求变更合同条款，需双方协商同意。

九、本合同有效期限：自签订之日起至本案终止（判决、调解、裁定结案，案外和解及终结诉讼）。

甲方：
程强
（签名或盖章）
2006 年 4 月 25 日

乙方：
某某律师事务所
（盖章）
2006 年 4 月 25 日

4. 案件受理审批登记表一份

<table>
<tr><td rowspan="2">当事人</td><td>法人</td><td colspan="3"></td><td>法定地址</td><td colspan="2"></td><td rowspan="2">电话</td><td rowspan="2"></td></tr>
<tr><td>自然人</td><td>程强</td><td>性别</td><td>男</td><td>通讯地址</td><td colspan="2"></td></tr>
<tr><td>案由</td><td colspan="2">借贷合同</td><td colspan="2">诉讼地位</td><td>被告</td><td>承办律师</td><td colspan="3"></td></tr>
<tr><td colspan="5">与当事人谈话要点</td><td colspan="5">当事人要求</td></tr>
<tr><td colspan="5">问：借款的还款情况？
答：已还了 22 万元，所欠贷款有一部丰田佳美小轿车抵押在信用社。
问：你不按时还款的理由是什么？
答：因为信用社使用并损害了我的抵押物丰田佳美小轿车。</td><td colspan="5">一、利息计算不应这么高。
二、原告对我所抵押的小轿车的使用应当有相应的抵扣。
三、还款时间希望长一点。</td></tr>
<tr><td colspan="5">值班律师意见</td><td colspan="5">主任意见</td></tr>
<tr><td colspan="5">值班律师签字：</td><td colspan="5">主任签字：</td></tr>
</table>

案例二

（一）案情简介

在民事诉讼中，法律文件的制作是经常的、大量的。有关诉讼文件中的文字表述与诉讼法律原理的应用密不可分，有关诉讼文件是否符合诉讼规范的要求，是制作人法律职业素养的反映。以下是一份《民事起诉状》中的部分文字内容：

> **民事起诉状**
>
> 原告：王甲，女，现年 67 岁，汉族，无工作，住滨江市东城区五一路 26 号。
>
> 法定代理人：王乙（原告王甲之女），女，现年 45 岁，汉族，某广告公司工作，住东城区和平路三村 32 号 3－2。
>
> 委托代理人：李丙，男，滨江市某律师事务所律师。
>
> 被告：滨江市宏大房地产开发公司。
>
> 法定代理人：赵丁，宏大房地产开发公司总经理。
>
> 案由：房屋居住使用权纠纷。
>
> 请求事项：
>
> 1. 滨江市东城区五一路 26 号房屋享有所有权，并要求被告赔偿损失。
>
> 2. 由被告承担本案诉讼费用。
>
> 事实与理由：（略）
>
> 具状人：王甲
>
> 2009 年 8 月 20 日

（二）基本问题

分析此份起诉状以明确：

1. 如何正确区分法定代理人与委托代理人、法定代表人？
2. 律师诉讼代理权何时发生法律效力？
3. 要求对方当事人承担本案诉讼费用是否属于“诉讼请求”？

（三）案例评析

1. 如何正确区分法定代理人与委托代理人、法定代表人？

法定诉讼代理人与委托诉讼代理人是有区别的。法定诉讼代理人依照法律规定代理无诉讼行为能力的人进行诉讼，根据《民事诉讼法》第 57 条，无诉讼行为能力人由他的监护人作为法定代理人代为诉讼。监护人作为法定诉讼代理人参加诉讼，应当向人民法院提交监护人身份证明文件。而委托诉讼代理人根据当事人、法定代理人的授权委托，代理当事人进行诉讼。委托诉讼代理人的诉讼代理权的根据是当事人、法定诉讼代理人在递交给人民法院授权委托书中就代理事项、代理权限所进行的意思表示。授权委托书是委托诉讼代理人取得诉讼代理权的法律文件。在本案中，原告是 67 岁的老人，并无事实和证据证明原告有民法上的无民事行为能力、限制民事行为能力情形。可见，本案原告是有诉讼行为能力的人，不产生法定诉讼代理的问题。因此，此起诉状中所列原告“法定代理人”一项内容是不正确的。正确的方法是，由本案原告授权委托，产生委托诉讼代理人代为诉讼。

而此起诉状中所列被告的“法定代理人”一项也是不正确的表述。被告滨江市宏大房地产开发公司是一法人，根据《民事诉讼法》第48条的规定，法人由其法定代表人进行诉讼。因此，法人作为当事人时，只会出现法定代表人进行诉讼的问题，而不存在法人的法定代理人问题。无诉讼行为能力人的法定诉讼代理人与法人的法定代表人是两个不同的法律术语，不能混淆。法定诉讼代理人和法定代表人有以下主要区别：产生的基础不同。法定诉讼代理人的代理权产生于民法所确认的亲权和监护权；法定代表人的代表权产生于法人工作人员在法人中担任职务的职权与职责。代理或代表的对象不同。法定诉讼代理人代理的对象是自然人，法定代表人代表的对象是法人。法定诉讼代理人与其所代理的自然人是两个独立的主体，他们之间存在代理与被代理的关系；法定代表人与其所代表的法人不是两个独立的主体，他们之间不存在代理与被代理的关系。法人是拟制的民事主体，其权利能力通过法定代表人来实现。法定诉讼代理人不能被其所代理的当事人更换，法定代表人可以被其所代表的当事人更换。

2. 律师诉讼代理权何时发生法律效力?

《民事诉讼法》第59条规定，委托他人代为诉讼，必须向人民法院提交由委托人签名或者盖章的授权委托书。律师接受当事人委托代理民事诉讼，应当以人民法院已立案为条件，如果当事人尚未起诉，律师只宜为当事人代书起诉状，而不宜在起诉前即与当事人签订授权委托书和诉讼代理合同。因为当事人聘请律师代理诉讼，目的是通过律师的诉讼代理活动，获得有利于自己的民事判决；如果在起诉前，律师即与当事人签订授权委托书和诉讼代理合同，并收取了代理费用，将出现与当事人委托诉讼代理人目的不一致的现象。例如，当事人尚未起诉，律师已接受当事人委托，法院在未收到起诉状之时，已得到授权委托书；当事人虽已起诉，但法院尚未立案，授权委托书已递交法院，法院经审查认为不符合立案条件，再予退回。

3. 要求对方当事人承担本案诉讼费用是否属于“诉讼请求”的范畴?

有具体的诉讼请求，是我国《民事诉讼法》第119条规定的起诉条件的要求。所谓具体的诉讼请求，是原告要求人民法院予以保护的民事权益的具体内容。诉讼请求是民事之诉的量化形式，是双方当事人之间发生争议的民事法律关系的具体问题和实体内容。诉讼请求因诉的种类不同而相异，给付之诉的诉讼请求是原告请求人民法院保护其某项权益，要求法院判决被告履行某项义务；变更之诉的诉讼请求是原告诉请法院判决变更某种民事法律关系；确认之诉的诉讼请求是原告请求法院判决确认某种民事法律关系是否存在。而诉讼费用是人民法院依法对进行诉讼的当事人征收的案件受理费及其他诉讼费用的总称。诉讼费用不属于当事人诉争之诉的内容，因此，诉讼费用不应是诉讼请求的范畴。作为印证，根据人民法院民事判决书格式规定，法院判决民事诉讼案件时，诉讼费用的负担不作为判决主文的一项内容，而是在判决主文后另起一行写明。

案例三

(一) 案情简介

2009 年 8 月 3 日，当事人李甲到律师事务所咨询并聘请代理律师，以下是她提供的原告《民事诉状》副本一份。

民事诉状

原告：赵甲，女，48 岁，乙市无线电四厂工人，住东城区滨江路 99 号 1 单元 3－4。

第三人：赵乙之妻肖甲，女，47 岁，耀华服装厂工人，住乙市东城区滨江路 24 号 1 单元 5－3。

第三人：赵丙，男，46 岁，乙市朝阳区永和一队村民。

第三人：赵戊之夫董甲，男，60 岁，住乙市东城区兴隆街 3 号。

被告：赵丁，女，56 岁，乙市钢铁总厂退休工人，住乙市东城区水心街 7 号。

被告：李甲，女，30 岁，个体工商户，住乙市东城区滨江路 114 号 1 单元 2－3。

诉讼请求：

一、要求依法确认父母遗留的东城区滨江路 114 号 1 单元 2－3 约 30 平方米公房使用权由原告居住使用。

二、如被告李甲执意过户租用使用该房，必须补偿人民币 8 万元给原告兄弟姐妹。

三、本案诉讼费由两被告负担。

事实及理由：原告赵甲和第三人肖甲之夫赵乙（去世）、第三人董甲之妻赵戊（去世）、第三人赵丙和被告赵丁系兄弟姐妹关系，被告李甲是赵丁养女。赵甲、赵乙、赵丙、赵丁、赵戊之父赵山、母陈乙原租有东城区滨江路 114 号 1 单元 2－3 户一室一厅公房一套约 30 平方米。赵山于 2005 年去世，陈乙于 2007 年 4 月去世。在赵山、陈乙生前，原、被告双方都不同程度上尽了赡养义务。原告单位未分配住房，而被告赵丁及李甲有住房居住。被告赵丁在母亲刚办完丧事，就瞒着其他兄弟姐妹，将父母遗留的公房使用权转给被告李甲，并把房管证拿到乙市房地产管理局东城区分局滨江路房管所骗取过户手续，其他兄弟姐妹得知后提出异议，滨江路房管所让原告到法院解决。

原告方认为：父母亲遗留的公房一套使用权由原告赵甲居住使用较为恰当。一是原告赵甲单位没有分配住房，同时愿意拿人民币 8 万元补偿给兄弟姐妹；二是因为父母的房屋原系私房，被占用拆迁时，被告赵丁分有公房一套；三是被告赵丁既分有房屋，又瞒着兄弟姐妹将房管证拿到房管部门骗取过户给被告李甲，这一行为是无效民事行为，应予撤销。因此请求法院确认其父母亲遗留的前述公房一套为原告赵甲居住使用。原告赵甲愿意补偿其他兄弟姐妹人民币 8 万元。另外如果被告李甲要继续居住使用，也应补偿人民币 8 万元给除被告赵丁外的兄弟姐妹。因李甲是赵丁养女，无权享有前述房屋使用权，只能由被告赵丁享有，而赵丁既占有了房屋，就不得参加补偿费的分配。

由于本案诉讼是因被告赵丁、李甲的无效民事行为引起，因此，本案全部诉讼费由被告负担，望法院依法作出裁决。

此致

乙市东城区人民法院

具状人：赵甲

2009 年 7 月 23 日

（二）基本问题

1. 起诉状确定的本案当事人是否符合《民事诉讼法》的规定？
2. 原告提出的诉讼请求是否成立？

（三）案例评析

1. 起诉状确定的本案当事人是否符合《民事诉讼法》的规定？

根据起诉状所述案情，原告赵甲提起的是请求人民法院确认继承房屋居住权的诉讼。如何正确确定本案当事人呢？起诉状所列的赵甲和赵乙（肖甲之夫）、赵丙、赵戊（董甲之妻）与赵丁是兄弟姐妹，根据我国《继承法》第 10 条第 1 款规定，他们在其父母赵山、陈乙死亡后，对父母的遗产有继承权。但赵乙、赵戊先于其父母死亡，《继承法》第 11 条规定，适用代位继承，由赵乙、赵戊的晚辈直系血亲代位继承。而赵乙之妻肖甲、赵戊之夫董甲要主张对赵山、陈乙的继承权的话，只能以《继承法》第 12 条“丧偶儿媳对公、婆，丧偶女婿对岳父、岳母，尽了主要赡养义务的，作为第一顺序继承人”的规定为理由。本案中，赵甲与赵丁、李甲因继承赵山、陈甲的遗产发生纠纷，赵甲提起诉讼，引起民事诉讼程序的发生，是本案的原告，而赵丁、李甲被赵甲指控侵犯赵甲的继承权（继承公有房屋的居住权）而成为本案被告。根据最高人民法院《关于适用〈中华人民共和国民事诉讼法〉若干问题的意见》第 54 条：“在继承遗产的诉讼中，部分继承人起诉的，人民法院应通知其他继承人作为共同原告参加诉讼；被通知的继承人不愿意参加诉讼又未明确表示放弃实体权利的，人民法院仍应把其列为共同原告。”因此，其他继承人赵丙、赵乙的儿女和赵丙的儿女（作为代位继承人）、肖甲和董甲（以尽了主要赡养义务的丧偶儿媳、丧偶女婿的身份）应当作为本案共同原告参加本案诉讼。因此，起诉状将赵丙、肖甲、董甲列为第三人是不正确的。

2. 本案原、被告争议的诉请人民法院裁判的房屋继承权是否成立？换言之，原告赵甲的诉讼请求是否成立呢？

在本案诉讼中，原、被告之间争议的父母原承租的乙市房地产管理局东城区分局滨江路房管所（以下简称滨江房管所）的公有房屋，已由滨江房管所确定由李甲承租并办理了过户手续，即李甲与滨江房管所之间形成房屋租赁法律关系，此房屋租赁法律关系与本案原、被告争议的继承法律关系发生牵连，根据我国公房租赁的法律、法规规定，公房不是租赁户的私人财产，当然也不属于遗产继承的范围。从实体法的角度看，本案原、被告对公有租赁房屋均不享有继承权，因此，原告赵甲的诉讼请求是不成立的。就本案诉讼程序而言，滨江房管所对本案原、被告继承纠纷争议的租赁公房享有全部请求权，符合我国《民事诉讼法》第56条关于有独立请求权第三人的资格，滨江房管所可以有独立请求权的第三人的身份提起诉讼而参加到本案原、被告继承纠纷诉讼中去。

案例四

（一）案情简介

以下是两份诉讼文件，一份是《民事起诉状》，另一份是被告在收到法院发出的《应诉通知书》后拟写的《管辖异议申请书》。

资料一：

民事起诉状

案由：拖欠安装款

原告：B市镇龙汽车附件服务部

地址：B市市中区医学院路10号。

法定代表人：李宏

被告：C市物资贸易中心汽车销售公司

地址：C市东城区纪家庙钱家胡同12号。

法定代表人：李晓明

被告：D市运输劳务服务公司

诉讼请求：

1. 请求被告支付汽车空调安装款6万元。
2. 请求被告支付相应拖欠款项利息。
3. 由被告承担本案诉讼费用。

事实和理由：

2008年12月，被告C市物资贸易中心汽车销售公司（以下简称销售公司）与D市运输劳务服务公司（以下简称服务公司）签订了240辆“五十铃”汽车送车协议（附件一）。2009年1月，服务公司多次将“五十铃”车开至原告B市镇龙汽车附件服务部，要求安装空调，安装完成后由原告与销售公司结清。（附件二）

2009 年 2 月 10 日，服务公司代销售公司提车 15 台，并找到原告，说明按销售公司委托安装汽车空调，原告方即按要求完成 15 台“五十铃”车的空调安装任务，单价每台 4 千元，总计价款 6 万元（附件三）。服务公司验收后分两批将车送至 A 市。

此后，原告多次向被告催收安装款，还先后两次派人到销售公司协商收款；销售公司副经理也曾到原告处说明欠款原因，并承诺支付，但至今一年多时间仍未解决。为此，根据《民事诉讼法》、《民法通则》及《合同法》之规定，特向贵院起诉，依法保护原告的合法权益。

此致

B 市市中区人民法院

具状人：B 市镇龙汽车附件服务部

（公章）

2009 年 7 月 24 日

附：（略）

资料二：

管辖权异议申请书

B 市市中区人民法院：

贵院（2009）经第 1260 号起诉状副本通知书已收悉。

我公司与所送起诉状副本无法律意义上的关系。考虑到正确处理好本案所涉及的纠纷，配合贵院依法作出裁定，特将以下事实提供给你院。

2008 年 11 月，C 市物资贸易中心汽车销售公司与 A 市汽车集团销售公司签订了销售庆铃汽车（双排座 1.75 吨客货两用车）的合同，后按 2008 年 12 月 8 日与 D 市运输劳务服务公司签订的接车协议（见附件一），由接车方运送 15 辆车到 A 市，交给需方。需方要求对这 15 辆车安装车用空调，B 市镇龙汽车附件服务部（该部设在 B 市）将这 15 台车车用空调安装后，由承运方送至 A 市交付给 A 市汽车集团销售公司。由此，C 市物资贸易中心汽车销售公司、A 市汽车集团销售公司和 D 运输劳务服务公司在本次销售、承运活动中都各自履行了自己的义务。后因安装该 15 台车用空调的费用未付给起诉状中的原告，进而形成纠纷。

综上所述，我公司未以本司的名义从事本案所涉及的经营，不能作为本案的被告，不能应诉。本案的一切行为含送车协议、销售合同均是以“C 市物资贸易中心汽车销售公司”名义进行的，该公司才是上述销售行为中的当事人，不过该公司早已全部履行了自己的义务，也不能作为本案当事人。

我们认为，本案的原告应理顺法律关系，对自己已经认可的债务人 A 市汽车集团销售公司追讨债务（见附件二），而不应把与本案债务无关的单位牵进诉讼中。其次，贵院对本案也无管辖权，应移送至被告所在地或合同履行地受理。

此致

C市物资贸易中心汽车销售公司

2009年8月9日

附：

一、接车协议复印件一份。

二、B市镇龙汽车附件服务部开具给A市汽车集团销售公司空调发票复印件一份。

（二）基本问题

被告管辖权异议是否成立？

（三）案例评析

所谓管辖权异议，是在人民法院受理案件后，当事人依法提出该人民法院对本案无管辖权的主张和意见。《民事诉讼法》确立该制度的意义在于：根据“管辖恒定”规则，某一人民法院对某一案件是否享有管辖权，应以原告起诉时为准，只要法院在原告起诉时依法对案件取得管辖权的，该案件自始至终由其管辖，不因情况的变化受其影响。即可以避免因当事人住所地的变化或者人民法院管辖区域的变化等，随意移送、变更管辖法院。而“管辖权异议”是当事人提出受理案件法院依法无管辖权的主张和意见。管辖恒定与管辖权异议相互联系，互为补充。

从管辖权异议成立的形式上考察，本案被告符合管辖权异议的主体要件，并且是在提交答辩状期间的法定时间内，以书面形式对受理本案的一审法院的管辖权提出异议的，因此具备了管辖权异议的程序要件。但是从确定本案的管辖权的法律依据上考察，本案是因车用空调安装费用的给付问题而引发的纠纷，当事人在纠纷发生前和发生后，对诉讼管辖法院并无约定，因此不存在协议管辖的情形，应适用《民事诉讼法》第23条规定，由合同履行地或者被告住所地法院管辖。本案原告镇龙汽车附件服务部其所在的市中区为二被告安装空调的行为属于合同中的加工承揽合同，按照最高人民法院《关于适用〈中华人民共和国民事诉讼法〉若干问题的意见》第20条“加工承揽合同，以加工行为地为合同履行地，但合同中对履行地有约定的除外”的规定，本案合同中对履行地并无约定，因此合同履行地即为加工行为地（也是原告所在地）。本案被告C市物资贸易中心汽车销售公司所在地是C市东城区，被告D市运输劳务服务公司在D市某区。所以依照《民事诉讼法》第23条，B市市中区法院、C市东城区法院、D市某区法院依法对本案享有管辖权，形成共同管辖。对共同管辖，根据《民事诉讼法》第35条：“两个以上人民法院都有管辖权的诉讼，原告可以向其中一个人民法院起诉；原告向两个以上有管辖权的人民法院起诉的，由最先立案的人民法院管辖。”本案原告依法选择向B市市中区人民法院起诉，市中区人民法院受理此案有法律依据，其对本案的管辖权具有恒定的效力。

所以，本案被告C市物资贸易中心汽车销售公司提出的《管辖权异议申请书》没有证明受理本案的B市市中区管辖此案无法律依据，因此不具备管辖权异议的实质要件。

综上所述，本案被告提出的管辖权异议不成立。

案例五

（一）案情简介

李甲住家与M市B公司办公大楼相邻。2010年12月26日（星期日）14时许，李甲的儿子李乙（7岁）与其他小孩在B公司门卫不备的情况下，一起进入B公司办公大楼二楼屋顶花园内玩耍时，李乙爬上屋顶花园水池，并踩到水池侧边一楼大厅顶部的采光玻璃，从距大厅地面7米高处坠落摔伤。事故发生后，李乙即被送往M市儿童医院治疗，经医院诊断为“广泛性脑挫裂伤，左顶颞骨粉碎性骨折，脑内血肿”。李乙治疗共用去医疗费用70 956.37元。后经M市法医学会鉴定李乙伤残程度TX级，保险公司赔偿李乙意外受伤保险金人民币2.5万元。李甲就儿子李乙的医疗费以及继续治疗费的负担问题与B公司协商不成，遂诉至法院。

（二）基本问题

请选择以原告或被告代理律师的身份拟写一份《民事代理词》阐述应当如何确定本案双方当事人的民事责任？

（三）案例评析

以下为本案被告代理律师发表的《民事代理词》：

民事代理词

审判长，陪审员：

根据我国《民事诉讼法》第58条之规定，我受M市××律师事务所指派，担任本案被告一方的代理人，出席今天的法庭。在陈述我的代理意见之前，我代表被告方对原告受伤一事表示同情。为履行代理人的职责，出庭前我认真进行了调查，询问了被代理人，刚才也听取了法庭调查。通过上述活动，我认为本案事实清楚，责任分明。遵循“以事实为根据，以法律为准绳”这一处理民事纠纷的重要原则，我们应依照法律规定，合情合理地解决双方发生的纠纷。

我认为，李乙擅自进入B公司办公楼摔伤并造成了身体伤残，同时也带来一定的经济损失，对此，被告是表示同情并给予了一定的抚助的。但是原告的代理人所述事实与本案事实有一定的出入，所提请求中除不合情理之外，还缺乏法律依据。针对这些，我发表如下代理意见，供法庭参考，并与原告代理人商榷。

一、关于本案事实真相

原告李乙与相识的四位同龄小孩于2010年12月26日下午相约趁被告值班

人员不注意溜进被告办公楼一楼屋顶花园玩耍。玩耍中，李乙独自在采光玻璃上行走，在采光玻璃之间进行跳跃，由于原告自身重量和跳跃瞬间的力量超过了采光玻璃的承受力，致使玻璃破碎，身体堕入底楼大厅，造成身体受伤。被告值班人员及有关职工将李乙（原告代理人李甲后闻讯赶到）送往医院治疗。

事情发生后，原、被告双方有过几次接触，旨在解决这一纠纷，后因医疗费用问题上意见不统一才形成现在的诉讼。在本案中，不管什么原因，年仅7岁的李乙摔伤是值得同情的，进行医治也是理所当然的。但是原告代理人在医疗单据上做了些手脚，大大提高了费用开支，从所提供的证据看竟高达70 956.37元，并且毫无根据地提出后续医疗费26万元。这些都是被告所不能接受的。

二、关于损害赔偿

民法原理告诉我们，损害赔偿是因当事人的民事侵权行为所引起的债的一种。构成损害赔偿责任的一般条件包括：(1) 加害行为的违法性。(2) 加害人有过错。(3) 加害行为与损害结果之间的必然的因果关系。(4) 确有财产上的损失。凡具备上述四个条件的，就应当承担损害赔偿责任。否则，就不应当承担损害赔偿责任。就本案而言，本案的特殊性在于其混合过错问题。所以，赔偿应该按此原则：原告法定代理人李甲作为监护人没有履行好对李乙的监护义务，李乙所造成的损害，其主要责任应由李甲承担。作为被告方来讲，因为值班人员的大意，使这种本可避免的事件而未能避免，因此应承担一定的责任。所以，在明确责任的前提下，赔偿的比例就显而易见了。

三、关于解决本案纠纷的方式。

我认为，本案以调解解决为好。对原告所提主张应严格遵循实事求是的原则，即所提出医疗费用和其他费用均应按医嘱和依法赔偿为据。被告考虑到原告的实际情况，可以放宽赔偿的金额，具体金额可以协商。

被告诉讼代理律师　＊＊

2011年1月30日

案例六

(一) 案情简介

以下是某律师在出庭代理一合同纠纷诉讼案的庭审记录：

庭审笔录

时间：2009年8月21日

地点：某区人民法院民二庭

内容：第一审庭审

法官问：原告要求被告给付的98 210元的依据是什么？

> 原告：被告应当给付98 210元钱包括这样几部分……
>
> 法官问：合同与抵押协议时间顺序？
>
> 原告：协议在先，因为是合同签订的前提条件。
>
> 法官问：合同中有“经某区公证处公证”的约定，合同是否经过公证？
>
> 原告：由于抵押无效，没有办理公证。
>
> 法官问：抵押协议上写明该车首期租赁款6万。因而余款应是12万，原告为何认定14万？
>
> 原告：有其他相关证据表明为14万元，下次开庭时提交。
>
> 法官问：第一被告对原告陈述事实有何异议？
>
> 被告甲：该车较旧，毛病很多，出于已交纳保证金，无奈只好签订了合同。在使用期间，该车多处修理，支付了修理费，影响了该车正常营运和该车规费的交纳，后该车在传染病医院被盗，车上有现金5 000元和戒指两枚。后来知道是长江公司（原告）开走，在与原告交涉时被打，且该合同没有经过公证不能生效。
>
> 法官问：第二被告有何意见？
>
> 被告乙：该房非第二被告所有，无权进行抵押，抵押无效，不承担任何责任。
>
> 法官问：原告对上述两被告陈述有何意见？
>
> 原告：第一被告所述与事实不符。第一，该车是2005年新车，同时买进的另外两辆同类型车辆车况良好并都能按时交纳规费。第二，该车不是被盗，而是原告依据合同强制收回所有权。第三，车内现金、戒指纯属无稽之谈。在停车场停车对车内物品要开列清单，被告拿不出任何证据，且车内不留贵重物品是常识。第四，被告称被打与本案无关，被告如有充分证据，可向有关机关控告。第二被告称抵押无效，不承担任何责任没有法律依据。抵押无效，由抵押人负赔偿责任。
>
> 法官问：原告对被告甲提供的修车费用收据有无异议？
>
> 原告：第一被告提供修车白条不具备法律效力，不能作为证据。

（二）基本问题

代理律师应如何对证据材料进行质证？

（三）案例评析

本案案情是一审庭审时法庭调查活动的记录摘要。本案一审庭审记录体现了民事诉讼举证、质证的具体操作。本案中，原告不能在此次庭审中提供被告应当给付的14万元的证据，应如何处理？最高人民法院《关于适用〈中华人民共和国民事诉讼法〉若干问题的意见》第76条规定：“人民法院对当事人一时不能提交证据的，应根据具体情况，指定其在合理期限内提交。当事人在指定期限内提交确有困难的，应在指定期限届满之前，向人民法院申请延期。延长的期限由人民法院决定。”本案一审法院应向原告指定举证期限。

结合本案庭审记录，我们需要明确当事人及其代理律师在庭审活动中应当如何举证与质证？众所周知，诉讼证据是能够证明案件真实情况的客观事实。但当事人向法院提供的用以证明自己主张的事实，在未经法庭审查核实之前，仅仅是一种证据材料，既可能是真实的，也可能是虚假的。而确定证据材料真假的唯一法定方式，则是在法庭上进行审查。开庭审理是法院对案件进行实体审理阶段。其中，法庭调查是通过证据的出示及质证，审查核实证据，以查明案件事实的阶段。《民事诉讼法》第 63 条规定了 8 种法定形式的证据，当事人相互对证据质证的核心任务应当是证明本案的证据是否具有客观性、关联性、合法性和证明力。法院对于经审查核实的具有客观性、关联性和合法性的证据予以采证，作为定案证据。

《民事诉讼法》第 138 条规定了法庭调查的顺序，《民事诉讼法》第 68 条规定："证据应当在法庭上出示，并由当事人互相质证。"最高法院《关于适用〈中华人民共和国民事诉讼法〉若干问题的意见》第 72 条也规定："证据应当在法庭上出示，并经过庭审辩论、质证。"由此可见，所有的证据都必须在法庭上出示、质证，其中包括宣读未到庭的证人证言。这一系列的法定程序，直接涉及证据的审查，而判决必须以证据为基础，所以，法庭调查阶段当事人的举证、质证，法官认证的质量直接影响到法院判决的正确性。最高人民法院《关于民事经济审判方式改革问题的若干规定》、《关于民事诉讼证据的若干规定》对庭审中举证、质证的程序操作又作了进一步的规定。

以下为当事人和其代理律师在诉讼中对各种证据材料进行质证的方法：

1. 对物证的质证方法：

第一，物证是原物，还是复制件、替代物、伪造品？

第二，物证的取得程序是否合法？

第三，物证的外形、物理与化学属性是否因时间、气候、温度、放置等诸多因素的变化而发生变化，且其变化对物证的证明力有何影响？

第四，物证是种类物还是特定物，是否可以更换与替代？

2. 对书证的质证方法：

第一，书证的来源，该书证是何时何地何人以何种方式提供的？

第二，书证是否是原件，书证的副本、复印件、传真件、影印本、节录本是否真实？

第三，书证的内容是何人在何时何种情形下作出的，是否具备成立的形式要件（如有无签名盖章、有无见证人、有无经过公证），书证内容与书证制作人的真实意思表示是否吻合？

第四，书证有无伪造、变造、篡改、增加、减少、删节、断章取义等情形？

3. 对视听资料的质证方法：

第一，视听资料的来源是否合法？

第二，视听资料的内容是否客观真实，有无剪辑、加工？

第三，视听资料是否完整准确地反映了某一情节的全过程，与案件有无关联性？

第四，对视听资料真实性，有无必要进行技术鉴定？

4. 对证人证言的质证方法：

第一，证人是否具备作证资格，即是否能正确表达意志并知道案件情况？

第二，证人与当事人是否有利害关系、是否有行政隶属关系、有无其他外界压力等因素影响证人证言的证明力？

第三，证人作证内容与证人的年龄、经历、阅历、知识水平是否相符合？

第四，证人是否被他人替代？

第五，对对方当事人提供的证人证言，应对书面证言内容进行认真审查，以判定笔迹、证人签名或盖章的真实性、作证的形式是否合法？

第六，一份证人证言的陈述内容是否前后矛盾，证人作证时间距案件发生时的长短是否影响证人的记忆力、判断力？

第七，证人证言的效力是否属于原始证据、直接证据（还是传来证据、间接证据）？

第八，不同证人对同一事实的证言相互间有无矛盾？

第九，证人作证内容与其他法定形式的证据内容有无矛盾？

5. 对当事人的陈述的质证方法：

第一，对方当事人的陈述是否明确？

第二，对方当事人的陈述是否有其他证据予以印证？

第三，对方当事人向法院作出的陈述是否前后一致？

6. 对鉴定结论的质证方法：

第一，鉴定结论的形式是否合法，有无鉴定人签名、鉴定人所在单位盖章？

第二，鉴定人是否有应当回避的法定情形？

第三，鉴定人是否具备鉴定资格？

第四，鉴定材料与鉴定对象是否真实、完整、客观，鉴定程序是否符合法定程序？

第五，鉴定结论是否确定与唯一？

第六，鉴定结论证明什么？是直接证明某一事实之存在，还是补充、印证其他证据？

第七，对对方当事人单方委托鉴定部门作出的鉴定书，运用《民事诉讼法》第76条规定，请求法院委托法定鉴定部门重新鉴定。

7. 对勘验笔录的质证方法：

第一，勘验参加人员是否具备法定要求，勘验人是否符合法定资格，有无见证人？

第二，勘验材料、对象是否完整、真实？

第三，勘验笔录的文字叙述是否客观、具体，是否有主观臆断内容？

第四，勘验时间和需勘验事项与发生事实相距多长时间？勘验对象是否被破坏？

案例七

（一）案情简介

甲公司与乙厂有长期的经济往来。2006年年底，双方业务中止进行结账核算，确认乙厂尚欠甲公司货款325 600.20元。2007年3月22日，乙厂向甲公司支付货款 20 万元。2007 年 4 月 25 日，乙厂由丙公司兼并，乙厂被当地工商行政管理局核准注销。嗣后，甲公司向丙公司要求给付原乙厂拖欠的货款 125 600.20 元及利息。双方发生争议，甲公司向法院起诉。

以下叙述的是原告、被告双方在一审中的举证、质证及相互辩论的简要经过：

1. 原告甲公司出具了甲公司与原乙厂结账单据、乙厂还款收据以及入账记录等证据。

2. 被告丙公司辩称，原乙厂欠甲公司的 125 600.20 元货款已支付给郑某，货款已付清，请求法院驳回原告的诉讼请求。被告丙公司向法庭出具了郑某收款的证据，丙公司的财务账目记录，丙公司多名证人所述付款的时间、地点、经过均一致。

3. 对于被告方的辩驳，原告代理人提出以甲公司员工名册为证，郑某既非甲公司的法定代表人，也不是甲公司的职工，更不是业务经办人，被告支付给郑某的款项数目虽与原乙厂拖欠货款数吻合，但分文未入甲公司账。

4. 被告代理人提出，对于丙公司已将原乙厂欠款支付给郑某的事实不容置疑，至于郑某是否将货款转交甲公司是本案应当审查属实的，应当追加郑某为本案无独立请求权第三人参加诉讼。

5. 原告代理人反驳指出，丙公司依法应当返还欠款，至于丙公司支付给郑某货款的原因、郑某有无责任是另一法律关系，与本案无关，请求法院公正裁判。

一审法院在审理中要求被告出具甲公司授权郑某收款的证明文件，被告未能提供；法院要求被告提供郑某已将原乙厂欠甲公司货款交付原告的证据，在规定的时间内，被告对此仍未能举证。

(二) 基本问题

请以原告代理律师的角度，阐述请求一审法院作出的判决及理由。

(三) 案例评析

原告代理律师应请求一审法院判决被告丙公司返还所欠甲公司货款及其利息。理由是，《民事诉讼法》第 64 条规定："当事人对自己提出的主张，有责任提供证据。"民事诉讼证明责任的一般规则是当事人"谁主张，谁举证"。据案情材料所述，本案双方当事人在诉讼中均围绕诉讼请求进行了证明活动。从履行证明责任规则的结果看，在本案中，原告提出被告拖欠货款的主张，举证有关书证证明了主张的成立；而被告提出已经返还原告所诉货款的主张没有充分证据予以证明，其举证、质证的活动并不能推翻原告的诉讼主张及其证据的证明力。其诉讼结果应当是原告的诉讼主张应予支持。一审法院应判决原告胜诉，被告应当按原告诉讼请求的主张向原告履行义务。

【疑难问题】

1. 代理律师在民事诉讼中如何高质量地完成诉讼证据材料的收集

在民事诉讼实践中，当事人各方之所以发生争执，其焦点就在案件事实本身，即各方当事人所陈述的案件事实各不相同。因此，调查取证工作做得如何就成为律师履行代理职责的一项关键任务，尤其是在我国立法与司法愈加强调民事诉讼当事人举证责任和举证义务的现实背景下，这一工作就显得更为重要。代理律师进行证据材料的调查应着重把握好下列几个方面：第一，认真分析现有材料，从中发现争执焦点，并据此确定调查方向。第二，了解被调查对象的基本情况，确立相应的调查预案。第三，见到被调查人之前就将调查笔录的首部填写好。调查笔录的首部包括被调查人的基本情况，如果调查之前就知道，就应该在开始调查之前写好，如果调查之前不知道，也不要用一问一答的方式问，这样既可以减少被调查人的紧张情绪又可以赢得更多的记录正文时间。第四，根据《民事诉讼法》和《律师法》的规定，在自行取证有困难时，要适时依法行使申请人民法院调取证据权。

2. 代理律师在民事诉讼中应当严格遵守《民事诉讼法》和《律师法》的规定

聘请律师代理民事诉讼案件，对于当事人而言，获得胜诉、避免败诉的结果是诉讼功利的现实需求。但是，从法律理性而言，律师并不是案件胜诉或败诉的决定因素。诉讼过程是通过法定诉讼程序阶段的展开，通过证据方法探知与确认过去已经发生的民事纠纷的事实，以正确适用实体法律判定当事人各方民事纠纷的是非曲直、权利与义务的具体归属。可见，诉讼程序的展开是“看得见的正义”，律师作为法律专家，接受当事人委托代理诉讼，通过提供民事诉讼法律服务以实现“维护当事人合法权益，维护法律的正确实施，维护社会的公平正义”的任务，必须严格遵守民事诉讼法对民事诉讼程序的各项规定，坚决杜绝民事诉讼中的违法交易和各种违反程序规定的行为。同时，代理律师要善于运用《民事诉讼法》和《律师法》赋予当事人和律师的权利，使当事人能够得到程序正义的福祉。

实务训练

案例一

（一）案情简介

2008 年 9 月 27 日，被告李甲以某县百花文化用品商店法定代表人的身份和该商店名义与原告新华书店某市发行所新华科教经营部（有独立法人资格）签订了 2009 年挂历订购合同。被告在 9 月、10 月、11 月先后提走总价款为85 964元的挂历，被告提货后至今没付款，原告多次催收均遭拒绝。故此，原告向法院起诉。

原告代理律师调查查明，某县百花文化用品商店为在工商行政管理部门登记注册的个体商店，业主为赵乙。2007 年 6 月 30 日，赵乙与被告李甲签订承包协议，协议中有如下内容：商店将自己的执照、私章和发票出借给李甲经营，期限为 2 年；经营期间产生的债权债务由李甲负责。原告代理律师遂向一审法院申请追加赵乙为本案共同被告，法院接受了原告的申请，追加赵乙为共同被告。

（二）基本问题

本案原告代理律师申请追加赵乙为共同被告的理由是什么？

（三）解答要点

第一，2008 年 9 月 27 日，被告李甲以某县百花文化用品商店名义与原告签订了 2009 年挂历订购合同。此后，李甲先后提走总价款 85 964 元的挂历，提货后至今没付款。因此，本案原告与被告李甲之间的债权债务关系业已形成。第二，又根据调查得知，某县百花文化用品商店为个体工商户，其业主是赵乙。李甲与赵乙签有承包协议，承包期间，承包方李甲在正常经营范围内与原告发生的业务往来形成了债权债务纠纷。根据最高人民法院《关于适用〈中华人民共和国民事诉讼法〉若干问题的意见》第 46 条规定："在诉讼中，个体工商户以营业执照上登记的业主为当事人。有字号的，应在法律文书中注明登记的字号。营业执照上登记的业主与实际营业者不一致诉的，以业主和实际经营者为共同诉讼人。"因此，李甲与赵乙应为本案的共同被告，对债务承担连带责任。因此，应当追加赵乙为本案共同被告。

案例二

（一）案情简介[①]

田某和苗某是前后院邻居，田某家盖的房子挡住了苗某家的采光，苗某多次交涉，田某不听，反将苗某打成重伤，田某被逮捕。在刑事诉讼过程中，苗某为提起附带民事诉讼，委托本市某律师事务所律师胡某为其诉讼代理人。胡律师接受委托后，为苗某写了如下诉状：

刑事附带民事起诉状

原告：苗×，男，34 岁，汉族，××公司职员，家住本市四方区花家胡同 20 号。

诉讼代理人：胡×，本市××律师事务所律师。

被告：田×，男，36 岁，汉族，××公司职员，家住本市四方区花家胡同 21 号。

请求事项：

1. 请求法院依法判处被告赔偿全部医疗费、误工损失费和伤残补助费；
2. 请求法院判处被告拆除影响原告家采光的非法建筑；
3. 请求法院判处被告赔偿原告精神损害费 4 万元。

---

① 此案的案情来源于 2003 年国家司法考试试卷四第二大题。

事实和理由：

被告田×和原告是前后院邻居。今年3月，被告在房屋改建过程中，不顾邻里关系，新建的房屋后檐离原告家的前窗只有半米，严重影响了原告家房屋的采光。原告多次同被告交涉，被告均置之不理。今年4月1日，原告再次找被告交涉时，被告态度更为恶劣，不但不听原告交涉，反而拿起铁锹铲原告，原告躲闪不及，右脚跟腱被铲断，虽经住院治疗30余天，仍然留下残疾，行走不便，经鉴定为三级伤残。以上事实，有证人××的证言，××医院的诊断证明书，以及××司法鉴定室的鉴定报告为证。

被告的上述行为，严重侵害了原告的合法权益，给原告的身心健康造成了极大的伤害，现向贵院提起刑事附带民事诉讼，请求法院依法判处。

具状人：胡×

2003年5月4日

（二）基本问题

请根据刑事附带民事诉讼的法律规定和基本理论，从对执业律师法律文书规范化的角度，分析本刑事附带民事起诉状存在哪些问题，并简要说明理由。

（三）解答要点

本刑事附带民事起诉状存在下列问题：

1. 基本情况部分存在的问题是：未写明原告和被告在刑事诉讼中的地位。正确的写法是，在原告的基本情况后面加上“系田某故意伤害案的被害人”，在被告的基本情况后面加写“系田某故意伤害案的被告人”。

2. 请求事项部分存在的问题有：（1）对医疗费、误工损失费和伤残补助费没有写明具体的赔偿数额，因此不符合必须写明具体诉讼请求的法律要求。（2）房屋采光被挡不是由于被告的犯罪行为所引起的，不属于刑事附带民事诉讼的请求范围，应另行提起民事诉讼。（3）根据《刑事诉讼法》第99条的规定，刑事附带民事诉讼只解决物质损失的赔偿问题，因此，本诉状中要求被告赔偿精神损害费的请求也是不合适的。

3. 事实和理由部分存在的问题是：对于损失的具体数额没有叙述。应当具体写明共花去医疗费多少元，造成误工损失费多少元，后期继续治疗及伤残补助费用估计多少元。

4. 结尾部分存在的问题有：（1）没有写明起诉的法律依据，应当写明：“依据刑事诉讼法第××条、民法第××条、民事诉讼法第××条的规定，向贵院……”。（2）没有写明本诉状的致送法院，应当写明“此呈四方区人民法院”。（3）具状人不应当写诉讼代理人，而应当写原告苗某，因为在诉讼过程中，诉讼代理人应当以原告的名义进行诉讼活动。（4）本诉状中没有附注起诉状份数和相关证据目录。正确的写法是，在具状人之后写明：

附：

（1）刑事附带民事起诉状×份

（2）证人××的证言

（3）××医院的诊断证明书

（4）××医院的医药费收据×张

（5）原告的工资证明一份

（6）××司法鉴定室的鉴定结论一份

案例三

（一）案情简介①

甲系某大学三年级女生。2003年5月5日，甲到国际知名连锁店乙超市购物，付款结账后取回自带的手袋，正要走出超市大门时，被超市保安阻拦。保安怀疑甲携带了未结账的商品，欲将甲带到超市值班经理办公室处理。甲予以否认，争执过程中引来众多顾客围观。后在经理办公室，甲应值班经理要求出示了所买商品及结账单据。值班经理将甲自带的手袋打开检查，并叫来女工作人员对甲进行了全身搜查，均未查出未结账的商品，遂将甲放走。事后，甲在乙超市被搜身的消息在本校乃至其他高校传开，甲成了备受关注的“新闻人物”，对甲形成了巨大的精神压力，出现了失眠、头晕等症状，无法继续学业，医生建议其做心理治疗。甲认为乙超市侵害了自己的人格权，遂提起诉讼，请求判决乙超市赔偿精神损害费10万元。

本案双方的主要事实争议是：乙超市在对甲进行全身搜查时，是否强令甲脱去了内衣，对此，双方均未提出充分的证据。双方的主要法律争议是：超市在每年失窃数额巨大的情况下，是否有权对顾客进行搜查。乙超市认为自己在超市内已张贴告示，保留对顾客进行搜查的权利。一审法院认为乙超市不能提出没有强令甲脱去内衣进行搜查的证据，故对脱衣搜查的事实予以认定；认为乙超市的搜查行为侵犯了甲的人格权，且侵权情节恶劣，后果较为严重，同时考虑到当地经济发展水平较高，判决被告赔偿精神损害费11万元。乙超市不服，提出上诉。

（二）基本问题

设定你是乙超市的代理律师，请拟写上诉理由。

（三）解答要点

第一，一审判决数额超出了原告的请求范围，因而是错误的（可从不告不理、法院裁判的消极性、民事诉讼当事人的处分权等方面进行分析，说明其不当）。第二，一审法院判决将举证责任归于乙超市，不符合“谁主张，谁举证”的原则。本案不属于举证责任倒置的案件，而且未脱内衣搜查是消极事实，乙超市无法举证。本案应当由

---

① 此案的案情来源于2005年国家司法考试试卷四第七大题。

甲对脱内衣搜查的事实负举证责任，但由于侵权事实特殊，其证据属于当事人由于客观原因不能搜集的证据。正确的做法是由甲申请法院进行调查，或结合本案其他证据和事实进行认定，如果无法认定应当根据举证责任的分配规则进行判决。

案例四

（一）案情简介

在一起民事案件中，吴律师担任被告的诉讼代理人。在一审法院阅读案卷材料时，当他看到对方提供的资产评估机构关于某机械设备的评估证明时，认为该估价过低，对自己的委托人极为不利，于是趁无人之机，将该估价证明的卷宗撤下毁弃。然后通过熟人关系找到有关部门对该机械设备重新估价，并依原证明纸张样式、规格重新制作了估价证明，并趁再一次在法院阅卷之机，将重新制作的估价证明贴于原处，后被审理此案的法官发现。吴律师为掩盖真相，指使委托人向法官送去10万元，被拒绝。该律师又托熟人找法院院长说情，并送去名贵烟酒价值3万元，同样遭到拒绝。为了逃避惩处，吴律师与委托人解除了委托关系。

（二）基本问题

该律师的做法违反了律师执业纪律中的哪些规定？依据《律师法》和有关法律规定，在本案中吴律师应承担哪些法律责任？

（三）解答要点

该律师行为的违法性表现在：第一，私自将估价证明的卷宗撤下毁弃，属于毁损证据的行为。第二，该律师“通过熟人关系找到有关部门对该机械设备重新估价，并依原证明纸张样式、规格重新制作了估价证明，并趁再一次在法院阅卷之机，将重新制作的估价证明贴于原处”，属于伪造证据作虚假证明的行为。第三，该律师“指使委托人向法官送去10万元，被拒绝。该律师又托熟人找法院院长说情，并送去名贵烟酒价值3万元”，属于向法官行贿的行为。依据《律师法》、《刑法》和《律师职业道德和执业纪律规范》等法律、法规的规定，应依法追究该律师的刑事法律责任，吊销其律师执业证书。

课后练习

案例一

案情：2009年11月20日上午，霞飞高级时装店刚开门营业，顾客王波便来到男装部选购西装。营业员李静接待了他，挑选了几件后，王波提出试穿要求。李静见店内顾客不多，便说：“把你的呢子大衣放在这里（指柜台上），你到试衣间去试吧。”王波应道：“好，谢谢了。你放心，我大衣内的钱够买两套西装。”王波试穿后，感到不满意，遂交回西装。穿上大衣后，王波称放有 28 800 元的钱包不见了，并向李静询问。李静想了想说：“刚才你去试衣时，我看见一个穿皮夹克的人在柜台前地上拾起了一个钱包。”“什么颜色的?”“好像是咖啡色的皮面西装包。”“对！那就是我的钱包。他人呢?”“刚出去不一会儿。”“我去追!”但是，等王波追出去，已经没有了拾包人的踪影。

拾包人找不到，王波向时装店提出赔偿要求遭拒绝。王波遂起诉至人民法院，要求霞飞高级时装店赔偿人民币 28 800 元和皮包 1 600 元。

问题：1. 作为代书诉状的律师，请写出该民事起诉状的理由部分。2. 作为霞飞高级时装店的代理律师，拟写一份代理词。

案例二

案情：葛某在某县青年路甲饮食店门前打电话，突然，位于甲饮食店二楼的乙房地产开发有限公司的一室外分体式空调机掉落将葛某砸伤，经医院治疗数月后，葛某完全瘫痪，生活不能自理。

葛某的家人以葛某为原告，诉被告乙房地产开发有限公司人身损害赔偿。法院受理案件后，追加出售并安排安装空调的丙电器城、负责安装的丁家电安装公司为共同被告。在诉讼中，丁安装公司以甲饮食店违章装修门面造成空调固定装置松动而脱落，请求法院追加甲饮食店为共同被告。

在诉讼中，乙房地产开发有限公司的代理律师提出：空调是丙电器城安排丁家电安装公司安装的，丙电器城与丁家电安装公司应对安装的空调脱落造成葛某重伤负全部责任，因此，丙电器城和丁家电安装公司是本案被告，乙房地产开发公司不应当是本案被告。同时，丙电器城与丁家电安装公司还应对乙房地产开发公司的空调损失承担赔偿责任。

丙电器城接到法院应诉通知后，拒绝到庭应诉。在向法院提交的书面答辩意见中，丙电器城提出：空调是丁家电安装公司安装的，空调脱落以及由此造成的人身损害赔偿责任均应由丁家电安装公司承担，丙电器城作为丁家电安装公司的空调安装业务的介绍方不应对空调脱落承担责任，因此，丙电器城不是本案被告。

甲饮食店的代理律师在诉讼中提出：空调脱落致人重伤依法应当由空调使用人、安装人承担责任，甲饮食店不是本案的当事人。即使甲饮食店违章装修门面使空调固定装置松动脱落，也应另案处理。

问题：1. 乙房地产开发有限公司代理律师的答辩意见是否成立？2. 丙电器城的答辩意见是否成立？3. 甲饮食店代理律师的答辩意见是否成立？

案例三

案情[①]：家住某市甲区的潘某（甲方）与家住乙区的舒某（乙方）签订房屋租

---

① 此案的案情来源于 2005 年国家司法考试试卷四第五大题。

赁合同，舒某将位于丙区的一处500平方米的二层楼租给潘某经营饭馆。合同中除约定了有关租赁事项外，还约定："甲方租赁过程中如决定购买该房，按每平方米2千元的价格购买，具体事项另行协商。"

潘某的饭馆开张后生意兴隆，遂决定将租赁的房屋买下长期经营。但此时因房价上涨，舒某已不同意出卖。潘某将房价款100万元办理提存公证后，舒某仍不同意出卖。后舒某以每平方米2 500元的价格与杏林公司签订了房屋买卖合同，合同中约定了仲裁条款。潘某为阻止舒某与杏林公司成交，向丙区人民法院提起诉讼，要求认定租赁合同中的买卖条款有效并判决舒某履行协助办理房屋过户手续的义务。

法院受理后，舒某提出管辖权异议，法院审查后发出驳回通知书。一审法院经审理认定，原、被告之间构成了预约合同关系，但尚不构成买卖关系，故判决驳回原告的诉讼请求。

问题：作为原告潘某的上诉审代理律师，请列出自己的代理意见。

案例四

案情[①]：甲省A县大力公司与乙省B县铁成公司在丙省C县签订煤炭买卖合同，由大力公司向铁成公司出售3千吨煤炭，交货地点为C县。双方约定，因合同所生纠纷，由A县法院或C县法院管辖。

合同履行中，为便于装船运输，铁成公司电话告知大力公司交货地点改为丁省D县，大力公司同意。大力公司经海运向铁成公司发运2千吨煤炭，存放于铁成公司在D县码头的货场。大力公司依约要求铁成公司支付已发煤款遭拒，遂决定暂停发运剩余1千吨煤炭。

在与铁成公司协商无果情况下，大力公司向D县法院提起诉讼，要求铁成公司支付货款并请求解除合同。审理中，铁成公司辩称并未收到2千吨煤炭，要求驳回原告诉讼请求。大力公司向法院提交了铁成公司员工季某（季某是铁成公司业务代表）向大力公司出具的收货确认书，但该确认书是季某以长远公司业务代表名义出具的。经查，长远公司并不存在，季某承认长远公司为其杜撰。据此，一审法院追加季某为被告。经审理，一审法院判决铁成公司向大力公司支付货款，季某对此承担连带责任。

铁成公司不服一审判决提起上诉，要求撤销一审判决中关于责令自己向大力公司支付货款的内容。大力公司、季某均未上诉。

问题：请你作为铁成公司的二审代理律师，列举上诉理由。

案例五

案情：原告张某诉称："被告陈某于2008年4月1日向我借款7万元用于购买

---

① 此案的案情来源于2010年国家司法考试试卷四第五大题。

中巴车进行市内客运。当时，陈某亲笔出具了一张《借条》。2009 年 10 月 5 日，陈某乘我不在之机，从我妻子处骗出《借条》，当即撕成碎片。今将《借条》碎片粘贴，提交贵院，请贵院判令陈某还款。”被告陈某辩称：“张某与我合伙购买中巴车，由我负责经营，为此，我在 2008 年 4 月 1 日领取了张某交来的 7 万元合伙投资款，我当时出具的《借条》实为《收条》之误。后来，由于出了交通事故，张某和我的投资全部损失。在这种情况下，我叫张妻将《借条》交给我撕碎，以了结合伙关系。总之，我对张某不存在还款义务。”经审理，法院以“张某提交的《借条》已被撕碎，没有法律效力”为由，判决驳回原告的诉讼请求。张某不服一审判决，委托律师提出上诉。

问题：请你作为代理张某上诉的律师，列举上诉理由。

案例六

案情：在一起合同纠纷案中，赵律师经被告特别授权代理一审诉讼。该案于 2009 年 7 月 8 日上午 9 时开庭审理，审判长首先核对了双方当事人和代理人的身份，并详细询问了律师的个人情况及简历。赵律师认为法官不应询问，故拒绝回答。审判长认为赵律师妨碍了民事诉讼，责予以训诫后令其退庭。庭审中，法官主持了双方当事人进行调解并达成了协议，在制作的民事调解书上，未列赵律师的姓名和其所在的律师事务所名称。在送达调解书时，被告拒绝签收，一审法院在没有通知赵律师的情况下，又于 2009 年 8 月 3 日开庭审理，并作出一审民事判决。在制作的一审民事判决书中仍未列赵律师的姓名和其所在的律师事务所名称，一审法院也没有向赵律师送达一审判决书副本。

问题：上述材料的文字表述中有哪些内容违反法律规定？简述理由。

延伸阅读

1. 徐家力主编．律师实务：律师业务必备．修订版．北京：法律出版社，2005

2. 高金波．中国律师实务文书．北京：法律出版社，2008

3. 余刚，陈钧．专利民事诉讼代理．北京：中国知识产权出版社，2010

4. 黄宣，王潇雅．民事委托诉讼代理制度比较论．见：田平安主编．比较民事诉讼论丛（2009 年卷）．北京：法律出版社，2009

第三章 行政诉讼律师实务

【内容摘要】

本章的学习主要涉及以下三个方面内容：第一，行政诉讼、行政诉讼律师代理的基本概念和基本原理；第二，行政诉讼律师代理的行政争议、法律程序和当事人的范围；第三，行政诉讼律师代理的业务操作流程和基本技巧。因此，本章紧紧围绕这三个主题：首先，就相关的基本法学原理与基本法律规范进行系统讲解；其次，以精选典型案例为素材，对行政诉讼律师代理中的若干事项进行实务分析；再次，指出律师代理行政诉讼时经常遇到的若干疑难问题，及其解决这些问题的基本原理和逻辑，并以精选典型案例为素材设计实务训练习题；最后，本章末尾还为学生列举了课后延伸阅读书目，以供学生拓宽视野和思路。

【知识要点】

一、行政诉讼律师实务概述

（一）行政诉讼律师代理的概念和特点

1. 行政诉讼的概念和特点

行政诉讼是指：作为行政相对人的公民、法人或者其他组织，认为行政主体的具体行政行为违反法律规定、侵犯其合法权益，以原告的身份将相应的行政主体作为被告向人民法院提起诉讼，法院在双方当事人及其他诉讼参与人的参与下，依法对案件涉及的事实争议和法律争议事项进行审理，对行政主体所实施的具体行政行为的合法性及双方当事人各项诉讼请求的合法性和正当性作出司法裁判，从而解决行政争议的诉讼活动。

与民事诉讼、刑事诉讼不同，行政诉讼具有以下特征：

第一，行政诉讼的客体是行政争议。所谓“行政争议”，是指行政机关在行使行政职权、进行行政管理的过程中实施了相应的行政行为，而相应的行政管理相对人认为该行政行为违反法律规定，并对其合法权益造成了损害，从而在行政主体与行政相对人之间引发的争议。行政诉讼以行政争议为客体，由法院审查行政行为的合法性，进而就双方当事人之间的行政法律关系状态作出司法裁判。

第二，行政诉讼的目的是解决行政争议。行政争议的发生意味着行政主体和行政相对人就行政行为的合法性形成了相反的判断，这种状态会对行政法律秩序的安定产生极大的危害：一方面，行政相对人的合法权益可能确实已经因违法行政行为而遭受侵害；另一方面，行政主体的合法行政行为的效力和权威性将会受到威胁。行政诉讼的目的则恰恰在于解决行政争议，维护行政法律秩序的安定：一者，对于违法的行政行为，判决予以撤销，对于显失公正的不当行政行为，判决予以变更，从而纠正违法、失当的行政行为，维护行政相对人的合法权益；二者，对于合法、适当的行政行为，判决予以维持，从而确认合法行政行为的正当性和法律效力，维护行政法律秩序的安定。

第三，行政诉讼的程序运作以行政诉讼法为基本依据。1982 年《民事诉讼法（试行）》颁行之前，人民法院受理行政案件、启动行政诉讼程序缺乏基本的程序法依据。《民事诉讼法（试行）》颁行之后，根据其第 3 条的规定：“……法律规定由人民法院审理的行政案件，适用本法规定。”这就意味着，行政诉讼案件的审判适用民事诉讼的程序规则。1990 年 10 月 1 日，《行政诉讼法》的颁行才正式结束了这种状态。自此，《行政诉讼法》成为行政诉讼程序运作的基本依据。但是，根据最高人民法院《关于执行〈中华人民共和国行政诉讼法〉若干问题的解释》第 97 条的规定：“人民法院审理行政案件，除依照行政诉讼法和本解释外，可以参照民事诉讼的有关规定。”

第四，行政诉讼的本质是司法权对于行政权的审查监督。行政诉讼的程序运作由法院主持，通过对案件的审理，由法院就具体行政行为的合法性、正当性作出司法裁判。具体行政行为合法、适当的，判决予以维持；具体行政行为违法的，判决予以撤销或部分撤销，并可以责令行政机关重新作出具体行政行为；具体行政行为显失公正的，判决予以变更；行政机关不履行或者拖延履行法定职责的，判决其在一定期限内履行职责。可见，行政诉讼的本质是司法权对于行政权的审查，通过审理、裁判，法院可以干预行政机关的具体行政行为，司法权可以干预行政权的运作过程。这体现了现代法治社会所普遍遵循的司法最终解决的原则。

第五，行政诉讼的适用范围限于“具有强制力的外部具体行政行为”。作为行政相对人的公民、法人或者其他组织，对具有国家行政职权的机关和组织及其工作人员的具有强制力的具体行政行为不服，依法提起诉讼的，属于人民法院行政诉讼的受案范围。而国家行为（如国防、外交等）、抽象行政行为（如行政法规、规章或者行政机关制定、发布的具有普遍约束力的决定、命令等）、内部行政行为（如行政机关对其工作人员的奖惩、任免等决定等）、行政机关基于法律授权而实施的司法、准司法行为（如公安、国家安全等机关的侦查行为、劳动行政机关对劳动纠纷的调解、仲裁行为等）、不具有强制力的行政指导行为以及法律规定由行政机关最终裁决的具体行政行为均不属于人民法院行政诉讼的受案范围。

2. 行政诉讼律师代理的概念和特点

行政诉讼律师代理是指，在行政诉讼程序中，为了维护当事人在诉讼上的合法权益，执业律师根据法院的指定或当事人的委托授权，在相应权限范围之内，代理某一方当事人，并以该方当事人的名义实施相应诉讼活动的法律行为和制度。

由于取得代理权的方式不同，行政诉讼中的律师代理可分为指定律师代理和委托律师代理两种。指定律师代理，是指在满足法律规定的前提条件时，律师基于法院的指定而成为行政诉讼当事人的代理人，并根据委托人单方出具的授权文书取得相应的代理权限；而委托律师代理，是指律师基于与委托人签订的委托合同而成为行政诉讼当事人的代理人，并根据委托人单方出具的授权文书取得相应的代理权限。可见，两种类型的代理律师均需通过被代理人的单方授权而确定代理权限，但其代理人身份的取得依据不同：前者是基于法院的指定，而后者是基于委托合同。法院为行政诉讼当事人指定代理人时，仅限于指定执业律师。而当事人通过委托合同自己确定代理人时，执业律师、社会团体、当事人的近亲属、其所在单位推荐的人等，均可接受委托成为诉讼代理人。因此，行政诉讼中的委托律师代理在外延上要小于委托代理，它是委托代理的一种。

行政诉讼中的律师代理与民事诉讼中的律师代理有很多共通之处，如：代理律师须以被代理人的名义进行诉讼活动、代理律师须在代理权限范围内实施代理行为、代理行为的法律后果由被代理人承担、代理人须就超越代理权限的代理行为对被代理人承担法律责任等。但行政诉讼中的律师代理亦有其特殊之处，主要表现在以下几个方面：

第一，行政诉讼律师代理的代理关系和代理活动要受行政诉讼法的调整和规范。行政诉讼律师代理发生在行政诉讼中，从代理关系的产生到终结，代理律师所实施的具体诉讼活动都要遵守行政诉讼法的规定。

第二，行政诉讼律师代理中的被代理人的程序身份具有恒定性。在行政诉讼的一审程序中，行政诉讼的原告恒定为行政行为的相对人，而行政诉讼的被告恒定为实施相应行政行为的行政主体。双方在诉讼程序中的程序身份和诉讼地位是不能互换的，因而具有恒定性与特定性。当然，如果某行政机关在另一行政主体的行政管理过程中成为某行政行为的行政相对人，该行政机关也可以成为行政诉讼中的原告，但此时它是以行政相对人的身份担任此次行政诉讼的原告。

第三，行政诉讼律师代理中被代理双方当事人之间的法律关系和地位状态具有平等性。在行政法律关系中，行政主体是依法享有行政职权、代表国家实施行政管理的公权主体，行政相对人则是行政主体管理的对象，要遵从行政主体依行政职权所实施的行政管理活动，双方间存在管理与被管理的关系，在行政法意义上其法律地位是不平等的。但当双方之间发生行政争议，并进入行政诉讼程序后，在行政诉讼法律关系中，两者的行政法律关系状态转化为原、被告关系，双方当事人的诉讼法律地位是平等的。

第四，行政诉讼双方当事人代理律师的诉讼权限具有差异性。由于行政诉讼双方当事人的诉讼权限具有差异性，因而双方代理律师的代理权限也有差异性。在行政法律关系中，行政主体处于管理者的优势地位，而行政相对人处于被管理者的劣势地位，其间的法律地位并不平等。而在行政诉讼中，却须确保原告与被告双方当事人在诉讼地位上的平等。因此，为扭转行政法律关系中双方之间不平等的法律地位状态，实现诉讼中双方当事人法律地位的平等，行政诉讼法对作为被告的行政主体的诉讼权限设有一些限制性的规定，如：没有起诉权、没有反诉权、不得自行向原告和证人收集证据等。所以，行政诉讼中双方当事人的诉讼权限是有差异的，而双方代理律师的代理权限自然也会有所差异。

第五，行政诉讼律师代理的代理内容和方法具有特殊性。行政诉讼代理律师的代理内容和方法的特殊性源于行政诉讼本身的特殊性。比如，民事诉讼中实行“谁主张，谁举证”的举证责任分配原则，而在行政诉讼中，举证责任的分配具有特殊性，即由作为被告行政主体就其具体行政行为的合法性承担完全的举证责任。因此，如果律师代理原告，他只需要举证证明被告实施某项具体行政行为以及原告合法权益因该具体行政行为遭受损害的法律事实，而被告的代理律师则须就该具体行政行为的合法性实施系统、全面的举证。再如，民事诉讼中奉行法院调解原则，双方当事人的代理律师可基于委托人的授权通过促成双方之间的和解完成代理职责，而在行政诉讼中，由于行政法律关系中的权利义务是基于行政职权而产生的，双方当事人无权自由处分，所以行政诉讼法禁止法院在行政诉讼中就行政赔偿之外的其他诉讼事项进行调解，双方当事人的代理律师也不能通过促成双方之间的和解完成代理职责。

（二）行政诉讼代理律师的地位和作用

1. 行政诉讼代理律师的地位

行政诉讼中代理律师的法律地位与刑事诉讼中辩护律师或代理律师的差异较大，而与民事诉讼中代理律师的法律地位基本类似。

第一，行政诉讼中代理律师相对于被代理人具有从属性。无论是基于法院的指定或当事人的委托，律师在行政诉讼中担任代理人均须在被代理人授权的范围内行事，其代理行为才能产生完备的法律效力，其法律后果才完全由被代理人承担。超越代理授权范围的代理行为，一者其自身的法律效力会产生瑕疵，二者可能会给代理律师带来相应的法律责任。因此，相对于被代理人，行政诉讼中代理律师的法律地位具有一定的从属性。

第二，行政诉讼中代理律师相对于被代理人具有独立性。作为专业法律工作者，行政诉讼中的代理律师除基于被代理人的授权而取得相应的代理权限外，还基于律师法、行政诉讼法等法律的规定而享有法定的权利，如查阅案卷权、调查取证权等。

作为被代理人合法权益的守护者，代理律师以维护被代理人的合法权益为首要任务，但他也必须遵循律师工作的基本原则，履行法律赋予律师行业的神圣职责，以事实为依据、以法律为准绳，维护法律的正义，而不能无原则的迁就被代理人的非法、无理要求，更不能为其谋求非法利益。因此，相对于被代理人，行政诉讼中代理律师的法律地位又具有一定的独立性。

2. 行政诉讼代理律师的作用

行政诉讼中代理律师的作用是多方面的，基于被代理人诉讼地位的差异，其发挥作用的侧重点有所差异。

第一，就行政相对人一方而言，由于在行政法律关系中处于被管理者的弱势地位，其合法权益就容易遭受掌握行政职权的行政机关的违法行政行为的侵害。而律师通过行政诉讼代理工作，可以利用其专业知识和技能维护行政相对人的合法权益，进而削弱"官贵民贱"的旧思想、旧观念，强化合法、平等的法治社会意识形态。

第二，就行政主体一方而言，其行政管理活动对于法治、和谐社会的构建具有基础性的意义，但由于享有行政职权并在行政法律关系中处于管理者的强势地位，其行政管理职权也必然存在被滥用的风险。而律师通过行政诉讼代理工作，一者可以维护合法行政行为的法律效力，确保行政管理秩序的顺畅，二者可以纠正违法、失当行政行为，提高行政管理工作的质量，从而对行政法律秩序起着监督、促进的重要作用。

第三，就主持行政诉讼程序的人民法院而言，认定事实、适用法律是其就行政争议作出司法裁判的前提条件。而律师通过行政诉讼代理工作，可以利用其专业知识和技能更为全面地收集、提供证据材料，更为准确地判断分析法律、法规的规定，从而帮助法院更加准确、高效地审核证据，认定事实，适用法律，并作出公正而及时的司法裁判。

二、行政诉讼律师代理的范围和对象

（一）行政诉讼律师代理的行政争议的范围

行政诉讼律师代理的行政争议的范围，即人民法院受理行政诉讼案件的范围、行政诉讼主管范围，二者是一致的。法律、法规规定人民法院可以受理的行政诉讼案件，律师就可以代理当事人进行行政诉讼活动；规定人民法院不予受理的行政争议事项，律师则不能代理该事项的行政争议。该范围既决定着司法权对行政权审查、监督的范围，同时也决定着行政相对人就某一行政争议事项诉诸法院、寻求司法救济的可能性。

法院受理行政诉讼案件范围的确定标准，即法律确定行政诉讼主管范围时必须考虑的要素有两个方面：第一，行为要素，即行政主体的哪些行政行为属于行政诉讼主管的范围。《行政诉讼法》第 11 条明确规定："人民法院受理公民、法人和其他组织对下列具体行政行为不服提起的诉讼……"从而将行政诉讼的受案范围原则性地限定于"具有强制力的外部具体行政行为"，而将国家行为（如国防、外交等）、抽象行政行为（如行政法规、规章或者行政机关制定、发布的具有普遍约束力的决定、命令等）、内部行政行为（如行政机关对其工作人员的奖惩、任免等决定等）、行政机关基于法律授权而实施的司法、准司法行为（如公安、国家安全等机关的侦查行为，劳动行政机关对劳动纠纷的调解、仲裁行为等）、不具有强制力的行政指导行为以及法律规定由行政机关最终裁决的具体行政行为排除在行政诉讼的受案范围之外。第二，权益要素，即行政行为侵害了行政相对人哪些权益才属于行政诉讼主管的范围。《行政诉讼法》第2条将“合法权益”确定为行政争议可诉性的原则性判断标准，第11条则提示了“合法权益”的具体内容，包括人身权和财产权。

法院受理行政诉讼案件范围的确定方式，即行政诉讼主管制度的立法模式有三种：概括式、列举式和混合式。我国采用了混合式的立法模式，即在对行政诉讼的受案范围进行概括性规定的同时，又以列举的方式规定了行政诉讼可以受理的行政争议的具体类型，而这种列举又分为正、反两方面的规定。所谓正向列举，如《行政诉讼法》第11条列举了8种具体行政行为，将其纳入行政诉讼的受案范围；所谓反向列举，如《行政诉讼法》第12条列举了“国防、外交等国家行为；行政法规、规章或者行政机关制定、发布的具有普遍约束力的决定、命令；行政机关对行政机关工作人员的奖惩、任免等决定；法律规定由行政机关最终裁决的具体行政行为”，将其排除在行政诉讼的受案范围之外。

作为行政诉讼中的代理律师，其首要任务就是要准确判断当事人所委托的事项是否属于法院受理行政诉讼案件的范围。如果属于行政诉讼的受案范围，代理律师即可接受委托授权按行政诉讼程序的要求处理该项代理业务，如果不属于行政诉讼的受案范围，代理律师则须考虑是否能够转化为其他类型的业务（如非诉业务），或在当事人坚持提起行政诉讼时拒绝接受其委托。

代理律师判断当事人所委托的事项是否属于法院受理行政诉讼案件的范围，在逻辑上应分为三个环节：第一，确定委托事项属于因行政行为而引发的行政争议；第二，确定该行政争议属于立法所规定的行政诉讼受案范围；第三，确定该行政争议未因立法的特别规定而被排除在行政诉讼受案范围之外。

1\. 确定委托事项属于因行政行为而引发的行政争议

行政诉讼以行政争议为客体，以解决行政争议为目的。所谓“行政争议”，是指行政机关在行使行政职权、进行行政管理的过程中实施了相应的行政行为，而相应的行政管理相对人认为该行政行为违反法律规定，并对其合法权益造成了损害，从而在行政主体与行政相对人之间引发的争议。然而，由于行政机关本身具有行政主体和民事主体的双重法律身份，基于不同的法律行为可能置身于行政法律关系或民事法律关系中，而基于不同的法律关系均有可能与其行为的相对应主体间发生法律争议。但是，这些争议的性质是不同的，它们的性质取决于法律关系的性质。其中，只有因行政机关行使行政职权、实施行政行为而形成的行政法律关系中，发生在行政机关与行政相对人之间的争议才属于行政争议。

因此，律师在接受当事人的委托提起行政诉讼时，首先要解决的一个问题就是要准确判断当事人委托的事项是否属于行政争议。如果委托提起行政诉讼的一方当事人所委托的事项不属于行政争议，则应及时告知当事人通过其他的法律程序解决争议，并与之建立相应内容的委托授权关系；如果行政诉讼已经被法院受理，律师接受被告方行政机关的委托后发现法院受理的起诉不属于行政争议，则应根据《最高人民法院关于执行〈中华人民共和国行政诉讼法〉若干问题的解释》（2000 年 3 月 10 日起施行，以下简称《若干解释》）第 44 条第 1 款第 1 项请求事项不属于行政审判权限范围，法院已经受理的，裁定驳回起诉的规定，向受诉法院提起驳回起诉的申请。

2. 确定该行政争议属于立法所规定的行政诉讼受案范围

律师在接受行政诉讼代理委托的时候，还要根据立法的规定，准确判断所委托的行政争议事项是否属于立法规定的行政诉讼受案范围，以决定是否与其建立代理行政诉讼的委托授权关系。根据《行政诉讼法》第 2 条的规定，行政诉讼的受案范围被原则性地限定于涉嫌侵害相对人合法权益的、具有强制力的、外部具体行政行为所导致的行政争议，该法第 11 条则对受案范围内的具体行政行为的类型作了列举性的规定：

第一，行政机关的行政处罚。

《行政诉讼法》第 11 条第 1 款第 1 项规定："对拘留、罚款、吊销许可证和执照、责令停产停业、没收财物等行政处罚不服的"可以提起行政诉讼，人民法院应予受理。行政处罚，是对违反行政管理秩序但尚未构成犯罪的公民、法人或其他组织，由享有法定职权的行政机关予以惩处的一种处罚手段。《行政处罚法》第 8 条规定的处罚种类有 7 种：警告；罚款；没收违法所得、没收非法财物；责令停产停业；暂扣或者吊销许可证、暂扣或者吊销执照；行政拘留；法律、行政法规规定的其他行政处罚。行政处罚的目的在于对行政违法行为给予否定性的法律评价，制止和预防行政违法行为，从而维护行政法律秩序的安定，其作用对象为行政相对人的财产、行为、甚至人身自由。而在行政处罚实施过程中，行政机关处于优势地位，而行政相对人处于弱势地位。所以，行政处罚一旦运用不当，就会对行政相对人的合法权益造成侵害。为此，必须将其纳入行政诉讼的受案范围，以使行政机关的行政处罚职权接受来自司法权的审查和监督，并对受违法行政处罚侵害的行政相对人的合法权益提供司法救济的途径。

第二，行政机关的行政强制措施。

《行政诉讼法》第 11 条第 1 款第 2 项规定："对限制人身自由或者对财产的查封、扣押、冻结等行政强制措施不服的"可以提起行政诉讼，人民法院应予受理。行政强制措施，是行政机关在行政执法过程中，为查明案件情况或及时、有效控制违法行为和危险状态，根据需要依法对相关主体的财产、人身进行暂时限制的强制性措施。行政强制措施依其作用对象可分为两类：第一类，财产性强制措施，即对相关主体的财物实施强制性的限制，如查封、扣押、冻结、强制销毁、强制拆除、强制抵缴等。第二类，人身性的强制措施，即对相关主体的人身自由实施强制性的限制，如传唤、扣留、限制出境、强制隔离、强制治疗、强制戒毒等。行政强制措施的目的在于通过控制相关主体的财产或人身，及时制止行政违法行为，从而维护行政法律秩序的安定，其作用对象为行政相对人的财产、行为、甚至人身自由，其本质特征是以国家强制力为后盾的强制性。所以，行政强制措施一旦运用不当，就会对行政相对人的合法权益造成侵害。因此，必须将其纳入行政诉讼的受案范围，以使其接受来自司法权的审查和监督，并对受违法行政强制措施侵害的行政相对人的合法权益提供司法救济的途径。

第三，行政机关侵犯法律规定的经营自主权。

《行政诉讼法》第 11 条第 1 款第 3 项规定："认为行政机关侵犯法律规定的经营自主权的"可以提起行政诉讼，人民法院应予受理。经营自主权，是指经营性的组织、机构依法享有的自主控制其人力、财力、物力资源，自主决定其经营行为和策略的权利。经营性的组织、机构必须遵守法律的规定进行经营活动，也必须接受相应行政管理机构的管理，以确保市场经济经营秩序的安定。但是，如果行政机关的管理行为违反法律规定，则势必对其经营自主权造成侵害。因此，必须将其纳入行政诉讼的受案范围，以为受侵犯的经营主体提供司法救济的途径。

第四，对符合行政许可条件的申请，行政机关不作为。

《行政诉讼法》第 11 条第 1 款第 4 项规定："认为符合法定条件申请行政机关颁发许可证和执照，行政机关拒绝颁发或者不予答复的"可以提起行政诉讼，人民法院应予受理。行政许可，是指行政机关根据公民、法人或者其他组织的申请，经依法审查，准予其从事特定活动的行政行为。但是，有关行政机关对其他机关或者对其直接管理的事业单位的人事、财务、外事等事项的审批行为不属于行政许可。《行政许可法》第 7 条规定："公民、法人或者其他组织对行政机关实施行政许可，享有陈述权、申辩权；有权依法申请行政复议或者提起行政诉讼；其合法权益因行政机关违法实施行政许可受到损害的，有权依法要求赔偿。"而在行政许可执法过程中，行政机关违法行政的最典型方式就是对符合法定条件行政许可申请，拒绝作出行政许可决定或不予答复，即行政不作为。为此，必须将其纳入行政诉讼的受案范围，以为行政许可申请人的合法权益提供司法救济的途径。

第五，对要求履行保护人身权、财产权法定职责的申请，行政机关不作为。

《行政诉讼法》第 11 条第 1 款第 5 项规定："申请行政机关履行保护人身权、财产权的法定职责，行政机关拒绝履行或者不予答复的"可以提起行政诉讼，人民法院应予受理。根据法律、法规的规定，行政机关既拥有通过行政强制、处罚措施制裁行政违法行为的行政职权，也负担着通过行政执法行为维护公民、法人或其他组织的合法权益的法定职责。所以，当合法主体的人身权、财产权遭受损害而向相应的行政机关寻求行政救济时，行政机关必须履行职责，如果行政机关拒绝履行职责或不予答复，则有权通过行政诉讼程序寻求司法救济。

第六，行政机关没有依法发放抚恤金。

《行政诉讼法》第 11 条第 1 款第 6 项规定："认为行政机关没有依法发给抚恤金的"可以提起行政诉讼，人民法院应予受理。抚恤金，是因公或因病致残、致死时，依照法律规定由政府向其本人或亲属发放的维持日常生活的费用。主要包括两种：第一种，伤残抚恤金；第二种，遗属抚恤金。依法发放抚恤金是行政机关的法定职责，如其违法拒绝发放、减额发放、不按期发放或拖延发放，均属于违法的行政不作为，相对人有权通过行政诉讼程序寻求司法救济。

第七，行政机关违法要求履行义务。

《行政诉讼法》第11条第1款第7项规定："认为行政机关违法要求履行义务的"可以提起行政诉讼，人民法院应予受理。公民、法人和其他组织在行政法上的权利、义务应依法设立，行政机关仅有权要求其履行法定的义务，如其超出法律的规定要求行政相对人履行义务，即属违法行政行为。这种违法行政行为主要表现为：超出法律、法规、规章设定的义务种类、额度、方式要求履行义务；利用法律、法规、规章之外的规范性文件设定义务；重复要求履行义务；不按法定程序要求履行义务；以及要求履行无任何法律依据的义务。

第八，行政机关实施的侵害相对人合法权益的其他具体行政行为。

《行政诉讼法》第11条第1款第8项规定："认为行政机关侵犯其他人身权、财产权的"可以提起行政诉讼，人民法院应予受理。尽管该条第1款前7项列举了多种作为、不作为的违法行政行为并纳入行政诉讼的受案范围，但这种列举是不可能全面的。实践中，行政机关以作为或不作为的方式实施违法行政行为损害行政相对人的合法权益的现象，是不可能通过这种技术性的列举予以穷尽的。因此，这是一项兜底性的规定。据此，行政机关的某项"具有强制力的外部具体行政行为"即使没有被该条规定的列举所囊括，只要其涉嫌损害行政相对人的合法权益，该行政争议亦属行政诉讼的受案范围。

第九，法律、法规规定属于行政诉讼受案范围的其他具体行政行为。

《行政诉讼法》第11条第2款规定："除前款规定外，人民法院受理法律、法规规定可以提起诉讼的其他行政案件。"这是一项授权性的规定。据此，实践中的某些违法行政现象所导致的行政争议，即使超出了《行政诉讼法》所规定的行政诉讼受案范围，但只要其他的法律、甚至法规规定可以提起行政诉讼，也属行政诉讼的受案范围。该规定对于行政诉讼中代理律师的业务操作意义重大：第一，它反映出我国行政诉讼受案范围制度的内在不足，即其受案范围过窄，滞后于司法实践的要求；第二，它为行政诉讼中代理律师的业务操作留下了拓展的空间，也提出了技术上的挑战。

3. 确定该行政争议未因特别规定而被排除在行政诉讼受案范围之外

律师在接受行政诉讼代理委托的时候，还要全面分析立法和相关司法解释的规定，并准确判断所委托的行政争议事项是否因特别规定而被排除在行政诉讼受案范围之外，以决定是否与其建立代理行政诉讼的委托授权关系。这种特别规定比较集中地出现在《行政诉讼法》第12条和《若干解释》第1—5条中，因为这些规定而被排除在行政诉讼受案范围之外的行政争议主要有以下几种：

第一，国家行为引起的行政争议。

《行政诉讼法》第12条第1项规定，对"国防、外交等国家行为"提起的行政诉讼，人民法院不予受理。《若干解释》第2条规定："国家行为，是指国务院、中央军事委员会、国防部、外交部等根据宪法和法律的授权，以国家的名义实施的有关国防和外交事务的行为，以及经宪法和法律授权的国家机关宣布紧急状态、实施戒严和总动员等行为。”国家行为本质上不属于具体行政行为，其关系着国家和民族的整体利益，体现着国家主权。将其排除在行政诉讼受案范围之外是正当的，而且也是世界各国的通例。

第二，抽象行政行为引起的行政争议。

《行政诉讼法》第 12 条第 2 项规定，对“行政法规、规章或者行政机关制定、发布的具有普遍约束力的决定、命令”提起的行政诉讼，人民法院不予受理。《若干解释》第 3 条进一步规定：“‘具有普遍约束力的决定、命令’，是指行政机关针对不特定对象发布的能反复适用的行政规范性文件”，即抽象行政行为。

所谓抽象行政行为，是指行政机关针对不特定的对象发布的能够反复适用的规范性文件的行政行为。其判断的标准有三个方面：行为对象的不特定性、可以反复适用和以规范性文本为外在表现形式。立法将抽象行政行为排除在行政诉讼的受案范围之外，是我国行政法制的特点所决定的。

第三，内部行政行为引起的行政争议。

《行政诉讼法》第 12 条第 3 项规定，对“行政机关对行政机关工作人员的奖惩、任免等决定”提起的行政诉讼，人民法院不予受理。《若干解释》第 4 条进一步规定：“‘对行政机关工作人员的奖惩、任免等决定’，是指行政机关作出的涉及该行政机关公务员权利义务的决定”，学理上称之为内部行政行为。

内部行政行为的判断标准有三个方面：(1) 行为的对象是行政机关下属的工作人员；(2) 行为以该工作人员的公务员权利义务为内容；(3) 行为以行政机关的内部决定性文件为表现形式。因此，代理律师在处理此类案件时要特别注意：行政机关工作人员具有公务员和公民两重法律身份，如果行政机关对其工作人员所实施的行政行为不以其公务员权利义务为内容，而以其公民性权利义务为内容，则不属于内部行政行为的范畴，而属于外部行政行为，可以进入行政诉讼的受案范围。

第四，法律规定由行政机关最终裁决的具体行政行为引起的行政争议。

《行政诉讼法》第 12 条第 4 项规定，对“法律规定由行政机关最终裁决的具体行政行为”提起的行政诉讼，人民法院不予受理。《若干解释》第 5 条进一步规定：“‘法律规定由行政机关最终裁决的具体行政行为’中的‘法律’，是指全国人民代表大会及其常务委员会制定、通过的规范性文件。”

鉴于我国加入 WTO 之后所作出的承诺及司法最终解决原则的要求，我国正在逐步压缩由行政机关最终裁决的具体行政行为的范围，尚且保留的相关规定主要集中于《中华人民共和国出境入境管理法》和《行政复议法》。根据《中华人民共和国出境入境管理法》第 64 条的规定：外国人对依照本法规定对其实施的继续盘问、拘留审查、限制活动范围、遣送出境措施不服的，可以依法申请行政复议，该行政复议决定为最终决定。我国《行政复议法》第 14 条规定：对国务院部门或者省、自治区、直辖市人民政府的具体行政行为不服的，向作出该具体行政行为的国务院部门或者省、自治区、直辖市人民政府申请行政复议。对行政复议决定不服的，可以向人民法院提起行政诉讼；也可以向国务院申请裁决，国务院依照本法的规定作出最终裁决，不得再次提起行政诉讼。第 30 条第 2 款规定：根据国务院或者省、自治区、直辖市人民政府对行政区划的勘定、调整或者征收土地的决定，省、自治区、直辖市人民政府确认土地、矿藏、水流、森林、山岭、草原、荒地、滩涂、海域等自然资源的所有权或者使用权的行政复议决定为最终裁决，不得再次提起行政诉讼。

第五，行政机关基于法律授权而实施的司法行为引起的争议。

《若干解释》第1条第2款第2项规定，对“公安、国家安全等机关依照刑事诉讼法的明确授权实施的行为”提起的行政诉讼，不属于人民法院行政诉讼的受案范围。公安、国家安全机关具有行政管理和刑事司法两个方面的职权，其执法行为也要视具体情况区分为行政行为和刑事司法行为，而此处所说的“公安、国家安全等机关依照刑事诉讼法的明确授权实施的行为”恰恰属于刑事司法行为，当然要排除在行政诉讼受案范围之外。

第六，行政机关基于法律授权而实施的调解行为、准司法行为引起的争议。

《若干解释》第1条第2款第3项规定，对“调解行为以及法律规定的仲裁行为”提起的行政诉讼，不属于人民法院行政诉讼的受案范围。

行政机关的调解行为，是指特定的行政机关基于法律的授权，而对平等主体之间的民事争议进行居间调停，促使双方达成协议，以化解纠纷的行为。行政调解以当事人的自愿为必要前提，调解结果也不具有强制性的法律效力，因此不属于行政诉讼的受案范围。但是如果在调解过程中，行政机关作出了强制性的行政处理，则对其相应的行政行为可以提起行政诉讼。

行政机关的仲裁行为，是指特定的行政机关基于法律的授权设置专门的仲裁机构，依法对平等主体之间的民事争议进行审理并作出仲裁裁决，从而解决纠纷的行为。典型的行政仲裁如劳动行政机关根据《劳动争议调解仲裁法》实施的劳动仲裁，又如农村土地承包仲裁委员会根据《农村土地承包经营纠纷调解仲裁法》实施的农村土地仲裁等。由于立法赋予该仲裁裁决以准司法效力，所以该行为又称为准司法行为。行政仲裁出错须通过立法专门设置的程序予以救济，如民事诉讼程序、仲裁裁决的撤销程序、仲裁裁决的不予执行程序等，而不能对其提起行政诉讼。

第七，不具有强制力的行政指导行为引起的行政争议。

《若干解释》第1条第2款第4项规定，对“不具有强制力的行政指导行为”提起的行政诉讼，不属于人民法院行政诉讼的受案范围。行政指导行为，是指行政机关以示范、建议、倡导等方式，引导相对人自愿实施某种行为，从而实现行政管理目的的一种行为。作为一种非强制性的管理手段，行政指导行为不具有强制性的法律效力，当然也不会对相对人的合法权益造成违法性的侵害，因而不属于行政诉讼的受案范围。

第八，行政性救济程序中重复处理行为引起的行政争议。

《若干解释》第1条第2款第5项规定，对“驳回当事人对行政行为提起申诉的重复处理行为”提起的行政诉讼，不属于人民法院行政诉讼的受案范围。对行政机关的行政行为向上级行政机关提起申诉是一种行政性的救济程序，而上级机关驳回申诉请求是对原行政行为的合法、有效性的一种肯定，在实质上并未形成新的行政法律关系。而且，相对人选择申诉时，往往已经超过了申请复议或提起诉讼的法定期限。所以，此种行为不属于行政诉讼的受案范围。

第九，对相对人的权利义务不产生实际影响的行政行为引起的行政争议。

《若干解释》第 1 条第 2 款第 6 项规定，就“对公民、法人或者其他组织权利义务不产生实际影响的行为”提起的行政诉讼，不属于人民法院行政诉讼的受案范围。此类行为是指行政机关在履行职责的过程作出了某种行为，但不会或尚未对相对人的权利义务产生实际影响，如行政主体为行政执法所作的内容准备工作。行政争议的可诉性以其对相对人的合法权益的侵害为必要前提，既然不会或尚未对其权利义务产生任何影响，当然不属于行政诉讼的受案范围。

(二) 行政诉讼律师代理的法律程序

依据《行政诉讼法》的规定，行政诉讼程序在宏观上可以分为四个大的程序环节，即：一审程序、二审程序、再审程序和强制执行程序。一审程序又包括了起诉、受理、应诉、审前准备程序、开庭审理和判决等程序环节。二审程序的程序环节与一审程序类似，只是它以上诉为起点，而且其审前准备程序环节相对简化，原则上不再指定举证期限，也无须进行证据交换。再审程序的启动方式有 3 种：当事人申请再审、法院自行决定再审和检察院抗诉启动再审，再审程序启动以后须依法律规定视具体情况适用一审或二审程序规则。强制执行程序由当事人申请或法院审判机构移送而启动，因执行依据不同又可分为两种类型：第一种，行政诉讼审判之后，以行政诉讼裁判为执行依据的强制执行程序；第二种，行政机关作出行政行为之后，以行政决定等文件为执行依据的强制执行程序。

行政诉讼中的代理律师对这四个程序环节均可依委托授权参与其中。但需要明确的是，律师在接受行政诉讼委托授权时，在委托合同和授权文件中，务必要与委托、授权人协商写明委托、授权的程序环节的范围，以避免与委托、授权人之间产生无谓的争议。如写明接受委托代理一审程序、接受委托代理全部审判程序或接受委托代理强制执行程序等。同时，随着诉讼程序的推进，代理律师还要与委托、授权人及时协商调整委托、授权的范围。如原委托合同约定仅代理案件的一审程序，而在一审宣判之后，委托人继续要求代理律师提起上诉，此时则应及时与委托人协商变更委托、授权事项的范围，将二审程序纳入其中。

此外，律师在代理行政案件的过程中，还要关注行政审判、执行之外的一些附带或衍生性的法律程序，如：行政附带民事诉讼案件中的民事审判执行程序、行政赔偿程序、行政处罚听证程序、行政申诉程序、行政复议程序等。这些法律程序在本质上不属于行政诉讼程序的范畴，但却可能对将来的行政诉讼程序产生重要影响。如行政附带民事诉讼程序可能关系到委托人合法利益是否能够在行政诉讼之后得到更充分的保护，行政处罚听证程序中就可能隐藏有大量的将来行政诉讼需要的证据材料或证据来源信息，而行政复议程序在某些情况下可能成为行政诉讼的前置性程序。

因此，律师在接受行政诉讼委托授权时，在委托合同和授权文件中，除了要与委托、授权人就行政诉讼程序内部的委托、授权事项进行明确约定以外，还要结合案件的具体情况，对案件可能涉及的这些附带或衍生性的法律程序环节作出明确的约定，以确保业务操作流程的顺畅与安全，并避免与委托、授权人产生无谓的争议。

(三) 行政诉讼律师代理的对象

行政诉讼中律师代理的对象以当事人为限，如果当事人本人行为能力受限，可由其法定诉讼代理人代为委托代理律师。依据《行政诉讼法》规定，行政诉讼程序中的当事人有 3 种基本类型：原告（包括共同原告）、被告（包括共同被告）和第三人，均可授权律师代为实施行政诉讼。

1. 原告

行政诉讼的原告，是指对行政主体的有强制力的外部具体行政行为不服，依《行政诉讼法》的规定，以自己的名义向法院提起行政诉讼的公民、法人或其他组织。律师在接受行政相对人的委托代理行政诉讼的时候，首先要准确判断其是否具有行政诉讼原告资格。如果具有，就与当事人建立行政诉讼的委托授权关系；如果不具有，则应及时告知当事人通过其他的法律程序解决争议，并与之建立相应内容的委托授权关系。

通常来说，行政诉讼中的原告资格由以下 3 个方面的要素构成：

（1）原告只能由处于行政相对人地位或类似行政相对人地位上的公民、法人或其他组织担任，而作为行政主体的行政机关或法律法规授权的组织是不能担任的。

（2）原告须与导致行政争议的具体行政行为之间存在法律上的利害关系，即“诉的利益”。所谓法律上的利害关系，是指其在客观上承受了具体行政行为的后果，又有两种表现形态：其一，以其为主体的法律权利义务关系因该具体行政行为而受到影响或发生改变；其二，根据法律规定由其掌控的其他主体的法律权利义务关系因该具体行政行为而受到影响或发生改变。

（3）认为其或由其掌控的合法权益因该具体行政行为而受损，并以自己的名义提起行政诉讼。

前两项要素通常被称为“实质性”的要素，第三项则被称为“形式性”的要素。除此之外，为了准确判断委托人是否拥有行政诉讼原告资格，从而更合理地选择行政诉讼程序的启动方案，行政诉讼中的代理律师还要对我国相关司法解释中关于行政诉讼原告适格问题的一些具体规定给予特别关注。其中，《若干解释》第 13—18 条所规定的 9 种具体情形对行政诉讼代理律师的业务操作有重要意义，因为有些规定在一定程度上突破了我国现行行政诉讼法关于行政诉讼原告适格问题的立法立场。

（1）认为具体行政行为侵害其相邻权或者公平竞争权的，公民、法人或者其他组织可以依法提起行政诉讼，法院应当受理。

（2）认为与被诉的行政复议决定有法律上利害关系或者在复议程序中被追加为第三人的，公民、法人或者其他组织可以依法提起行政诉讼，法院应当受理。

（3）要求主管行政机关依法追究加害人法律责任的，公民、法人或者其他组织可以依法提起行政诉讼，法院应当受理。

（4）认为与被撤销或者变更具体行政行为有法律上利害关系的，公民、法人或者其他组织可以依法提起行政诉讼，法院应当受理。

（5）合伙企业向人民法院提起行政诉讼的，应以核准登记的字号为原告，由执行合伙企业事务的合伙人担任诉讼代表人；其他合伙组织提起诉讼的，合伙人为共同原告。不具备法人资格的其他组织向人民法院提起诉讼的，由该组织的主要负责人作诉讼代表人；没有主要负责人的，可以由推选的负责人作为诉讼代表人。同案原告为 5 人以上，应当推选 1 至 5 名诉讼代表人参加诉讼；在指定期限内未选定的，人民法院可以依职权指定。

（6）联营企业、中外合资或者合作企业的联营、合资、合作各方，认为联营、合资、合作企业权益或者自己一方合法权益受具体行政行为侵害的，均可以自己的名义提起行政诉讼。

（7）农村土地承包人等土地使用权人对行政机关处分其使用的农村集体所有土地的行政行为不服的，可以自己的名义提起行政诉讼。

（8）非国有企业被行政机关注销、撤销、合并、强令兼并、出售、分立或者改变企业隶属关系的，该企业或其法定代表人可以提起行政诉讼。

（9）股份制企业的股东大会、股东代表大会、董事会等认为行政机关作出的具体行政行为侵犯企业经营自主权的，可以企业名义提起行政诉讼。

2. 被告

行政诉讼的被告，是指原告诉称以具体行政行为侵害其合法权益，并被法院传唤应诉的行政主体。行政诉讼中的代理律师无论代理哪一方当事人，均需根据法律规定准确判断谁是适格的被告：就原告方的代理律师而言，可据以选择恰当的行政主体作为被告启动诉讼程序；就被告方的代理律师而言，当原告选择被告错误时，可据以要求法院裁定不予受理或驳回原告的起诉。

基于行政诉讼的特殊性，其被告只能由相应的行政主体担任。但是，行政诉讼法的规定、行政执法和救济的程序操作纷繁复杂，导致行政法律关系中的主体结构异常复杂。因此，面对特定的行政争议案件，代理律师要准确选择适格的被告并非易事。所以，相关立法和司法解释也就此作出了大量的具体规定。综合这些规定，行政诉讼中的适格被告主要有以下 6 种情形：

（1）具体行政行为作出后，公民、法人或者其他组织直接向人民法院提起行政诉讼的，作出该具体行政行为的行政机关为适格被告；该行政机关被撤销的，继续行使其职权的行政机关为适格被告；如该具体行政行为由法律、法规授权的组织作出，该组织为适格被告；如该具体行政行为由行政机关委托的组织作出，提出委托的行政机关为适格被告。

（2）行政机关组建并赋予行政管理职能但不具有独立承担法律责任能力的机构以自己的名义作出具体行政行为，当事人不服提起行政诉讼的，应当以组建该机构的行政机关为适格被告；行政机关的内设机构或者派出机构在没有法律、法规或者规章授权的情况下，以自己的名义作出具体行政行为，当事人不服提起行政诉讼的，应当以该行政机关为适格被告。

（3）法律、法规或者规章授权行使行政职权的行政机关内设机构、派出机构或者其他组织，超出法定授权范围实施具体行政行为，当事人不服提起行政诉讼的，应当以实施该具体行政行为的机构或者组织为被告；行政机关在没有法律、法规或者规章规定的情况下，授权其内设机构、派出机构或者其他组织行使行政职权实施具体行政行为的，应当视为委托，当事人不服提起行政诉讼的，应当以该行政机关为适格被告。

（4）两个以上行政机关共同作出同一具体行政行为的，行政诉讼以共同作出该具体行政行为的行政机关为共同被告。

（5）当事人不服经上级行政机关批准的具体行政行为，向人民法院提起行政诉讼的，应当以在对外发生法律效力的行政文件上署名的行政机关为适格被告；如上、下级行政机关均在行政文件上署名，则为共同被告。

（6）具体行政行为作出后经复议的案件，复议机关决定维持原具体行政行为的，作出原具体行政行为的行政机关为适格被告；复议机关改变原具体行政行为的，复议机关为适格被告；复议机关在法定期间内不作复议决定，当事人对原具体行政行为不服提起行政诉讼的，应当以作出原具体行政行为的行政机关为适格被告；当事人对复议机关不作为不服提起行政诉讼的，应当以复议机关为适格被告。

3. 第三人

行政诉讼中的第三人，是指与被诉具体行政行为有利害关系，主动申请或由法院通知以当事人身份参加到已经启动的行政诉讼程序中来的原告、被告之外的公民、法人或其他组织。在行政诉讼中，第三人具有当事人的法律地位，可以提出与本案有关的诉讼请求，可以举证、质证、参与辩论，可以提起上诉，可以申请再审等。因此，律师可以代理行政诉讼中的第三人，代其操作诉讼程序，维护其合法权益。对于代理律师而言，只有全面掌握、准确运用立法和司法解释中关于行政诉讼第三人的具体规定，才能就被代理人是否以第三人身份参与行政诉讼程序作出准确的判断，进而为其选择正确的诉讼策略。综合立法和司法解释的相关规定，行政诉讼中的第三人主要有以下两种基本类型：

（1）行政机关的同一项具体行政行为涉及两个以上利害关系人，其中一部分利害关系人对具体行政行为不服提起行政诉讼的，人民法院应当通知没有起诉的其他利害关系人作为第三人参加诉讼。

如，行政处罚案件中的被处罚人、共同被处罚人、被处罚人的相对方主体或受害人中的部分主体针对行政处罚行为提起行政诉讼的，其他的被处罚人、被处罚人的相对方主体或受害人可以作为第三人参加诉讼；又如，行政确权案件中的权属争议各方中的部分主体针对行政确权行为提起行政诉讼的，权属争议中的其他主体可以作为第三人参加诉讼；再如，土地征用或房屋拆迁案件中，土地或房屋的权属主体针对行政机关的征用或拆迁行政行为提起行政诉讼的，项目的建设主体可以作为第三人参加诉讼。

（2）行政诉讼中，应当依法追加某行政主体为共同被告，但原告不同意追加的，或者其他组织与行政机关共同实施行政行为，但法律不允许将其作为共同被告的，人民法院应当通知该行政主体或其他组织以第三人的身份参加诉讼。

如，两个以上的行政机关就同一事件作出相互冲突的具体行政行为，原告只起诉其中的部分行政机关，而且不同意将其他行政机关追加为共同被告的，其他行政机关可以作为第三人参加诉讼；又如，在行政机关的行政处罚文件上署名或协助行政机关实施具体行政行为的其他组织，依法不具备成为行政诉讼共同被告的资格，但可以作为第三人参加诉讼。

三、行政诉讼律师代理的业务操作流程

宏观上讲，行政诉讼中代理律师的业务操作流程由三大环节构成：即案件的委托、授权程序，审判程序和强制执行程序。

（一）律师代理行政诉讼的委托、授权程序

行政诉讼中律师代理的委托、授权程序、方式、规则和原理与民事诉讼中的律师代理完全相同，但在达成委托关系之前，律师须对以下问题给予特别关注：

第一，要确定委托事项属于因具体行政行为而引发的行政争议，并且属于立法所规定的行政诉讼受案范围。

律师首先要通过了解案情，准确判断当事人委托的事项是否属于行政争议。如果委托提起行政诉讼的一方当事人所委托的事项不属于行政争议，则应及时告知当事人通过其他的法律程序解决争议，并与之建立相应内容的委托授权关系；如果行政诉讼已经被法院受理，律师接受被告方行政机关的委托后发现法院受理的起诉不属于行政争议，则应根据《若干解释》第 44 条第 1 款第 1 项“请求事项不属于行政审判权限范围，法院已经受理的，裁定驳回起诉”的规定，向受诉法院提起驳回起诉的申请。如果当事人所委托的事项属于行政争议，代理律师再进一步判断该行政争议是否属于人民法院受理行政诉讼案件的范围，并根据判断的结果作出相应的处理：如果属于，就与当事人建立行政诉讼的委托授权关系；如果不属于，则应及时告知当事人通过其他的法律程序解决争议，并与之建立相应内容的委托授权关系。

第二，要确定委托人的诉讼主体资格，及其在行政诉讼程序中的诉讼地位。

行政诉讼中律师代理的对象以当事人为限。根据行政诉讼法的规定，行政诉讼程序中的当事人有 3 种基本类型：原告（包括共同原告）、被告（包括共同被告）和第三人，均可授权律师代为实施行政诉讼。如果当事人本人行为能力受限，则由其法定诉讼代理人代为委托代理律师。

律师在接受行政相对人的委托代理行政诉讼的时候，首先要准确判断其是否具有行政诉讼当事人的主体资格，并结合案件具体情况，判断委托人在行政诉讼中的诉讼地位，进而选择恰当的诉讼策略。如果委托人的委托事项中包含启动行政诉讼程序的要求，则要判断其是否具有原告资格：如果具有，就与当事人建立行政诉讼的委托授权关系；如果不具有，则应及时告知当事人通过其他的法律程序解决争议，并与之建立相应内容的委托授权关系。而且，律师无论代理哪一方当事人，均需根据法律规定准确判断谁是适格的被告：就原告方的代理律师而言，可据以选择恰当

的行政主体作为被告启动诉讼程序；就被告方的代理律师而言，当原告选择被告错误时，可据以要求法院裁定不予受理或驳回原告的起诉。如果委托人可以在行政诉讼程序中担任第三人，则应选择参与他人已经启动的行政诉讼程序的策略，通过最经济的司法途径维护其合法权益。

第三，要结合案件的具体情况，准确判断委托事项是否超过行政诉讼法及相关单行立法关于行政诉讼起诉期限的规定，以及该事项的行政诉讼是否以行政复议等行政性救济程序为前置程序。如果委托事项已经超过了法定的行政诉讼起诉期限，则应及时告知当事人通过其他的法律程序解决争议，并与之建立相应内容的委托授权关系。如果委托事项的行政诉讼以行政复议等行政性救济程序为前置程序，亦应及时告知当事人，并与之建立相应内容的委托授权关系。

在此基础上，由律师事务所与委托人签订委托合同，确立委托关系，并对委托事项、代理程序范围、代理方式、合同对价的计算与支付方式等相关事项进行明确约定。以委托合同为依据，结合案件程序的进程，由委托人向代理律师出具相应的授权文件，以完成具体程序事项的业务操作。

（二）律师代理行政诉讼的审判程序

依据行政诉讼法的规定，行政诉讼程序从整体上讲由五个程序环节构成：起诉、受理与应诉，庭审前的准备程序，一审程序，二审程序和再审程序。

1. 代理起诉、应诉

在行政诉讼的起始阶段，代理律师的核心任务因被代理人的诉讼地位而有所差异：代理原告方，其核心任务是起诉；代理被告方，其核心任务是应诉；代理第三人，其核心任务是通过申请取得第三人的诉讼地位。

就起诉而言，必须妥善地解决以下问题：

第一，要从实务操作的角度为委托人完善立法对行政起诉所要求的各项实质和程序要件。

第二，要结合案件的具体情况，依据相关立法的规定，准确判断、把握委托事项的行政起诉期限，进而选择恰当的起诉时机。

第三，要结合案件的具体情况，依据相关立法和司法解释的规定，准确把握委托事项的行政诉讼程序与其他相关行政救济程序的关系，进而选择恰当的诉讼策略。以行政复议程序为例，它与行政诉讼程序的关系就有三种基本类型：(1) 任选关系。在立法没有特别规定的情况下，对属于人民法院受案范围的行政案件，公民、法人或者其他组织可以先向上一级行政机关或者法律、法规规定的行政机关申请复议，对复议不服的，再向人民法院提起诉讼；也可以直接向人民法院提起诉讼。(2) 前置关系。某些行政争议依法律、法规的规定，应当先向行政机关申请复议，对复议不服的再向人民法院提起诉讼。(3) 择一关系。某些行政争议依法律、法规的规定，可以向行政机关申请复议，也可以向人民法院提起诉讼，但二者只能择其一。如果选择了行政复议，则复议裁决为最终裁决，不得再提起行政诉讼；如果选择行政诉讼，则也意味着放弃了复议程序。

第四，要结合案件的具体情况，依据相关立法和司法解释的规定，准确判断争议事项的行政诉讼管辖状态，进而恰当地选择管辖法院提起诉讼。首先，要准确适用行政诉讼级别管辖规则，判断案件的管辖法院的级别。其次，依据行政诉讼地域管辖规则，结合案件的具体情况，准确判断案件的管辖地点。再次，如果出现共同管辖的状态，即多个法院依管辖规则对该案件均享有管辖的状态，则应依据行政诉讼选择管辖规则，并结合案件的具体情况和委托方的具体要求，选择恰当的管辖法院。最后，如果出现管辖权争议，则应依据指定管辖规则，选择恰当的程序策略，为委托方争取最有利的管辖法院。

第五，要结合案件的具体情况，尤其是各方当事人对证据材料的收集和掌控状态，依据相关立法和司法解释的规定，选择恰当的诉讼请求策略，为委托方设计最合理的诉讼请求体系，并为之准备充分的事实和法律依据，从而形成系统且完备的逻辑论证体系。

最后，综合以上各方面的因素，为委托方草拟起诉状、准备附属文件，最终形成系统的起诉文件，并选择恰当的时机，向最有利于委托方的管辖法院提起诉讼。

应诉是被告方代理律师的核心任务，其业务操作模式与起诉是相对应的：

第一，要从实务操作的角度判断原告方的起诉文件是否具备立法对行政起诉所要求的各项实质和程序要件。如果不具备，则可结合案件的具体情况和委托方的要求决定是否向法院申请裁定驳回起诉。

第二，要结合案件的具体情况，依据相关立法的规定，准确判断、把握委托事项的行政起诉期限。如果已经超过法定起诉期限，则应及时据以提出程序性抗辩，要求法院裁定驳回起诉。

第三，要结合案件的具体情况，依据相关立法和司法解释的规定，准确把握委托事项的行政诉讼程序与其他相关行政救济程序的关系，进而选择恰当的诉讼策略。如果原告方的起诉违反相关要求，如案件应以行政复议为前置程序，而原告直接提起行政诉讼，且法院已经受理，则应及时申请法院裁定驳回起诉。

第四，要结合案件的具体情况，依据相关立法和司法解释的规定，准确判断争议事项的行政诉讼管辖状态，进而为委托方争取有利的管辖法院。如当原告方的起诉选择法院无管辖权时，应及时向法院提出管辖异议；当形成管辖权争议时，则应依据指定管辖规则，选择恰当的程序策略，为委托方争取最有利的管辖法院。

第五，要结合案件的具体情况，尤其是各方当事人对证据材料的收集和掌控状态，依据相关立法和司法解释的规定，选择恰当的诉讼抗辩策略，为委托方设计最合理的诉讼抗辩体系，并为之准备充分的事实和法律依据，从而形成系统且完备的逻辑论证体系。

最后，综合以上各方面的因素，为委托方草拟答辩状、准备附属文件，最终形成系统的应诉文件，结合诉讼程序的推进状态，选择恰当的时机，向法院提交。

行政诉讼中律师代理第三人时，其核心任务是通过申请为被代理人取得第三人的诉讼地位。这种申请，在程序操作上，与原告方的起诉活动基本相当，只是在申请文件的名称、申请行为的程序目的和程序规则的适用这三个方面有少许差异。

2. 代理调查取证

对于代理律师而言，调查取证工作实际上在其接受委托、授权的时候（甚至是之前）就已经开始了，并且会贯穿于整个案件操作流程之中。起诉和应诉工作的有效完成就须以有效的前期调查取证为基础。律师前期调查取证的工作成果，将会首先在行政诉讼庭审前的准备程序中对诉讼的程序运作甚至成败产生实质性的影响。而且，对于各方当事人的代理律师而言，庭审前的准备程序仍将以调查取证为核心任务，这也是其在开庭审理之前完善其证据体系的最后机会。在这一阶段，代理律师所要完成的调查收集证据、提供证据及交换证据的程序操作，在相当程度上决定了整个诉讼程序中证据对抗和事实主张对抗的基本格局，甚至在一定意义上决定了诉讼的成败。

行政诉讼中的调查取证，就其证据种类、调查方式、取证策略、申请法院调查和保全证据的程序规则、举证程序规则、证据交换程序规则、质证程序规则以及认证程序规则等方面，与民事诉讼并无实质性的差异。但在有些方面，行政诉讼法也基于自身特有规律作出了特别的处理。需要特别说明的有以下几个方面：

（1）证明目的

在民事诉讼中，当事人收集、提供证据证明各项争议事实，其目的在于证明各方民事法律行为的真实性和合法性，进而判定民事权利义务的归属与负担。而在行政诉讼中，当事人收集、提供证据证明各项争议事实，其目的则在于证明具体行政行为的真实性与合法性，相对人的合法权益是否受侵害、损害的内容和范围，进而判定行政机关是否应当承担违法行政的法律责任、责任的内容和范围；而行政相对人的行政违法行为的真实性与合法性，及其行政违法的法律责任的有无、内容和范围，并非行政诉讼证明的目的，而是其为实现证明目的可采用的手段。

（2）证明对象

在民事诉讼中，双方当事人的事实主张只要形成争议，作为争议对象的法律事实均属证明对象的范畴，须由当事人提供证据证明其真实性和存在状态，而无论该法律事实涉及的是哪一方当事人的法律行为。在行政诉讼中，证明对象的范围基本相同，主要包括以下几类争议事实：①行政起诉的法定要件事实的真实性和完备性；②原告方行政违法行为的真实性；③行政机关应依法履行职责的法律事实状态的真实性；④导致行政争议的具体行政行为（包括作为和不作为两种形态）的真实性；⑤导致行政争议的具体行政行为（包括作为和不作为两种形态）的合法性；⑥相对人因具体行政行为而受到损害的合法权益的类型、范围和额度；⑦相对人合法权益所受损害与行政机关具体行政行为之间的因果关系。

（3）举证责任的分配

在行政诉讼中，举证责任的分配也应遵循“谁主张、谁举证”的基本原理。但其中也有一些情形，基于其自身所特有的规律，立法对举证责任分配的问题作出了特别规定，行政诉讼中的代理律师需要特别注意。

依据《行政诉讼法》和相关司法解释的规定，在行政诉讼中原告方当事人需要就以下争议事项承担举证责任：①公民、法人或者其他组织向人民法院起诉时，应当就立法所要求的起诉条件承担举证责任；②在起诉被告不作为的案件中，原告应当就其在行政程序中曾经提出申请承担举证责任，除非被告应当依职权主动履行法定职责或原告因被告受理申请的登记制度不完备等正当事由不能提供相关证据材料并能够作出合理说明的；③在行政赔偿诉讼中，原告应当对被诉具体行政行为造成损害的事实承担举证责任。

而被告方当事人需要就以下争议事项承担举证责任：①原告起诉是否超过法定期限，由被告承担举证责任。②被告对其作出的具体行政行为的内容和合法性承担举证责任，应当提供作出该具体行政行为的证据和所依据的规范性文件。原告可以提供证明被诉具体行政行为违法的证据，若其提供的证据不成立的，不免除被告对被诉具体行政行为合法性的举证责任。

（4）对被告方举证行为的限制性规定

行政法律关系中，行政主体因享有行政职权而处于优势地位，为确保其行政执法行为的合法性与正当性，行政立法要求行政机关必须在充分调查取证之后才能实施具体行政行为。这就意味着，一旦行政主体实施某项具体行政行为，其合法性的事实依据和法律依据应该已经足够充分。因此，在行政诉讼立法中，才作出“举证责任倒置”的处理，要求作为被告的行政主体就其具体行政行为的内容和合法性承担举证责任。而且，对被告方当事人的举证行为，《行政诉讼法》和相关司法解释中还设有一系列限制性的规定，需要代理律师在行政诉讼代理工作中特别关注：

① 根据《行政诉讼法》第 33 条的规定，在诉讼过程中，被告及其诉讼代理人不得自行向原告和证人收集证据。

② 根据《行政诉讼法》第 32 条和第 43 条的规定，被告对作出的具体行政行为负有举证责任，应当在收到起诉状副本之日起 10 日内，提供据以作出被诉具体行政行为的全部证据和所依据的规范性文件。被告不提供或者无正当理由逾期提供证据的，视为被诉具体行政行为没有相应的证据。

③ 被告因不可抗力或者客观上不能控制的其他正当事由，不能在上述规定期限内提供证据的，应当在收到起诉状副本之日起 10 日内向人民法院提出延期提供证据的书面申请。人民法院准许延期提供的，被告应当在正当事由消除后 10 日内提供证据。逾期提供的，视为被诉具体行政行为没有相应的证据。

④ 原告或者第三人提出其在行政程序中没有提出的反驳理由或者证据的，经人民法院准许，被告可以在第一审程序中补充相应的证据。

⑤ 被告行政机关不能将其在复议程序中未向复议机关提交的证据，或复议机关在复议程序中收集和补充的证据，作为其原具体行政行为合法的依据。

3. 代理一审程序

行政诉讼的一审程序操作与民事诉讼的一审程序操作基本相同，代理律师可以按照代理民事诉讼一审程序的模式进行业务操作。但基于行政诉讼的特殊性，行政诉讼立法和相关司法解释也有一些特别的规定不同于民事诉讼，律师在代理过程中需要特别注意：

（1）民事诉讼程序中，调解原则贯穿始终。但人民法院审理行政案件，除行政赔偿诉讼外，不适用调解。

（2）行政诉讼中的法律适用具有特殊性。人民法院审理行政案件，除了要严格适用法律外，还要参照国务院部委根据法律和国务院的行政法规、决定、命令制定并发布的规章以及省、自治区、直辖市和省、自治区的人民政府所在地的市和经国务院批准的较大的市的人民政府根据法律和国务院的行政法规制定并发布的规章。人民法院认为地方人民政府制定并发布的规章与国务院部委制定并发布的规章不一致的，以及国务院各部委之间制定并发布的规章不一致的，由最高人民法院送请国务院作出解释或者裁决。

（3）行政诉讼一审的审限更短、更严。人民法院应当在立案之日起 3 个月内作出第一审判决。有特殊情况需要延长的，由高级人民法院批准，高级人民法院审理第一审案件需要延长的，由最高人民法院批准。

（4）行政诉讼一审裁判的类型不同于民事诉讼。①具体行政行为证据确凿，适用法律、法规正确，符合法定程序的，判决维持；②具体行政行为主要证据不足、适用法律法规错误、违反法定程序、超越职权或滥用职权的，判决撤销或者部分撤销，并可以判决被告重新作出具体行政行为；③被告不履行或者拖延履行法定职责的，判决其在一定期限内履行；④行政处罚显失公正的，可以判决变更。

4. 代理二审程序

行政诉讼的二审程序操作与民事诉讼的二审程序操作基本相同，代理律师可以按照代理民事诉讼二审程序的模式进行业务操作。但基于行政诉讼的特殊性，行政诉讼立法和相关司法解释也有一些特别的规定不同于民事诉讼，律师在代理过程中需要特别注意：

（1）民事诉讼二审程序以开庭审理为原则，以径行判决为例外；而行政诉讼二审程序，法院认为上诉案件事实清楚的，可以实行书面审理。

（2）民事诉讼二审程序的审理范围限于与上诉请求有关的事实和适用法律事项；而行政诉讼二审程序，应当对原审法院的裁判和被诉具体行政行为是否合法进行全面审查，不受上诉范围的限制。

（3）行政诉讼二审的审限更短、更严。法院应当自收到上诉状之日起 2 个月内作出终审判决。有特殊情况需要延长的，由高级人民法院批准，高级人民法院审理上诉案件需要延长的，由最高人民法院批准。

5. 代理再审程序

行政诉讼再审程序与民事诉讼再审程序二者的启动主体、启动方式、启动事由、启动期限、启动程序规则完全相同。因此，行政诉讼代理律师可以按照代理民事诉讼再审程序的模式进行业务操作，协助被代理人启动再审程序。而行政诉讼再审程序启动后，要么适用一审程序规则，要么适用二审程序规则。而对于行政诉讼一审和二审的律师代理业务操作注意事项，前文已经作过详细的说明，此处不再重复。

（三）律师代理行政强制执行程序

行政强制执行程序，根据执行依据的差异，可以分为两种基本类型：第一种，行政诉讼审判之后，以行政诉讼裁判为执行依据的强制执行程序；第二种，行政机关作出行政行为之后，以行政决定等文件为执行依据的强制执行程序。其执行程序规则与民事强制执行程序规则基本相同，且均由附设于法院的强制执行机构负责。因此，律师在代理行政强制执行程序时，可以按照代理民事强制执行程序的模式进行业务操作。但基于行政强制执行的特殊性，行政诉讼立法和相关司法解释也有一些特别的规定不同于民事强制执行，律师在代理过程中需要特别注意：

1. 以行政诉讼裁判为执行依据的强制执行

（1）申请时限

申请人是公民的，申请执行生效的行政判决书、行政裁定书、行政赔偿判决书和行政赔偿调解书的期限为 1 年；申请人是行政机关、法人或者其他组织的为 180 天。申请执行的期限从法律文书规定的履行期间最后一日起计算；法律文书中没有规定履行期限的，从该法律文书送达当事人之日起计算。逾期申请的，除有正当理由外，人民法院不予受理。

（2）执行措施

行政机关拒绝履行判决、裁定的，执行法院可以采取以下措施：对应当归还的罚款或者应当给付的赔偿金，通知银行从该行政机关的账户内划拨；在规定期限内不履行的，从期满之日起，对该行政机关按日处 50 元至 100 元的罚款；向该行政机关的上一级行政机关或者监察、人事机关提出司法建议。接受司法建议的机关，根据有关规定进行处理，并将处理情况告知人民法院；拒不履行判决、裁定，情节严重构成犯罪的，依法追究主管人员和直接责任人员的刑事责任。

2. 对具体行政行为的强制执行

（1）申请范围和申请主体

公民、法人或者其他组织对具体行政行为在法定期限内不提起诉讼又不履行的，行政机关可以申请人民法院强制执行，或者依法强制执行；法律、法规没有赋予行政机关强制执行权，行政机关申请人民法院强制执行的，人民法院应当依法受理；法律、法规规定既可以由行政机关依法强制执行，也可以申请人民法院强制执行，行政机关申请人民法院强制执行的，人民法院可以依法受理。

行政机关根据法律的授权对平等主体之间民事争议作出裁决后，当事人在法定期限内不起诉又不履行，作出裁决的行政机关在申请执行的期限内未申请人民法院强制执行的，生效具体行政行为确定的权利人或者其继承人、权利承受人在 90 日内可以申请人民法院强制执行；享有权利的公民、法人或者其他组织申请人民法院强制执行具体行政行为的，参照行政机关申请人民法院强制执行具体行政行为的规定。

（2）申请时限

行政机关申请人民法院强制执行其具体行政行为，应当自被执行人的法定起诉期限届满之日起 180 日内提出。逾期申请的，除有正当理由外，人民法院不予受理。

（3）管辖法院

行政机关申请人民法院强制执行其具体行政行为，由申请人所在地的基层人民法院受理；执行对象为不动产的，由不动产所在地的基层人民法院受理。

（4）对执行依据合法性的审查

人民法院受理行政机关申请执行其具体行政行为的案件后，应当在30日内由行政审判庭组成合议庭对具体行政行为的合法性进行审查，并就是否准予强制执行作出裁定；需要采取强制执行措施的，由本院负责强制执行非诉行政行为的机构执行。

【案例评析】

案例一

（一）案情简介

1. 成都市某大学学生向某因与其男友外出旅游中同居导致怀孕。事后，学校认定两学生发生“不正当性行为”、“道德败坏、品行恶劣”，遂依据原国家教委颁发的《高等学校学生行为准则》、《普通高等学校学生管理规定》以及该校《违纪学生处罚条例》之规定，对两名学生给予“勒令退学”的处分。

两名学生遂以共同原告的身份，以该大学为被告，以“定性错误，于法无据”为由提起行政诉讼，请求法院撤销学校的处分决定。成都市某基层人民法院以该起诉不属于人民法院行政诉讼受案范围为由作出裁定，驳回两名学生的起诉。

2. 在读博士生邢某向北京市某高校申请博士学位，该高校学位评定委员会召开会议，对邢某提交的博士学位论文进行全面审核。经审核，学位评定委员会认定邢某博士论文不合格，不能授予博士学位，学校据此拒绝向邢某颁发博士毕业证书和学位证书。

邢某遂向北京市海淀区人民法院提起行政诉讼，状告该高校及其学位评定委员会，请求法院判令该高校授予博士学位、并颁发博士研究生毕业证书。海淀区人民法院立案受理了行政起诉，经审理判决支持了邢某的诉讼请求。之后，该高校以一审法院无权受理该行政起诉为由提起上诉。

（二）基本问题

以上案例涉及的焦点性争议问题是因高校实施教育管理行为而与学生之间产生的纠纷是否属于行政争议的范畴，并属于行政诉讼的受案范围。

（三）案例评析

我国高等院校是一个特殊主体，依《教育法》、《高等教育法》、《学位管理条例》等教育法律、法规的规定，有权制定校规校纪，对学生实施教育管理，处分违纪学生，颁发学位、毕业证件等。从其享有的这些权力来看，实质上高校是基于法律授权而履行教育管理职责的组织，具有行政诉讼法所要求的担任被告的行政主体资格。其实施的相应的教育管理行为则应属于行政行为，受行政法的调整，并应纳入行政诉讼的受案范围。高校实施的管理行为中，属于行政行为，并具有行政可诉性的基本可以分为三种：第一，学位和毕业证的授予；第二，基于教育管理职权处罚违规学生；第三，基于教育管理职权处分违纪学生。

因此，上述两个案例所涉及的高校与学生之间的争议，前者属于“基于教育管理职权处分违纪学生”，后者属于“拒绝授予学位和颁发毕业证”，二者均属于高校在依法行使教育管理职权时的管理行为，是高等院校依法实施的“具有强制力的外部具体行政行为”，属于行政诉讼的受案范围，法院也均应受理原告的行政起诉。

案例二

（一）案情简介

1. 2008 年，某县一家娱乐公司承包了该县文化馆，并在门口招贴带有色情内容的广告，同时馆内表演带有色情性质的节目。文化馆对该公司的行为不闻不问，当地许多居民对此深表不满。该县居民郑某，向当地文化局提出申请，要求制止这种行为，文化局对其申请置之不理。

郑某遂以文化局行政不作为为由，向该县人民法院提起行政诉讼，要求法院判决其履行行政职责，制止该行为。法院在受理行政起诉后，以郑某的孩子未到文化馆观看节目，其合法权益未因娱乐公司的表演行为和文化局的不作为而受损为由，裁定郑某不具有原告资格，驳回起诉。

2. 2006 年，某市居民蒋某，以一名普通纳税人的身份作为原告，以该市财政局为被告，提起行政诉讼。以“财政局超预算购买豪华轿车”为由，要求法院认定其超出年度财政预算购买豪华轿车的行为为违法行政行为。法院以“起诉事项不属于人民法院行政诉讼受案范围”和“蒋某不具有原告资格”为由，裁定不予受理。

（二）基本问题

以上两个案例，均涉及行政诉讼中原告是否适格的问题。

（三）案例评析

行政诉讼的原告，是指对行政主体的“具有强制力的外部具体行政行为”不服，依《行政诉讼法》的规定，以自己的名义向法院提起行政诉讼的公民、法人或其他组织。我国现行立法对行政诉讼原告适格问题的规定采取了保守的立场，以“法律上的利害关系”作为原告适格的必要条件，从而将其限制在较为狭小的范围内。根据行政诉讼法的规定，行政诉讼中的原告资格由以下 3 个方面的要素构成：第一，原告只能由处于行政相对人地位或类似行政相对人地位上的公民、法人或其他组织担任。第二，原告须与导致行政争议的具体行政行为之间存在法律上的利害关系，即其在客观上承受了具体行政行为的后果。第三，认为其或由其掌控的合法权益因该具体行政行为而受损，并以自己的名义提起行政诉讼。前两项要素通常被称为“实质性”的要素，第三项则被称为“形式性”的要素。

因此，在前述两个案例中，法院裁定认为郑某和蒋某与被诉行政行为之间不存在“法律上的利害关系”，因而不具有行政诉讼的原告资格的处理，是对于现行立法的严格适用，并无不当。而在案例二中，法院裁定“起诉事项不属于人民法院行政诉讼受案范围”也是合法的。因为，我国行政诉讼立法将行政诉讼受案范围限定于“具有强制力的外部具体行政行为”，而财政局购车的行为：对外表现为与汽车销售商之间的买卖合同，属于单纯的民事法律行为；对内则表现为行政机构内部管理决定性行为，属于内部行政行为。

但这两个案例也反映了另外一个值得从业律师关注的问题，即“公益行政诉讼”的受案范围和原告资格的问题。尽管“公益行政诉讼”尚未被纳入立法的范畴，但是随着我国经济、社会的进步与发展，公民的民主法制观念日益提高，当行政主体在履行职责过程中的违法行政行为损害国家利益、公共利益时，通过行政诉讼的途径，维护国家利益和公共利益，已经成为法治社会的必然趋势。因此，建立“公益行政诉讼”制度已经是大势所趋。而在“公益行政诉讼”制度的范畴内，我国现行立法以“法律上的利害关系”为原告适格的必要条件和将行政诉讼受案范围限定于“具有强制力的外部具体行政行为”的保守立法很可能被突破，从而扩大“公益行政诉讼”的受案范围和适格原告的范围。

案例三

（一）案情简介

在我国广大农村地区，村民委员会在管理村民事务的过程中侵害村民合法权益的现象经常发生，进而也形成了大量以村民委员会为被告的行政诉讼案例。据笔者归纳，主要有以下几种案件类型：诉村民委员会不依法履行村集体收益分配职责、诉村民委员会不依法履行承包土地分配职责、诉村民委员会违法收取农业税或“三提五统”费用、诉村民委员会不依法履行宅基地划分职责、诉村民委员会不依法出具户口、计划生育或婚姻证明、诉村民委员会违法使用强制措施。许多法院对此类案件并不作为行政案件受理，民事诉讼的受案也极为谨慎，仅仅受理村民与村民委员会土地承包方面的纠纷。

（二）基本问题

这类案件的大量出现，对于从业律师而言，就提出了一个必须解决的难题，即：村民委员会是否属于行政主体，是否具有行政诉讼被告的资格。

（三）案例评析

主流性观点认为：村民委员会属于农村居民的自治性管理机构，不属于行政主体，不享有行政诉讼被告的资格。也正是这种传统观点，导致很多法院认为以村民委员会为被告的行政起诉因欠缺适格的被告而不具备法定的行政起诉要件，进而对其作出不予受理或驳回起诉的裁定。但我们认为，村民委员会虽然不是行政机关，但在其依法律、法规的明确授权而行使的职权范围内，应将其视为法律、法规授权的组织，具有行政主体的资格。在其依法履行管理职责而实施相应的管理行为并与村民发生争议时，村民可以将其作为被告通过行政诉讼的途径寻求司法救济。

从目前的司法实践来看，因村民委员会违法或不当行使法律、法规授予的职权，而导致的以村民委员会为适格被告的行政诉讼案件主要有以下类型：侵害村民对村集体经济项目的承包公平竞争权；违反法定程序向村民摊派公益事业经费；违法分配承包地；违法发放土地征用补偿费、安置费；违法分配、划分宅基地；违法发放优抚、救灾救济、扶贫助残款；违法出具或拒绝出具计划生育证明；违法出具或拒绝出具出生、死亡或户籍证明；违法收取或拒绝收取水电费及其他有偿服务费等。

案例四

（一）案情简介

2002 年 6 月 1 日，某市“专业市场个体劳动者协会”（以下简称：“专业个协”）收到某省物价局的“行政处罚告知书”。告知：“专业个协”于 2000 年 5 月到 2001 年 12 月间，超标准、超范围收取“专业个协”会费，违反该省《价格管理条例》规定，属于提高收费标准，扩大收费范围的价格违法行为。并依据该《价格管理条例》之规定，拟对“专业个协”作出“责令停止价格违法行为，没收违法所得上缴财政”的行政处罚。“专业个协”遂依据《行政处罚法》的有关规定，在法定期限内依法向该省物价局进行了陈述和申辩。

2003 年 7 月 1 日，“专业个协”接到该省物价局的“行政处罚决定书”。该决定书认定“专业个协”收取会费的行为违反该省《价格管理条例》规定，构成价格违法，依据《价格管理条例》规定，责令“专业个协”停止价格违法行为，没收其全部违法所得上缴财政。

“专业个协”不服该处罚，于 2003 年 7 月 30 日依法向该省人民政府申请行政复议，省人民政府 2003 年 8 月 4 日受理，在延长复议期限 30 天后，在 2003 年 11 月 4 日前仍未作出行政复议决定。

于是，“专业个协”依据《行政诉讼法》第 38 条之规定，向法院提起行政诉讼，要求法院判决撤销被告省物价局的行政处罚决定。法院受理起诉后，被告抗辩称：该行政处罚事实依据清楚、适用法律正确、定性准确、程序合法，要求法院判决驳回原告的诉讼请求。

（二）基本问题

本案是一起“社会团体法人”诉“行政机关”的行政诉讼案件。在审理过程中，双方就案件所涉及的“收费事实”和“处罚事实”都没有争议，但对法律、法规的适用问题争执不下。争议的核心是：就“社会团体法人”的收费行为是否属于《价格管理条例》的调整范围。

（三）案例评析

人民法院经审理后认为：行政行为有效成立的首要条件是主体合法和权限合法，

行政主体必须在法律、法规或规章授权范围内对行政违法行为实施行政罚。本案中，该省《价格管理条例》授权省物价局作为价格主管部门，对价格违法行为进行监督检查并实施行政处罚，但同时又规定："法律法规另有规定的从其规定"。作为"社会团体法人"的原告，其行为应受《社会团体登记管理条例》的调整，而该条例规定：对社会团体违反国家规定收取费用、筹集资金等违法行为应由其登记管理机关给予处罚。因此，本案被告的行政处罚行为超越了法律、法规的授权范围，属于越权行政行为。

据此，依照《行政诉讼法》第54条第2项之规定，法院判决：撤销被告省物价局的行政处罚决定。

本案反映了行政诉讼中法律适用的特殊性。法院审理行政案件，除要严格适用法律外，还要参照国务院各部委根据法律和国务院的行政法规、决定、命令制定并发布的规章以及省、自治区、直辖市和省、自治区的人民政府所在地的市和经国务院批准的较大的市的人民政府根据法律和国务院的行政法规制定并发布的规章。法院认为地方人民政府制定并发布的规章与国务院部委制定并发布的规章不一致的，以及国务院各部委之间制定并发布的规章不一致的，由最高人民法院送请国务院作出解释或者裁决。在本案发生后，全国其他省份也出现了类似的问题。为此，全国人大法工委最终在《全国人大法工委关于明确社会团体违反规定收费处罚权问题的意见》（法公办2004第1号）中规定："除会费外，社会团体'构成价格违法行为的'，依照价格法的规定处罚。"

【疑难问题】

一、行政诉讼代理律师如何准确判断案件是否属于行政诉讼的受案范围

代理律师判断当事人所委托的事项是否属于法院受理行政诉讼案件的范围，在逻辑上应分为三个环节：

第一，确定委托事项属于因行政行为而引发的行政争议。律师在接受当事人的委托提起行政诉讼时，首先要解决的一个问题就是要准确判断当事人委托的事项是否属于行政争议。如果委托提起行政诉讼的一方当事人所委托的事项不属于行政争议，则应及时告知当事人通过其他的法律程序解决争议，并与之建立相应内容的委托授权关系；如果行政诉讼已经被法院受理，律师接受被告方行政机关的委托后发现法院受理的起诉不属于行政争议，则应根据《若干解释》第44条第1款第1项"请求事项不属于行政审判权限范围，法院已经受理的，裁定驳回起诉"的规定，向受诉法院提起驳回起诉的申请。如果当事人所委托的事项属于行政争议，代理律师再进一步判断该行政争议是否属于人民法院受理行政诉讼案件的范围，并根据判断

的结果作出相应的处理：如果属于，就与当事人建立行政诉讼的委托授权关系；如果不属于，则应及时告知当事人通过其他的法律程序解决争议，并与之建立相应内容的委托授权关系。

第二，确定该行政争议属于立法所规定的行政诉讼受案范围。律师在接受行政诉讼代理委托的时候，还要根据立法的规定，准确判断所委托的行政争议事项是否属于立法规定的行政诉讼受案范围，以决定是否与其建立代理行政诉讼的委托授权关系。根据《行政诉讼法》第 2 条的规定，行政诉讼的受案范围被原则性地限定于涉嫌侵害相对人合法权益的、具有强制力的、外部具体行政行为所导致的行政争议，该法第 11 条则对受案范围内的具体行政行为的类型作了列举性的规定。

第三，确定该行政争议未因立法的特别规定而被排除在行政诉讼受案范围之外。律师在接受行政诉讼代理委托的时候，还要全面分析立法和相关司法解释的规定，并准确判断所委托的行政争议事项是否因特别规定而被排除在行政诉讼受案范围之外，以决定是否与其建立代理行政诉讼的委托授权关系。这种特别规定比较集中地出现在《行政诉讼法》第 12 条和《若干解释》第 1—5 条中，因为这些规定而被排除在行政诉讼受案范围之外的行政争议主要有以下几种：国家行为引起的行政争议；抽象行政行为引起的行政争议；内部行政行为引起的行政争议；法律规定由行政机关最终裁决的具体行政行为引起的行政争议；行政机关基于法律授权而实施的司法行为引起的争议；行政机关基于法律授权而实施的调解行为、准司法行为引起的争议；不具有强制力的行政指导行为引起的行政争议；行政性救济程序中重复处理行为引起的行政争议；对相对人的权利义务不产生实际影响的行政行为引起的行政争议。

二、行政诉讼代理律师如何准确判断案件的适格当事人

行政诉讼中律师代理的对象以当事人为限，如果当事人本人行为能力受限，可由其法定诉讼代理人代为委托代理律师。依据《行政诉讼法》规定，行政诉讼程序中的当事人有 3 种基本类型：原告（包括共同原告）、被告（包括共同被告）和第三人，均可授权律师代为实施行政诉讼。因此，律师在接受行政诉讼代理委托的时候，必须准确判断被代理人是否属于行政诉讼中的适格当事人，及其诉讼地位。

第一，适格原告。行政诉讼的原告，是指对行政主体的有强制力的外部具体行政行为不服，依行政诉讼的规定，以自己的名义向法院提起行政诉讼的公民、法人或其他组织。律师在接受行政相对人的委托代理行政诉讼的时候，首先要准确判断其是否具有行政诉讼原告资格。如果具有，就与当事人建立行政诉讼的委托授权关系；如果不具有，则应及时告知当事人通过其他的法律程序解决争议，并与之建立相应内容的委托授权关系。通常来说，行政诉讼中的原告资格由以下 3 个方面的要素构成：(1) 原告只能由处于行政相对人地位或类似行政相对人地位上的公民、法人或其他组织担任，而作为行政主体的行政机关或法律法规授权的组织是不能担任的；(2) 原告须与导致行政争议的具体行政行为之间存在法律上的利害关系，即“诉的利益”；(3) 认为其或由其掌控的合法权益因该具体行政行为而受损，并以自己的名义提起行政诉讼。

第二，适格被告。行政诉讼的被告，是指原告诉称以具体行政行为侵害其合法权益，并被法院传唤应诉的行政主体。行政诉讼中的代理律师无论代理哪一方当事人，均需根据法律规定准确判断谁是适格的被告：就原告的代理律师而言，可据以选择恰当的行政主体作为被告启动诉讼程序；就被告的代理律师而言，当原告选择被告错误时，可据以要求法院裁定不予受理或驳回原告的起诉。基于行政诉讼的特殊性，其被告只能由相应的行政主体担任。但是，行政诉讼法的规定、行政执法和救济的程序操作的纷繁复杂，导致行政法律关系中的主体结构异常复杂。因此，面对特定的行政争议案件，代理律师要准确选择适格的被告并非易事。所以，相关立法和司法解释也就此作出了大量的具体规定。

第三，第三人。行政诉讼中的第三人，是指与被诉具体行政行为有利害关系，主动申请或由法院通知以当事人身份参加到已经启动的行政诉讼程序中来的原告、被告之外的公民、法人或其他组织。在行政诉讼中，第三人具有当事人的法律地位，可以提出与本案有关的诉讼请求，可以举证、质证、参与辩论，可以提起上诉，可以申请再审等。因此，律师可以代理行政诉讼中的第三人，代其操作诉讼程序，维护其合法权益。对于代理律师而言，只有全面掌握、准确运用立法和司法解释中关于行政诉讼第三人的具体规定，才能就被代理人是否以第三人身份参与行政诉讼程序作出准确的判断，进而为其选择正确的诉讼策略。

三、行政诉讼中如何准确地适用法律规范

行政诉讼中，法律规范的适用原则具有特殊性。法院审理行政案件，除要严格适用法律外，还要参照国务院各部委根据法律和国务院的行政法规、决定、命令制定并发布的规章以及省、自治区、直辖市和省、自治区的人民政府所在地的市和经国务院批准的较大的市的人民政府根据法律和国务院的行政法规制定并发布的规章。因此，律师在代理行政诉讼案件的过程中，经常要面对一些法律规范层面的冲突，尤其是在当前我国行政法律规范体系尚不完备的历史背景下，一些具有典型意义的行政诉讼个案经常会导致旷日持久、影响深远的法律规范含义和效力之争。

解决此类问题，行政诉讼代理律师要牢记的一项原则是：法院认为地方人民政府制定并发布的规章与国务院部委制定并发布的规章不一致的，以及国务院各部委之间制定并发布的规章不一致的，由最高人民法院送请国务院作出解释或者裁决。

实务训练

某市“甲机场集团公司”通过“国际招标”采购其下属“乙国际机场”扩建工程所需的“高杆信号指示灯”系统。

该招标项目于2006年10月11日开标，共有A、B、C三家企业参与投标。

招标机构组织的评标委员会经评审，推荐A公司中标，并于2006年11月10日起在国际招标网上公示该评标结果。对C公司的投标，评标委员会评审结论为“技术废标”，理由为“其设计方案中，航站楼与站坪间的照度均匀比大于招标文件第八章2.1.13.9条所要求4∶1”。

C公司不服，于2006年11月16日、12月1日两次向该市“商务委员会”提出书面置疑，并要求重新评标。

2006年12月13日，该市商务委员会针对C公司的书面置疑作出“重新评标”的处理决定，要求招标机构严格按规定重新组织评标委员会、重新评标。该招标机构遂根据该处理决定的要求，重新组织评标委员会进行重新评标。重新评标的结果：C公司的评审结论仍为技术废标。理由为：“其设计方案中，航站楼与站坪间的照度均匀比大于招标文件第八章2.1.13.9条所要求4∶1，并且违反民用航空强制性行业标准规范”。该市商务委员会收到招标机构提交的重新评标专家报告后，对重新评标结论按规定进行了审核，并据以作出了“同意专家复评意见，维持原评标结论”的处理决定。

2007年1月1日，市商务委员会对重新评标报告予以网上备案，国际招标网当即自动生成公告：“经重新评标，A公司为乙国际机场扩建工程‘高杆信号指示灯系统’项目的最终中标人。”市商务委员会于2007年1月3日向中标人发出中标通知书，并向其他投标人发送通知、退还投标保证金。

C公司不服，遂以该市商务委员会为被告，向法院提起行政诉讼。

C公司诉称：

案件事实：其为乙国际机场扩建工程‘高杆信号指示灯系统’项目的投标人。该项目评标方法为最低标价评标法，原告投标报价最低，但被评定为技术废标。原告向被告（该市商务委员会）多次提出书面质疑，被告作出了“责成招标机构重新评标”的处理决定，重新评标的结果仍为技术废标。被告对此评标结果予以认可，并于2007年2月28日发布了中标公告。

原告的法律主张：原评标委员会认定其投标为技术废标的理由为：“其设计方案中，航站楼与站坪间的照度均匀比大于招标文件第八章2.1.13.9条所要求4∶1”。而重新组建的评标委员会认定其投标为技术废标的理由为：“其设计方案中，航站楼与站坪间的照度均匀比大于招标文件第八章2.1.13.9条所要求4∶1，并且违反民用航空强制性行业标准规范”。第二次评标改变了第一次评标的废标理由，违反商务部《机电产品国际招标投标实施办法》（中华人民共和国商务部令2004第13号令）第41条第3款“评标结果公示为一次性公示，凡未公示的不中标理由不再作为废标或不中标的依据，因商务废标而没有参加技术评议的投标人的技术偏离问题除外。”的规定。

原告的诉讼请求：法院判决撤销市商务委员会的行政处理决定，并责令市商务委员会作出“责成招标机构再次重新评标”的行政处理决定。

实务训练题目：

1. 以代理律师的身份，为被告方市商务委员会设计诉讼策略，并制作应诉文件草案。

训练提示：

代理律师为被告方设计诉讼策略、制作应诉文件，必须根据原告方的起诉文件推测其诉讼策略，进而针对其事实主张、法律主张、证据体系、诉讼请求制定出本方当事人的应诉策略。而在本案中，影响诉讼策略的最关键因素是原告方的法律主张，及其中所包含的法律适用问题。

2. 以代理律师的身份，为被告方市商务委员会设计证据体系。

训练提示：

代理律师为被告方设计证据体系，要以其既定诉讼策略为指导方向，并结合诉讼程序的推进过程逐步形成证据体系。但在将证据材料展示给法官和对方当事人之前，代理律师一定要对案件中将会涉及的争议事实及其证据材料的分布情况有一个全局性的把握。因此，在代理行政诉讼案件的过程中，律师应尽早对案件中的争议事实和证据材料的分布形成这种全局性的认识。并据以适时调整本方当事人的诉讼策略。

3. 以代理律师的身份，为被告方市商务委员会设计反驳原告方法律主张的逻辑论证体系。

训练提示：

本案涉及的法律规范适用问题中，争议的核心是：商务部《机电产品国际招标投标实施办法》（中华人民共和国商务部令 2004 第 13 号令）中以下条文的解释和适用的问题。

第 41 条　在评标结束后，招标机构应当在招标网进行评标结果公示，公示期为七日。

招标机构应按商务、技术和价格评议三个方面对每一位投标人的不中标理由在《评标结果公示表》中分别填写。填写的内容必须明确说明招标文件的要求和投标人的响应内容。《评标结果公示表》中的内容包括“推荐中标人及制造商名称”、“评标价格”和“不中标理由”等，应当与评标报告一致。

评标结果公示为一次性公示，凡未公示的不中标理由不再作为废标或不中标的依据，因商务废标而没有参加技术评议的投标人的技术偏离问题除外。

第 45 条　投标人如对评标结果有异议，可以在公示期内在网上向相应的主管部门提出质疑。投标人应首先在公示期内在招标网在线填写《评标结果质疑表》，并在公示期内及结束后三日内，将由投标人法定代表人或法定代表人的授权人签字或签章的《评标结果质疑表》及相关资料送达相应的主管部门方为有效。

投标人也可在评标结果公示期内先向招标机构提出书面异议意见，招标机构收到投标人书面异议意见后，应当在公示期结束前给予书面或口头答复。如投标人未得到招标机构的答复或对答复结果仍有异议的，可在公示期内在网上向相应的主管部门提出质疑。

第 46 条　投标人可对以下方面进行质疑：

（一）招标程序的合法性；

（二）评标结果的合法性；

（三）评标委员会组成人员的合法性；

（四）投标人认为其不中标理由不充分的。

质疑人应保证其提出质疑内容及相应证明材料的真实性及来源的合法性，并承担相应的法律责任。经核实属提供虚假质疑的，主管部门可以对质疑人提出警告；提供虚假质疑、情节严重及影响该招标项目工程进度，对工程造成损失的，主管部门可对其进行警告并予以公告。

第 49 条　主管部门在受理质疑后，经核实，如评标过程存在以下问题之一的，应当责成招标机构组织重新评标：

（一）未按本办法的规定进行评标的；

（二）专家抽取或组成不符合本办法有关规定的；

（三）招标机构对投标人质疑的内容无法提供充分解释和说明的；

（四）其他违反《招标投标法》和本办法的行为。

重新评标的专家应从国家级专家库中重新随机抽取，国家级专家不足时，可由地方级专家库中补充，但国家级专家不得少于三分之二，参加重新评标的专家人数不得少于前一次参与评标的专家人数。重新评标的评标结果需报送相应的主管部门备案。

课后练习

案例一

某县卫生防疫站接到群众举报，妇女潘某从事卖淫嫖娼活动，可能染有 HIV 病毒。于是，防疫站找到潘某，要求对其进行体检，潘某拒绝，防疫站遂对其采取强制措施实施强制体检。体检结果，潘某身体一切正常。事后，潘某要求防疫站道歉并给予行政赔偿，防疫站拒绝。潘某遂欲以防疫站为被告提起行政诉讼。

练习题目：

1. 试分析，本案是否属于行政诉讼受案范围？以防疫站为行政诉讼被告是否恰当？

2. 以原告方潘某的代理律师身份，为其设计诉讼策略，并制作起诉文件草案。

案例二

2010 年 10 月 8 日，苏某以电话形式向某市价格举报中心投诉，称其于 2010 年 9 月 30 日在 A 超市购买牙膏时被多收价款 3.5 元，与 A 超市交涉未果，要求价格主管部门查处其价格违法行为。

经该市价格检查机构查证：苏某于 2010 年 9 月 30 日在 A 超市购买了规格为 150 克×2 捆绑装（商品条码：1329281978066，货号：780830）的某品牌珍珠盐牙膏，而当时，A 超市正在对规格为 150 克单支装（商品条码：1329281978077，货号：781452）的同一品牌珍珠盐牙膏搞促销活动。两种规格的新产品分别被摆放于不同的货架位置，并各自明码标价：150 克×2 捆绑装，20 元/捆；150 克单支装，11 元/支，买第二件可享 5 折优惠。现场促销人员建议苏某购买单支装牙膏以享受优惠，但苏某坚持购买捆绑装，并根据两种牙膏的外在特征，认定其为同种商品，要求 A 超市按单支装的促销价格收款。A 超市拒绝，并按捆绑装价格收取苏某 20 元价款，苏某遂向价格举报中心投诉。

为解决纠纷，价格执法人员先后走访该市另一大型超市和"标准化院"。超市从业人员从行业习惯上认为 A 超市销售的 150 克×2 捆绑装和 150 克单支装牙膏虽同属一个系列，但因条形码不同而属于不同项目的商品；标准化院的工作人员则从专业技术的层面，为价格执法人员提供了时行的关于条形码编印使用的强制性国家标准文件（"GBI2904—2003"）。执法人员遂依据《价格法》等法律、法规认定：150 克×2 捆绑装和 150 克单支装珍珠盐牙膏属不同商品项目，由经营者自主定价，A 超市对投诉人购买的 150 克×2 捆绑装按照标示的 20 元/捆进行收款的行为合法。根据《价格法》及国家发展改革委《价格违法行为举报规定》，价格执法人员于 2010 年 10 月 16 日通过电话就本案办理情况、处理结论及相关法律与法规依法向投诉人履行告知义务。

2011 年 1 月 10 日，苏某以该市物价局为被告、A 超市为第三人提起行政诉讼。认为：第一，依据《价格法》第 14 条第 1 款规定，A 超市的行为属于价格违法行为；第二，投诉后，物价局未对该价格违法行为作出行政处罚属于行政不作为。因此要求法院：（1）判令物价局对该价格违法行为作出相应的行政处罚；（2）判令 A 超市返还多收的 3.5 元价款。

练习题目：

1. 苏某的起诉以物价局为被告、以 A 超市为第三人是否恰当。
2. 试分析，本案行政诉讼程序中证明对象的范围。
3. 试分析，本案诉讼程序中，各方当事人承担举证责任的范围。
4. 以被告方物价局的代理律师的身份，为其设计诉讼策略，并制作应诉文件草案。
5. 以被告方物价局的代理律师的身份，为其设计调查取证策略。

延伸阅读

1. 陈光中主编．律师学．北京：中国法制出版社，2004

2. 广东省律师协会编．行政法律师实务：案例评析与诉讼策略．北京：法律出版社，2010

3. 法律出版社法规中心编．行政法律师实务：行政办案手册．北京：法律出版

社，2010

4. 徐家力主编．律师实务．北京：法律出版社，2007

5. 法律出版社法规中心编．行政办案手册．北京：法律出版社，2011

6. 李大进，谈臻，张盈主编．律师案例选：2010年卷（上）．北京：法律出版社，2010

7. 广东省律师协会编．广东律师（精选集）．北京：法律出版社，2010

8. 王学辉主编．行政法与行政诉讼法学．北京：法律出版社，2011

9. 沈福俊主编．行政法与行政诉讼法：案例与图表．北京：法律出版社，2010

10. 农业部产业政策法规司编．农业行政处罚程序及文书制作实务．北京：法律出版社，2008

第四章　律师的刑事辩护与代理

【内容摘要】

律师的刑事辩护是指律师在接受委托或指定后，为遭遇司法机关追究刑事责任的委托人针对其被指控的罪行进行无罪、罪轻，减轻或者免除处罚的辩解和辩论。律师的刑事代理是指律师接受被代理人的委托，为被代理人提供法律帮助的一系列活动。

【知识要点】

一、律师的刑事辩护

（一）刑事辩护概述

辩护权，是法律赋予犯罪嫌疑人、被告人针对指控进行辩解和反驳，以维护自己合法权益的一种诉讼权利，是犯罪嫌疑人、被告人各项诉讼权利中的核心。

律师的辩护是经委托或者是指定而为的。律师主要是指依法取得律师执业证书，为社会提供法律服务的执业人员。律师担任刑事辩护人有着一定的限制，比如曾担任法官、检察官的律师，从人民法院、人民检察院离任后 2 年内，不得担任诉讼代理人或者辩护人。关于辩护人数的限制，《刑事诉讼法》第 32 条对此作了明确限制，即犯罪嫌疑人、被告人可以委托 1 至 2 人作为辩护人。

律师虽然是经委托或者是接受指定进行刑事辩护，但这并不影响律师所具有的独立诉讼地位，主要表现在三个方面：（1）律师依法进行辩护，不受犯罪嫌疑人、被告人意志的约束；（2）律师依法进行辩护，不受公诉人意志的约束；（3）律师依法进行辩护，不受审判人员意志的约束。

（二）辩护律师的权利、义务和责任

律师担任辩护人参加刑事诉讼，根据《刑事诉讼法》、《律师法》及其他相关规定，主要享有下列诉讼权利：

（1）律师依法执行辩护业务受国家法律保护，不受任何单位、个人的非法干涉；（2）收集与本案有关材料的权利；（3）查阅、摘抄、复制与本案有关的材料的权利；（4）与在押的犯罪嫌疑人或被告人会见或通信的权利；（5）出席法庭、参加诉讼的权利；（6）拒绝辩护的权利；（7）其他诉讼权利。

辩护律师在刑事诉讼中承担的诉讼义务主要是：

（1）根据事实和法律，维护委托人的合法权益；（2）对于在执业活动中知悉的国家秘密、当事人的商业秘密以及当事人的隐私，应当保守秘密；（3）按时出庭，遵守法庭规则，在庭审中服从审判长的指挥；（4）律师不得帮助犯罪嫌疑人、被告人隐藏、毁灭有罪、罪重证据，伪造无罪、罪轻证据或者帮助其串供；（5）律师不得违反规定会见检察官、法官，不得向其请客送礼、行贿，或指使、诱导当事人行贿；（6）律师不得私自接受当事人的委托，私自向委托人收取费用，财物；（7）辩护律师会见在押的犯罪嫌疑人、被告人时，要严格遵守监所的有关规定。

辩护律师的责任有：

第一，律师进行辩护活动的内容，是收集、提出犯罪嫌疑人、被告人无罪、罪轻或者减轻、免除其刑事责任以及维护其诉讼权利的材料和意见。这主要是指实体辩护和程序辩护。实体辩护包括从案件事实及证据角度和从法律适用角度来收集、提出犯罪嫌疑人、被告人无罪、罪轻或者减轻、免除其刑事责任的材料和意见；程序辩护是提出维护犯罪嫌疑人、被告人诉讼权利的意见。

第二，律师为犯罪嫌疑人、被告人辩护，应当依据事实和法律进行，不得捏造事实，歪曲法律。律师在履行辩护职责的过程中，不得故意提供虚假证据以及妨碍对方当事人合法取得证据。不得以不正当方式影响法官、检察官以及其他工作人员依法办理案件。不得从事法律、法规、规章及行业规范禁止的行为。

第三，律师辩护必须维护犯罪嫌疑人、被告人的合法权益。律师一旦接受委托或指定，担任犯罪嫌疑人、被告人的辩护人，就必须尽职尽责地履行辩护律师的职责，维护犯罪嫌疑人、被告人的合法权益，无论犯罪嫌疑人、被告人实施的罪行性质如何严重，情节如何恶劣，品行如何败坏，社会舆论对他的谴责如何强烈，只要是属于他的合法权益，辩护律师就要坚决维护，不能感情用事，不能不负责任地随意放弃。

（三）辩护律师在刑事诉讼中的地位

1. 辩护律师在刑事诉讼中的地位

根据《刑事诉讼法》、《律师法》的有关规定，辩护律师在刑事诉讼中作为辩护人，属于当事人以外的诉讼参与人。鉴于辩护律师在刑事诉讼中的重要性，法律赋予辩护律师独立的诉讼地位。

辩护律师具有独立的诉讼地位，主要表现在以下方面：

第一，律师依法进行辩护，不受犯罪嫌疑人、被告人意志的约束。辩护律师虽然是接受犯罪嫌疑人、被告人的委托担任辩护人，并且与犯罪嫌疑人、被告人共同行使辩护权，但他不是犯罪嫌疑人、被告人的代言人或从属者。

第二，律师依法进行辩护，不受公诉人意志的约束。辩护律师履行辩护职能，公诉人履行控诉职能，二者是对立统一的关系。公诉人履行控诉职能，负责揭露犯罪，证实犯罪，提出追求被告人刑事责任的诉讼请求，并且出庭支持公诉。辩护律师根据事实和法律，提出犯罪嫌疑人、被告人无罪、罪轻或减轻、免除其刑事责任的意见，与公诉人直接对立。但是二者又是统一的，都是为了查明事实，实现法律上的公平正义。

第三，辩护律师依法进行辩护，不受审判人员意志的约束。在法庭上，辩护律师应当遵守法庭纪律，服从审判人员的指令。但是，律师如何进行辩护，取决于自己对案件事实的认识和对法律的理解，根据自己的经验制定辩护策略，发表辩护意见，不受审判人员意志的左右。

2. 辩护律师在刑事诉讼中的作用

首先，表现在弥补犯罪嫌疑人、被告人辩护能力的不足，维护犯罪嫌疑人、被告人的合法权益。由于犯罪嫌疑人、被告人在刑事诉讼中处于被讯问、被审判的地位，虽然对自己是否实施犯罪最清楚，但由于担心对指控作辩解会被认为是狡辩、认罪态度不好而被从重处理，因此顾虑重重，不敢理直气壮地为自己辩护，辩护律师的存在则恰好弥补了这一点。

其次，有利于检察人员、审判人员全面查明案情，正确判断证据，准确适用法律，公正处理案件。辩护与控诉的平等对抗，是现代诉讼的必要机制，是公正审判的有力保障。

（四）诉讼不同阶段的律师工作

1. 侦查阶段的律师工作

在侦查阶段，律师开始进入刑事诉讼程序为委托人提供法律帮助。《刑事诉讼法》第 33 条规定："犯罪嫌疑人自被侦查机关第一次讯问或者采取强制措施之日起，有权委托辩护人；在侦查期间，只能委托律师作为辩护人。侦查机关在第一次讯问犯罪嫌疑人或者对犯罪嫌疑人采取强制措施的时候，应当告知犯罪嫌疑人有权委托辩护人。"侦查阶段的律师法律帮助，是指在刑事公诉案件的侦查阶段，律师接受犯罪嫌疑人的委托为其提供法律咨询，代理申诉、控告，申请变更强制措施等活动。《律师法》规定，律师的业务之一是接受刑事案件犯罪嫌疑人的聘请，为其提供法律咨询，代理申诉、控告，申请变更强制措施。《刑事诉讼法》第 36 条也规定："辩护律师在侦查期间可以为犯罪嫌疑人提供法律帮助；代理申诉、控告；申请变更强制措施；向侦查机关了解犯罪嫌疑人涉嫌的罪名和案件有关情况，提出意见。"

侦查阶段律师工作的程序如下：

第一，告知。犯罪嫌疑人在被侦查机关第一次讯问后或采取强制措施之日起，侦查机关应当告知其有权聘请律师提供法律帮助。

第二，申请。在告知犯罪嫌疑人依法享有聘请律师提供法律帮助的权利后，犯罪嫌疑人提出聘请要求的，侦查机关应作相应记录。

第三，批准。不涉及国家秘密的案件，犯罪嫌疑人聘请律师，不需要侦查机关批准。

第四，委托。犯罪嫌疑人可以自己聘请律师，也可以委托其监护人、近亲属代为聘请。犯罪嫌疑人是盲、聋、哑人或者是尚未完全丧失辨认或者控制自己行为能力的精神病人，可以由其法定代理人代为聘请律师。

第五，要求会见。受委托的律师要求会见在押犯罪嫌疑人的，应当事先告知侦查机关，并提交律师执业证书、律师事务所证明和委托书或者法律援助公函。侦查机关应当确定会见的日期和地点。

第六，批准会见。涉及国家秘密的案件，律师会见在押的犯罪嫌疑人，应当经侦查机关批准；对于不涉及国家秘密的案件，律师会见犯罪嫌疑人不需要经过批准，不能以侦查过程需要保密为由而不予批准。律师会见在押犯罪嫌疑人的，应当在48小时内安排会见。

第七，会见。律师会见在押的犯罪嫌疑人，可以了解有关案件情况，提供法律咨询等；辩护律师会见犯罪嫌疑人时不被监听。

第八，申请变更强制措施。辩护律师有权申请变更强制措施，人民法院、人民检察院和公安机关收到申请后，应当在3日以内作出决定；不同意变更强制措施的，应当告知并说明不同意的理由。

2. 起诉阶段的律师辩护

辩护律师在起诉阶段主要从事以下几项工作：

第一，受理。

接受刑事案件犯罪嫌疑人及其法定代理人的委托或法律援助机构的指派，是律师履行辩护职能的前提。《刑事诉讼法》第33条规定，犯罪嫌疑人自被侦查机关第一次讯问或者采取强制措施之日起，有权委托辩护人。人民检察院自收到移送审查起诉的案件材料3日以内，应当告知犯罪嫌疑人有权委托辩护人。

第二，查阅、摘抄、复制诉讼文书、技术性鉴定材料。

《刑事诉讼法》第38条规定，辩护律师自人民检察院对案件审查起诉之日起，可以查阅、摘抄、复制本案的案卷材料。律师在查阅诉讼文书和技术性鉴定材料时，应当着重审阅侦查机关的起诉意见书，尤其要注意犯罪嫌疑人被控的犯罪事实是否成立，证据是否确实充分，犯罪的情节、手段、后果是否可信；对犯罪的定性是否正确，犯罪嫌疑人有无自首、立功、坦白等法定从轻、减轻或免除处罚的情节；在共同犯罪中本委托人所处的地位；指控适用的法律是否恰当，对犯罪的定性是否正确。

第三，会见在押犯罪嫌疑人。

《刑事诉讼法》第37条规定："辩护律师会见在押犯罪嫌疑人，可以了解有关案件情况，提供法律咨询等；自案件移送审查起诉之日起，可以向犯罪嫌疑人核实有关证据。辩护律师会见犯罪嫌疑人时不被监听。"辩护律师会见犯罪嫌疑人的目的在于进一步确定委托关系，亲自听取犯罪嫌疑人对指控罪名的意见，询问、查找有关能证明犯罪嫌疑人无罪、罪轻、减轻或免除其刑事责任的材料和意见，给犯罪嫌疑人提供法律上的帮助。具体而言有：

（1）进一步确定委托关系。向犯罪嫌疑人说明律师的身份、所在律师事务所的名称，征询犯罪嫌疑人是否同意自己做他的辩护人。如果律师发现有拒绝辩护的情况，可向犯罪嫌疑人说明。

（2）向犯罪嫌疑人说明辩护律师的责任以及辩护的意义，让其消除顾虑、信任律师、如实陈述案情。

（3）听取犯罪嫌疑人对被控罪行的意见并听取其辩解。

（4）给犯罪嫌疑人以法律上的帮助，告知其在诉讼中享有的诉讼权利，如申请变更强制措施、申请回避、自行辩护、超期羁押要求立即释放等。

会见在押犯罪嫌疑人，要遵守检察机关、看守部门的规定，按照法律规定的程序和手续进行。辩护律师应持律师执业证书、律师事务所证明和委托书或者法律援助公函办理相应手续，看守所应当及时安排会见，至迟不得超过 48 小时。

第四，调查取证。

我国《律师法》、《刑事诉讼法》规定，辩护律师经证人或其他有关单位和个人同意，可以向他们收集与案件有关的材料，也可以申请人民检察院或人民法院收集、调取证据。

辩护律师在调查取证时应当注意：

（1）辩护律师调查时须出示律师事务所的调查证明和律师执业证书，并经有关单位和个人同意。

（2）律师调查时应注意收集两方面的证据材料，切忌先入为主。律师在调查时不能只注意有利于被告人的证据，更不允许为了收集有利于被告人的材料而唆使他人作伪证，或对被害人加以威胁、利诱等。

第五，提出辩护意见。

辩护词是辩护律师对所辩护案件的结论性意见，是辩护律师在全面、深入、详细地收集和分析一切有利于被告人的证据材料后提出的辩护意见。辩护词的撰写是律师出庭前重要的准备工作。

《刑事诉讼法》第 170 条规定，人民检察院审查案件，应当听取辩护人的意见，并记录在案。根据这一规定，辩护律师经过会见犯罪嫌疑人并进行必要的调查核实后，应当从案件事实和适用法律的角度，撰写辩护词并及时向审查起诉机关提出自己的辩护意见。

第六，帮助对不起诉决定不服的被不起诉人提出申诉。

检察院经过对案件的审查，依据法律规定，认为犯罪情节轻微、不构成犯罪的，可以作出不起诉的决定。由于不起诉的决定，是以“犯罪情节轻微”为前提，在客观上认定了犯罪嫌疑人是“构成了犯罪”，因此如果被不起诉的人不认为自己有犯罪情节，则可以在收到不起诉决定书后 7 日内向人民检察院申诉。作为辩护律师，可以帮助被不起诉人提出申诉。

3. 审判阶段的律师辩护

在审判阶段的辩护律师是经被告人委托或者接受人民法院的指定。在审判阶段委托辩护律师主要是指自诉案件的被告人委托律师辩护。公诉案件的被告人委托律师辩护则是开始于侦查阶段，并延续至审判阶段。

关于人民法院为被告人指定辩护律师，需要注意以下问题：

（1）根据《刑事诉讼法》第 34 条的规定，接受指定的律师必须是承担法律援助义务的律师。

（2）只有符合法定的条件才能指定。根据《刑事诉讼法》第 34 条的规定，符合指定辩护条件的有四种情况：①被告人因经济困难或者其他原因没有委托辩护人的；②被告人是盲、聋、哑人而没有委托辩护人的；③被告人是尚未完全丧失辨认或者控制自己行为能力的精神病人而没有委托辩护人的；④被告人可能被判处死刑、无期徒刑而没有委托辩护人的。对于第一种情况，被告人本人及其近亲属可以向法律援助机构提出申请，对于符合法律援助条件的，法律援助机构应当指派律师为其辩护。对于后三种情况，人民法院应当通知法律援助机构指派律师为其辩护。

（3）由于辩护权本质上是被告人的一项宪法性权利，辩护律师及其他辩护人只是帮助被告人行使。因此，如果被告人拒绝为其指定辩护律师的，人民法院应向其解释有关法律的规定和律师辩护的意义。解释后，如果被告人仍拒绝人民法院为其指定辩护律师的，人民法院应当准许。即使是在人民法院应当指定辩护的情况下，也是如此。

（4）人民法院指定辩护律师，必须保证辩护律师在开庭前有比较充分的准备时间。根据《刑事诉讼法》第 182 条的规定，向被告人送达起诉书副本至迟应在开庭 10 日以前。指定的辩护律师应当与委托的辩护律师享有同等的准备出庭时间。

此外，开庭前，被告人要求增加辩护律师的，一般不予允许；要求更换律师的，如理由正当，具体由人民法院或法律援助机构审查决定。如果被指定的律师或者其所在的事务所在开庭前要求加以变更的，应征得人民法院的同意。如果该律师确因特殊情况不能出庭履行职务，指定法院或法律援助机构可以考虑解除指定，为被告人重新指定辩护律师。

辩护律师在出庭前还需要做以下准备工作：

第一，查阅、摘抄、复制本案的案卷材料。根据《刑事诉讼法》第 38 条的规定，辩护律师自人民检察院对案件审查起诉之日起，可以查阅、摘抄、复制本案的案卷材料。其他辩护人经人民法院、人民检察院许可，也可以查阅、摘抄、复制上述材料。

第二，会见在押被告人。辩护律师在会见被告人时应注意核实起诉书在论述案情和援引证据方面的问题，认真听取被告人对于被指控犯罪的意见，向被告人告知律师的辩护准备工作和辩护关键所在，并告知其诉讼权利。

第三，调查核实证据。在查阅案卷材料和会见在押被告人的基础上，辩护律师向被告人核实有关证据。

第四，做好出庭准备，撰写辩护材料。在做好前述三项准备工作后，就要确定辩护方案和辩护要点，撰写辩护材料，做好出庭准备。

做好以上四项庭前准备工作，辩护律师才能更好地维护被告人的合法权益，维持社会正义。

辩护律师在法庭审判的五个程序中各有其侧重点：

第一，开庭审理阶段的工作。对于合议庭的组成人员是否符合法律规定，法庭组成人员、书记员、公诉人、翻译人员是否存在回避的情形，对于被告人的诉讼权利的告知是否全面、具体，审判是否公开以及不公开的理由是否成立等等，辩护律师都应当仔细审查。

第二，法庭调查阶段的工作。尤其注意听取公诉人对被告人的讯问，有无诱供等情形，控辩双方证人证言的真实性和证人的可靠性等。

第三，法庭辩论阶段的工作。听取公诉词、被告人自行辩护的辩护意见，发表辩护词。

第四，被告人最后陈述阶段的工作。注意被告人最后陈述的权利有无被剥夺或是被无理限制，要依法要求法庭保障被告人的这一诉讼权利。

第五，评议和宣判阶段的辩护工作。在此阶段主要是参加法庭宣判，听取判决内容，注意审判长是否向被告人交代清楚上诉权利、上诉方式和上诉期限；及时会见被告人，询问其对判决的意见，如果被告人认为判决不当，律师可协助被告人提出上诉。

4. 二审程序中的律师辩护

二审程序中的律师辩护着重注意以下方面：

（1）主要针对原起诉书指控的罪名和事实，第一审法院的判决意见以及其认定事实是否准确、适用法律是否正确。

（2）会见被告人、查阅案卷材料、调查取证，都要有重点、有目的地展开。

（3）认真研究一审时辩护律师的辩护意见和原审被告的辩护意见。

（4）维护上诉不加刑的原则。

5. 再审程序中的律师辩护

刑事诉讼法并没有明文规定律师可以参加申诉案件的辩护工作。律师法规定了律师可以代理各种诉讼案件的申诉，但对律师在代理申诉过程中享有的权利，并未作出规定。在实践中，律师只能以公民身份提出申诉或为当事人代书申诉状，无法为被告人进行辩护。

当申诉引起审判监督程序后，律师可以接受委托在再审程序中担任辩护人，为被告人进行辩护，具体工作方法则根据再审适用一审程序还是二审程序分别采用不同的方法。

二、刑事诉讼中的律师代理

（一）刑事诉讼中的律师代理概述

1. 刑事诉讼中的律师代理的概念

刑事诉讼中的律师代理是指，律师接受自诉案件的自诉人及其法定代理人、公诉案件的被害人及其法定代理人或近亲属、附带民事诉讼的当事人及其法定代理人的委托，为被代理人提供法律帮助，以维护委托人的合法权益，保证国家法律正确实施的活动。

2. 刑事诉讼中的律师代理的特征

刑事诉讼中的律师代理具有以下特征：

（1）刑事诉讼中的律师代理只能发生在刑事诉讼过程中，即自刑事案件立案至判决裁定生效这一阶段，律师才可以接受委托，进行代理活动。

（2）刑事诉讼中的律师代理的被代理人是自诉案件的自诉人及其法定代理人，或者是公诉案件的被害人及其法定代理人或者近亲属，或者是附带民事诉讼的当事人及其法定代理人。

（3）刑事诉讼中的律师代理必须办理委托手续，在授权范围内进行活动。

3. 刑事诉讼中的律师代理的种类

根据授予的代理权限的不同，刑事诉讼中的律师代理可以分为一般授权代理和特别授权代理。一般授权代理是指委托人只授予代理人纯粹的诉讼权利，而不把处分实体问题的诉讼权利交由代理人行使。在这种代理权限内，代理人只能代理收集证据、提供证据、陈述和补充案件事实、询问当事人和证人、进行辩论等诉讼活动，而不能放弃、变更诉讼请求，不能独立上诉。特别授权代理是指委托人把一般诉讼权利和处分实体问题的诉讼权利均授予代理人行使。在这种代理权限内，代理人不仅能行使一般诉讼权利，而且还能代理委托人行使实体处分权的一部或全部，如代为承认、变更、放弃诉讼请求，进行和解，提起反诉或者上诉等。

根据代理性质的不同，刑事诉讼中的律师代理可以分为自诉案件的律师代理、公诉案件的律师代理和刑事附带民事诉讼的律师代理。

4. 刑事诉讼中律师代理的权利义务

虽然刑事诉讼法没有在辩护和代理章节中对代理人的诉讼权利作集中规定，但是其散见于刑事诉讼法、律师法及其他相关法律的规定之中。律师在刑事诉讼中担任代理人主要享有以下权利：

（1）当委托事项违法、委托人利用律师提供的服务从事违法活动或者委托人隐瞒重要事实时，律师有权拒绝代理；

（2）公诉案件被害人的代理律师有权在审查起诉阶段介入诉讼，人民检察院审查案件，应当听取被害人委托的代理律师的意见；

（3）有权依照刑事诉讼法的规定，收集、查阅与本案有关的材料；

（4）出席法庭，参与诉讼的权利；

（5）在法庭审理中，经审判长许可，向被害人、证人、鉴定人发问；

（6）对控辩双方当庭出示的证据发表意见；

（7）对证据和案件情况发表意见，参加法庭辩论；

（8）在执业中，人身权利不受侵犯；

（9）二审中，有权对案件发表意见。

在刑事诉讼的律师代理中，代理律师的义务主要有：

（1）代理律师的代理权必须基于委托人的明确授权委托；

（2）代理律师必须在授权委托范围内行使代理权；

（3）代理律师必须在委托的权限内认真履行职责，无正当理由拒绝代理或者不履行职责的，应当承担法律责任；

（4）代理律师不得在同一案件中为双方当事人代理；

（5）代理律师不得滥用代理权；

（6）代理律师应当保守因代理而知晓的当事人的隐私和国家秘密。

此外，代理律师还应当遵守《律师法》关于律师职业道德和执业纪律的相关规定。

（二）自诉案件的律师代理

1. 自诉案件的律师代理的概念和种类

自诉案件的律师代理是指，律师接受自诉案件自诉人的委托担任代理人，在代理权限内进行的诉讼活动。

根据《刑事诉讼法》第204条规定，需要律师代理的自诉案件有以下三类：（1）告诉才处理的案件；（2）被害人有证据证明的轻微刑事案件；（3）被害人有证据证明对被告人侵犯自己人身、财产权利的行为应当追究刑事责任，而公安机关或者人民检察院不予追究被告人刑事责任的案件。《刑事诉讼法》第207条规定自诉案件的被告人在诉讼过程中可以对自诉人提起反诉。反诉是独立之诉，在反诉过程中，反诉人也可以委托律师代理诉讼。

2. 自诉案件律师代理的步骤和方法

第一，接受委托。

律师担任刑事诉讼中自诉案件的代理人，应依法办理委托授权手续。在办理委托手续时要注意：是否符合自诉案件的条件，自诉主体是否合法；被控告人犯罪事实是否清楚，有无足够证据予以证明；公诉转为自诉的案件，被害人向人民法院提起自诉，是否具有公安机关或者人民检察院出具的不予追究被告人刑事责任的证明材料；是否已过追诉时效等。

第二，撰写自诉状，提起诉讼。

代理律师在接受委托后，应为委托人代写刑事自诉状，向有管辖权的人民法院提起诉讼。在撰写自诉状时，应当写明被告人犯罪的事实和证据，以及要求对被告人定罪量刑的法律依据。由于自诉人指控被告人犯罪要有足够的证据，如果起诉时不能提供足够的证据，控告就不能成立，人民法院将不予受理。因此，律师撰写自诉状之前很重要的准备工作就是帮助自诉人查找能够证明被告人实施犯罪事实的有关证据。

第三，出庭前的准备工作。

代理律师在代理自诉案件时，在开庭前，要注意做好以下准备工作：进行必要的证据收集，协助自诉人履行举证的责任。如果证据收集不全面，有可能面临败诉的风险，更有可能因事实虚假或者制造伪证而产生严重后果，责任由自诉人承担。

此外，应当注意有无调解息讼的可能，《刑事诉讼法》第 206 条规定，人民法院对自诉案件，可以进行调解；自诉人在宣告判决前，可以同被告人自行和解或者撤回自诉。根据该条规定，自诉案件有 4 种处理方式：(1) 调解；(2) 当事人在庭外自行和解；(3) 撤回自诉；(4) 判决。针对我国的实际情况，和解息讼有利于实现双方利益，也可以节约司法资源。

开庭前代理律师的一项主要工作就是撰写代理词，其中的事实阐述、证据提出、法律适用等对于出庭诉讼是很必要的。

第四，出庭参加诉讼。

在自诉案件的开庭审判中，代理律师应当与自诉人一起出庭参加诉讼。在法庭审理过程中，代理律师要注意做好以下几项工作：在开庭阶段，尤其注意是否存在回避的情形；法庭调查阶段，履行控诉职能；法庭辩论阶段，发表代理词，与被告人及其辩护人进行辩论；积极参与法庭调解；协助自诉人提起上诉等。

(三) 公诉案件的律师代理

1. 公诉案件中的律师代理的概念

公诉案件中的律师代理是指，律师接受公诉案件被害人或者其法定代理人、近亲属的委托担任被害人的代理人，为保障被害人的合法权益而进行的诉讼活动。在公诉案件中，检察机关代表国家行使公诉权，被害人作为控诉一方的当事人，只是起着辅助控诉的作用，其并不行使公诉权。所以，被害人的代理律师参加诉讼以被害人的名义进行活动，没有独立的诉讼地位。

2. 公诉案件律师代理的权限

公诉案件律师代理的权限分为两大部分：一部分是基于被害人的授权，代为行使被害人的诉讼权利；另一部分是《刑事诉讼法》、《律师法》等法律规定的律师代理所享有的诉讼权利，如查阅案卷的权利、调查取证权等。

3. 公诉案件律师代理的主要工作

第一，为被害人提供法律咨询。律师接受委托担任被害人的代理人后，首先应当为被害人提供法律咨询，从事实的认定、证据的判断和法律的适用等方面帮助被害人从法律的角度分析、认识案情。

第二，审查起诉阶段的代理活动。公诉案件被害人的代理律师在审查起诉阶段即开始参加诉讼，此时的代理律师享有同辩护律师一样的查阅案卷，摘抄、复制与本案有关的诉讼文书的权利。

第三，出庭准备工作。代理律师应当按时出庭履行代理职责。代理律师接到人民法院的开庭通知后因故不能出庭的，应当与人民法院协商延期审理，或者在取得委托人同意后更换其他律师出庭。

第四，出庭参加诉讼。代理律师出庭参加诉讼，主要就是履行发表代理意见的职责，维护被害人的合法权益。由于被害人与公诉人同属于控诉一方，因此代理律师应与公诉人密切配合，以共同完成控诉犯罪、惩罚犯罪的任务。

第五，庭后工作。法庭审理结束后，代理律师应与被害人认真阅读法庭笔录，发现遗漏或者差错的，可以要求补充或更正，经确认无误后签名或盖章。代理律师应当及时整理辩论意见和证据材料，尽快向法庭提供书面代理意见。

（四）刑事附带民事诉讼的律师代理

1. 刑事附带民事诉讼的律师代理的概念

刑事附带民事诉讼的律师代理是指，律师接受刑事附带民事诉讼当事人及其法定代理人的委托担任诉讼代理人，为维护附带民事诉讼当事人的合法权益而进行的诉讼活动。

刑事附带民事诉讼具有以下特点：

第一，被害人由于被告人的犯罪行为而遭受物质损失，要求被告人给予经济赔偿，因此性质属于民事诉讼。

第二，这是一种特殊的民事诉讼，其因被告人的犯罪行为引起，伴随刑事诉讼来解决，并由同一审判组织来处理，因此成为刑事附带民事诉讼。

第三，由于其民事诉讼的性质，法院在审理时应适用民事诉讼的原则和程序，而非刑事诉讼的原则和程序。

律师在刑事附带民事诉讼中的代理包括担任附带民事诉讼原告人的代理人和担任附带民事诉讼被告人的代理人两种。

2. 担任附带民事诉讼原告人的代理人

担任附带民事诉讼原告人的代理人，主要从事以下工作：

第一，律师在接受附带民事诉讼原告人委托之前的审查。审查的内容主要是：作为附带民事诉讼提起前提的刑事诉讼是否已经提起；附带民事诉讼原告是否合格；附带民事诉讼被告人是否正确。

第二，办理委托手续。附带民事诉讼原告人及其法定代理人委托律师担任附带民事诉讼的代理人参加刑事诉讼，应当与律师事务所签订委托代理协议，并由委托人出具授权委托书。

第三，接受委托后的主要工作：帮助委托人撰写民事起诉状；向人民法院提起附带民事诉讼；指导帮助委托人收集证据、进行调查、申请鉴定等；为保证将来判决的顺利执行，帮助委托人向人民法院申请财产保全；参加法庭审理，指导、协助或者代理委托人行使各项诉讼权利；根据委托人的要求，协助委托人上诉或者申诉。

3. 担任附带民事诉讼被告人的代理人

根据刑事诉讼法的相关规定，律师可以接受公诉或者自诉案件附带民事诉讼被告人的委托，担任其代理人参加诉讼，就附带民事诉讼被告人是否应当承担民事赔偿责任，如何承担的问题提供法律帮助。

附带民事诉讼被告人及其法定代理人委托律师担任附带民事诉讼的代理人参加刑事诉讼，应当与律师事务所签订委托代理协议，并由委托人出具授权委托书。在司法实践中，被告人大多委托律师担任刑事辩护人的同时，委托同一名律师担任附带民事诉讼的代理人。

【案例评析】

案例一

（一）案情简介

2007年4月3日晚上，被告人朱某和余某及其家人吃完饭后到KTV唱歌，期间两人均喝了不少啤酒。由于酒量不好，朱某打的提前离开。当车到达目的地后，出租车司机谭某告知朱某车费为5元。朱某发现计价器上显示金额为14.9元，遂让谭某收15元车费并出具同等机打发票。谭某解释垫江乘出租只收5元，朱某拒绝，声称“必须收15块，并且给我机打票。”

由于没有机打票，朱某开始大声辱骂谭某并扬言要进行投诉。不堪辱骂的谭某予以还嘴，酒精刺激下的朱某下车将谭某从驾驶室内拉出，对其胸口蹬了一脚，两人开始扭打。同朱某一起吃饭的妹妹、妹夫路过见状，妹夫余某遂上前帮忙殴打谭某。

见有人打架，过往行人纷纷掏出电话报警。交巡警大队接到报警后，值勤巡警何某与协警严某、胡某赶到现场即表明身份，并对双方进行劝解和制止。被告人余某、朱某因不愿前往交巡警平台解决纠纷，遂对协警严某实施殴打，并叫嚣“打的就是警察”。民警何某上前劝解，余某又朝其面部一拳，致使民警何某的右眼被打伤。后经法医鉴定，何某的人体损伤程度属轻微伤。

法院经审理认为，被告人余某、朱某以暴力方法阻碍国家机关工作人员依法执行职务，其行为已构成妨害公务罪。公诉机关指控的罪名成立。案发后，二被告人有认罪、悔罪态度，可酌情从轻处罚。据此，根据《刑法》第277条第1款的规定，依法以两名被告人犯妨害公务罪，判处拘役4个月。

（二）基本问题

本案客观事实清楚，证据真实可信，只是被告人余某对于其是否构成妨碍公务罪存有争议，余某辩称认为何某只是属于轻微伤，没有构成重伤，因此其不构成以暴力方法妨碍国家机关工作人员依法执行职务。关于妨碍公务罪的犯罪构成要件中的“以暴力方法”的暴力的规定是什么？

（三）案例评析

1. 关于妨碍公务罪的构成要件是如何规定？

《刑法》第277条第1款规定，以暴力、威胁方法阻碍国家机关工作人员依法执行职务的，处3年以下有期徒刑、拘役、管制或者罚金。

本案中，何某作为交警是国家机关工作人员，其劝阻谭某和余某之间的打架行为是依法执行职务，在执行职务的过程中，余某朝何某面部一拳，阻止交警何某执行职务的行为构成以暴力方法阻碍国家机关工作人员依法执行职务。

2. 对于妨碍公务罪的暴力方法的界定?

这里的“暴力”，是指对国家机关工作人员的身体实行打击或者强制，如捆绑、殴打、伤害等；“威胁”，是指以杀害、伤害、毁坏财产、损坏名誉等相威胁。构成本罪，行为人必须是采取暴力、威胁的方法，如果行为人没有实施暴力、威胁的阻碍行为，只是吵闹、谩骂、不服管理等，不构成犯罪，可以依法进行治安处罚。“阻碍国家机关工作人员依法执行职务”，是指以暴力、威胁方法阻挠、妨碍国家机关工作人员依照法律规定执行自己的职务，致使依法执行职务的活动无法正常进行。

在本案中，余某朝何某面部打一拳的行为是以暴力来妨碍、阻止交警何某执行职务的行为，构成以暴力方法阻碍国家机关工作人员依法执行职务。此罪只要求有暴力的行为和实施暴力的目的，并不要求导致执行职务的国家机关工作人员重伤才构成犯罪。

案例二

(一) 案情简介

被告人贺某系某火车站招聘的货物装卸工（未依法签订劳动合同），负责将到站的行李车上旅客托运的货物搬运到车站行李房。2003 年底至 2005 年 12 月，贺某先后 19 次在搬运货物过程中，采取掏芯手段盗窃电脑、手机、电磁炉等物品，价值 45 871 元。公安机关在对贺某询问过程中，贺某主动如实交代了所有犯罪事实。

对于贺某的行为如何定罪，有两种不同的观点：

一种观点认为，贺某的行为构成盗窃罪。理由是：贺某系火车站招聘的装卸工，属于纯劳务性工作，不具有主管、管理、经手本单位财物的职权，不符合职务侵占罪的主体资格。同时，贺某采取掏芯手段窃取旅客托运的财物，不能认定其是利用职务之便窃取本单位的财物，只能以盗窃罪定罪。

另一种观点认为，贺某的行为构成职务侵占罪。理由是：根据我国劳动法的规定，固定工、合同工、临时工均为单位职工。因此，贺某属于火车站的职工，符合职务侵占罪的主体资格。贺某从事装卸工作过程中窃取本单位的财物，其行为符合职务侵占罪的构成要件。

郑州铁路运输法院审理后判决，被告人贺某身为车站中转库临时装卸工，以非法占有为目的，利用职务之便，非法侵占本单位的财物，数额较大，其行为已构成职务侵占罪。

(二) 基本问题

盗窃罪与职务侵占罪的区别是认定本案中临时装卸工贺某在搬运货物时偷运货物究竟构成何罪的关键。

(三) 案例评析

本案的争议是目前职务侵占罪认定上存在的主要分歧。从本案的分歧来看，认定职务侵占罪的分歧意见主要体现在以下方面：

1. 能否将临时工排除在职务侵占罪的犯罪主体之外

职务侵占罪的犯罪主体是公司、企业或者其他单位的工作人员，本案贺某与火车站欠缺书面劳动合同的形式要件，其主体身份从形式上看不相符，但从实质上看，贺某长期在火车站任装卸工，接受火车站管理并获取劳动报酬和劳动保护，双方实际形成了事实劳动关系，应当认定贺某为“公司、企业或其他单位的工作人员”身份。

首先，刑法不同于民商法，注重的是实质合理性。单位工作人员主要是为满足单位目的的需要而从事一定的业务活动。从立法意图方面分析“单位工作人员”的概念，其实质不在于身份是什么，而是该主体是否从事单位的业务活动。临时工在单位仅仅是“名分”不同，承担的业务实质是相同的。

其次，刑法中关于职务侵占罪的规定并没有对单位工作人员作划分，亦未将临时工排除在职务侵占罪的犯罪主体之外，因而，在法律没有作出明确规定的情况下，不能人为对法律条文作狭义的理解。

最后，从犯罪构成要素的遴选与设定依据方面分析。犯罪的基本构成中包含主客观方面的若干构成要素，这些要素被遴选出来的依据就是与客观危害行为的密切联系和社会危害程度。运用逻辑演绎的推理方法（即由一般到特殊），把“依据”作为界定职务侵占罪主体的内涵和外延之标准，不难得出结论，临时工是否构成职务侵占罪，应当关注的事实是与职务行为直接联系的行为人的“职务”或“职责”，而非“名分”。因此，将临时工认定为“公司、企业或其他单位的工作人员”，符合犯罪构成要素的遴选与设定规则。

2. “职务”能否限制为非劳务性职务

职务侵占罪与盗窃罪在客观行为上均可表现为采取秘密窃取的手段非法占有他人财物，区别主要在于行为人是否利用了职务便利，因此，关键在于正确把握和理解利用职务之便的含义。所谓职务，《现代汉语词典》解释为“工作中所担任的事情”；《中华辞海》解释为“职位规定应该担任的工作”，而所谓工作是指从事体力或脑力劳动。从以上解释来看，职务不仅包括具有管理等职权性的工作，也包括从事服务性、劳务性的工作。笔者认为，职务侵占罪中“利用职务上的便利”，这里的“职务”不是行为人在单位所担任的工作和所从事的业务，而是指行为人对其所侵犯的单位财产具有合法持有、控制、管理、支配的工作职责，这种职责主要来源于单位的委派和授权。这也就是通常所说的“监守自盗”。因此，即使行为人利用受单位临时性委派或授权从事劳务性工作而合法持有、保管、使用本单位财物的便利，也属于利用职务便利。

3. 正确甄别利用职务上的便利与利用熟悉工作环境了解有关信息的便利

司法实践中，应注意区分利用职务上的便利与利用熟悉工作环境及了解有关信息等方便条件之间的区别。一般说来，前者是指行为人基于其职责而在事实上已经合法地控制了该财物，一旦主观上产生非法占有目的，其利用这种便利条件即可实现犯罪目的；后者是指行为人仅仅因为工作方便而较容易接近并非由其持有、保管、使用的本单位财物或了解有关信息，但尚未基于职责而合法的控制该财物，行为人只有进一步实施秘密窃取等行为才能实现其非法占有的目的。显然，后者不属于刑法规定的“利用职务上的便利”。本案中，被告人贺某将货物装卸并搬运至目的地系受单位指派，具有履行岗位职责的性质，其对中转的货物具有一定的管理权和经手权。贺某的盗窃行为，显然是其利用了职务上对所经手货物的控制权，而非仅仅利用工作关系、熟悉作案环境、容易接近财物等方便条件而窃取了单位财产。

因此，被告人贺某身为车站中转库临时装卸工，以非法占有为目的，利用职务之便，非法侵占本单位的财物，数额较大，其行为已构成职务侵占罪。

案例三

（一）案情简介

2007 年 12 月 8 日，李某租用建湖县某建筑公司场地开 KTV，并为 KTV 财产投了 100 余万元保险。之后，由于李某经营不善，KTV 生意一直不好，以致拖欠建筑公司租金近 10 万元无力支付。建筑公司在几次索要未果的情况下，将该场地封锁，并声称李某必须在 1 个月内付清全部租金才会解封。李某大为恼火，便想到一条“一石二鸟”之计，决定放火烧毁 KTV，一来可以解对建筑公司封场地之恨，二来反正 KTV 生意不好，可以从保险公司获取保险赔偿金，重新找项目投资。2008 年 11 月 6 日，李某在 KTV 营业结束后，将事先准备好的汽油浇在 KTV 四周，然后点火。李某看着大火熊熊燃烧，正准备离开时，被巡逻警察发现并控制，随后火势也得到控制，未造成人员伤亡。

在本案的审理过程中，合议庭对于李某的行为是否应当数罪并罚有两种不同意见。第一种意见认为，李某为了骗取保险赔偿金，放火烧 KTV，其行为已构成放火罪。虽然李某还未向保险公司索赔，但其放火行为应当认定为保险诈骗罪的预备行为，依据刑法第 198 条第 2 款之规定，李某应当构成放火罪和保险诈骗罪（预备），两罪应当数罪并罚。第二种意见认为，李某为了骗取保险赔偿金而放火烧 KTV 的行为无疑构成放火罪，但李某并未向保险公司索赔，其行为不符合刑法第 198 条第 1 款第 4 项的规定，不应当数罪并罚，以放火罪一罪定罪处罚即可。

合议庭最终采纳了第二种意见。

（二）基本问题

李某为了骗取保险金，放火烧 KTV 的行为到底是构成放火罪一罪，还是放火行为是认定保险诈骗罪的预备行为，从而认定其构成放火罪和保险诈骗罪（预备），实行数罪并罚？

（三）案例评析

行为人仅实施了制造保险事故的犯罪行为，而没有向保险人索赔时，应否认定为数罪？

1. 放火罪，是指故意引起火灾，危害公共安全的行为。通说认为，放火罪的既遂标准为独立燃烧。保险诈骗罪，是指投保人、被保险人、受益人，以使自己或者第三者获取保险金为目的，采取虚构保险标的、保险事故或者制造保险事故等方法，骗取保险金，数额较大的行为。本罪的客观方面表现为采取虚构保险标的、保险事故或者制造保险事故等方法，骗取保险人的保险金，数额较大的行为。本罪主体是投保人、被保险人与受益人，其中虚构保险标的的，只限于投保人。本罪主观方面只能是故意。刑法第 198 条第 2 款规定，投保人、被保险人故意造成财产损失的保险事故，投保人、被保险人故意造成被保险人死亡、伤残或者疾病，骗取保险金，同时构成其他犯罪的，依照数罪并罚的规定处罚。

2. 实行行为是具有侵害法益的紧迫危险性的行为。就保险诈骗罪而言，虚构保险标的、制造保险事故等行为，只是为诈骗保险金创造了前提条件。如果行为人造成保险事故后并未到保险公司索赔，保险活动秩序与保险公司的财产受侵害的危险性就比较小。只有当行为人向保险公司索赔时，才能认为保险活动秩序与保险公司的财产受侵害的危险性达到了紧迫程度。因此，对于保险诈骗罪而言，到保险公司索赔的行为或者提出支付保险金的请求行为，才是实行行为。开始实施索赔行为或者开始到保险公司提出支付保险金请求的行为，才是本罪的着手。

3. 结合本案来看，李某为了骗取保险赔偿金，放火烧 KTV，依据独立燃烧说，其行为已构成放火罪既遂。李某在放火后，即被警方控制，未能如愿向保险公司索赔，因此其保险诈骗的行为并未着手。对李某只能定放火罪一罪，而不能以放火罪和保险诈骗罪（预备）两罪并罚。

首先，刑法第 198 条第 1 款第（四）项并不只是规定了制造保险事故的行为，同时规定了“骗取保险金”：“骗取保险金”不应当包括尚未向保险人骗取保险金。李某放火的行为虽然是为骗取保险金创造条件，但他还没开始实施向保险人骗取保险金的行为，故不能认为其行为符合第 198 条第 1 款第（四）项的规定。

其次，如果将放火行为理解为保险诈骗罪的预备行为，那么行为人一个行为触犯两个罪名，就属于想象竞合犯，应适用从一重罪论处，也应当只定放火罪。

最后，即使认为放火行为与保险诈骗预备行为系两个行为，二者有牵连关系，属于牵连犯，且刑法对不少牵连犯作出了并罚的规定，此处也应当只定放火罪。因为牵连犯的并罚是以手段行为或者结果行为超出了其中一个罪的构成要件范围为前提，在李某没有向保险公司索赔时，意味着李某仅仅实施了放火行为，而该行为没有超出放火罪的范围，因而没有并罚的可能性。

综上所述，无论是从现行法律规定来看，还是从刑法理论来看，李某仅实施了放火行为，尚未向保险公司索赔，只能定放火罪一罪。

案例四

（一）案情简介

2002 年 8 月 28 日，云南某县一旅行社内发生一起卖淫女被杀案件，当地公安局对该案成立了专案组，由刑警大队副大队长丁某负责。

2002年9月4日，根据举报，丁某抓获犯罪嫌疑人洪某。丁某等人对洪某进行第一次讯问，但洪某否认杀人。2002年9月6日，丁某等人让现场证人对洪某进行辨认，证人辨认后称洪某像是案发当日到过该旅行社的凶手。当天，丁某等人即对洪某刑事拘留，并安排三个审讯组进行审讯，洪某未作有罪供述。民警刘某用手摇电话机的正负极分别接在洪某的左右手大拇指上，摇电话电击，另一民警李某用木棒打击洪某背部，迫使洪某作出了有罪供述。随后，丁某根据洪某的有罪供述制作了讯问笔录。9月7日，丁某带人押洪某进行搜查，并令其指认作案现场。后丁某等人根据洪某的有罪供述和有关“证据”，将案件移送起诉，2003年7月1日，真凶汪某被抓获，洪某涉嫌杀人案被确定为冤案，洪某被无辜关押296天后无罪释放。经云南省公检法司法鉴定中心鉴定：洪某损伤程度为轻伤（甲级）。

（二）基本问题

由于以往我国刑事诉讼法过于强调打击犯罪的目的，加上办案人员有时候为了尽早破案，适用手段上“无所不用其极”，致使司法实践中人们保障犯罪嫌疑人和被告人人权的意识淡薄。惩罚犯罪固然重要，但文明进步的刑事诉讼不仅要求有效地惩罚犯罪，还要求在切实保障人权的前提下惩罚犯罪。那么如何才能有效地保障犯罪嫌疑人和被告人的人权呢？

（三）案例评析

1. 刑事诉讼中的人权保障应作何理解

刑事诉讼中的人权保障有广义和狭义两个方面的理解：广义上的人权保障既包括对犯罪嫌疑人、被告人合法权利的保护，也包括对被害人等其他诉讼参与人的权利保障；而狭义上的人权保障则仅指保护犯罪嫌疑人、被告人的合法权利。

2. “尊重和保障人权”在《刑事诉讼法》中的体现

《刑事诉讼法》作为我国法律体系的基本法、主干法，在尊重和保障人权方面有诸多具体的规定，除了将“尊重和保障人权”这一宪法原则作为立法任务明确载入法律条文之外，还体现在以下几个方面：完善证据种类和证明标准，例如对侦查终结、提起公诉和作出有罪判决均规定了“案件事实清楚，证据确实、充分”的证明标准，且定罪量刑的证据均经法定程序查证属实，综合全案证据，对所认定事实已排除合理怀疑；明确了非法证据排除制度，规定严禁刑讯逼供，不得强迫任何人证实自己有罪；加强对证人的保护，对于因作证面临危险的，可以请求予以保护，特殊案件的证人、鉴定人、被害人及其近亲属因在诉讼中作证而使人身安全面临危险的，人民法院、人民检察院和公安机关应当采取必要的保护措施；有关逮捕、监视居住的条件、程序和采取强制措施后通知家属的规定；明确犯罪嫌疑人在侦查阶段可以委托律师作为辩护人，律师凭相关证件有权会见犯罪嫌疑人，辩护律师在审查起诉和审判阶段，可以查阅、摘抄、复制本案的案卷材料；法律援助对象的适用范围相比以往有了扩大，且在侦查、审查起诉、审判阶段均提供法律援助；对讯问犯罪嫌疑人的程序和采取必要侦查措施的条件作了严格的规定；对死刑复核程序作了具体规定，复核死刑案件时，应当讯问被告人，辩护律师提出要求的，应当听取辩护律师的意见；强化对侦查活动的监督等等。

本案中丁某等人对犯罪嫌疑人洪某实施刑讯逼供的行为严重侵害了洪某的人权，洪某可以依法提起控告。对于刑讯逼供行为构成犯罪的，应当依法追究其刑事责任。

案例五

（一）案情简介

2009 年，安徽省某县的谢某等四名犯罪嫌疑人因涉嫌抢劫先后被公安机关抓捕归案。从 2008 年至 2009 年，谢某分别伙同其他犯罪嫌疑人先后作案 10 余起，抢得现金、手机共价值 10 000 余元，并造成 4 人轻微伤。2009 年 9 月，某市检察院以涉嫌抢劫罪、绑架罪对谢某等人提起公诉，案件由某市中级人民法院审理。

2009 年 9 月，某市中级人民法院在案件审理过程中，因被告人谢某涉嫌抢劫罪、绑架罪可能被判处死刑，决定为其指定辩护人，并向市法律援助中心发出指定辩护通知书。市法律援助中心随即将该案件交由法律援助律师承办。2009 年 12 月，法院作出判决，认定辩护人所提出的被告人谢某犯罪时未满 18 周岁的意见，经审查成立，采纳了辩护人的意见。鉴于被告人犯罪时未满 18 周岁，根据其抢劫罪的具体情况和危害后果，对其从轻处罚，对其涉嫌绑架犯罪未造成危害后果，予以减轻处罚。最终判处谢某两罪并罚，决定执行有期徒刑 18 年。

（二）基本问题

谢某犯罪客观事实清楚，证据真实可信，检察机关依法以抢劫罪、绑架罪对其提起公诉，法院因被告人所涉犯罪可能被判处死刑或无期徒刑，对其进行法律援助。谢某是否属于法律援助的对象呢？

（三）案例评析

刑事法律援助制度是现代法治国家必须承担的一种国家责任，是公民享有的一项社会基本保障权利，体现了我国司法为民和人权保障的基本内容。刑事司法援助是司法人权的重要组成部分，刑事法律援助包括刑事诉讼辩护和刑事诉讼代理，它贯穿于刑事诉讼的整个过程。

1. 法律援助制度在立法上的体现

依照我国《刑事诉讼法》第 34 条第 3 款的规定，犯罪嫌疑人、被告人可能被判处无期徒刑、死刑，没有委托辩护人的，人民法院、人民检察院和公安机关应当通知法律援助机构指派律师为其提供辩护。

最高人民法院《关于适用〈中华人民共和国刑事诉讼法〉的解释》第 42 条第 1 款第 3 项规定，对没有委托辩护人的可能被判处无期徒刑、死刑的被告人，人民法院应当通知法律援助机构指派律师为其提供辩护。

《律师法》则确立了有关律师援助制度的三项重要原则：一是公民有获得法律援助的权利，二是确立了律师的法律援助义务，三是法律援助职能归属于司法行政部门。《律师法》第41条规定，公民在刑事诉讼中有权获得律师帮助，但是无力支付律师费用的，可按国家规定获得援助。

2. 刑事法律援助的意义

法律援助实质上在于保障人权。首先，实施刑事法律援助，保障弱势群体，有助于实现社会公正，减少和缓解社会矛盾。其次，体现了国家对法律赋予公民的基本权利的切实保障，消除法定权利的平等与保障权利实现的经济条件的不平等之间的矛盾，在司法体制上完善诉讼民主机制，保障实现公民在“法律面前，人人平等”。再次，切实保障当事人依法享有的权利，维护没有聘请律师的当事人的合法权益，最大化地体现司法公正的原则。最后，履行宪法和国际法的义务，使公民的基本权利得以保障。

本案中，谢某涉嫌的犯罪使其有可能被判处无期徒刑或死刑，依据我国相关法律的规定，谢某属于法律援助机构应当提供法律援助的对象。

实务训练

案例一

（一）案情简介

因被人怀疑两次受到不法侵害的被告人郭某，在第三次遭到扭打后终于忍无可忍，向被打倒在地的侵害人挥起了尖刀。7月14日上午，云南省曲靖市中级人民法院对这起公诉机关指控被告人涉嫌故意杀人案进行一审宣判，被告人郭某犯故意杀人罪，判处有期徒刑10年，并赔偿死者家属经济损失人民币3万元。

6月16日，50岁的郭某邀请同村村民赵某的妻子陈某栽葱。当晚晚饭后，因天色已晚，一人在家的郭某留陈某住下。第二天下午6点和晚上10点左右，因怀疑妻子陈某与郭某有不正当男女关系，赵某的邻居邓某出于朋友“义气”，随赵某一起先后两次到郭某家，借故要郭某交出陈某和索要赔偿金为由殴打郭某，并打砸郭家的财物，还强行去拉郭家的牛，后被村民劝歇。6月18日上午9点，觉得不解恨的邓某携带一把长45厘米的黑色塑料柄长刀再次来到郭家，与正在吃饭的郭某扭打在一起，扭打中郭某夺过邓某的长刀，用刀背砍伤邓某的手和腿。随后又用扁担将邓某打倒在地。邓某被打倒后，气急攻心的郭某随手抄起家中一把长1米左右的尖刀，连刺邓某胸、腹和背部数刀，致邓某当场死亡。经司法鉴定，邓某系锐器致心脏破裂失血性休克死亡。案发后，郭某在作案现场等待公安民警前来处理。

曲靖市人民检察院就本案向市中级人民法院提起公诉后，被害人邓某的妻子和年仅7岁的女儿、年近7旬的老母附带提起民事诉讼，请求判令被告人郭某赔偿经济损失9万余元。法庭公开开庭审理中，被告人及辩护人提出有自首情节，行为属于防卫过当，被害人有重大过错等理由要求从轻处罚。

曲靖市中级人民法院审理后认为，案发前，被告人郭某的人身安全和财产安全两次受到不法侵害人邓某等人的侵害。案发时，不法侵害人邓某持一把长刀第3次侵入被告人住宅，并与正在家吃饭的被告人发生扭打，被告人为使其人身、财产安全不再受不法侵害人邓某正在实施的不法侵害，不得已采取制止不法侵害的行为，其行为属于正当防卫的构成要件，属于正当防卫。但是，被告人在夺过不法侵害人的刀，用夺过的刀背砍不法侵害人的手脚，又用扁担将不法侵害人打倒在地后，已经制止了不法侵害，继续用尖刀刺不法侵害人身体数刀，造成不法侵害人死亡的严重后果，其防卫明显超过必要限度，属于防卫过当，公诉机关指控被告人故意杀人罪名成立，被告人辩解属于防卫过当的辩护意见法庭予以采纳。案发后，被告人没有主动投案，不属于自首。被告人的犯罪行为给被害人家属造成的经济损失，依法应承担适当民事责任。鉴于被害人有重大过错，被告人行为属于防卫过当，依法应减轻被告人的民事责任。据此法庭作出前述一审判决。

（二）基本问题

1. 正当防卫的构成要件是如何规定的？

2. 被告人防卫过当是否存在从轻、减轻的情形，作为其辩护人如何维护被告人的合法权益？

3. 如何区分防卫过当与挑拨防卫？

案例二

（一）案情简介

河南省新乡市的6个未成年人因为缺钱花，竟然强迫自己的朋友去卖淫，其中还有两个人未满14周岁。5月30日，新乡市牧野区人民法院审结此案，除两名未满14周岁的未成年人外，其余四人均获不同刑期的处罚。虽然他们得到了法律应有的惩罚，但惩罚之余，我们更多的是感慨，预防未成年人犯罪依然任重道远。

被告人陈某等6人都是未成年人，其中有两个人还未满14周岁，花季的年龄却不在校园里度过。他们有着基本相同的背景：家里都是农村的，初中还没上完就辍学，家长管教不能，自身没有手艺，也没有文化，大多在一些环境比较复杂的场所从事一些简单的劳动，比如饭店、洗车店、网吧、台球厅、游戏厅等，但是他们花钱大手大脚，常常捉襟见肘。

被告人陈某等6人就是在饭店里打工的时候互相认识的，陈某在他们中间算是涉世比较深的一个，陈某交了一个女友叫王某甜，在交往的过程中王某甜不慎怀孕，陈某为此非常需要钱，他费尽脑筋想赚钱。因为女友王某甜过去从事过一些涉黄服务，他觉得这是一条来钱比较快的门路。于是他伙同其他5人决定对身边同是服务员的佳佳和丽丽下手，他们 6 人将佳佳和丽丽骗至一个小旅社后，采用非法拘禁、殴打、威胁的方法迫使二人去郑州卖淫。在联系往郑州去的过程中，一天几个人去浴池洗澡，临出门时丽丽趁空向旅社房东说明情况，请求房东报警。房东得知情况后立即报警，在他们洗澡回来的时候被蹲守的警察抓获。

（二）基本问题

1. 本案定性如何？

2. 被告人中是否存在从轻、减轻或者免除处罚的情节？若存在是何缘由？

案例三

（一）案情简介

某法院通知某法律援助机构指派法律援助律师为被告人李某（患精神分裂症，法医鉴定为限制刑事责任能力）所犯的盗窃罪提供法律援助并进行刑事辩护。该机构指定你办理这起案件，你作为办案律师立即办理了有关的法律手续，并前往法院办案法官处递交了为犯罪嫌疑人李某进行法律援助的辩护手续，领取了被告人李某的起诉意见书，并查阅复印了有关的案卷。

根据犯罪嫌疑人李某的起诉书可知，被告人李某，男，农民，现年 35 岁，小学文化程度，因在车站盗窃车站办公室的电脑，价值 5 200 元，后被公安机关破案抓获。现已经被检察机关以涉嫌盗窃罪的罪名起诉至法院，该案现已处在审判阶段。你根据被告人李某对自己所犯罪行供认不讳的事实，依据法律的规定，决定在具体的案件辩护中做犯罪情节较轻并争取较轻刑事处罚的辩护。

（二）基本问题

你作为办案律师如何总结辩护要点？如何发表辩护意见？

（三）解答要点

该案辩护词的主要观点如下：

1. 本案被告人李某在本案中系初犯、偶犯。

根据本案证据显示，本案被告人李某在参与本案犯罪前，没有受到过任何刑事处罚和行政处罚，显系初犯、偶犯。

2. 本案被告人李某当庭自愿认罪，悔罪态度较好，有真实的悔罪行为。

根据本案证据显示，本案被告人李某在本案的侦查、起诉和审判期间，对自己的犯罪活动和全部过程，均能够如实向办案人员交代，积极配合办案人员落实案情。这充分证明本案被告人李某已经决心痛改前非，与自己的过去决裂，重新做人，其认罪态度较好，证明本案被告人有真实的悔罪行为。

3. 本案被告人李某患有精神分裂症，属于限制刑事责任能力，应依法从轻、减轻其刑事处罚。

本案被告人李某因遗传原因，不幸患有精神分裂症，近10年来一直不断地就医和治疗，但效果不良。此次犯罪后，办案单位也对其进行了精神病法医鉴定，鉴定结论是：被鉴定人李某患有精神分裂症，因疾病影响，使其对盗窃一事的控制能力减弱，只具有限制行为能力。因此，依照《刑法》第18条第3款的规定，李某属于尚未完全丧失辨认或者控制自己行为能力的精神病人犯罪，应当负刑事责任，但是可以从轻或者减轻处罚。

4. 本案被告人李某涉入本案犯罪有着特殊的家庭环境和社会环境的原因。

本案被告人李某近10年来一直不断就医和治疗，但是其精神分裂症却一直没有治好。由于疾病的折磨和影响，其劳动能力严重下降，无法做到像一个正常的人一样出外打工挣钱养家糊口。其家庭非常贫困，其妻因此难以忍受这种贫困的生活，被迫离家出走。而本案被告人李某只能过一天算一天，糊里糊涂过日子。在自我控制能力严重下降的情况下，生活的重担加上自己糊涂错误的认识致使自己走上违法犯罪的道路。

综上所述，由于本案被告人李某在本案中系初犯、偶犯；当庭自愿认罪，其认罪悔罪态度较好，有真实的悔罪行为；本人患有精神分裂症一直未愈，属于限制刑事责任能力；加之，自己特殊的家庭环境、社会环境的原因和自己糊涂错误的认识，致使自己走上违法犯罪的道路。因此，辩护人请求法庭能够考虑到以上种种原因，能够对本案被告人李某从轻、减轻其刑事处罚，并判处其缓刑。

案例四

（一）案情简介

张某于2008年6月3日被海口市公安局刑事拘留，当日公安机关对张家进行搜查，但未向张某家属送达拘留通知书。张某的妻子林女士委托北京律师担任张某的律师。6月10日上午9点，张某的两位律师持律师事务所证明、律师执业证书和委托书等全套会见手续，前往海口市第一看守所，要求会见张某，了解案情。但是看守所称因案件特殊需要市公安局批准方可会见，拒绝了两位律师的要求。随后，两位律师向海口市检察院驻该看守所检察官、海口市公安局等投诉，最终两位北京律师在海口市公、检机关经两天交涉无果。

（二）基本问题

1. 本案中存在哪些违反《刑事诉讼法》规定的行为？
2. 现行法律为保障犯罪嫌疑人和被告人的辩护权作了哪些规定？

案例五

（一）案情简介

被害人郝某，女，22岁，1998年10月23日晚，与男友高某同居于自己家中。

第二天上午10点30分左右，被害人郝某之父发现郝某被杀害于卧室中。郑州市公安局初步认定与被害人同居的男友高某具有作案时间，高某被列为犯罪嫌疑人。高某虽不承认当晚确与被害人同居一室，但称次日晨9时许他离开时被害人还活着，故其始终不承认杀害了女友郝某。控方综合各种证据，对高某提出公诉。控方出具的相关证据有：(1) 被告人高某的所有供述材料；(2) 证人证言证实高某与郝某在打牌时曾发生口角；(3) 现场勘查笔录；(4) 法医鉴定书，认定郝某死亡事实；(5) 物证鉴定书等等。但经过鉴定证实郝某体内精子的DNA与高某DNA基因型不同。郑州市中级人民法院于2002年12月27日对该案进行宣判，认定检察机关指控被告人高某实施杀害郝某某的行为事实不清，证据不足，指控罪名不能成立，不予支持。最终判决被告人高某无罪。

（二）基本问题

1. 刑事诉讼中证明责任承担的一般原则？
2. 简要说明法院在本案判决中适用原则的法理基础？

【疑难问题】

一、如何撰写辩护词

辩护词的具体写法主要有以下几个要点：

（一）首部

1. 标题，写明文书名称，即“辩护词或__________（案由）一案辩护词”。
2. 称呼语，写“审判长、审判员（或人民陪审员）”。

（二）序言

1. 表明辩护人的合法地位，表明出庭的合法性，如：“根据《刑事诉讼法》第32条的规定”，或简要写“根据有关法律规定”，“我接受委托担任被告人×××的辩护人，或者是我接受××法院的指定，担任被告人×××的辩护人，出庭为他辩护。”

2. 律师在出庭前进行的各项工作和参加庭审的情况。有的结合辩护意见一并阐述，不在序言部分叙述，有的则在序言部分表述，如“作为被告人×××的辩护人，出庭前我认真、详细地查阅了有关案卷材料，结合调查了有关材料，并会见了被告人，同他进行了谈话，刚才又听取了庭审调查”。这段文字主要表明辩护人对案件所做的工作，以示其工作的全面性。

3. 对本案的基本看法，可写可不写。如不写，可写“现发表如下辩护意见”一句话直接引出正文；如写，可写成：“根据法庭调查，本案犯罪事实已基本清楚，现仅就起诉书指控被告人×××犯有××罪一案，在定性和有关情节方面，根据事实和法律，提出如下辩护意见”。

（三）正文

正文是辩护词的主体部分，是辩护人为维护被告人的合法权益所要阐明的主旨，应该从本案的事实和证据出发，对照有关的法律规定，论证被告人无罪、罪轻或应该予以减轻或免除刑事责任的意见和理由。因此，通常是围绕着是否构成犯罪，或属于何种罪名，有无从轻或免刑的法定条件等问题展开辩论，并得出自己正确的结论。

1. 针对起诉书指控的犯罪事实进行辩护。这是辩护词的中心，通常从以下几方面着手：

（1）事实存在，但混淆罪与非罪界限，把无罪当做有罪追究；

（2）事实部分存在，但被夸大、歪曲，如把正当防卫指控为故意杀人，把小偷小摸指控为盗窃，把轻罪当做重罪；

（3）主要事实不清楚，证据不足或无证据，主要通过证据论证犯罪事实的存在与否；

（4）事实根本不存在；

（5）事实清楚，证据确凿，如有从轻、减轻情节，可从从轻、减轻方面予以辩护。

2. 对起诉书适用法律不当进行辩护。通常有三种情况：

（1）把无罪当做有罪。如情节轻微，不构成犯罪却认定为犯罪，正当防卫认定为故意伤害等；

（2）确定罪名不当。把盗窃定为抢劫，把过失伤害定为故意伤害等。

（3）量刑偏重，对应予认定的从轻情节却未认定，如自首、犯罪中止、犯罪未遂、未成年犯罪、未造成严重后果、社会危害性小、认罪态度好等。

3. 对诉讼程序有重大瑕疵进行辩护。如应回避而未回避，证据未经查证属实等。

4. 如起诉书指控认定的事实清楚、证据确凿、适用法律正确、定性准确、程序合法，则可从情理上进行辩护，主要从以下几方面进行：

（1）从被告人行为造成的危害后果不严重进行辩护；

（2）从被告人行为目的、作案动机等具体情节不甚恶劣进行辩护；

（3）从被告人犯罪的具体情节，是否有可以考虑的客观因素方面进行辩护；

（4）从被告人认罪态度结合受害人情况进行辩护。

（四）结束语

一般可以讲两个内容：一是总结或复述辩护词的基本要点，二是从定罪量刑等角度提出对被告人的处理意见。

（五）尾部

辩护人署名，注明工作单位和职务，写明辩护词制作日期。

（六）制作辩护词时应注意的问题

辩护词是律师办理刑事案件的重要文书，从接受委托或被指定后所进行的调查和出庭等一系列工作，最后均落实到辩护词，律师的素质及能力也集中反映在辩护词上。因此，制作辩护词应当注意以下几点：

1. 必须严格遵循“以事实为根据，以法律为准绳”的原则。案情事实是客观存在的，必须在调查基础上着重客观事实；法律要紧跟事实，对照法条进行辩护，让事实证据和法律条款说话。

2. 观点明确，针对性强。主张什么，反对什么，必须言之有理，持之有据，切忌含糊其辞，模棱两可，捕风捉影，浮夸不实。

3. 紧扣论点，深入论证。无论是正面说理，或者反驳论辩，都必须紧紧围绕论点，抓住案情的关键性、实质性问题，深入剖析，充分论证。

正面说理或者反驳论辩是辩护词常见的两种写法。所谓正面说理，是指采用证明的方法，辩护人根据事实和法律，对本案提出自己的看法和主张，然后通过摆事实讲道理，进行分析论证，证明自己的观点是正确的，以立论说理为主；所谓反驳论辩，是指采用反驳的方法，辩护人对公诉人所持的观点进行针锋相对地反驳，在反驳的过程中注意阐明自己的主张，但以反驳为主。一般的辩护词往往是证明和反驳两种方法兼而用之，把正面说理与反面驳斥有机结合在一起，有“破”有“立”。

4. 语言恳切，掌握分寸。摆事实，讲道理，做到言之有理，言之有据，切忌渲染夸张，言过其实。

二、如何撰写刑事自诉状

（一）刑事自诉状的含义和作用

刑事自诉状是刑事自诉案件的受害人及其法定代理人为追究被告人的刑事责任，根据事实和法律，直接向人民法院控告被告人时所提交的文书。《刑事诉讼法》第204条规定：“自诉案件包括下列案件：（一）告诉才处理的案件；（二）被害人有证据证明的轻微刑事案件；（三）被害人有证据证明对被告人侵犯自己人身、财产权利的行为应当依法追究刑事责任，而公安机关或者人民检察院不予追究被告人刑事责任的案件。”刑事自诉状可以用来保障自诉人的合法权益，是法院审理刑事自诉案件的依据之一。

（二）刑事自诉状的结构

1. 首部

主要写明自诉案件当事人的基本情况，包括自诉人和被告人的姓名、年龄、民族、籍贯、文化程度、职业、工作单位、住址，必要时可包括电话号码、邮政编码等。如果自诉人委托了诉讼代理人，还应写明诉讼代理人的有关情况。

2. 正文

正文是刑事自诉状的核心部分，包括以下几项内容：

（1）诉讼请求

具体写明被告人侵犯自诉人合法权益的行为性质以及在法律上所构成的罪名，向法院提出追究被告人刑事责任的具体请求。

（2）事实与理由

着重阐述被告人犯罪行为的具体内容，包括犯罪行为发生的时间、地点、犯罪手段、情节、后果等，并援引刑法有关规定对被告人的犯罪性质和应当承担的刑事责任加以论证，说明自诉人提起自诉的合法性。

（3）证据部分

逐个写清证据、证人名单及其住所，以便法院查证核实。

3. 尾部

依次写明受诉人民法院的全称、自诉人的姓名、自诉时间、附项。

（三）刑事自诉状的范式

刑事自诉状

自诉人：（姓名、性别、出生年月日、民族、籍贯、职业、工作单位和职务、住址等。如自诉人系单位，应写明单位名称、法定代表人或代表人姓名及职务、单位地址）

被告人：（姓名、性别等情况，出生年月日不详者可写其年龄。如被告人系单位，应写明单位名称、法定代表人或代表人姓名及职务、单位地址）

案由：（被告人被控告的罪名）

诉讼请求：（具体的诉讼请求）

事实与理由：（被告人犯罪的时间、地点、侵害的客体、动机、目的、情节、手段及造成的后果，理由应阐明被告人构成犯罪的罪名和法律依据）

证据和证据来源，证人姓名和住址：（主要证据及其来源，证人姓名和住址。如证据、证人在事实部分已经写明，此处只需点明证据名称、证人详细住址）

此致

××人民法院

自诉人：

代书人：

××年××月××日

课后练习

一、单项选择题

1. 在张某故意毁坏李某汽车案中，张某聘请赵律师为辩护人，李某聘请孙律师为诉讼代理人。关于该案辩护人和诉讼代理人，下列哪一选项是正确的？（　　）

A. 赵律师、孙律师均自案件移送审查起诉之日起方可接受委托担任辩护人、诉讼代理人

B. 赵律师、孙律师均有权申请该案的审判人员和公诉人员回避

C. 赵律师可在审判中向张某发问，孙律师无权向张某发问

D. 赵律师应以张某的意见作为辩护意见，孙律师应以李某的意见为代理意见

2. 被告人甲犯数罪被判死刑，甲向辩护人咨询死刑复核程序的有关情况，辩护人对此作出的下列哪一答复符合法律及司法解释的规定？（　　）

A. 应当调查甲的人际关系

B. 应当为甲指定辩护人

C. 应当审查甲犯罪的情节、后果及危害程度

D. 应当开庭审理并通知检察院派员出庭

3. 在某县人民法院审理某甲抢劫案时，某甲的辩护律师认为，侦查机关在侦查过程中收集的证明被告人罪轻的证据材料需要在法庭上出示。在此情况下，律师可以进行什么诉讼活动？（　　）

A. 申请人民法院向人民检察院调取该证据材料，并可以到人民法院查阅、摘抄、复制该证据材料

B. 申请人民法院向人民检察院调取该证据材料，但不得到人民法院查阅、摘抄、复制该证据材料

C. 申请人民检察院调取该证据材料

D. 申请公安机关提供该证据材料

4. 聋哑被告人张某开庭审理前要求其懂哑语的妹妹担任他的辩护人和翻译。对于张某的要求，法院应当作出哪种决定？（　　）

A. 准予担任辩护人

B. 不准担任辩护人

C. 准予担任翻译人员

D. 既准予担任翻译人员，也准予担任辩护人

5. 辩护律师乙在办理甲涉嫌抢夺一案中，了解到甲实施抢夺时携带凶器，但办案机关并未掌握这一事实。对于该事实，乙应当如何处理？（　　）

A. 应当告知公安机关　　　　B. 应当告知检察机关

C. 甲应当告知人民法院　　　　D. 应当为被告人保守秘密

6. 甲因涉嫌故意泄漏国家秘密罪被立案侦查。羁押一个月后，被变更为监视居住。甲回家后，约请律师乙见面商谈聘请其担任自己律师的事宜。甲会见乙应否取得有关机关批准？（　　）

A. 须经侦查机关批准　　B. 不必经侦查机关批准
C. 须经执行机关批准　　D. 不必经执行机关批准

7. 下列关于刑事诉讼中辩护人与诉讼代理人区别的表述，哪一项是正确的？（　　）

A. 介入诉讼的时间不同
B. 可以担任辩护人和诉讼代理人的人员范围不同
C. 是否出席法庭不同
D. 承担的刑事诉讼职能不同

8. 郭某涉嫌招摇撞骗罪。在检察机关审查起诉时，郭某希望委托辩护人。下列哪一人员可以被委托担任郭某的辩护人？（　　）

A. 郭某的爷爷，美籍华人
B. 郭某的儿子，16 岁
C. 郭某的朋友甲，曾为郭某招摇撞骗伪造国家机关证件
D. 郭某的朋友乙，司法行政部门负责人

9. 关于辩护，下列哪一选项是正确的？（　　）

A. 被告人王某在犯罪时 17 周岁，在审判时已满 18 周岁，法院应当为其指定辩护人
B. 被告人李某可能被判处死刑，在审判时法院为其指定辩护人。在法庭审理过程中，李某当庭拒绝指定的辩护人为其辩护，法院另行为其指定辩护人。在重新开庭审理后，李某再次拒绝法庭为其指定的辩护人，合议庭不予准许
C. 法院为外籍被告人汤姆（25 周岁）指定了辩护人，在法庭审理过程中，汤姆拒绝法院为其指定的辩护人，提出自行委托辩护人，法庭准许后，汤姆自行委托了辩护人。再次开庭审理后，汤姆再次拒绝辩护人为其辩护，要求另行委托辩护人，合议庭不予准许
D. 被告人当庭拒绝辩护人为其辩护的，法庭应当允许，宣布延期审理。延期审理的期限为 10 日，准备辩护时间计入审限

二、多项选择题

1. 关于律师担任刑事案件被告人的辩护人，下列哪些选项是正确的？（　　）

A. 辩护人不是被告人的代言人
B. 辩护人应当维护被告人的合法权益
C. 辩护人须按照被告人的要求作无罪辩护
D. 辩护人有权独立发表辩护意见

2. 某市法院审理被告人赵某故意伤害案，为其指定了辩护律师。庭审中，赵某拒绝辩护律师为其辩护，合议庭的下列哪些做法是正确的？（　　）

A. 赵某要求另行委托辩护人时，应当同意，并宣布延期审理
B. 赵某要求另行指定辩护律师时，应当同意，并宣布延期审理
C. 赵某要求另行指定辩护律师时，不应当同意，并宣布继续审理
D. 赵某另行委托辩护人的，自宣布延期审理之日起至第 10 日止，准备辩护时

间不计入审限

3. 人民法院审理一起刑事案件，被告人可能被判处死刑，人民法院依法为其指定了辩护人，但是被告人拒绝人民法院指定的辩护人为其辩护。对此，下列哪些说法是正确的？（　　）

A. 人民法院不应当准许

B. 被告人无权拒绝人民法院为其指定的辩护人

C. 人民法院应当先审查，被告人有正当理由的应当准许

D. 人民法院准许后，被告人需另行委托辩护人或者人民法院应当为其另行指定辩护人

4. 张某以盗窃的手段获取了某公司的商业秘密，被控侵犯商业秘密罪。在本案诉讼中，被盗公司行使下列哪些诉讼权利于法有据？（　　）

A. 委托诉讼代理人参加诉讼

B. 以涉及商业秘密为由申请不公开审理

C. 不服检察机关的不起诉决定而向上一级检察机关提出申诉

D. 以审判人员违反规定会见当事人为由申请其回避

5. 被告人刘某，17 岁，被判处有期徒刑 3 年，判决生效后刘某被送往当地监狱服刑，下列哪些人员有权对本案提出申诉？（　　）

A. 被害人温某　　B. 刘某的父亲

C. 刘某的哥哥　　D. 刘某的辩护人史某

6. 甲（20 岁）和乙（17 岁）是盗窃案的同案被告人，现在押。甲聘请某律师为辩护人，乙的父亲（在国家机关任现职）担任乙的辩护人。乙的父亲有权行使下列哪些诉讼权利？（　　）

A. 有权独立进行辩护

B. 有权依法定程序向证人或者其他单位和个人调查取证

C. 有权在第一审判决宣告后，不经乙同意，提出上诉

D. 同甲的辩护人一样，享有独立的同被告人会见和通信权

7. 犯罪嫌疑人甲委托其弟乙作为自己的辩护人。在审查起诉阶段，乙享有哪些诉讼权利？（　　）

A. 甲被超期羁押时，有权要求解除强制措施

B. 申请检察人员回避

C. 向检察机关陈述辩护意见

D. 经被害人同意，向其收集与本案有关的材料

8. 犯罪嫌疑人甲系不满 18 周岁的未成年人，在侦查阶段，依法享有下列哪些诉讼权利？（　　）

A. 在讯问时，侦查机关应当通知其法定代理人到场

B. 甲在讯问时，侦查机关可以通知其法定代理人到场

C. 甲被第一次讯问后，甲可以聘请辩护律师提供法律帮助

D. 被第一次讯问后，甲的亲属可以为其聘请律师。

9. 关于刑事诉讼法定代理人与诉讼代理人的区别，下列哪些选项是正确的？（　　）

A. 法定代理人基于法律规定或法定程序产生，诉讼代理人基于被代理人委托产生

B. 法定代理人的权利源于法律授权，诉讼代理人的权利源于委托协议授权

C. 法定代理人可以违背被代理人的意志进行诉讼活动，诉讼代理人的代理活动不得违背被代理人的意志

D. 法定代理人可以代替被代理人陈述案情，诉讼代理人不能代替被代理人陈述案情

三、案例分析题

案情

张某——某国企副总经理

石某——某投资管理有限公司董事长

杨某——张某的朋友

姜某——石某公司出纳

石某请张某帮助融资，允诺事成后给张某好处，被张某拒绝。石某请出杨某帮忙说服张某，允诺事成后各给张某、杨某 400 万股的股份。后经杨某多次撮合，2006 年 3 月 6 日，张某指令下属分公司将 5 000 万元打入石某公司账户，用于股权收购项目。2006 年 5 月 10 日，杨某因石某允诺的 400 万股未兑现，遂将石某诉至法院，并提交了张某出具的书面证明作为重要证据，证明石某曾有给杨某股份的允诺。石某因此对张某大为不满，即向某区检察院揭发了张某收受贿赂的行为。检察院立案侦查，查得证据及事实如下：

——石某称：2006 年 3 月 14 日，在张某办公室将 15 万元现金交给张某。同年 4 月 17 日，在杨某催促下，让姜某与杨某一起给张某送去 40 万元。因担心杨某私吞，特别告诉姜某一定与杨某同到张某处（石某讲述了张某办公室桌椅、沙发等摆放的具体位置）。

——姜某称：取出 40 万元后与杨某约好见面时间和地点，但杨某称堵车迟到很久。自己因有重要事情需要处理，就将钱交杨某送与张某。

——杨某称：确曾介绍张某与石某认识，并积极撮合张某为石某融资。与姜某见面时因堵车迟到，姜某将钱交给他后匆匆离开。他随后在自己车上将钱交给张某，张某拿出 10 万元给他，说是辛苦费（案发后，杨某将 10 万元交检察院）。

——张某称：帮助石某公司融资，是受杨某所托（检察院共对张某讯问 6 次，每次都否认收受过任何贿赂）。

据石某公司日记账、记账凭证、银行对账单等记载，2006 年 3 月 6 日张某公司的下属分公司将 5 000 万元打入石某公司账户。同年 3 月 14 日和 4 月 17 日，分别有 15 万元和 40 万元现金被提出。

问题：依据有关法律、司法解释规定和刑事证明理论，运用本案现有证据，分析能否认定张某构成受贿罪，请说明理由。

答题要求：1. 能够根据法律、司法解释相关规定及对刑事证明理论的理解，运用本案证据作出能否认定犯罪的判断，指出法院依法应当作出何种判决。2. 观点明确，分析有据，逻辑清晰，文字通畅。

延伸阅读

1. 尚权律师事务所．刑事辩护实务操作指南．北京：法律出版社，2011

2. 陈瑞华．刑事被告人权利的宪法化问题．政法论坛，2004（3）

3. 樊崇义．刑事辩护的障碍与困惑透视．河南省政法管理干部学院学报，2001（3）

4. 欧卫安．刑事辩护制度的文化视野．中国刑事法杂志，2000（1）

5. 熊秋红．刑事辩护制度之诉讼价值分析．法学研究，1997（6）

6. 刘根菊，王君．刑事代理制度的理论基础．政法论坛，2003（4）

第五章　仲裁中的律师实务

【内容摘要】

本章学习需要了解仲裁制度的基本知识，包括仲裁制度的特征、类型及各类仲裁的特点。学生需重点掌握国内经济仲裁、劳动争议仲裁及国内涉外仲裁的特点、程序规则和各项律师代理业务操作，包括审查与拟定仲裁协议、拟写仲裁申请书、代理当事人收集证据、代理当事人参加仲裁庭审的各项活动、代理当事人申请执行仲裁协议、申请不予执行或撤销仲裁协议、代理当事人参加调解或和解等等。实务训练部分强调律师在代理仲裁业务的过程中对仲裁机构及其程序规则的熟悉、审查仲裁协议、提出纠纷解决方案建议、缓解冲突、防止激化矛盾等方面。

【知识要点】

一、律师代理仲裁实务概述

（一）仲裁制度概述

1. 仲裁制度的概念和特征

“仲裁”，从字义讲即居中裁断，是指由地位居中的人对争议事项公正评断。仲裁作为我国的一项法律制度，是指特定的机构根据当事人之间的协议，对其发生的争议事项以第三人的身份居中裁决，解决纠纷的活动。仲裁与当事人自行协商和解、调解共同构成我国的诉讼外纠纷解决机制（ADR），是处理民事经济纠纷的有效机制。与诉讼制度相比，仲裁具有以下特征：

（1）民间性。这是仲裁制度最主要、最核心、最基本的特征。对当事人之间的争议作出裁断的仲裁机构不是国家机关，而是独立的事业单位法人，属于民间机构。且仲裁员从各行业中公道正派的专家、学者中聘任。因此，仲裁代表国家机关之外的社会力量对纠纷的干预。

（2）自愿性。除劳动争议仲裁外，仲裁程序的启动、仲裁人员和仲裁规则的选定、仲裁程序的继续进行都应由双方当事人自愿决定，任何人不得强迫。首先，仲裁活动以当事人自愿为前提，仲裁机构和仲裁人员对当事人争议事项的管辖权来自双方当事人授权。其次，仲裁机构和仲裁人员由当事人自由选定。再次，仲裁程序的继续进行以当事人自愿为前提。这包括几层含义：①当事人可以撤回仲裁申请，从而终止仲裁程序。②仲裁过程中是否采取证据保全和财产保全，以及仲裁裁决作出后是否申请执行该裁决或撤销该裁决，由当事人自行决定。

（3）独立性。仲裁委员会独立于行政机关，与行政机关没有隶属关系。仲裁委员会之间也没有隶属关系。仲裁依法独立进行，不受任何机构、社会团体和个人的干涉。同时，仲裁庭审理和裁决案件亦不受仲裁机构的干涉。仲裁的独立性是公正裁断的必要前提。

（4）灵活性。目前，我国的仲裁法尚未规定仲裁证据规则，证据的种类、认证方式上，都存有较大的灵活性，其程序规则不像诉讼程序那样严格。

（5）便捷性。基于仲裁的自愿性和程序灵活性，仲裁是更为便捷、经济的纠纷解决方式。

（6）专业性。从仲裁案件类型和仲裁人员选任可以看出，仲裁具有较强的专业性。

（7）终局性。仲裁实行一裁终局制度。裁决作出后，当事人就同一纠纷再申请仲裁或者向人民法院起诉的，仲裁委员会或者人民法院不予受理。

2. 仲裁的类型

从相关仲裁法律规范来看，我国的仲裁可以分为国内仲裁和涉外仲裁，国内仲裁又分为国内经济仲裁与劳动争议仲裁。

（1）国内经济仲裁

国内经济仲裁是指依据《仲裁法》规定，我国公民、法人和其他组织之间发生合同纠纷和其他财产权益纠纷，按照事先或事后达成的仲裁协议，自愿将争议提交仲裁机构裁决的制度。国内经济仲裁在我国仲裁体系中占主导地位。[①] 与涉外仲裁和劳动争议仲裁相比，具有以下特点：

① 争议要素仅限于国内，即当事人双方为国内平等的公民、法人和其他组织，争议事项及标的物等不存在涉外因素。

② 国内经济仲裁的对象，仅限于合同纠纷和其他财产权益纠纷。《仲裁法》第3条规定，婚姻、收养、监护、扶养、继承纠纷和依法应当由行政机关处理的行政争议不能仲裁。

---

① 参见徐家力主编：《律师实务》，235页，北京，法律出版社，2007。

③ 国内经济仲裁实行或裁或审制度。争议发生后，当事人只能在仲裁和诉讼中选择一种作为解决途径。《仲裁法》第 5 条规定，当事人达成仲裁协议，一方向人民法院起诉的，人民法院不予受理，但仲裁协议无效的除外。最高人民法院《关于适用〈中华人民共和国仲裁法〉若干问题的解释》第 7 条规定，当事人约定争议可以向仲裁机构申请仲裁也可以向人民法院起诉的，仲裁协议无效。但一方向仲裁机构申请仲裁，另一方未在仲裁庭首次开庭前提出异议的除外。

④ 国内经济仲裁的机构是国内各地依法设立的仲裁委员会，不实行地域管辖和级别管辖。《仲裁法》第 10 条规定，仲裁委员会可以在直辖市和省、自治区人民政府所在地的市设立，也可以根据需要在其他设区的市设立，不按行政区划层层设立。仲裁委员会由前款规定的市的人民政府组织有关部门和商会统一组建。根据《仲裁法》第 13 条规定，仲裁员应从下列专业人士中选任：从事仲裁工作、律师工作和曾任审判员满八年的；从事法律研究、教学工作并具有高级职称的；具有法律知识、从事经济贸易等专业工作并具有高级职称或者具有同等专业水平的。

⑤ 仲裁以不公开进行为原则。《仲裁法》第 40 条规定，仲裁不公开进行。当事人协议公开的，可以公开进行，但涉及国家秘密的除外。

（2）劳动争议仲裁

劳动争议仲裁是劳动争议仲裁委员会对劳动关系的双方当事人之间的劳动争议依照有关法律法规加以裁决，从而解决劳动争议的制度。第十届全国人民代表大会常务委员会第三十一次会议于 2007 年 12 月通过《劳动争议调解仲裁法》，成为劳动争议仲裁的主要依据。根据该法的规定，我国劳动争议仲裁的特点如下：

① 仲裁机构是劳动争议仲裁委员会。劳动争议仲裁委员会按照统筹规划、合理布局和适应实际需要的原则设立。省、自治区人民政府可以决定在市、县设立；直辖市人民政府可以决定在区、县设立。直辖市、设区的市也可以设立一个或者若干个劳动争议仲裁委员会。劳动争议仲裁委员会不按行政区划层层设立。劳动争议仲裁委员会由劳动行政部门代表、工会代表和企业方面代表组成。劳动争议仲裁委员会组成人员应当是单数。仲裁员从下列 3 类专业人士中选任：曾任审判员；从事法律研究、教学工作并具有中级以上职称；具有法律知识、从事人力资源管理或者工会等专业工作满 5 年；律师执业满 3 年。

② 劳动争议仲裁实行地域管辖。劳动争议仲裁委员会负责管辖本区域内发生的劳动争议。劳动争议由劳动合同履行地或者用人单位所在地的劳动争议仲裁委员会管辖。双方当事人分别向劳动合同履行地和用人单位所在地的劳动争议仲裁委员会申请仲裁的，由劳动合同履行地的劳动争议仲裁委员会管辖。

③ 仲裁对象为劳动争议，争议的双方当事人为劳动者和用人单位。

④ 劳动争议的解决实行一裁一审制度，劳动争议仲裁是劳动争议诉讼的前置程序。因此，劳动争议仲裁的提起不以争议双方当事人之间订立仲裁协议为前提。

⑤ 劳动争议仲裁以调解为前置程序。仲裁庭在作出裁决前，应当先行调解。调解达成协议的，仲裁庭应当制作调解书。调解书经双方当事人签收后，发生法律效力。调解不成或调解书送达前，一方当事人反悔的，仲裁庭应当及时作出裁决。

⑥ 劳动争议仲裁以公开进行为原则。劳动争议仲裁公开进行，但当事人协议不公开进行或者涉及国家秘密、商业秘密和个人隐私的除外。

(3) 涉外仲裁

我国的涉外仲裁制度始于 1954 年 5 月 6 日中央人民政府作出的《关于在中国国际贸易委员会内设立对外贸易仲裁委员会的决定》，这一文件规定了对外贸易仲裁委员会的组织、任务、受案范围和仲裁原则。1956 年 3 月 31 日，中国国际贸易仲裁委员会制定了《对外贸易仲裁委员会仲裁程序规则》，并于同年 4 月成立了对外贸易仲裁委员会。它的成立标志着我国涉外仲裁制度正式产生。1958 年 11 月 21 日，国务院作出了《关于在中国国际贸易促进委员会内设立海事仲裁委员会的决定》。1959 年 1 月 22 日，海事仲裁委员会成立。由此，我国建立起二元结构的涉外仲裁机构。1987 年 4 月，我国成为《纽约公约》成员国，我国涉外仲裁机构的裁决在境外能够被承认和执行，使我国涉外仲裁进一步走向国际化。[①] 1988 年 8 月，中国国际贸易仲裁委员会更名为“中国国际经济贸易仲裁委员会”(CIETAC)，海事仲裁委员会更名为“中国海事仲裁委员会”(CMAC)。我国涉外仲裁的特点如下：

① 仲裁对象具有涉外性质。仲裁案件的涉外性可从以下两方面理解：

a. 主体涉外。争议的一方或双方当事人具有外国国籍或是无国籍人，或其主要营业地或住所地在外国，或是在外国注册的公司和组织。

b. 争议标的具有涉外因素，包括争议的标的物在外国，当事人之间法律关系的形成、消灭和实施在外国。

② 涉外仲裁实行或裁或审制度。《民事诉讼法》第 271 条规定，涉外经济贸易、运输和海事中发生的纠纷，当事人在合同中订有仲裁条款或者事后达成书面仲裁协议，提交中华人民共和国涉外仲裁机构或者其他仲裁机构仲裁的，当事人不得向人民法院起诉。

③ 涉外仲裁实行一裁终局制度。争议各方不得向任何行政机关和机构要求复议，也不得向任何国家的法院提起诉讼。

④ 涉外仲裁机构特定，不实行地域管辖和级别管辖。《仲裁法》第 66 条规定，涉外仲裁委员会可以由中国国际商会组织设立。我国现有两个常设涉外仲裁机构：一是中国国际经济贸易仲裁委员会，二是中国海事仲裁委员会，两者现在都属于中国国际贸易促进委员会(中国国际商会)。涉外仲裁委员会可以从具有法律、经济贸易、科学技术等专门知识的外籍人士中聘任仲裁员。

(二) 律师代理仲裁案件概要

根据《律师法》第 28 条的规定，律师可以接受委托，参加仲裁活动。《仲裁法》第 29 条规定，当事人、法定代理人可以委托律师和其他代理人进行仲裁活动。委托律师和其他代理人进行仲裁活动的，应当向仲裁委员会提交授权委托书。律师代理仲裁业务应注意以下几点：

---

① 参见谭世贵主编：《中国司法制度》，166 页，北京，法律出版社，2008。

1. 律师代理仲裁案件适用律师代理的一般原则和规定。律师代理活动范围以委托人授权范围为限，律师应当维护当事人合法权益，维护法律正确实施，维护社会公平和正义。

2. 律师要熟悉、掌握各类仲裁的程序和规则。就国内经济仲裁而言，中国仲裁协会依照《仲裁法》和《民事诉讼法》的有关规定制定了仲裁规则。而劳动争议仲裁则主要依据新近颁布的《劳动争议调解仲裁法》和《劳动人事争议仲裁办案规则》，在涉外仲裁方面，中国国际经济贸易仲裁委员会和中国海事仲裁委员会都制定了各自的仲裁规则。律师在进行代理活动时，必须遵循相应的仲裁规则，在活动的方式、方法、步骤上遵循专门的程序规范。

3. 认真做好各项仲裁代理工作。律师代理仲裁案件的职责和权限包括：

（1）审查或代理当事人拟定仲裁协议；

（2）代理当事人提出仲裁申请或代理答辩；

（3）调查、收集证据材料；

（4）代理当事人参加仲裁审理；

（5）代理当事人申请仲裁裁决执行；

（6）代理当事人申请撤销仲裁裁决和不予执行仲裁裁决。

下文将详述律师在这 3 类仲裁案件中的各项实务操作。

二、国内经济仲裁案件中的律师实务

（一）审查仲裁协议

律师事务所接受当事人的委托后，应当首先审查当事人之间就纠纷解决达成的仲裁协议是否存在以及是否有效。如果没有合法有效的仲裁协议，仲裁机构就不会受理仲裁申请。律师对仲裁协议的审查事项如下：

1. 仲裁协议的形式合法性

《仲裁法》第 16 条第 1 款规定，仲裁协议包括合同中订立的仲裁条款和以其他书面方式在纠纷发生前或者纠纷发生后达成的请求仲裁的协议。因此，仲裁协议应是书面形式，可以是合同中对可能发生的纠纷约定仲裁条款，也可以是当事人针对争议的解决订立单独的仲裁协议。仲裁协议可以在纠纷发生前订立，也可以在纠纷发生后订立。

2. 仲裁协议的内容完备性

《仲裁法》第 16 条第 2 款规定，仲裁协议应当具有下列 3 项内容：请求仲裁的意思表示；仲裁事项；选定的仲裁委员会。

（1）请求仲裁的意思表示，即当事人通过书面形式明确表示愿意通过仲裁解决争议，放弃诉讼解决方式，并愿意遵守一裁终局制度，积极履行仲裁协议。书面形式包括以合同书、信件和数据电文（包括电报、电传、传真、电子数据交换和电子邮件）等形式。

（2）仲裁事项，指当事人提交仲裁裁决的争议范围。律师应当特别关注，当事人协议仲裁的事项是否属于《仲裁法》第 2 条所规定的合同纠纷和其他财产权益纠纷。具体而言，合同纠纷是指我国《合同法》分则规定的 15 种合同关系中发生的纠纷，包括买卖合同纠纷，供用电、水、气、热力合同纠纷，赠与合同纠纷，借款合同纠纷，租赁合同纠纷，融资租赁合同纠纷，承揽合同纠纷，建设工程合同纠纷，运输合同纠纷，技术合同纠纷，保管合同纠纷，仓储合同纠纷，委托合同纠纷，行纪合同纠纷，居间合同纠纷。其他财产权益纠纷，主要指侵权纠纷，具体有海事侵权纠纷，包括海上船舶碰撞纠纷、船舶损坏港口建筑物或设备的纠纷、海洋环境污染损害的纠纷等；房地产中的侵权纠纷，包括侵占他人所有房屋的纠纷、因使用房屋附属面积或公用设施而发生的纠纷等；产品质量中的侵权纠纷，包括因产品存在缺陷而导致他人人身或财产损害所发生的纠纷等；知识产权中的侵权纠纷，包括未经著作权人许可擅自发布其作品而产生的纠纷、使用他人作品未按规定支付报酬所产生的纠纷、抄袭他人作品而产生的纠纷、未经专利权人许可实施其专利所产生的纠纷等。此外，当事人概括约定仲裁事项为合同争议的，基于合同成立、效力、变更、转让、履行、违约责任、解释、解除等产生的纠纷都可以认定为仲裁事项。

（3）仲裁机构的选定需确定两项内容：一是仲裁地点，二是仲裁委员会。最高人民法院《关于适用〈中华人民共和国仲裁法〉若干问题的解释》第 3 条规定：仲裁协议约定的仲裁机构名称不准确，但能够确定具体的仲裁机构的，应当认定选定了仲裁机构。

3. 仲裁协议内容的明确性

如果当事人之间订立的仲裁协议内容不完善、关键词语模糊不清、有歧义或协议内容违背仲裁原则等，律师应当说服和协助当事人达成补充协议，达不成补充协议的，仲裁协议无效。如最高人民法院《关于适用〈中华人民共和国仲裁法〉若干问题的解释》第 4 条至第 6 条规定，仲裁协议仅约定纠纷适用的仲裁规则的，视为未约定仲裁机构。但当事人达成补充协议或者按照约定的仲裁规则能够确定仲裁机构的除外。仲裁协议约定由某地的仲裁机构仲裁且该地仅有一个仲裁机构的，该仲裁机构视为约定的仲裁机构。该地有 2 个以上仲裁机构的，当事人可以协议选择其中的一个仲裁机构申请仲裁；当事人不能就仲裁机构选择达成一致的，仲裁协议无效。仲裁协议约定 2 个以上仲裁机构的，当事人可以协议选择其中的一个仲裁机构申请仲裁；当事人不能就仲裁机构选择达成一致的，仲裁协议无效。

4. 是否有法定无效仲裁协议的情形

根据《仲裁法》第 17 条规定，有下列情形之一的，仲裁协议无效：

（1）约定的仲裁事项超出法律规定的仲裁范围的；

（2）无民事行为能力人或者限制民事行为能力人订立的仲裁协议；

（3）一方采取胁迫手段，迫使对方订立仲裁协议的。

（二）代理当事人提出仲裁申请或代理答辩

1. 在仲裁时效内提出仲裁申请

仲裁时效，是指权利人向仲裁机构请求保护其权利的法定期限。如果权利人在法定期限内不提出仲裁申请，即丧失请求依仲裁程序强制义务人履行义务的权利。[①]《仲裁法》第74条规定，法律对仲裁时效有规定的，适用该规定。法律对仲裁时效没有规定的，适用诉讼时效的规定。因《仲裁法》未对经济仲裁的仲裁时效加以规定，故仲裁时效一般适用诉讼时效的规定。根据《民法通则》第135、136条规定，向人民法院请求保护民事权利的诉讼时效期间为2年；而部分特殊纠纷的诉讼时效期间为1年：身体受到伤害要求赔偿的；出售质量不合格的商品未声明的；延付或者拒付租金的；寄存财务被丢失或者损毁的。《合同法》第129条规定，因国际货物买卖合同和技术进出口合同争议提起诉讼或者申请仲裁的期限为4年。仲裁时效期间应从权利人知道或者应当知道权利被侵害时起计算。律师应当注意审查，仲裁申请需在仲裁时效期内提出。

2. 仲裁申请书的拟定和提交

当事人提出仲裁申请是启动仲裁程序的前提。律师代理当事人向其约定的仲裁委员会提交仲裁申请书、仲裁协议书及副本。根据《仲裁法》第23条规定，仲裁申请书应当载明下列事项：当事人的姓名、性别、年龄、职业、工作单位和住所，法人或者其他组织的名称、住所和法定代表人或者主要负责人的姓名、职务；仲裁请求和所根据的事实、理由；证据和证据来源、证人姓名和住所。

仲裁申请书由3部分组成，制作要点如下：

第一，首部。包括文书名称、申请人和被申请人的基本情况和案由。

第二，正文。包括仲裁请求，即当事人请求仲裁机构裁决的具体争议事项，事实和理由，证据和证据来源、证人的姓名和住所。

第三，尾部。致送仲裁委员会的名称、申请人签名或盖章、申请日期、附件。

以下为一份仲裁申请书范例：

仲裁申请书

申请人：×省×市×经贸公司

地址：×省×市×区×路×号

法定代表人：A，职务：董事长

委托代理人：B，××律师事务所律师

被申请人：×省×县×厂

地址：×省×县×路×号

法定代表人：C，职务：厂长

案由：买卖合同纠纷

请求：立即按照合同约定交付货物并支付违约金××万元。

事实和理由：

申请人×省×市×经贸公司与被申请人×省×县×厂于2010年3月12日订立×货物买卖合同，合同中对货物的规格、质量、数量、价款等均有详细约定

① 参见谭世贵主编：《中国司法制度》，175页。

（详见附件），并约定于2010年9月12日交货。合同签订后，我公司按照约定支付了价款，但被申请人迟迟不交货，给我公司造成严重的经济损失。为了维护我公司的合法权益，现根据双方买卖合同中的仲裁条款向贵仲裁委员会提出申请，请予裁断。

此致

××仲裁委员会

申请人：×省×市×经贸公司（盖章）

法定代表人：A（签字）

委托代理人：B（签字）

2011年2月14日

附：

1. 合同副本1份
2. 申请书副本1份
3. 当事人委托律师代理仲裁的授权委托书

依据《仲裁法》第29条，当事人、法定代理人委托律师进行仲裁活动的，应当向仲裁委员会提交授权委托书。仲裁委员会收到仲裁申请书之日起5日内，认为符合受理条件的，应当受理，并通知当事人；认为不符合受理条件的，应当书面通知当事人不予受理，并说明理由。仲裁委员会受理仲裁申请后，应当在仲裁规则规定的期限内将仲裁规则和仲裁员名册送达申请人，并将仲裁申请书副本和仲裁规则、仲裁员名册送达被申请人。被申请人收到仲裁申请书副本后，应当在仲裁规则规定的期限内向仲裁委员会提交答辩书。仲裁委员会收到答辩书后，应当在仲裁规则规定的期限内将答辩书副本送达申请人。被申请人未提交答辩书的，不影响仲裁程序的进行。

代理被申请人一方的律师，在被申请人收到申请书副本后，应当认真阅读和分析仲裁申请书，了解申请人的要求和理由，在向被申请人了解案件事实情况之后拟写答辩书，分析申请人的请求是否成立，其所提出的事实是否真实，力求最大限度地维护被申请人的合法权益。

仲裁答辩书的格式和制作要求与仲裁申请书相似，以下为范例：

仲裁答辩书

答辩人：×省×县×厂

地址：×省×县×路×号

法定代表人：C，职务：厂长

委托代理人：D，××律师事务所律师

案由：因申请人×省×市×经贸公司诉我厂未按合同要求交付货物一案，现提出答辩。

答辩意见：合同未成立，不予交付货物有理。
事实和理由：
（略）
此致
××市仲裁委员会

答辩人：×省×县×厂（盖章）
法定代表人：C（签字）
委托代理人：D（签字）
2011年2月25日

附：
1. 答辩书副本1份
2. （证据材料）

（三）调查取证

调查取证是贯穿整个仲裁程序的重要代理活动。律师代理仲裁时可以独立地调查收集能够证明争议事实情况的证据材料，包括收集物证、书证，询问证人，说服证人到庭作证以及收集其他证据材料。

（四）代理当事人参加仲裁审理

仲裁委员会受理申请人的仲裁申请后，应注意做好以下几方面的工作：

1. 代理当事人选定仲裁员及申请回避。律师代理当事人提出回避申请的，应当说明理由，并且要在仲裁庭首次开庭前提出。回避事由在首次开庭后知道的，可以在最后一次开庭终结前提出。

2. 根据申请人的授权代理申请人放弃或者变更仲裁请求；代理被申请人的律师可根据授权代为承认或者反驳仲裁请求、提出反请求。

3. 因另一方当事人的行为或者其他原因，可能使裁决不能执行或者难以执行的，可以代理当事人申请财产保全。

4. 代理当事人选择公开审理或不公开审理。

5. 代理当事人参加仲裁庭审调查活动，向仲裁庭提交证据材料、进行质证。

6. 在证据可能灭失或者以后难以取得的情况下，律师代理当事人申请证据保全。

7. 根据当事人的特别授权，与对方当事人达成和解协议，或参加调解，达成调解协议。

8. 代理当事人行使其他权利。除了上述代理活动外，当事人享有的其他一切程序和实体权利，律师均可根据授权予以代理。

(五) 代理申请仲裁裁决执行

仲裁裁决（调解）书自仲裁庭作出之日起发生法律效力。若律师认为仲裁裁决（调解）书事实清楚、证据确实充分，运用法律正确，应当说服当事人自觉履行应承担的义务，不能借故拖延、逃避或拒不履行。对于人民法院强制执行判决的，不能抗拒。

如果对方当事人拒不履行仲裁裁决（调解）书所载明的义务的，律师可代理其委托人向被执行人住所地或被执行人财产所在地的人民法院申请强制执行。申请强制执行仲裁裁决的期间为2年。申请执行时效的中止、中断，适用法律有关诉讼时效中止、中断的规定。申请执行期间从仲裁裁决（调解）书规定的履行期间的最后一日起计算；若规定分期履行的，从规定的每次履行期间的最后一日起计算；未规定履行期间的，从仲裁裁决（调解）书生效之日起计算。申请强制执行仲裁裁决（调解）书应提交申请执行书，文书样式如下：

申请执行书

申请人：

地址：

法定代表人：

委托代理人：

被申请执行人：

法定代表人：

申请执行事项：

1. 强制被申请执行人交付货物；
2. 强制被申请执行人支付违约金××万元。

申请执行的事实和理由：

×年×月×日，申请人与被申请执行人因××原因发生××纠纷。×年×月×日，申请人依据仲裁协议向××市仲裁委员会申请仲裁。×年×月×日，××市仲裁委员会作出裁决：（内容略）。但被申请执行人至今未履行仲裁裁决所确定的义务。

为了维护申请人的合法权益，依据《仲裁法》第62条第1款和《民事诉讼法》第236条第1款及224条第2款之规定，特向贵院提出申请，请予以强制执行。

此致

××市××区人民法院

申请人：（签字盖章）

×年×月×日

附：

××市仲裁委员会（×）第×号仲裁裁决书1份。

(六) 代理当事人申请撤销仲裁裁决和不予执行仲裁裁决

1. 代理当事人申请撤销仲裁裁决

若律师和当事人有证据证明仲裁裁决有《仲裁法》第 58 条规定的 6 种情形之一的，可以向仲裁委员会所在地的中级人民法院申请撤销裁决。申请撤销裁决应在当事人收到裁决书之日起 6 个月内提出，人民法院应当在受理撤销裁决申请之日起 2 个月内作出撤销裁决或者驳回申请的裁定。这些情形包括：

(1) 双方当事人之间没有仲裁协议；

(2) 申请裁决的事项不属于仲裁协议的范围或者仲裁委员会无权仲裁；

(3) 仲裁庭的组成或者仲裁的程序违反法定程序；

(4) 裁决所根据的证据是伪造的；

(5) 对方当事人隐瞒了足以影响公正裁决的证据；

(6) 仲裁员在仲裁该案时有索贿受贿，徇私舞弊，枉法裁决行为。

此外，人民法院认定仲裁裁决违背社会公共利益的，应当裁定撤销。如果当事人以仲裁裁决事项超出仲裁协议范围为由申请撤销仲裁裁决，经审查属实的，人民法院应当撤销仲裁裁决中的超裁部分。但超裁部分与其他裁决事项不可分的，人民法院应当撤销仲裁裁决。

人民法院受理撤销裁决的申请后，认为可以由仲裁庭重新仲裁的，应通知仲裁庭在一定期限内重新仲裁，并裁定中止撤销程序。仲裁庭拒绝重新仲裁的，人民法院应当裁定恢复撤销程序。

2. 代理当事人申请不予执行仲裁裁决

根据《民事诉讼法》第 237 条规定，若一方当事人申请执行仲裁裁决，被申请人和律师若能证明裁决有下列情形之一的，则可请求人民法院裁定不予执行：

(1) 当事人在合同中没有订有仲裁条款或者事后没有达成书面仲裁协议的；

(2) 裁决的事项不属于仲裁协议的范围或者仲裁机构无权仲裁；

(3) 仲裁庭的组成或者仲裁的程序违反法定程序；

(4) 认定事实的主要证据不足；

(5) 适用法律确有错误；

(6) 仲裁员在仲裁该案时有贪污受贿，徇私舞弊，枉法裁决行为。

此外，若人民法院认定执行该裁决违背社会公共利益的，裁定不予执行。裁定书应当送达双方当事人和仲裁机构。

仲裁裁决被人民法院裁定不予执行的，当事人可以根据双方达成的书面仲裁协议重新申请仲裁，也可以向人民法院起诉。

三、劳动争议仲裁中的律师实务

劳动争议仲裁中的律师业务与国内经济仲裁类似，下文将就劳动争议仲裁的特点及律师业务操作展开说明。

(一) 申请劳动争议仲裁

1. 审查当事人申请仲裁的事项是否属于劳动争议

律师代理劳动争议仲裁，首先要把握劳动争议的范畴，审查当事人欲申请仲裁的事项是否属于劳动争议。根据《劳动争议调解仲裁法》第 2 条规定，劳动争议包括以下 6 类：

(1) 因确认劳动关系发生的争议；

(2) 因订立、履行、变更、解除和终止劳动合同发生的争议；

(3) 因除名、辞退和辞职、离职发生的争议；

(4) 因工作时间、休息休假、社会保险、福利、培训以及劳动保护发生的争议；

(5) 因劳动报酬、工伤医疗费、经济补偿或者赔偿金等发生的争议；

(6) 法律、法规规定的其他劳动争议。

如经审查，律师发现当事人申请的仲裁事项不属于劳动争议范畴的，则不应当接受当事人仲裁代理的委托，并告知当事人依法向人民法院起诉。

2. 代理当事人提出劳动仲裁申请，必须在规定的仲裁时效内提出

根据《劳动争议调解仲裁法》第 27 条的规定，劳动争议申请仲裁的时效期间为 1 年。仲裁时效期间从当事人知道或者应当知道其权利被侵害之日起计算。仲裁时效因当事人一方向对方当事人主张权利，或者向有关部门请求权利救济，或者对方当事人同意履行义务而中断。从中断时起，仲裁时效期间重新计算。因不可抗力或者有其他正当理由，当事人不能在前述仲裁时效期间申请仲裁的，仲裁时效中止。从中止时效的原因消除之日起，仲裁时效期间继续计算。劳动关系存续期间因拖欠劳动报酬发生争议的，劳动者申请仲裁不受时效期间的限制；但是，劳动关系终止的，应当自劳动关系终止之日起 1 年内提出。

上述劳动争议仲裁时效适用于《劳动争议调解仲裁法》生效（2008 年 5 月 1 日）后发生的劳动争议。而在此之前发生的劳动争议仲裁时效适用原来的法律规定，即依照《劳动法》第 82 条的规定，提出仲裁要求的一方应当自劳动争议发生之日起 60 日内向劳动争议仲裁委员会提出书面申请。因此，对 2008 年 5 月 1 日以前发生的劳动争议，劳动仲裁时效为 60 日，自劳动争议发生之日起计算。最高人民法院《关于审理劳动争议案件适用法律若干问题的解释（二）》第 1 条，对“劳动争议发生之日”进行了解释：

(1) 在劳动关系存续期间产生的支付工资争议，用人单位能够证明已经书面通知劳动者拒付工资的，书面通知送达之日为劳动争议发生之日。用人单位不能证明的，劳动者主张权利之日为劳动争议发生之日。

(2) 因解除或者终止劳动关系产生的争议，用人单位不能证明劳动者收到解除或者终止劳动关系书面通知时间的，劳动者主张权利之日为劳动争议发生之日。

(3) 劳动关系解除或者终止后产生的支付工资、经济补偿金、福利待遇等争议，劳动者能够证明用人单位承诺支付的时间为解除或者终止劳动关系后的具体日期的，用人单位承诺支付之日为劳动争议发生之日。劳动者不能证明的，解除或者终止劳动关系之日为劳动争议发生之日。

3. 代理当事人向有管辖权的仲裁委员会提出仲裁申请

劳动争议仲裁实行地域管辖制度，律师接受当事人仲裁委托，应向有管辖权的劳动仲裁委员会提出仲裁申请。根据《劳动争议调解仲裁法》第 21 条第 2 款的规定，劳动争议由劳动合同履行地或者用人单位所在地的劳动争议仲裁委员会管辖。双方当事人分别向劳动合同履行地和用人单位所在地的劳动争议仲裁委员会申请仲裁的，由劳动合同履行地的劳动争议仲裁委员会管辖。

4. 制作劳动争议仲裁申请书

劳动争议仲裁申请书应当载明下列事项：劳动者的姓名、性别、年龄、职业、工作单位和住所，用人单位的名称、住所和法定代表人或者主要负责人的姓名、职务；仲裁请求和所根据的事实、理由；证据和证据来源、证人姓名和住所。律师代理劳动者和律师代理用人单位提起劳动争议仲裁的两例文书范本如下：

劳动仲裁申请书（例一）

申请人：W，女，汉族，××岁，系××市××有限公司退休职工，住××市××区××路××号。

委托代理人：××，××律师事务所律师

被申请人：××市××有限公司

法定代表人：M，职务：董事长

住所地：××市××区××路××号。

仲裁请求：

1. 由被申请人补发申请人从 1996 年 8 月 1 日至庭审之日的工资××元并从庭审之日起每月如期向申诉人支付岗位工资。

2. 由被申请人承担本案诉讼费用。

事实和理由：

申请人原系被申请人下属单位的员工，因当时政策需要借调到××厂，在该厂一直在管理岗位，后期申请人的岗位一直是该厂的第三产业乡镇企业负责人。在 1996 年 8 月申请人到被申请人处办理内退手续，该单位却把申请人按照待岗职工处理，按照下岗职工的岗位工资 38 元/月计发，不认可其应有的岗位工资。2000 年 12 月申请人办理正式退休手续时，也没有认可其正式岗位的岗位工资待遇。

申请人在借调之前的工作岗位为批料员，在借调之后的工作岗位是乡镇企业的负责人。综上所述，根据被申请人关于退休人员其岗位工资在退休时应当享有的有关规定，申请人享有仲裁请求所述的权利。为了维护申请人的合法权益，特提出劳动仲裁申请，请予公正裁决。

此致

××市××仲裁委员会

申请人：W

××年××月××日

附件：

（略）

劳动仲裁申请书（例二）

申请人：××市××科技开发有限公司

住址：××市××路××号

法定代表人：A，职务：总经理

被申请人：B，性别：男/女，年龄：××岁，职业：软件工程师

工作单位：××创新技术有限公司驻××办事处

住所：（略）

仲裁请求：

1. 裁决被申请人支付申请人培训费××万元。

2. 被申请人承担仲裁费用。

事实与理由：

××年××月，申请人与被申请人签订一份《员工培训协议书》，合同约定由申请人联系美国××大学，选送被申请人前往进修学习并支付一切费用，学成必须为公司服务8年。××年××月被申请人学成回国后，未到本公司就业，而是到香港驻内地某公司工作，现根据合同要求被申请人赔偿××万元的损失。

此致

××市××劳动仲裁委员会

××市××科技开发有限公司

××年××月××日

附件：

1. 协议一份。（略）

2. 出国证书一套。（略）

3. 费用支出票证。（略）

（二）代理当事人提出先予执行申请

对追索劳动报酬、工伤医疗费、经济补偿或者赔偿金的案件，若当事人之间权利义务关系明确且不先予执行将严重影响申请人的生活，律师可以代理当事人申请先予执行。

（三）代理当事人向法院提起劳动争议诉讼

劳动仲裁中有以下几种情况，律师可以根据授权代理当事人向法院提起诉讼：

1. 仲裁机构逾期裁决

仲裁庭裁决劳动争议案件，应当自劳动争议仲裁委员会受理仲裁申请之日起45日内结束。案情复杂需要延期的，经劳动争议仲裁委员会主任批准，可以延期并书面通知当事人，但是延长期限不得超过15日。逾期未作出仲裁裁决的，律师可以代理当事人就该劳动争议事项向人民法院提起诉讼。

2. 对当事人不服仲裁裁决的处理

（1）不服生效仲裁裁决的起诉

仲裁庭对追索劳动报酬、工伤医疗费、经济补偿或者赔偿金，不超过当地月最低工资标准 12 个月金额的争议和因执行国家的劳动标准在工作时间、休息休假、社会保险等方面发生的争议的裁决自作出之日起生效，劳动者对仲裁裁决不服的，可以自收到仲裁裁决书之日起 15 日内向人民法院提起诉讼。

（2）不服未生效仲裁裁决的起诉

对于上文第（1）项论及的几类案件以外的劳动争议，劳动者对仲裁裁决不服的，可以自收到仲裁裁决书之日起 15 日内向人民法院提起诉讼；期满不起诉的，裁决书发生法律效力。

上述律师代理劳动争议仲裁业务以外的其他代理事项，可参照律师代理国内经济仲裁业务的论述适用，此处不予赘述。

四、涉外仲裁中的律师实务

（一）涉外仲裁案件的范围

我国仲裁机构受理的涉外仲裁案件是涉外经济贸易、运输和海事中发生的纠纷，《中国国际经济贸易仲裁委员会仲裁规则》规定，其受理契约性或非契约性的经济贸易等争议，其中，涉及香港特别行政区、澳门特别行政区或台湾地区的争议案件也比照涉外仲裁案件。

根据《中国海事仲裁委员会仲裁规则》第 2 条的规定，海事纠纷主要包括：租船合同、多式联运合同或者提单、运单等运输单证所涉及的海上货物运输、水上货物运输、旅客运输等业务所发生的争议；船舶、其他海上移动式装置的买卖、建造、修理、租赁、融资、拖带、碰撞、救助、打捞或集装箱的买卖、建造、租赁、融资等业务所发生的争议；海上保险、共同海损及船舶保赔业务所发生的争议；船上物料及燃油供应、担保争议；船舶代理、船员劳务、港口作业所发生的争议；海洋资源开发利用、海洋环境污染所发生的争议；货运代理，无船承运，公路、铁路、航空运输，集装箱的运输、拼箱和拆箱，快递，仓储，加工，配送，仓储分拨，物流信息管理，运输工具、搬运装卸工具、仓储设施、物流中心、配送中心的建造、买卖或租赁，物流方案设计与咨询，与物流有关的保险，与物流有关的侵权以及其他与物流有关的争议；渔业生产、捕捞等所发生的争议；以及双方当事人协议仲裁的其他争议。

（二）涉外仲裁的申请

1. 拟定或审查当事人之间的仲裁协议

我国的涉外仲裁机构要求当事人在申请仲裁之前应达成书面仲裁协议。律师审查仲裁协议时应注意以下几点：

（1）仲裁协议的“书面形式”包括合同书、信件、电报、电传、传真、电子数据交换和电子邮件等可以有形地表现所载内容的形式。

（2）合同中的仲裁条款应视为独立于合同其他条款的条款，附属于合同的仲裁协议也应视为与合同其他条款分离地、独立地存在的一个部分。合同的变更、解除、终止、转让、失效、无效、未生效、被撤销以及成立与否，均不影响仲裁条款或仲裁协议的效力。

（3）在仲裁申请书和仲裁答辩书的交换中一方当事人声称有仲裁协议而另一方当事人不做否认表示的，视为存在书面仲裁协议。

2. 提交仲裁申请书

根据《中国国际经济贸易仲裁委员会仲裁规则》的规定，仲裁申请书应当写明下列内容：

（1）申请人和被申请人的名称和住所，包括邮政编码、电话、电传、传真、电报号码、电子邮件或其他电子通讯方式；

（2）申请仲裁所依据的仲裁协议；

（3）案情和争议要点；

（4）申请人的仲裁请求；

（5）仲裁请求所依据的事实和理由。

律师代理当事人提交仲裁申请书时，需附具申请人请求所依据事实的证明文件，并按照仲裁委员会制定的仲裁费用表的规定预缴仲裁费。

（三）申请证据保全和财产保全

律师代理涉外仲裁的当事人申请证据保全的，应向涉外仲裁委员会提交申请，由仲裁委员会将当事人的申请提交证据所在地的中级人民法院裁定。代理当事人申请财产保全的，仲裁委员会应当将当事人的申请转交被申请财产保全的当事人住所地或其财产所在地有管辖权的法院作出裁定。

（四）代理当事人提出答辩或反请求

仲裁委员会收到申请人的仲裁申请书及其附件后，经审查认为申请仲裁的手续不完备的，可要求申请人予以完备。认为申请仲裁的手续已完备的，应将仲裁通知连同仲裁委员会的仲裁规则、仲裁员名册和仲裁费用表各一份一并发送给双方当事人。申请人的仲裁申请书及其附件也应同时发送给被申请人。

仲裁委员会或其分会受理案件后，将指定一名秘书局或秘书处的人员协助仲裁庭负责仲裁案件的程序管理工作。被申请人应在收到仲裁通知之日起45天内向仲裁委员会秘书局或其分会秘书处提交答辩书。仲裁庭认为有正当理由的，可以适当延长此期限。答辩书由被申请人及/或被申请人授权的代理人签名及/或盖章，并应包括下列内容：被申请人的名称和住所，包括邮政编码、电话、电传、传真、电报号码、电子邮件或其他电子通讯方式；对申请人的仲裁申请的答辩及所依据的事实和理由；答辩所依据的证明文件。

被申请人如有反请求，应当自收到仲裁通知之日起45天内以书面形式提交仲裁委员会。仲裁庭认为有正当理由的，可以适当延长此期限。被申请人提出反请求时，应在其反请求书中写明具体的反请求及其所依据的事实和理由，并附具有关的证明文件。被申请人提出反请求，也应当按照仲裁委员会制定的仲裁费用表在规定的时间内预缴仲裁费。

仲裁委员会认为被申请人提出反请求的手续已经完备的，应将反请求书及其附件发送申请人。申请人应在接到反请求书及其附件后 30 天内对被申请人的反请求提交答辩书。如逾期提交反请求答辩书的，仲裁庭有权决定是否接受。申请人可以对其仲裁请求提出更改，被申请人也可以对其反请求提出更改。但是，仲裁庭认为其提出更改的时间过迟而影响仲裁程序正常进行的，可以拒绝受理其更改请求。

需注意的是，当事人提交仲裁申请书、答辩书、反请求书和有关证明材料以及其他文件时，应一式 5 份。如果当事人人数超过 2 人，则应增加相应份数。如果仲裁庭组成人数为 1 人，则可以减少 2 份。如果当事人提出财产保全申请或证据保全申请，则应相应增加 1 份。

（五）代理当事人参加仲裁审理

律师代理当事人参加仲裁审理，代理业务及规则如下：

1. 代理当事人选定仲裁员

以《中国国际经济贸易仲裁委员会仲裁规则》为例，仲裁庭由 1 名或 3 名仲裁员组成。仲裁庭原则上由 3 名仲裁员组成，由当事人从仲裁委员会提供的仲裁员名册中选定。当事人合意约定在名册之外选定仲裁员的，经仲裁委员会主任依法确认后可以担任仲裁员、首席仲裁员或独任仲裁员。申请人和被申请人应当各自在收到仲裁通知之日起 15 天内选定 1 名仲裁员或者委托仲裁委员会主任指定。当事人未在上述期限内选定或委托仲裁委员会主任指定的，由仲裁委员会主任指定。首席仲裁员由双方当事人在被申请人收到仲裁通知之日起 15 天内共同选定或者共同委托仲裁委员会主任指定。双方当事人也可以在上述期限内各自推荐 1—3 名仲裁员作为首席仲裁员人选。双方当事人的推荐名单中有 1 名人选相同的，为双方当事人共同选定的首席仲裁员。有 1 名以上人选相同的，由仲裁委员会主任根据案件的具体情况在相同人选中确定 1 名首席仲裁员，该名首席仲裁员仍为双方共同选定的首席仲裁员。推荐名单中没有相同人选时，由仲裁委员会主任在推荐名单之外指定首席仲裁员。双方当事人未能按照上述规定共同选定首席仲裁员的，由仲裁委员会主任指定。双方当事人协议由独任仲裁庭审理的，独任仲裁员的选定方式与上述首席仲裁员的选定方式相同。

2. 代理当事人申请仲裁员回避

根据《中国国际经济贸易仲裁委员会仲裁规则》第 25 条规定，仲裁员应当书面披露可能对其公正性和独立性产生合理怀疑的任何事实或情况。若应当披露的情形在仲裁过程中出现，也应立即向仲裁委员会书面披露。而仲裁委员会将仲裁员的声明书及/或披露的信息转交各方当事人。当事人收到后，如果以该被披露的事实或情况为由要求该仲裁员回避，则应于收到书面披露后 10 日内向仲裁委员会书面提出。如逾期没有申请回避，则日后不得以仲裁员曾经披露的事项为由申请该仲裁员回避。

若当事人及律师对被选定或者被指定的仲裁员的公正性和独立性产生具有正当理由的怀疑时，应在收到组庭通知之日起15天内以书面形式向仲裁委员会提出回避请求，但应说明提出回避请求所依据的具体事实和理由，并且举证。如果要求回避事由的得知是在此之后，则可以在得知回避事由后15天内提出，但不应迟于最后一次开庭终结。

3. 代理当事人更换仲裁员

仲裁员在法律上或事实上不能履行其职责，或者没有按照本规则的要求或在规则规定的期限内履行应尽职责时，仲裁委员会主任有权自行决定将其更换。该仲裁员也可以主动申请不再担任仲裁员。仲裁员因死亡、除名、回避或者由于自动退出等其他原因不能履行职责时，律师可代理当事人按照原选定或者指定该仲裁员的程序，在仲裁委员会规定的期限内选定或者指定替代的仲裁员。

4. 代理当事人收集、提交证据与质证

律师代理当事人搜集各项能证明案件的证据，询问证人，并说服证人作证。律师应在举证期限内提交证据证明其委托人申请、答辩或反请求所依据的事实。举证期限可以由仲裁庭规定。当事人应当在规定的期限内提交。逾期提交的，仲裁庭可以不予接受。当事人在举证期限内提交证据材料确有困难的，可以在期限届满前申请延长举证期限。

5. 律师根据授权，代理当事人参与调解或与对方当事人和解

律师代理当事人在仲裁委员会之外通过协商或调解达成和解协议的，可以凭当事人达成的仲裁协议和和解协议，请求仲裁庭按照和解协议的内容作出仲裁裁决。除非当事人另有约定，仲裁委员会主任指定一名独任仲裁员组成仲裁庭，按照仲裁庭认为适当的程序进行审理并作出裁决。

如果双方当事人有调解愿望，或一方当事人有调解愿望并经仲裁庭征得对方同意，仲裁庭可以在仲裁程序进行过程中按照其认为适当的方式对案件进行调解。律师可根据当事人的授权参与调解，尽最大努力维护当事人的合法权益。在仲裁庭进行调解的过程中，律师代理当事人在仲裁庭之外达成和解的，应视为是在仲裁庭调解下达成的和解，双方当事人应签订书面和解协议；除非当事人另有约定，仲裁庭应当根据当事人书面和解协议的内容作出裁决书结案。律师也可在调解过程中根据当事人的意愿代理当事人申请终止调解。如果调解不成功，或当事人申请终止调解的，仲裁庭应当继续进行仲裁程序，并作出裁决。

如果调解不成功，在其后的仲裁程序、司法程序和其他任何程序中，当事人及其律师不能援引对方当事人或仲裁庭在调解过程中曾发表的意见、提出的观点、作出的陈述、表示认同或否定的建议或主张作为其请求、答辩或反请求的依据。

6. 代理当事人撤回部分或全部仲裁请求或仲裁反请求

律师可以代理当事人向仲裁委员会提出撤回全部仲裁请求或全部仲裁反请求。申请人撤回全部仲裁请求的，不影响仲裁庭就被申请人的反请求进行审理和裁决。被申请人撤回全部仲裁反请求的，不影响仲裁庭就申请人的仲裁请求进行审理和裁决。在仲裁庭组成前撤销案件的，由仲裁委员会秘书长作出决定。在仲裁庭组成后

撤销案件的，由仲裁庭作出决定。如当事人欲就已经撤回的仲裁申请再提出仲裁申请，由仲裁委员会决定是否受理。

7. 简易程序

除非当事人另有约定，凡争议金额不超过人民币 50 万元的，或争议金额超过人民币 50 万元，经一方当事人书面申请并征得对方当事人书面同意，可适用简易仲裁程序。没有争议金额或者争议金额不明确的，仲裁委员会也可根据案件的复杂程度、涉及利益的大小以及其他有关因素综合考虑决定适用简易程序。

被申请人应在收到仲裁通知之日起 20 天内向仲裁委员会提交答辩书及有关证明文件；如有反请求，也应在此期限内提交反请求书及有关证明文件。仲裁庭认为有正当理由的，可以适当延长此期限。申请人应在收到反请求书及其附件后 20 天内对被申请人的反请求提交答辩。

简易程序由独任仲裁庭按照其认为适当的方式审理，可以决定只依据当事人提交的书面材料和证据进行书面审理，也可以决定开庭审理。对于开庭审理的案件，仲裁庭确定开庭日期后，仲裁委员会秘书局或其分会秘书处应在开庭前 15 天将开庭日期通知双方当事人。当事人有正当理由的，可以请求延期开庭，但必须在开庭前 7 天书面向仲裁庭提出，由仲裁庭决定是否延期。开庭审理的，仲裁庭只开庭一次，确有必要再次开庭的除外。

仲裁请求的变更或反请求的提出，不影响简易程序的继续进行。经变更的仲裁请求或反请求所涉及争议的金额超过人民币 50 万元的，除非当事人约定继续适用简易程序，简易程序变更为普通程序。

（六）代理当事人申请执行仲裁裁决

仲裁裁决作出后，如果对方当事人不履行，律师可以代理当事人向被申请人住所地或者财产所在地的中级人民法院申请执行。如果被执行人或者其财产不在中华人民共和国领域内，则可根据 1958 年联合国《承认及执行外国仲裁裁决公约》或者中国缔结或参加的其他国际条约，向有管辖权的法院申请执行。

但如果是申请执行国外仲裁机构的裁决，应当直接向被执行人住所地或者其财产所在地的中级人民法院提出申请，人民法院依照我国缔结或者参加的国际条约或按互惠原则办理。

（七）代理当事人申请撤销仲裁裁决、不予执行仲裁裁决

根据《仲裁法》第 70、71 条，若当事人提出证据证明仲裁裁决有我国《民事诉讼法》第 274 条第 1 款规定之情形之一的，可向人民法院申请撤销仲裁裁决或不予执行仲裁裁决：

1. 当事人在合同中没有订有仲裁条款或者事后没有达成书面仲裁协议的；

2. 被申请人没有得到指定仲裁员或者进行仲裁程序的通知，或者由于其他不属于被申请人负责的原因未能陈述意见的；

3. 仲裁庭的组成或者仲裁的程序与仲裁规则不符的；

4. 裁决的事项不属于仲裁协议的范围或者仲裁机构无权仲裁的。

此外，人民法院认定执行该裁决违背社会公共利益的，裁定不予执行。仲裁裁决被人民法院裁定不予执行的，当事人可以根据双方达成的书面仲裁协议重新申请仲裁，也可以向有管辖权的法院起诉。

【案例评析】

案例一

（一）案情简介

2005年8月，甲公司与乙公司签订了一份购销合同，其中约定了仲裁条款："因履行合同发生的争议，双方无法协商解决的，由仲裁机构仲裁。"2006年1月，双方发生争议，甲公司向其所在市的仲裁委员会递交了仲裁申请书，但乙公司拒绝答辩。同年3月，双方经过协商，重新签订了一份仲裁协议，并商定将此合同争议提交乙公司所在市的仲裁委员会仲裁。但事后甲公司担心该市仲裁委员会实行地方保护主义，偏袒乙公司，故未申请仲裁，而向合同履行地人民法院提起诉讼，且起诉时未说明此前两次约定仲裁的情况。法院受理此案，并向乙公司送达了起诉状副本，乙公司向法院提交了答辩状。法院经审理判决被告乙公司败诉，被告不服，理由是双方事先有仲裁协议，法院判决无效。

（二）基本问题

1. 购销合同中的仲裁条款是否有效？
2. 争议发生后，双方签订的协议是否有效？
3. 甲公司向法院提起诉讼正确与否？
4. 被告乙公司上诉理由是否成立？乙公司是否有上诉权？

（三）案例评析

1. 仲裁条款无效

当事人之间达成有效的仲裁协议是申请仲裁的前提条件。有效的仲裁协议需具备3个条件：（1）形式合法，即采用书面形式。（2）内容完备。仲裁协议须包括当事人将争议提交仲裁解决的意思表示，提交仲裁裁决的事项，以及选定的仲裁机构。（3）内容明确。仲裁协议须内容清楚，不含混模糊，用语表述不能有歧义。仲裁协议无效的，应由当事人协议补充，不能达成补充协议的，仲裁协议无效。

当事人在合同中约定的仲裁条款"因履行合同发生的争议，双方无法协商解决的，由仲裁机构仲裁"包括两项内容：（1）当事人愿意将纠纷提交仲裁解决的意愿；（2）因履行合同发生的争议为提交仲裁的事项。但是条款没有清楚指明由哪一仲裁机构仲裁。因为该仲裁条款用语含混，只约定通过仲裁方式解决纠纷而未指明具体的仲裁委员会，不具有可操作性。因而，原仲裁条款内容不完善，如当事人未予补充则无效。后来，当事人事后重新签订了新的仲裁协议替代了原仲裁条款，因而原仲裁条款无效。

2. 双方重新签订的仲裁协议有效

双方当事人后来重新达成的仲裁协议表明愿意通过仲裁方式解决因履行合同而引起的争议，也指明了具体的仲裁委员会，是有效的仲裁协议。

3. 甲公司向法院起诉不正确

因为国内经济仲裁实行或裁或审制度，双方当事人就合同纠纷的解决重新达成了有效的仲裁协议，因而排除了法院对纠纷的管辖权。因此，甲公司应当遵循仲裁协议的约定，向乙公司所在地的仲裁委员会提出仲裁申请。

4. 乙公司上诉理由不成立，但乙公司拥有上诉权

（1）乙公司上诉理由不成立，合同履行地人民法院对该争议有管辖权

甲公司向法院起诉时未声明有仲裁协议，人民法院受理了该案。如果乙公司对人民法院的管辖权有异议，应当在法院首次开庭前提出。但是，乙公司应诉答辩，这应当视为乙公司放弃了仲裁协议，默认该法院对合同争议有管辖权，因而人民法院的审理和判决都是有效的。

（2）乙公司拥有上诉权

上诉权是作为受一审判决约束的当事人当然享有的一项程序性权利，并不因为上诉理由不成立这一案件实体问题而消灭。

（四）法律依据

《仲裁法》

第16条 仲裁协议包括合同中订立的仲裁条款和以其他书面方式在纠纷发生前或者纠纷发生后达成的请求仲裁的协议。

仲裁协议应当具有下列内容：

（一）请求仲裁的意思表示；

（二）仲裁事项；

（三）选定的仲裁委员会。

第18条 仲裁协议对仲裁事项或者仲裁委员会没有约定或者约定不明确的，当事人可以补充协议；达不成补充协议的，仲裁协议无效。

第26条 当事人达成仲裁协议，一方向人民法院起诉未声明有仲裁协议，人民法院受理后，另一方在首次开庭前提交仲裁协议的，人民法院应当驳回起诉，但仲裁协议无效的除外；另一方在首次开庭前未对人民法院受理该案提出异议的，视为放弃仲裁协议，人民法院应当继续审理。

案例二

（一）案情简介

2011年3月，王某在重庆市甲公司工作了半年后到亲戚家的公司工作，并向甲

公司发出辞职信，并要求甲公司返还拖欠的 3 个月工资 5 000 元，甲公司以各种理由拖延。王某欲申请当地劳动争议仲裁委员会仲裁，但仍然担心甲公司不服仲裁裁决会起诉、上诉……一直将自己拖垮。

（二）基本问题

1. 王某的担心有道理吗？

2. 如果劳动仲裁委员会裁决甲公司支付拖欠工资，甲公司是否可就拖欠工资的争议向法院起诉？

（三）案例评析

1. 王某可以及时获得拖欠的工资

《劳动争议调解仲裁法》对劳动仲裁制度做出了改革，将劳动仲裁裁决分为终局裁决和非终局裁决。终局裁决是针对下列两类案件作出的裁决：

（1）追索劳动报酬、工伤医疗费、经济补偿或者赔偿金，不超过当地月最低工资标准 12 个月金额的争议；

（2）因执行国家的劳动标准在工作时间、休息休假、社会保险等方面发生的争议。

终局裁决自作出之日起即生效。

非终局裁决是上述终局裁决以外的其他劳动争议案件的仲裁裁决。当事人不服的，可以自收到仲裁裁决书之日起 15 日内向人民法院提起诉讼。期满不起诉的，裁决书发生法律效力。

王某与甲公司之间争议的标的额为 5 000 元，根据《重庆市人力资源和社会保障局关于发布重庆市最低工资标准的通知》，重庆市各区中最低工资标准为 750 元/月，可见王某被拖欠的工资远低于当地月最低工资标准 12 个月的金额（即 750 元/月×12 月＝9 000 元）。因此，如果劳动仲裁委员会裁决甲公司应支付拖欠王某的工资，该裁决属于终局裁决，该裁决自作出之日起即生效，甲公司应当依裁决所确定的时间和方式履行支付工资的义务。

此外，如果王某与甲公司之间权利义务关系明确，甲公司不支付拖欠的工资将严重影响到王某的生活的，王某还可向仲裁庭申请先予执行。而且，王某申请先予执行不必提供担保。因此，王某不必担心甲公司通过纠纷解决程序拖延履行义务。

2. 如果劳动仲裁委员会裁决甲公司支付拖欠工资，甲公司不能就拖欠工资的争议向法院起诉

依据《劳动争议调解仲裁法》第 49 条规定，如用人单位对终局裁决不服，且有证据证明终局裁决有下列情形之一的，可以自收到仲裁裁决书之日起 30 日内向劳动争议仲裁委员会所在地的中级人民法院申请撤销裁决：

（1）适用法律、法规确有错误的；

（2）劳动争议仲裁委员会无管辖权的；

（3）违反法定程序的；

（4）裁决所根据的证据是伪造的；

（5）对方当事人隐瞒了足以影响公正裁决的证据的；

（6）仲裁员在仲裁该案时有索贿受贿、徇私舞弊、枉法裁决行为。

由于上述仲裁裁决为终局裁决，自作出之日起即生效，即便甲公司对裁决不服，也不能直接就原劳动争议向法院起诉，且在裁决被撤销之前，甲公司应当按照仲裁裁决履行义务，逾期不履行义务的，王某可以向甲公司所在地法院申请强制执行仲裁裁决。

（四）法律依据

《劳动争议调解仲裁法》

第 44 条　仲裁庭对追索劳动报酬、工伤医疗费、经济补偿或者赔偿金的案件，根据当事人的申请，可以裁决先予执行，移送人民法院执行。

仲裁庭裁决先予执行的，应当符合下列条件：

（一）当事人之间权利义务关系明确；

（二）不先予执行将严重影响申请人的生活。

劳动者申请先予执行的，可以不提供担保。

第 47 条　下列劳动争议，除本法另有规定的外，仲裁裁决为终局裁决，裁决书自作出之日起发生法律效力：

（一）追索劳动报酬、工伤医疗费、经济补偿或者赔偿金，不超过当地月最低工资标准十二个月金额的争议；

（二）因执行国家的劳动标准在工作时间、休息休假、社会保险等方面发生的争议。

第 48 条　劳动者对本法第四十七条规定的仲裁裁决不服的，可以自收到仲裁裁决书之日起十五日内向人民法院提起诉讼。

第 49 条　用人单位有证据证明本法第四十七条规定的仲裁裁决有下列情形之一，可以自收到仲裁裁决书之日起三十日内向劳动争议仲裁委员会所在地的中级人民法院申请撤销裁决：

（一）适用法律、法规确有错误的；

（二）劳动争议仲裁委员会无管辖权的；

（三）违反法定程序的；

（四）裁决所根据的证据是伪造的；

（五）对方当事人隐瞒了足以影响公正裁决的证据的；

（六）仲裁员在仲裁该案时有索贿受贿、徇私舞弊、枉法裁决行为的。

人民法院经组成合议庭审查核实裁决有前款规定情形之一的，应当裁定撤销。

仲裁裁决被人民法院裁定撤销的，当事人可以自收到裁定书之日起十五日内就该劳动争议事项向人民法院提起诉讼。

第 50 条　当事人对本法第四十七条规定以外的其他劳动争议案件的仲裁裁决不服的，可以自收到仲裁裁决书之日起十五日内向人民法院提起诉讼；期满不起诉的，裁决书发生法律效力。

第 51 条　当事人对发生法律效力的调解书、裁决书，应当依照规定的期限履行。一方当事人逾期不履行的，另一方当事人可以依照民事诉讼法的有关规定向人民法院申请执行。受理申请的人民法院应当依法执行。

【疑难问题】

一、劳动争议仲裁的终局裁决与诉讼机制的衔接问题

《劳动争议调解仲裁法》第 47—50 条规定了劳动争议仲裁的终局裁决，即对追索劳动报酬、工伤医疗费、经济补偿或者赔偿金，不超过当地月最低工资标准 12 个月金额的争议和因执行国家的劳动标准在工作时间、休息休假、社会保险等方面发生的争议所作出的裁决。这些裁决书自作出之日起发生法律效力。劳动者如对上述仲裁裁决不服的，可以自收到仲裁裁决书之日起 15 日内向人民法院提起诉讼。而用人单位若对上述裁决不服，则自收到仲裁裁决书之日起 30 日内向劳动争议仲裁委员会所在地的中级人民法院申请撤销裁决。这一规定在实践中可能引起仲裁和诉讼机制衔接的问题：

（一）如果劳动者在基层法院提起诉讼，而用人单位也向中级人民法院申请撤销仲裁裁决，那么案件应由哪一法院审理

法律对这一问题没有规定，实践中容易引起混乱。对此，可以参考《广东省关于适用〈劳动争议调解仲裁法〉、〈劳动合同法〉若干问题的指导意见》的做法，即劳动者就终局裁决向基层人民法院起诉，而用人单位向中级人民法院申请撤销仲裁裁决的，中级人民法院应不予受理，已经受理的，应裁定终结诉讼。基层人民法院审理案件时，对用人单位的抗辩一并处理。

（二）劳动者起诉后又撤诉，或者劳动者超过 15 日起诉期间起诉而被驳回起诉的，用人单位如对终局裁决不服，如何处理

根据《广东省关于适用〈劳动争议调解仲裁法〉、〈劳动合同法〉若干问题的指导意见》的做法，用人单位可以在收到准予撤诉或驳回起诉的裁定之日起 30 日内，向劳动争议仲裁委员会所在地的中级人民法院申请撤销仲裁裁决。

二、劳动者与用人单位关于欠缴社会保险费的争议是否属于劳动争议

在律师代理劳动者申请仲裁的过程中，常会遇到用人单位未按照法律规定为劳动者缴纳社会保险而导致劳动者不能享受社会保险待遇。但是在以此为由向劳动仲裁机构申请仲裁时，此类争议被劳动仲裁委员会以不属于劳动争议，因而不属于劳动仲裁受理范围为由不予受理。而依照《劳动争议调解仲裁法》第 2 条第 4 项规定，因工作时间、休息休假、社会保险、福利、培训以及劳动保护发生的争议属于劳动争议。但该法没有明确此处的社会保险争议是指参加社会保险还是缴纳社会保险费

或者享受社会保险待遇。那么，劳动者向用人单位追索欠缴的社会保险费所引起的争议是否属于劳动争议？如果不能就此问题申请劳动仲裁，劳动者在社会保险方面的合法权益又如何有效维护呢？

笔者认为，劳动者与用人单位关于欠缴社会保险费引起的争议不属于劳动争议。理由如下：在《劳动争议调解仲裁法》颁布以前，依照《中华人民共和国企业劳动争议处理条例》第 2 条第 2 项规定，因执行国家有关工资、保险、福利、培训、劳动保护的规定发生的争议属于劳动争议。而劳动部在《〈中华人民共和国企业劳动争议处理条例〉若干问题解释》中，其中的“执行国家有关保险的争议”解释为“社会保险，包括工伤保险、医疗保险、生育保险、待业保险、养老保险和病假待遇、死亡丧葬抚恤等社会保险待遇。”而根据《劳动法》第 73 条的规定，社会保险待遇是劳动者在发生退休、患病、因工伤残或者患职业病、失业、生育等法律规定的情况时所获得的物质帮助。因此，保险待遇并不等同于用人单位为劳动者缴纳社会保险费，而后者是劳动者享受保险待遇的前提。并且，最高人民法院《关于审理劳动争议案件适用法律若干问题的解释》第 1 条第 3 项详细规定了纳入劳动争议的社会保险纠纷，即劳动者退休后，与尚未参加社会保险统筹的原用人单位因追索养老金、医疗费、工伤保险待遇和其他社会保险费而发生的纠纷。换言之，在职的劳动者向用人单位追索欠缴的社会保险费不属于该解释所称的“劳动争议”。因此，劳动者不能就此种争议向劳动仲裁委申请仲裁或向法院提起民事诉讼。

若用人单位欠缴社会保险费，劳动者如何维护自身的权益呢？作为劳动者的律师，可以建议劳动者向劳动保障行政部门反映情况，要求其责令用人单位纠正。因为用人单位缴纳社会保险费是法律规定的义务，属于由行政法规调整的行政关系，而不属于平等主体间的民事关系。[①] 根据国务院《社会保险费征缴暂行条例》的规定，用人单位应按规定为劳动者缴纳社会保险费用，缴费单位应当按月向社会保险经办机构申报应缴纳的社会保险费数额，并在规定期限内缴纳。未按照规定申报应缴纳的社会保险费数额的，由劳动保障行政部门责令限期改正；情节严重的，对直接负责的主管人员和其他直接责任人员处以罚款。因此，劳动者可以寻求行政救济途径予以解决。如果劳动保障行政部门怠于履行职责，劳动者可以就其行政不作为提起行政诉讼。

实务训练

训练主题：律师代理仲裁实务技巧

仲裁作为最重要的非诉讼纠纷解决机制之一，在民商事纠纷和劳动争议的处理

① 参见田春勇、陈和：《缴纳社会保险费纠纷是否属于劳动争议》，见 http：//www.chinacourt.org/html/article/200801/23/284312.shtml，2011－08－29。

中扮演着重要角色，仲裁代理业务也是律师最为重要的非诉讼业务之一。仲裁相较于诉讼，具有灵活、快捷、成本低等优势，对陷入纠纷的当事人而言，它是一种较为经济合理的纠纷解决方式。同时，由于仲裁的专业性、灵活性较强，对代理仲裁业务的律师素质提出了较高的要求。因此，律师代理仲裁业务需注意以下几个方面的训练：

（一）熟悉仲裁程序和仲裁规则

律师成功代理仲裁案件的基础是熟悉各类仲裁的仲裁机构、仲裁规则和仲裁程序，了解不同仲裁程序之间的区别，了解特定种类的仲裁程序的法律规范。同时，律师应在实践中积累对仲裁机构和仲裁人员的信息，通过互联网、人际网络等多种途径尽可能多地收集拟选仲裁机构的基本情况，包括该机构的仲裁规则、组成人员、仲裁员的来源、仲裁机构及仲裁员的业内评价或声誉、既往仲裁案件受理情况等。由此，律师能够在当事人选择仲裁机构和仲裁员的过程中提供有效的帮助和建议。同时，律师应当熟悉仲裁规则中规定的各种期间，提示或代理当事人在相应的期间内从事各项法律行为，防止出现超出期间而导致失权的后果。

（二）审查仲裁协议

有效的仲裁协议是当事人申请仲裁的前提条件，因此，律师应当认真审查当事人之间是否存在仲裁协议，仲裁协议是否合法有效，从形式合法性、内容完备性和内容明确性三方面进行审查。同时，应为当事人指明选择仲裁解决方式的后果、仲裁裁决的效力及不服裁决的处理方法，要让当事人对选择仲裁有理性、清晰的认识。

（三）适时为当事人提出程序选择方案

仲裁过程中提倡和解与调解，对当事人意思自由给予充分尊重。律师应当根据案件的具体情况，为委托人提供最优的方案，以最大限度地维护其合法权益，为当事人节约时间和金钱。比如，在劳动争议仲裁的代理过程中，代理劳动者一方的律师可以通过对争议的评估，劝导当事人接受调解，或与对方当事人和解，或及时向劳动行政部门反映情况、申诉或投诉，以免劳动者陷入程序的泥潭，无法有效保障自身权益。

（四）整理焦点，理性评估

对缺乏法律专业训练的普通当事人而言，对事实的叙述和评价可能更多地基于其个人主观立场，那么律师应当引导当事人有条理地讲述案情，清晰归纳争议焦点。律师要尽快将当事人对案情的叙述转化为法律框架下的案件事实，这需要律师在与当事人的沟通中掌握主动，以理性清晰的思路和提纲引导当事人叙述案情，以有序的问题提示当事人的讲述而不能任由当事人自由发挥，以快速、清楚地归纳争议焦点。在归纳争议焦点之后，律师应引导当事人注意搜集相应的证据材料，为当事人收集证据的方式和途径提供建议或给予协助。

根据证据材料的收集情况，律师对当事人的诉求和主张进行理性的评估，告知当事人可能面临的风险，帮助当事人理性评价争议，对自身提出的诉求树立合理的预期。

(五) 就纠纷解决方案提出建设性意见

仲裁审理方式灵活，期间，律师代理双方当事人展开辩论或进行谈判是重要内容。律师应当根据对争议的评估，对证据材料的评价和与对方辩论或谈判的具体情况，灵活、及时地为当事人提供合理的纠纷解决方案，建议当事人放弃难以证明的主张、增加或变更仲裁请求、适时提出反请求等，如建议当事人选择继续履行合同、终止合同并要求违约金或损害赔偿金、变更合同履行方式等等，帮助当事人对纠纷的解决方案树立合理的预期。

(六) 疏导当事人的对立情绪，避免矛盾激化

律师应引导当事人尽可能以理性的思维、平静的心态看待争议和自己的诉求，避免受到负面情绪的影响。律师应尽量站在当事人的立场理解当事人的困难和面临的问题，认真倾听当事人的讲述，这可使当事人感到自己被尊重和被重视，从而帮助当事人缓解负面情绪，增进当事人对律师的信任，这也利于促使当事人接受律师提出的建议。最后，律师在劳动争议案件中尤其应当注意的是，不要煽动当事人采取非理性行为，不正当地向仲裁机构、对方当事人或地方政府施加压力，以制造问题的方式来增加谈判的“砝码”。

课后练习

1. 根据我国《劳动争议调解仲裁法》的规定，下列哪一选项不属于劳动争议？(　　)

A. 因确认劳动关系发生的争议

B. 因订立、履行、变更、解除和终止劳动合同发生的争议

C. 因除名、辞退和辞职、离职发生的争议

D. 因用人单位欠缴社会保险费引发的争议

2. 根据我国《仲裁法》下列哪些情况将导致仲裁协议无效？(　　)

A. 约定的仲裁事项超出法律规定的仲裁范围的

B. 当事人约定通过仲裁解决争议，但未指明具体的仲裁机构

C. 无民事行为能力人或者限制民事行为能力人订立的仲裁协议

D. 一方采取胁迫手段，迫使对方订立仲裁协议的

3. 当事人申请仲裁须具备下列哪些条件？(　　)

A. 有仲裁协议

B. 有具体的仲裁请求和事实、理由

C. 属于仲裁委员会的受理范围

D. 提交证据材料

4. 下列劳动争议仲裁裁决自作出之日起即发生法律效力的是哪些？（　　）

A. 追索劳动报酬，不超过当地月最低工资标准 10 个月金额的争议

B. 追索工伤医疗费的争议

C. 追索经济补偿或者赔偿金约为当地月最低工资标准 15 个月金额的争议

D. 因执行国家的劳动标准在工作时间、休息休假、社会保险等方面发生的争议

5. 仲裁员有下列哪些情形，当事人可提出回避申请？（　　）

A. 是本案当事人或者当事人、代理人的近亲属

B. 与本案有利害关系

C. 与本案当事人、代理人有其他关系，可能影响公正仲裁的

D. 私自会见当事人、代理人，或者接受当事人、代理人的请客送礼的

6. 根据《仲裁法》下列哪些情形可作为申请撤销裁决的理由？（　　）

A. 仲裁庭的组成或者仲裁的程序违反法定程序的

B. 裁决所根据的证据是伪造的

C. 对方当事人隐瞒了足以影响公正裁决的证据的

D. 仲裁庭适用法律错误

延伸阅读

1. 徐家力主编. 律师实务. 北京：法律出版社，2007

2. 何文杰等. 中国律师办案全程实录：劳动争议仲裁与诉讼. 北京：法律出版社，2008

3. 潘修平，刘家刚. 中国律师办案全程实录：商事仲裁. 北京：法律出版社，2004

4. 李广辉主编. 律师事务与仲裁法学. 广州：暨南大学出版社，2009

5. 刘瑛. 律师的思维与技能. 北京：法律出版社，2006

第六章　调解中的律师实务

【内容摘要】

本章学习需要学生掌握我国调解制度的基础知识，包括调解制度的特征、原则、优势，熟悉我国各种调解机制的具体规范，包括其受案范围、调解组织和调解人员、调解协议的效力、对调解协议的司法确认机制等。学生需要了解律师参与调解和律师主持调解的业务操作、一般程序步骤及方法。疑难问题部分重点分析律师作为调解人在其后就同一纠纷进行的仲裁或诉讼程序中的角色规制问题，实务训练部分则重点培养律师参与调解和主持调解的技能技巧。

【知识要点】

一、调解制度概述

（一）调解制度概念

调解，是指由中立的第三方，依据法律法规、政策及社会道德规范对纠纷双方当事人进行劝说、教育，协调双方当事人的权利义务关系，促使双方互谅互让，最终消除争议，和平解决纠纷的活动。

调解是最古老的纠纷解决方式之一，可追溯至原始社会。我国的传统社会中存在着"和为贵"、"无讼"的法律文化，官府调解和乡治调解、宗族调解、家族调解、乡绅耆老调解、商会行会调解等发达的民间调解机制是解决民商事纠纷的主要途径。调解在经历了革命、建设和改革等各个历史阶段的长期实践，仍然继承和发扬了传统社会中"以和为贵"的传统，结合现代法制的理念和制度，发展出具有中国特色的调解制度。它在协助基层治理、预防纠纷，防止冲突升级激化，和平化解矛盾纠纷，维护社会秩序和促进社会和谐与稳定等方面发挥着重要作用，是我国司法制度的重要组成部分。

(二) 调解的特征

1. 调解是由中立的第三方对双方当事人之间的纠纷进行干预和调处，是一种三方结构的纠纷解决机制。

2. 调解的目的是为了和平解决矛盾纠纷。相较于诉讼和仲裁，调解的适用范围更加广泛，包括民商事纠纷、轻微刑事违法行为引起的纠纷，以及不受法律调整的其他民间纠纷。

3. 调解主体具有多样性。国家行政机关、司法机关、人民调解组织、律师、法律工作者、热心公共事务且在群众中有一定威望的人皆可对纠纷进行调解。

4. 调解的方式主要是说服、教育、规劝、引导，促进当事人相互谅解，平等协商，最终达成协议处理争议。

5. 调解以自愿、合法、保密为一般原则。

(1) 自愿原则

调解需遵循自愿原则，包括以下几层含义：

第一，双方当事人均同意以调解的方式解决纠纷。

第二，双方当事人均自愿接受特定的第三方主持调解，即均认同第三方的调解人身份。

第三，调解的程序、方法应获得当事人的一致同意，不得强制要求当事人接受他不认同的调解程序。

第四，调解协议的达成必须出于当事人的自愿，不能强迫或胁迫任何一方接受调解协议。

(2) 合法原则

调解过程及调解结果均需遵循合法原则。由于调解具有较大的灵活性，且完全尊重当事人的意思自由，因此，应当强调，调解程序和调解协议的内容不能违背法律法规强制性或禁止性的规定。当事人不能通过调解协议损害国家、集体和他人的合法权益，不能损害社会公共利益。

(3) 保密原则

调解过程不公开，但双方当事人要求或者同意公开调解的除外。从事调解的机关、组织、调解员，以及负责调解事务管理的法院工作人员，不得披露调解过程的有关情况，不得在就相关案件进行的诉讼中作证，当事人不得在审判程序中将调解过程中制作的笔录、当事人为达成调解协议而作出的让步或者承诺、调解员或者当事人发表的任何意见或者建议等作为证据提出，但下列情形除外：

第一，双方当事人均同意的；

第二，法律有明确规定的；

第三，为保护国家利益、社会公共利益、案外人合法权益，人民法院认为确有必要的。

6. 调解依据的规则具有广泛性和灵活性。除了法律法规，政策、公理、道德、情理、乡约民俗、行业规则等社会规范都可以作为调解的依据。

（三）调解的优势

与诉讼、仲裁相比，调解在纠纷解决方面具有诸多优势，主要体现在以下方面：

1. 解决纠纷的成本低。调解与诉讼相比，具有程序灵活简便、经济花费少、纠纷解决周期短的特点，能减轻当事人在人、财、物方面的负担，有利于节约司法资源。

2. 纠纷解决方式灵活高效。调解强调当事人的积极参与，通过当事人自愿协商而不是法官依法裁判来解决纠纷，程序灵活便利，因而纠纷解决效能高。

3. 纠纷解决方案灵活。调解人通过居中劝说、引导、协调，增进当事人之间的沟通和理解，使其互相让步，使纠纷解决方案更具有灵活性，因而更容易被当事人接受。

4. 调解能够降低诉讼的对抗性。相较于其他纠纷解决方式，调解重在实现当事人发自内心地接受纠纷解决结果，氛围更加友好和平，有利于缓解当事人之间的紧张关系，修复因冲突而受损的关系，不伤和气。

二、调解制度的类型

根据调解主体性质的不同，调解可以分为诉讼调解、行政调解和社会调解 3 种类型。前两者是国家机关主持的官方调解；社会调解，又称民间调解，是非官方的民间力量主持的调解。下文将对 3 种调解机制的具体情况予以介绍。

（一）诉讼调解

诉讼调解，是指人民法院审理民商事案件时，对于能够调解解决的案件在双方当事人自愿的前提下，在查明事实和分清是非的基础上，依法说服和疏导双方当事人达成协议，以调解的方式结案。我国《民事诉讼法》第 9 条规定：“人民法院审理民事案件，应当根据自愿和合法的原则进行调解；调解不成的，应当及时判决。”诉讼调解是人民法院行使司法权的一种形式，是人民法院审理民事案件的一种结案方式，是法院行使职权与当事人行使处分权相结合的行为和结果。[①] 诉讼调解制度的设立是为了提高诉讼效率，促使当事人和平、和谐、灵活、简便地消除争议。

1. 诉讼调解的适用

诉讼调解的案件性质可分为以下两类：刑事自诉案件及刑事诉讼附带的民事诉讼部分和一般的民商事案件。最高人民法院《关于人民法院民事调解工作若干问题的规定》第 2 条规定，对于有可能通过调解解决的民事案件，人民法院应当调解。

---

① 参见邱星美、王秋兰：《调解法学》，111 页，厦门，厦门大学出版社，2008。

但某些案件的性质决定其不适宜调解的，则不能进行诉讼调解。这些案件包括：

（1）非诉讼程序案件。适用特别程序、督促程序、公示催告程序、破产还债程序的案件，因为不存在民事权利义务争议即特定的争议相对方，因而不适用调解。

（2）婚姻关系、身份关系确认案件。根据最高人民法院《关于人民法院民事调解工作若干问题的规定》第2条，法院不予调解的案件还有确认婚姻关系、身份关系的案件。最高人民法院《关于适用〈中华人民共和国婚姻法〉若干问题的解释（一）》第9条规定，人民法院审理宣告婚姻无效案件，对婚姻效力的审理不适用调解，应当依法作出判决。

（3）其他依案件性质不适用调解的情形。主要有两种情形：第一，如果案件涉及的权利可以由当事人自由处分，则案件可适用调解；案件所涉及的权利不可由当事人自由处分，则不适用调解。第二，事实问题不适用调解。此处的事实包括法律拟制事实与客观事实。比如，确认当事人之间法律关系是否存在或是否有效，属于法律拟制事实；而行为或事件是否发生、如何发生是客观事实，这些皆不可通过当事人的意志加以变更，因而不适用调解。但是，当事人可以就因事实问题所产生的权利义务分配方案进行调解。

诉讼调解是民事诉讼的一项原则，贯穿民事诉讼程序的全过程。根据最高人民法院《关于人民法院民事调解工作若干问题的规定》第1条的规定，诉讼调解在法院受理的第一审、第二审和再审民事案件中皆可适用。一般情况下，调解在答辩期满后裁判作出前进行。但是，人民法院在征得当事人各方同意后，可以在答辩期满前进行调解。这包括两种情形：

第一，当事人申请调解的，可以立即进入调解程序。

第二，法院主动征得各方当事人同意也可以进行调解。

在一般的民商事案件中，除了离婚案件外，诉讼调解不是必经程序。最高人民法院《关于适用〈中华人民共和国民事诉讼法〉若干问题的意见》中规定，人民法院审理离婚案件，应当进行调解，但不应久调不决。对于一些适用简易程序审理的案件中，调解也是诉讼的必经程序。最高人民法院《关于适用简易程序审理民事案件的若干规定》第14条规定，下列民事案件，人民法院在开庭审理时应当先行调解：

（1）婚姻家庭纠纷；

（2）劳务合同纠纷；

（3）交通事故和工伤事故引起的权利义务关系比较明确的损害赔偿纠纷；

（4）宅基地和相邻关系纠纷；

（5）合伙协议纠纷；

（6）诉讼标的额较小的纠纷。

2. 诉讼调解的期限

尽管调解在彻底解决纠纷、维护当事人之间的和谐关系、方式方法灵活便利等方面具有优势，但为了保证纠纷迅速解决，提高诉讼效率，人民法院对于确实不能通过调解解决的案件应当及时判决，以防诉讼拖延。最高人民法院《关于人民法院民事调解工作若干问题的规定》第 6 条规定，在答辩期满前人民法院对案件进行调解，适用普通程序的案件在当事人同意调解之日起 15 天内，适用简易程序的案件在当事人同意调解之日起 7 天内未达成调解协议的，经各方当事人同意，可以继续调解。延长的调解期间不计入审限。

3. 诉讼调解人

《民事诉讼法》第 94 条第 1 款规定："人民法院进行调解，可以由审判员一人主持，也可以由合议庭主持，并尽可能就地进行。"开庭前从事调解的法官原则上不参与同一案件的开庭审理，但当事人同意的除外。

4. 诉讼活动中多方参与的调解机制

充分发挥人民法院、行政机关、社会组织、企事业单位以及其他各方面的力量，促进各种纠纷解决方式相互配合、相互协调和全面发展，做好诉讼与非诉讼渠道的相互衔接，为人民群众提供更多可供选择的纠纷解决方式，维护社会和谐稳定。最高人民法院《关于建立健全诉讼与非诉讼相衔接的矛盾纠纷解决机制的若干意见》完善了诉讼活动中多方参与的调解机制，主要包括以下两种形式：

（1）法院委托其他机关或组织调解案件

人民法院在收到起诉之后、正式立案之前，可以依职权或者经当事人申请后，委派行政机关、人民调解组织、商事调解组织、行业调解组织或者其他具有调解职能的组织进行调解。当事人不同意调解或者在商定、指定时间内不能达成调解协议的，人民法院应当依法及时立案。

如果人民法院已经立案，双方当事人同意，或者人民法院认为确有必要的，可以委托行政机关、人民调解组织、商事调解组织、行业调解组织或者其他具有调解职能的组织协助进行调解。当事人可以协商选定有关机关或者组织，也可商请人民法院确定。调解结束后，有关机关或者组织应当将调解结果告知人民法院。达成调解协议的，当事人可以申请撤诉、申请司法确认，或者由人民法院经过审查后制作调解书。调解不成的，人民法院应当及时审判。

（2）法院邀请调解

对于已经立案的民事案件，人民法院可以按照有关规定邀请符合条件的组织或者人员与审判组织共同进行调解。调解应当在人民法院的法庭或者其他办公场所进行，经当事人同意也可以在法院以外的场所进行。达成调解协议的，可以允许当事人撤诉，或者由人民法院经过审查后制作调解书。调解不成的，人民法院应当及时审判。

5. 调解协议

调解达成协议，必须双方自愿，不得强迫。调解协议的内容不得违反法律规定。《民事诉讼法》第 97 条规定："调解达成协议，人民法院应当制作调解书。调解书应当写明诉讼请求、案件的事实和调解结果。"调解书应当由审判人员、书记员署名，加盖人民法院印章，送达双方当事人。调解书经双方当事人签收后，即具有法律效力。但对于以下 4 类案件，人民法院可以不制作调解书：

（1）调解和好的离婚案件；

（2）调解维持收养关系的案件；

（3）能够即时履行的案件；

（4）其他不需要制作调解书的案件。

对不需要制作调解书的协议，应当记入笔录，由双方当事人、审判人员、书记员签名或者盖章后，即具有法律效力。

（二）行政调解

行政调解，是指国家行政机关根据法律规定，对属于国家行政机关职权管辖范围内的行政纠纷，通过耐心的说服教育，使纠纷的双方当事人互相谅解，在平等协商的基础上达成一致协议，从而合理、彻底地解决纠纷矛盾。行政调解实际上是行政机关履行行政管理职能的一种方式，其目标具有综合性，不仅为了消除纠纷、解决矛盾，也是为了监督和制约行政机关管辖范围内的违法违规行为。行政调解主要包括政府调解、治安调解、合同行政调解、婚姻行政调解等种类。

1. 政府调解

政府调解，是指政府有关工作人员对民间纠纷当事人进行说服、教育、引导、疏导，促使双方当事人互谅互让，达成协议解决纠纷的活动。它包括以下三种类型：

（1）基层人民政府和街道办事处的司法助理员对基层民间纠纷的调解。司法助理员除了指导人民调解委员会的工作和法制宣传外，还负责调解民间纠纷。

（2）各级政府对自然资源纠纷的处理。由于我国自然资源属于国家所有，对资源进行权属管理是行政机关的法定职责，由行政机关处理权属纠纷具有技术上的优势。[①] 因此，我国各类单行自然资源保护法和环境保护法规定，发生纠纷先由行政主管机关或者环境保护机关调解，调解不成的，由政府作出处理；对处理决定不服的，由法院审理。并且，对于一些跨省、自治区、直辖市的矿区范围纠纷，法律还规定国务院具有最终处理决定权。[②] 政府对于环境和自然资源纠纷的处理方式之一

---

① 参见邓禾：《我国自然资源纠纷及其解决机制略论》，见 http://www.legalinfo.gov.cn/index/content/2010-10/27/content_2329703.htm? node=7879，2011-09-17。

② 相关法律法规如下：

《矿产资源法》第 49 条规定，矿山企业之间的矿区范围的争议，由当事人协商解决，协商不成的，由有关县级以上地方人民政府根据依法核定的矿区范围处理；跨省、自治区、直辖市的矿区范围的争议，由有关省、自治区、直辖市人民政府协商解决，协商不成的，由国务院处理。

《森林法》第 17 条规定，单位之间发生的林木、林地所有权和使用权争议，由县级以上人民政府依法处理。个人之间、个人与单位之间发生的林木所有权和林地使用权争议，由当地县级或者乡级人民政府依法处理。当事人对人民政府的处理决定不服的，可以在接到通知之日起一个月内，向人民法院起诉。

《水法》第 56 条规定，不同行政区域之间发生水事纠纷的，应当协商处理；协商不成的，由上一级人民政府裁决，有关各方必须遵照执行。第 57 条规定，单位之间、个人之间、单位与个人之间发生的水事纠纷，应当协商解决；当事人不愿协商或者协商不成的，可以申请县级以上地方人民政府或者其授权的部门调解，也可以直接向人民法院提起民事诉讼。县级以上地方人民政府或者其授权的部门调解不成的，当事人可以向人民法院提起民事诉讼。

《土地管理法实施条例》第 25 条第 3 款规定，市、县人民政府土地行政主管部门根据经批准的征用土地方案，会同有关部门拟订征地补偿、安置方案，在被征用土地所在地的乡（镇）、村予以公告，听取被征用土地的农村集体经济组织和农民的意见。征地补偿、安置方案报市、县人民政府批准后，由市、县人民政府土地行政主管部门组织实施。对补偿标准有争议的，由县级以上地方人民政府协调；协调不成的，由批准征用土地的

就是调解。行政机关在调解资源纠纷案件时，只能对不能达成调解协议的资源权属纠纷作出行政决定，而不能对申请调解的资源侵权纠纷作出行政处理决定。除了国务院对跨行政区水事纠纷或者矿产资源纠纷作出的行政处理决定外，行政机关就资源权属纠纷作出的行政处理决定一般不是最终决定。

（3）人民政府对跨部门、跨区域需要政府协调解决的纠纷和在当地有重大影响或涉及全局性行政工作的纠纷进行调解。一般而言，政府调解工作主要由各级人民政府法制办公室、综合治理办公室或司法行政部门承担。

2. 公安行政调解

公安机关对民间纠纷的调解是基层社会纠纷的又一重要解决机制。根据我国相关法律法规的规定，公安行政调解包括治安行政调解和交通行政调解两类。

（1）治安行政调解

《治安管理处罚法》第 9 条规定，对于因民间纠纷引起的打架斗殴或者损毁他人财物等违反治安管理行为，情节较轻的，公安机关可以调解处理。《公安机关办理行政案件程序规定》第 153 条对“违反治安管理行为”作出细化规定：对于因民间纠纷引起的殴打他人、故意伤害、侮辱、诽谤、诬告陷害、故意损毁财物、干扰他人正常生活、侵犯隐私、非法侵入住宅等情节较轻的治安案件具有下列情形之一的：

① 亲友、邻里、同事、在校学生之间因琐事发生纠纷引起的；

② 行为人的侵害行为系由被侵害人事前的过错行为引起的；

③ 其他适用调解处理更易化解矛盾的。

但《公安机关办理行政案件程序规定》第 154 条规定，有下列情形之一的，不适用调解处理：

① 雇凶伤害他人的；

② 结伙斗殴或者其他寻衅滋事的；

③ 多次实施违反治安管理行为的；

④ 当事人明确表示不愿意调解处理的；

⑤ 当事人在治安调解过程中又针对对方实施违反治安管理行为的；

⑥ 调解过程中，违法嫌疑人逃跑的；

⑦ 其他不宜调解处理的。

治安行政调解具有替代治安行政处罚的作用，能够阻却治安行政处罚。《治安管理处罚法》第 9 条规定，经公安机关调解，当事人达成协议的，不予处罚。经调解未达成协议或者达成协议后不履行的，公安机关应当依照本法的规定对违反治安管理行为人给予处罚，并告知当事人可以就民事争议依法向人民法院提起民事诉讼。

（接上页）人民政府裁决。征地补偿、安置争议不影响征用土地方案的实施。

《草原法》第 16 条规定，草原所有权、使用权的争议，由当事人协商解决；协商不成的，由有关人民政府处理。单位之间的争议，由县级以上人民政府处理；个人之间、个人与单位之间的争议，由乡（镇）人民政府或者县级以上人民政府处理。当事人对有关人民政府的处理决定不服的，可以依法向人民法院起诉。

《环境保护法》第 41 条规定，环境污染赔偿责任和赔偿金额的纠纷，可以根据当事人的请求，由环境保护行政主管部门或者其他依照法律规定行使环境监督管理权的部门处理，当事人对处理决定不服的，可以向人民法院起诉。当事人也可以直接向人民法院起诉。

（2）交通行政调解

《道路交通安全法》第 74 条规定：“对交通事故损害赔偿的争议，当事人可以请求公安机关交通管理部门调解，也可以直接向人民法院提起民事诉讼。经公安机关交通管理部门调解，当事人未达成协议或者调解书生效后不履行的，当事人可以向人民法院提起民事诉讼。”

交通行政调解仅适用于交通事故引起的损害赔偿纠纷。2009 年 1 月 1 日施行的《道路交通事故处理程序规定》第 60 条至 67 条对交通行政调解的参加人、调解时间、调解程序、调解协议等方面的问题作出了规定：

当事人对道路交通事故损害赔偿有争议，各方当事人一致请求公安机关交通管理部门调解的，应当在收到道路交通事故认定书或者上一级公安机关交通管理部门维持原道路交通事故认定的复核结论之日起 10 日内，向公安机关交通管理部门提出书面申请。

参加损害赔偿调解的人员包括：①道路交通事故当事人及其代理人；②道路交通事故车辆所有人或者管理人；③公安机关交通管理部门认为有必要参加的其他人员。委托代理人应当出具由委托人签名或者盖章的授权委托书，上面应载明委托事项和权限。参加调解时当事人一方不得超过 3 人。

公安机关交通管理部门应当按照下列规定日期开始调解，并于 10 日内制作道路交通事故损害赔偿调解书或者道路交通事故损害赔偿调解终结书：造成人员死亡的，从规定的办理丧葬事宜时间结束之日起；造成人员受伤的，从治疗终结之日起；因伤致残的，从定残之日起；造成财产损失的，从确定损失之日起。

交通警察调解道路交通事故损害赔偿，应按照下列程序实施：

① 告知道路交通事故各方当事人的权利、义务。

② 听取当事人各方的请求。

③ 根据道路交通事故认定书认定的事实以及《道路交通安全法》第 76 条的规定，确定当事人承担的损害赔偿责任。

④ 计算损害赔偿的数额，确定各方当事人各自承担的比例，人身损害赔偿的标准按照最高人民法院《关于审理人身损害赔偿案件适用法律若干问题的解释》规定执行，财产损失的修复费用、折价赔偿费用按照实际价值或者评估机构的评估结论计算。

⑤ 确定赔偿履行方式及期限。

经调解达成协议的，公安机关交通管理部门应当当场制作道路交通事故损害赔偿调解书，由各方当事人签字，分别送达各方当事人。调解书应当载明调解依据、道路交通事故认定书认定的基本事实和损失情况、损害赔偿的项目和数额、各方的损害赔偿责任及比例、赔偿履行方式和期限、调解日期。经调解各方当事人未达成协议的，公安机关交通管理部门应当终止调解，制作道路交通事故损害赔偿调解终结书送达各方当事人。

出现下列三种情形之一时，公安机关交通管理部门应当终止调解，并记录在案：

① 在调解期间有一方当事人向人民法院提起民事诉讼；

② 一方当事人无正当理由不参加调解；

③ 一方当事人调解过程中退出调解。

3. 合同行政调解

法人、个人合伙、个体工商户、农村承包经营户以及其他经济组织相互之间发生的以实现一定经济目的为内容的合同争议，当事人可以向国家工商行政管理机关申请调解。1997 年 11 月 3 日，国家工商行政管理局颁布实施的《合同争议行政调解办法》（简称《调解办法》）对合同行政调解的受案范围、调解原则、程序、调解协议的制作等问题作出了详细的规定。

（1）对合同争议调解申请的受理条件

根据《调解办法》的规定，当事人向工商行政管理部门申请调解合同争议应当符合下列条件：

① 申请人必须是与本案有直接利害关系的当事人；

② 有明确的被申请人、具体的调解请求和事实根据；

③ 符合工商行政管理机关行政调解的受案范围。

申请合同争议调解，应当向工商行政管理机关提出书面调解申请和合同副本。合同争议调解申请应当写明申请人和被申请人的名称或者姓名、地址，法定代表人姓名、职务，申请的理由和要求，申请日期。但在下列情形，工商行政管理机关对调解申请不予受理：

① 当事人已向人民法院起诉；

② 当事人已向仲裁机构申请仲裁；

③ 一方要求调解，另一方不愿意调解。

工商行政管理机关收到调解申请后，审查有关材料，对被申请人同意调解，符合立案条件的，在 5 日内予以受理，并通知双方当事人提交有关证据材料、法定代表人证明书、授权委托书以及其他必要的证明材料。对被申请人不同意调解，或者虽然同意调解，但不符合立案条件的，应当在 5 日内书面通知申请人不予受理，并说明理由。

（2）对合同争议的调解

受理合同争议调解申请后，应当指定调解员 1 至 2 人进行调解。简单的合同争议案件，可以派出调解员就地进行调解。当事人发现调解员与本案有利害关系或者不能公正处理案件的，有权以口头或者书面方式申请其回避；参加办案的调解员认为自己不宜办理本案的，应当自行申请回避。调解员回避后，另行指定调解员。调解员应提前将调解时间、地点通知当事人。在调解过程中，当事人须对自己的主张提供证据。

合同争议应当自受理之日起 2 个月内调解终结。遇有特殊情况确需延长的，可以适当延长，但延长期不得超过 1 个月。当事人一方因正当的或者对方当事人可以谅解的理由不参加调解或者中途退出调解的，可以延期调解。

（3）终止调解

根据《调解办法》，在下列情形下，工商行政管理机关应终止调解：

① 一方当事人不愿意继续调解的，应当终止调解。

② 合同争议涉及第三人的，应当通知第三人参加。调解结果涉及第三人利益的，应当征得第三人同意，第三人不同意的，终止调解。

4. 婚姻登记机关的调解

我国《婚姻法》第 32 条规定，男、女一方提出离婚，可由有关部门进行调解或直接向人民法院提出离婚诉讼。男、女双方自愿离婚的，应同时到婚姻登记机关申请，婚姻登记机关也可对双方进行调解，这样有利于婚姻家庭的正常发展。

5. 行政调解的效力

行政机关依法对民事纠纷进行调处后达成的有民事权利义务内容的调解协议经双方当事人签字或者盖章后，具有民事合同性质，法律另有规定的除外。

为了强化行政调解的效力，提升行政调解的权威性，最高人民法院《关于建立健全诉讼与非诉讼相衔接的矛盾纠纷解决机制的若干意见》第 8 条规定，为有效化解行政管理活动中发生的各类矛盾纠纷，人民法院鼓励和支持行政机关依当事人申请或者依职权进行调解、裁决或者依法作出其他处理。调解、裁决或者依法作出的其他处理具有法律效力。当事人不服行政机关对平等主体之间民事争议所作的调解、裁决或者其他处理，以对方当事人为被告就原争议向人民法院起诉的，由人民法院作为民事案件受理。法律或司法解释明确规定作为行政案件受理的，人民法院在对行政行为进行审查时，可对其中的民事争议一并审理，并在作出行政判决的同时，依法对当事人之间的民事争议一并作出民事判决。

（三）社会调解

社会调解，是指国家机关和纠纷当事人以外的企事业单位、社会团体、组织及个人等社会力量，对当事人之间的民商事纠纷，通过说服、教育、劝导的方式，促使当事人平等协商，互谅互让，达成协议解决纠纷的机制。社会调解的调解主体具有广泛性和多样性，根据我国法律法规的规定，它主要包括人民调解、仲裁调解、劳动争议调解、公证调解、行业协会调解等。

1. 人民调解

人民调解，是指人民调解委员会通过说服、疏导等方法，促使当事人在平等协商基础上自愿达成调解协议，解决民间纠纷的活动。人民调解的任务主要是调解民间纠纷，防止民间纠纷激化；通过调解工作宣传法律、法规、规章和政策，教育公民遵纪守法，尊重社会公德，预防民间纠纷发生；向村民委员会、居民委员会、所在单位和基层人民政府反映民间纠纷和调解工作的情况。

人民调解制度在预防、控制和消解民间纠纷，维护社会稳定与和谐方面发挥了重要作用。2002 年 9 月中共中央办公厅和国务院办公厅转发了最高人民法院、司法部《关于进一步加强新时期人民调解工作的意见》，2002 年 9 月 16 日最高人民法院公布了《关于审理涉及人民调解协议的民事案件的若干规定》，2002 年 9 月 26 日司法部公布了《人民调解工作若干规定》，这些都极大地促进了人民调解制度的发展和运作。2010 年 8 月 28 日第十一届全国人民代表大会常务委员会第十六次会议通过了针对人民调解制度的专门立法《人民调解法》，人民调解制度在纠纷解决机制中的重要性日益提升，其作用将更加突出。

（1）人民调解组织

人民调解委员会是依法设立的调解民间纠纷的群众性组织。《人民调解法》第 8 条第 1 款规定，村民委员会、居民委员会设立人民调解委员会。企业事业单位根据需要设立人民调解委员会。第 34 条规定，乡镇、街道以及社会团体或者其他组织根据需要可以参照本法有关规定设立人民调解委员会，调解民间纠纷。

司法行政部门和人民法院有指导人民调解委员会的职责。国务院司法行政部门负责指导全国的人民调解工作，县级以上地方人民政府司法行政部门负责指导木行政区域的人民调解工作。基层人民法院对人民调解委员会调解民间纠纷进行业务指导。

（2）人民调解员

人民调解员由人民调解委员会委员和人民调解委员会聘任的人员担任。人民调解员应由公道正派、热心人民调解工作，并具有一定文化水平、政策水平和法律知识的成年公民担任。人民调解委员会根据调解纠纷的需要，可以指定一名或者数名人民调解员进行调解，也可以由当事人选择一名或数名人民调解员进行调解。人民调解员根据调解纠纷的需要，在征得当事人的同意后，可以邀请当事人的亲属、邻里、同事等参与调解，也可以邀请具有专门知识、特定经验的人员或者有关社会组织的人员参与调解。人民调解委员会支持当地公道正派、热心调解、群众认可的社会人士参与调解。

人民调解员在调解工作中有下列行为之一的，当事人可以要求其所在的人民调解委员会给予批评教育、责令改正，情节严重的，可建议推选或者聘任单位予以罢免或者解聘：

① 偏袒一方当事人；

② 侮辱当事人；

③ 索取、收受财物或者牟取其他不正当利益；

④ 泄露当事人的个人隐私、商业秘密。

（3）人民调解案件的受理

人民调解委员会调解的民间纠纷，包括发生在公民与公民之间、公民与法人和其他社会组织之间涉及民事权利义务争议的各种纠纷。但人民调解委员会不得受理调解下列三类纠纷：

① 法律、法规规定只能由专门机关管辖处理的；

② 法律、法规禁止采用民间调解方式解决的；

③ 人民法院、公安机关或者其他行政机关已经受理或者解决的。

当事人可以向人民调解委员会申请调解，人民调解委员会也可以主动征询当事人的意见进行调解。当事人一方明确拒绝调解的，不得调解。基层人民法院、公安机关对适宜通过人民调解方式解决的纠纷，可以在受理前告知当事人向人民调解委员会申请调解。

（4）调解方法

人民调解员调解民间纠纷，应当坚持原则，明法析理，主持公道，及时、就地进行调解，防止矛盾激化。人民调解员应充分听取当事人的陈述，讲解有关法律、法规和国家政策，耐心疏导，在当事人平等协商、互谅互让的基础上提出纠纷解决方案，帮助当事人自愿达成调解协议。人民调解员在调解过程中，发现纠纷可能激化，应当采取有针对性的预防措施，对有可能引起治安案件、刑事案件的纠纷，应当及时向当地公安机关或者其他有关部门报告。

（5）当事人的权利和义务

《人民调解法》第 23 条规定，当事人在人民调解活动中享有下列权利：

① 选择或者接受人民调解员；

② 接受调解、拒绝调解或者要求终止调解；

③ 要求调解公开进行或者不公开进行；

④ 自主表达意愿、自愿达成调解协议。

《人民调解法》第 24 条规定，当事人在人民调解活动中履行下列义务：

① 如实陈述纠纷事实；

② 遵守调解现场秩序，尊重人民调解员；

③ 尊重对方当事人行使权利。

（6）人民调解协议的达成

经人民调解委员会调解达成调解协议的，可以制作调解协议书。当事人认为无需制作调解协议书的，可以采取口头协议方式，人民调解员应当记录协议内容。调解协议应当载明下列事项：

① 双方当事人基本情况；

② 纠纷简要事实、争议事项及各方当事人的责任；

③ 当事人达成调解协议的内容，履行的方式、期限。

调解协议书自各方当事人签名、盖章或者按指印，人民调解员签名并加盖人民调解委员会印章之日起生效。口头调解协议自各方当事人达成协议之日起生效。

如经过调解，双方当事人不能达成协议，又无缓期再行调解必要的，调解即宣告失败，人民调解委员会可以告知纠纷当事人根据具体情况，选择如下纠纷解决方式：

① 申请基层人民政府调解；

② 申请行政主管机关调解；

③ 如果属于仲裁范围，且当事人达成仲裁协议的，可以向仲裁机构申请仲裁；

④ 向有管辖权的人民法院起诉。

（7）调解协议的效力

最高人民法院 2002 年 11 月 1 日施行的《关于审理涉及人民调解协议的民事案件的若干规定》第 1 条规定，经人民调解委员会调解达成的、有民事权利义务内容，并由双方当事人签字或者盖章的调解协议，具有民事合同性质。

2. 仲裁调解

仲裁调解，是指在处理民商事纠纷的过程中，仲裁员根据当事人的自愿，在查明事实、分清是非的基础上，对各方当事人积极疏导，促使其在自愿协商、互谅互让的基础上达成合意，以解决纠纷的一种诉讼外纠纷解决方式。①

我国的仲裁制度中，调解与仲裁灵活融合，当事人享有充分的程序自主权和程序选择权，充分体现了调解和仲裁便利、灵活、高效及最大限度体现当事人自由意志的特点。根据主持调解的仲裁机构性质的不同，仲裁调解也分为国内经济仲裁调解、劳动争议仲裁调解、农村土地经营承包纠纷仲裁调解、涉外仲裁调解等几类。

（1）仲裁调解的适用

仲裁调解的范围与仲裁的受案范围一致，是平等主体的公民、法人和其他组织之间发生的合同纠纷和其他财产权益纠纷。因此，下列两类纠纷不属于仲裁调解的范围：

① 婚姻、收养、监护、扶养、继承纠纷；

② 依法应当由行政机关处理的行政争议。

在我国经济仲裁和涉外仲裁中，调解不是仲裁的必经程序。我国《仲裁法》第51条规定，仲裁庭在作出裁决前，可以先行调解。当事人自愿调解的，仲裁庭应当调解。调解不成的，应当及时作出裁决。

而在劳动争议仲裁和农村土地承包经营纠纷仲裁中，调解具有重要地位，是仲裁的必经程序。《劳动争议调解仲裁法》第3条规定，解决劳动争议，应当根据事实，遵循合法、公正、及时、着重调解的原则，依法保护当事人的合法权益。第42条规定，仲裁庭在作出裁决前，应当先行调解。《农村土地承包经营纠纷调解仲裁法》第11条规定，仲裁庭对农村土地承包经营纠纷应当进行调解。调解达成协议的，仲裁庭应当制作调解书；调解不成的，应当及时作出裁决。

但是不论以何种方式启动仲裁调解程序，都需遵循当事人自愿的原则，即双方当事人如果不同意继续调解的，应当终止调解程序，及时裁决，而不能强迫当事人继续调解。

（2）调解的进行

《仲裁法》、《农村土地承包经营纠纷调解仲裁法》和《劳动争议调解仲裁法》都没有对仲裁调解的程序加以详细规定，《中国国际贸易经济仲裁委员会仲裁规则》第40条第3项规定，仲裁庭可以按照其认为适当的方式进行调解。

仲裁调解是在仲裁庭的主持下进行的，调解庭的组成由当事人协议确定。若仲裁庭采取独任制裁决案件，则由独任仲裁员主持调解。仲裁调解可由仲裁庭全体成员主持，也可由当事人协议确定一名仲裁员以仲裁庭名义进行调解。

双方当事人也可以约定调解的方式。调解庭应当听取双方当事人的陈述，根据案件情况和当事人的具体情况，采取背对背或面对面的调解方式，耐心讲解法律法规及国家政策，对当事人进行劝导。仲裁庭应当鼓励当事人各自提出调解协议方案，

---

① 参见邱星美、王秋兰：《调解法学》，178页。

也可以向双方提出协议方案的建议供双方当事人参考，然后会合双方意见讨论修改，最终形成一致意见。

（3）仲裁调解书

对于劳动争议和农村土地承包经营纠纷，仲裁庭主持调解成功的，应当制作调解书。调解书应当写明仲裁请求和当事人协议的结果。调解书由仲裁员签名，加盖仲裁委员会印章，送达双方当事人。调解书经双方当事人签收后，即发生法律效力。

需要注意的是，在国内经济仲裁中，仲裁庭对当事人的纠纷进行调解达成协议的，可以制作调解书，也可以根据协议的结果制作裁决书。调解书与裁决书均由仲裁庭制作，具有同等法律效力。但不同之处在于：

① 仲裁调解书和仲裁裁决书的内容不同。根据《仲裁法》第52条规定，调解书应当写明仲裁请求和当事人协议的结果。调解书由仲裁员签名，加盖仲裁委员会印章，送达双方当事人。第54条规定，裁决书应当写明仲裁请求、争议事实、裁决理由、裁决结果、仲裁费用的负担和裁决日期。当事人协议不愿写明争议事实和裁决理由的，可以不写。裁决书由仲裁员签名，加盖仲裁委员会印章。对裁决持不同意见的仲裁员，可以签名，也可以不签名。

② 仲裁调解书和仲裁裁决书的生效时间不同。《仲裁法》第57条规定，裁决书自作出之日起发生法律效力。而调解书的生效取决于当事人的意志，即经双方当事人签收后才发生法律效力。

（4）仲裁机构对和解协议的确认

和解与调解具有相似之处，均是当事人自愿协商，互谅互让，从而达成协议解决纠纷的活动。两者的根本区别在于，和解是双方当事人之间的谈判协商活动，不存在介入纠纷中立调停的第三方；而调解则是当事人之外的中立第三方介入纠纷之下的三方活动。此外，根据主持调解的主体性质的不同，调解可以分为若干类型，而和解则不存在此种分类。

当事人的和解协议可通过仲裁机构确认为仲裁裁决。但在不同的仲裁机制中，此种确认亦存在差别。对于国内经济仲裁和农村土地承包经营纠纷仲裁，当事人申请仲裁后自行和解达成和解协议的，可以请求仲裁庭根据和解协议作出裁决书，也可以撤回仲裁申请。而劳动争议仲裁中，当事人自行和解达成和解协议的，只能撤回仲裁申请，而不能申请仲裁庭根据和解协议制作仲裁裁决书。

涉外仲裁对当事人和解的确认方式更为灵活，根据《中国国际经济贸易仲裁委员会仲裁规则》第40条的相关规定，主要有两类：①对仲裁外和解的确认，即当事人在仲裁委员会之外通过协商或调解达成和解协议的，可以凭当事人达成的由仲裁委员会仲裁的仲裁协议和他们的和解协议，请求仲裁委员会组成仲裁庭，按照和解协议的内容作出仲裁裁决。②在仲裁庭进行调解的过程中，双方当事人在仲裁庭之外达成和解的，应视为在仲裁庭调解下达成的和解。经仲裁庭调解达成和解的，双方当事人应签订书面和解协议；除非当事人另有约定，仲裁庭应当根据当事人书面和解协议的内容作出裁决书结案。

因此，与仲裁调解所不同的是，各类仲裁机构对当事人和解的确认形式，是根据和解协议制作仲裁裁决书，而非调解书。

3. 公证调解

公证调解，是指公证机构根据当事人的申请，就经过公证证明的事项在履行过程中发生的纠纷，对当事人进行劝说调解，促进双方当事人互谅互让而达成协议解决纠纷的活动。

根据我国《公证法》的规定，公证是公证机构根据自然人、法人或者其他组织的申请，依照法定程序对民事法律行为、有法律意义的事实和文书的真实性、合法性予以证明的活动。公证机构是依法设立，不以营利为目的，依法独立行使公证职能、承担民事责任的证明机构，它是一种中介法律服务机构。公证机构根据自然人、法人或者其他组织的申请，办理合同；继承；委托、声明、赠与、遗嘱；财产分割；招标投标、拍卖；婚姻状况、亲属关系、收养关系；出生、生存、死亡、身份、经历、学历、学位、职务、职称、有无违法犯罪记录；公司章程；保全证据；文书上的签名、印鉴、日期，文书的副本、影印本与原本相符；自然人、法人或者其他组织自愿申请办理的其他公证事项。公证是我国的一项预防性司法制度，公证机关通过对某一事实或行为的真实性、合法性提供证明，维持良好的民事秩序，预防纠纷，减少诉讼。

司法部2006年5月10日发布的《公证程序规则》第56条规定，经公证的事项在履行过程中发生争议的，出具公证书的公证机构可以应当事人的请求进行调解。经调解后当事人达成新的协议并申请公证的，公证机构可以办理公证。

综上所述，公证调解具有如下特点：

（1）公证调解的案件范围具有特定性，只能是经过公证机构公证的事项在履行过程中发生的民事纠纷。

（2）公证调解遵循自愿、合法原则。公证机构进行调解要充分尊重当事人的意愿，须双方当事人皆愿意或同意进行调解，才可对纠纷进行调解。并且，调解程序的终止也需要尊重当事人的意愿。调解过程和调解协议的内容都须遵循法律法规的规定，不得违背法律强制性和禁止性规定。

（3）公证机关进行调解应以公证书为依据。有学者认为，这是公证调解的一项特殊原则，仅适用于调解与公证文书有关的纠纷。① 若当事人因公证事项发生纠纷，公证人员主持调解时，应将公证文书作为主要依据，对无正当理由拒不履行公证文书有关规定的，应对其进行批评教育，敦促其履行公证文书载明的义务。

（4）经调解，当事人达成新协议的，公证处应给予公证。如果当事人新达成的协议符合《公证程序规则》第39条规定的条件，公证处应依法赋予强制执行效力，即调解协议以给付一定货币、物品或有价证券为内容；调解协议权利义务关系明确，双方当事人对调解协议有关给付内容无疑义；当事人在调解协议中载明不履行或不完全履行义务时，愿意接受强制执行的承诺；《公证法》规定的其他条件。

---

① 参见邱星美、王秋兰：《调解法学》，142页。

4. 行业协会调解

行业协会调解，是指行业协会对行业内企业之间的纠纷进行调解，促进企业之间平等协商，理性沟通，互谅互让，达成协议解决纠纷的机制。

行业协会是指介于政府、企业之间，商品生产者与经营者之间，并为其服务、咨询、沟通、监督、公正、自律、协调的社会中介组织，它是政府与企业的桥梁和纽带。从法律性质上讲，行业协会是社团法人，非政府组织（NGO）。一般认为，行业协会具有行业代表、促进政府和企业之间的沟通、制定并执行行业规范及各项标准、行业监督、开展行业统计分析、开展行业调查研究、行业服务等八项职能。行业协会对本行业企业之间的纠纷进行调解，是履行行业自律、开展行业监督、为成员企业提供纠纷解决服务的具体方式，有利于维护团结、和谐、协调的行业环境，提升企业法律意识。

相比于诉讼、仲裁，行业协会调解具有快捷高效、保密灵活、友好共赢、成本低廉以及适应行业特殊情况、具有专业优势等特点。随着计划经济向市场经济的转轨，我国企业管理模式逐渐由政府管理向行业自律转变，行业协会在企业纠纷解决中将逐步发挥更大的作用。随着市场经济的成熟和完善，行业协会的管理和服务水平将进一步提升。

行业协会调解须遵循调解的一般原则，即自愿、合法、保密原则，通过行业协会调解达成的协议，效力等同于民事合同，不具有强制执行效力。

三、调解中的律师实务

（一）概述

我国目前处于社会转型时期，社会冲突加剧，矛盾纠纷多发，且各种新的疑难复杂纠纷和法律疑难问题不断涌现，调解作为我国最重要的纠纷解决机制得到前所未有的重视和广泛运用。并且，随着法治建设的推进，人们的法律意识越来越强，在运用和参与诉讼外的纠纷解决方式中越来越多地向律师寻求专业的法律服务。调解逐渐成为律师非诉讼业务中较为重要的一个部分。调解中的律师业务主要表现为3种形式：

1. 律师接受当事人的委托，根据授权代理当事人参与各种调解活动；
2. 律师接受国家机关或调解组织邀请或委托，以调解人身份参与主持调解；
3. 律师接受双方当事人委托主持调解。

律师在主持和参与调解方面具有以下优势：

1. 律师具有专业法律素养，熟悉国家法律法规和政策，能够更为正确地对纠纷进行专业评价，保证调解协议合法有效、能够兼顾双方当事人的利益；

2. 律师熟悉各项调解的程序和规则，在灵活多变的调解活动中，能够严谨地采取合法、合理的程序及调解方法，避免当事人对调解活动的公正性产生质疑；

3. 律师具有丰富的办案经验，能够对纠纷产生的原因、争议焦点及是非曲直作出较为准确的判断，并根据具体情况提出可行的解决方案；

4. 律师与当事人进行有效沟通的能力较强，能够较为全面、准确地把握当事人的真实需求，从而提出当事人最可能接受的纠纷解决方案。

律师主持和参与调解能够增强我国社会调解的专业性和解决纠纷的效能，有助于提高当事人的法制观念和法律知识水平，帮助当事人理性应对争议和冲突，减少当事人的讼累。因此，律师参与和主持调解业务日渐受到重视。最高人民法院副院长张军在第八届中国律师论坛上建议将主持调解纳入律师的执业范围。律师作为中国特色社会主义的法律工作者，要通过促进大局稳定、经济社会发展的社会担当，切实履行好维护当事人合法权益的神圣职责。

近几年来，律师主持和参与调解业务在全国各地有了较快发展：2006 年 10 月国内首家专门的律师调解服务机构“青岛市涉外纠纷律师调解服务中心”在青岛市成立，律师主持调解的新型服务模式开始试点。2008 年 1 月，内蒙古义盟律师事务所在所内设立“民商事纠纷调解中心”。2008 年 11 月，全国第一家律师调解热线在烟台开通；辽宁晟大律师事务所创建大连经济技术开发区晟大调解中心。2008 年 12 月，由律师主办的“上海先行民商调解中心”设立，广泛吸收教授、工程师、会计师、执业医师、人大和政协委员等专业人士担任调解员。2009 年 3 月，北京市勤道律师事务所设立“法律 110 律师调解服务中心”。2009 年 4 月，“大庆市律师调解中心”成立，由黑龙江庚辰律师事务所负责……此外，全国多地尝试鼓励律师事务所在社区中设立调解工作室，方便纠纷当事人寻求调解服务。但总体而言，我国律师的调解业务尚处于发展初期，律师从事调解业务缺乏相应法律规范的支撑，律师调解业务实用培训不论在法学院还是律师事务所，都是有待开展的全新课程。

（二）律师代理当事人参与调解

律师接受当事人的委托，作为一方当事人的代理人参与调解，需遵循一定的法律程序，才能更好地明确自身的职责，更好地为当事人提供法律服务。一般而言，律师代理当事人参与调解的法律程序如下：

1. 办理委托手续

委托合同是委托代理关系成立的基础。律师或律师事务所与委托人签订代理合同之前应了解委托代理的事项是否合法、是否符合收案条件。

首先，应确定委托人是适格当事人。如委托人是公民，需具有完全民事行为能力。

其次，委托人应是纠纷所涉民事权利或法律关系有处分权的主体。

再次，委托律师参与调解的事项应属于相应调解机制的受案范围，比如，委托律师代理参与人民调解委员会调解的，其纠纷应属于由人民调解委员会调解的“民间纠纷”；若委托律师代理参与行政调解，则其纠纷性质应属于相应的行政管理机关的职责范围。

最后，也是最重要的一点，委托代理合同的条款应明确具体，说明委托授权的性质是一般授权还是特别授权。如涉及当事人实体权利的处分，必须有委托人的特别授权，以保证律师在代理工作中准确表达委托人的意思，以符合委托人意愿的方式处理委托事务。

2. 调解前的准备工作

为了做好当事人委托的代理事务，律师应当认真做好参加调解的准备工作。需要注意的事项主要包括以下几个方面：

（1）充分了解案情，掌握纠纷真实情况。律师应当对纠纷主要事实进行必要的调查，通过与当事人的交谈，了解纠纷的起因、经过和现状，理清权利义务关系，归纳当事人的争议焦点。

（2）查阅和整理当事人所提供的证据材料，整理证据搜集的线索，以便要求当事人提供或自行搜集。

（3）通过与委托人的沟通，明确委托人的真实意图和要求，了解其对纠纷解决方案的预期。

（4）搜集有关法律法规及政策规定，综合证据材料所反映的事实，找出对委托人有利和不利的因素，对委托人的主张和要求进行初步评估，判断哪些合理，哪些不合理，哪些可以通过与对方当事人在调解过程中的谈判争取实现。律师应有针对性地进行法制宣传和说服工作，使委托人放弃不合理的主张和要求。

3. 代理当事人参加调解

律师代理当事人参加调解，应当忠于职守，按时参加各项调解活动，切实维护委托人的合法权益。值得注意的是以下几个方面：

（1）律师在认真调查研究和对证据材料细致分析的基础之上，对委托人正当、合理的主张和要求，应当据理力争，有理有据地陈述事实、提出证据材料和法律依据，避免委托人的合法权益受到不应有的损害。

（2）律师在调解过程中应当注意及时与委托人进行沟通，对涉及委托人实体权利的任何事项和变化都应如实告知，征询委托人的意见，陈明利害，依照其意愿处分其权利。

（3）律师应当本着最大限度地为委托人争取合法权益的宗旨，明确当事人的主要目的，帮助当事人消除因情绪过激所造成的目的不明确或提出不切实际的过高要求的状况。

（4）律师应当根据双方当事人在调解过程中的沟通情况，求同存异，适时提出兼顾双方利益的建设性方案，供主持调解的机关和双方当事人参考，尽可能地减少调解成本。

（5）律师应当努力营造和维护理性、和平的调解氛围，帮助当事人条理清晰、理性平和地阐述主张和意见，促进双方当事人的沟通和理解，及时制止当事人过激的言辞或行动，避免在调解过程中激起或煽动当事人的对立情绪。律师不能为获取更多的代理报酬故意激化矛盾，拖延纠纷的解决甚至促使当事人通过诉讼途径解决纠纷。

4. 调解终结

律师代理当事人参加调解，当出现以下几种调解终止的情形时，应采取不同的处理方式：

（1）一方或双方当事人不愿意继续接受调解致调解终止。调解程序的启动和继续进行皆取决于当事人的意愿。如果纠纷当事人不能达成调解协议，或因其他原因不愿意继续调解的，调解程序终止。如在诉讼调解中，按照“调解不成，及时判决”的规则，法院应及时作出裁判，减少拖延。对于委托人不愿意调解而法官反复劝说，要求继续调解的，律师应当及时提出异议。对于行政处理先行的纠纷，应由行政机关作出决定，委托人对行政决定不服的，律师可以建议其提起行政诉讼或针对原纠纷提起民事诉讼。对其他纠纷，则可以告知当事人申请仲裁或提起诉讼，并向委托人提出初步的法律意见。原纠纷的诉讼时效因人民调解委员会调解而中断。

（2）律师认为双方当事人关于纠纷解决的要求差异巨大，不太可能达成合意，应及时建议委托人退出调解程序，以免拖延解决纠纷的时间，增加了维权的时间成本，甚至超出诉讼时效而不能诉诸司法救济。

（3）双方当事人达成调解协议，调解程序终止。诉讼调解书、仲裁调解书、经过公证的调解协议经当事人签收即生效，具有强制执行效力。一方当事人拒不履行调解书或调解协议所载明之义务的，另一方当事人可以申请强制执行。因此，调解程序终结时，律师应注意明确告知委托人调解协议或调解书的法律效力，以提示委托人慎重考虑是否签署或签收。

除上述调解书及调解协议之外的其他调解协议，性质与效力等同于民事合同。因此，此类调解协议有效、无效、可撤销的条件也与民事合同一致。参照最高人民法院《关于审理涉及人民调解协议民事案件若干规定》第 4 条至第 9 条的规定，调解协议有效，需具备以下要件：

① 当事人具有完全民事行为能力；

② 当事人意思表示真实；

③ 协议内容不违反法律、行政法规的强制性规定或者社会公共利益。

如果有下列情形之一的，调解协议无效：

① 损害国家、集体或者第三人利益；

② 以合法形式掩盖非法目的；

③ 损害社会公共利益；

④ 违反法律、行政法规的强制性规定；

⑤ 调解组织强迫调解的。

若有下列情形，则调解协议的效力待定，当事人一方有权请求人民法院变更或者撤销：

① 因重大误解订立；

② 在订立调解协议时显失公平；

③ 一方以欺诈、胁迫的手段或者乘人之危，使对方在违背真实意思的情况下订立的调解协议，受损害方有权请求人民法院变更或者撤销。

但是在下面两种情形下，撤销权消灭：

① 具有撤销权的当事人自知道或者应当知道撤销事由之日起 1 年内没有行使撤销权；

② 具有撤销权的当事人知道撤销事由后明确表示或者以自己的行为放弃撤销权。

无效的调解协议或者被撤销的调解协议自始没有法律约束力。调解协议部分无效，不影响其他部分效力的，其他部分仍然有效。

涉及调解协议的案件也应遵循诉讼时效的规定。调解协议被撤销或者被认定无效后，当事人以原纠纷起诉的，诉讼时效自调解协议被撤销或者被认定无效的判决生效之日起重新计算。

5. 强化调解协议的效力

效力等同于民事合同的调解协议对当事人的约束力有限，为了促使纠纷解决更加迅速、彻底，使调解机制切实有效地发挥作用，更具有权威性，律师可根据委托人的意愿，通过以下 3 种途径强化调解协议的效力：

（1）律师可代理当事人申请公证机关对调解协议进行公证，赋予其强制执行效力。4 经行政机关、人民调解组织、商事调解组织、行业调解组织或者其他具有调解职能的组织对民事纠纷调解后达成的具有给付内容的协议，可以按照《公证法》的规定申请公证机关依法赋予强制执行效力。最高人民法院《关于审理涉及人民调解协议民事案件若干规定》第 10 条规定，具有债权内容的调解协议，公证机关依法赋予强制执行效力的，债权人可以向被执行人住所地或者被执行人的财产所在地人民法院申请执行。

（2）在对方当事人不履行调解协议的情况下，律师可代理委托人向人民法院申请支付令。对于具有合同效力和给付内容的调解协议，当事人可以根据《中华人民共和国民事诉讼法》和相关司法解释的规定向有管辖权的基层人民法院申请支付令。申请书应当写明请求给付金钱或者有价证券的数量和所根据的事实、证据，并附调解协议原件。因支付拖欠劳动报酬、工伤医疗费、经济补偿或者赔偿金事项达成调解协议，用人单位在协议约定期限内不履行的，律师可代理劳动者持调解协议书依法向人民法院申请支付令。

（3）律师可代理当事人申请人民法院对调解协议予以司法确认，赋予其强制执行效力。最高人民法院《关于建立健全诉讼与非诉讼相衔接的矛盾纠纷解决机制的若干意见》明确规定了对经行政机关、人民调解组织、商事调解组织、行业调解组织或者其他具有调解职能的组织调解达成的具有民事合同性质的协议进行司法确认的程序。

当事人应当在调解协议生效之日起 30 日内共同向有管辖权的人民法院以书面形式或者口头形式提出确认申请。一方当事人提出申请，另一方表示同意的，视为共同提出申请。当事人提出申请时，应当向人民法院提交调解协议书、承诺书。人民法院在收到申请后应当及时审查，材料齐备的，及时向当事人送达受理通知书。双方当事人签署的承诺书应当明确载明以下内容：

① 双方当事人出于解决纠纷的目的自愿达成协议，没有恶意串通、规避法律的行为。

② 如果因为该协议内容而给他人造成损害的，愿意承担相应的民事责任和其他

法律责任。

律师可以指导当事人在书面调解协议中选择当事人住所地、调解协议履行地、调解协议签订地、标的物所在地基层人民法院管辖，但不得违反法律对专属管辖的规定。当事人没有约定的，除专属管辖的情形之外，由当事人住所地或者调解协议履行地的基层人民法院管辖。经人民法院委派或委托有关机关或者组织调解达成的调解协议的申请确认案件，由委派或委托人民法院管辖。

对调解协议的司法确认程序参照适用民事诉讼简易程序，由审判员一人独任审理，双方当事人应同时到庭。人民法院当面询问双方当事人是否理解所达成协议的内容，是否接受因此而产生的后果，是否愿意由人民法院通过司法确认程序赋予该协议强制执行的效力。

有下列情形之一的，人民法院不予确认调解协议效力：

① 违反法律、行政法规强制性规定；

② 侵害国家利益、社会公共利益；

③ 侵害案外人合法权益；

④ 涉及是否追究当事人刑事责任；

⑤ 内容不明确，无法确认和执行；

⑥ 调解组织、调解员强迫调解或者有其他严重违反职业道德准则的行为；

⑦ 其他情形不应当确认的。

当事人在违背真实意思的情况下签订调解协议，或者调解组织、调解员与案件有利害关系、调解显失公正的，人民法院对调解协议效力不予确认，但当事人明知存在上述情形，仍坚持申请确认的除外。人民法院依法审查后，决定是否确认调解协议的效力。确认调解协议效力的决定送达双方当事人后发生法律效力，若对方当事人拒绝履行的，律师可代理当事人依法申请人民法院强制执行。人民法院依法确认调解协议无效的，当事人可以通过人民调解方式变更原调解协议或者达成新的调解协议，也可以向人民法院提起诉讼。

6. 督促当事人履行调解协议所确定的义务

调解程序终结，律师的调解代理业务即告终止。但如果对方当事人拒不履行调解协议确定的义务，律师应从维护委托人利益的角度，督促对方当事人履行义务。如果调解书或调解协议具有强制执行力，则可向有管辖权的人民法院申请强制执行；若调解书或调解协议不具有法律效力，则应告知委托人以仲裁或诉讼形式解决纠纷，并提出初步的法律意见。

（三）律师主持调解

律师主持调解，即律师接受双方当事人的委托，以调解人的身份主持调解，促使双方当事人达成协议解决争议。从性质上讲，律师主持调解属于社会调解，当事人经律师调解达成的调解协议效力等同于民事合同。

1. 律师主持调解纠纷的范围

律师主持调解的直接依据是双方当事人的委托授权。因此，律师调解纠纷的范围非常广泛，依纠纷性质可以适用调解的案件均可由律师主持调解。而且，律师调解不受地域辖区的限制，只要当事人均愿意委托律师调解，律师可主持调解跨区、跨省市的纠纷。但是，也有一些纠纷不适用律师调解，主要包括以下几种：

（1）法律、法规规定只能由专门机关管辖处理的，如应由行政机关调解处理的自然资源权属争议、涉及婚姻关系、身份关系确认、权属关系、合同效力等必须由人民法院裁判确认的案件；

（2）法律、法规禁止采用民间调解方式解决的，如涉及追究当事人刑事责任的案件；

（3）人民法院、公安机关或者其他行政机关已经受理或者解决的。

2. 律师主持调解纠纷的程序和方法

虽然法律没有对若干种调解机制的程序和方法进行详细的规范，且调解本身是极为灵活的纠纷解决方式，主要方法是劝说、谈判、调查与辩论等，律师主持调解仍是较为严肃的法律性较强的工作，仍然要遵循一定的程序步骤和方式方法。

（1）受理纠纷

根据《律师法》第25条规定，律师承办业务，由律师事务所统一接受委托，与委托人签订书面委托合同，按照国家规定统一收取费用并如实入账。律师不得以个人名义单独受案收费。律师主持调解，属于律师承办的非诉讼法律业务，应由律师事务所统一接受委托，再根据纠纷具体情况指派双方当事人均认可或双方当事人选择的律师办理。

律师事务所接受委托时，应当要求双方当事人明确表示是否愿意委托本所办理纠纷调解业务，同时，了解双方当事人是否同意具体由哪位或哪几位律师主持调解。

（2）调查事实

律师接受调解委托后，应当分别与双方委托人谈话，初步了解纠纷案情、当事人争议的焦点及双方当事人对纠纷的立场和态度，了解双方当事人在认识和立场上的差距。

为了更好地做好调解工作，尽快公正合理地解决纠纷，律师需要对纠纷的详细情形及时进行调查研究。首先，律师可以向当事人调查，认真听取双方当事人对纠纷的意见和看法，了解纠纷发生、发展的整个过程，避免偏听偏信，主观臆断和先入为主。针对焦点问题，律师可以要求当事人提供支持其主张的证据材料。其次，律师还可向其他知情人了解情况，请他们提出较为客观、中肯的意见。

（3）调解准备工作

律师在掌握纠纷事实材料和调查分析之后，将正式开始主持对双方当事人的调解。律师应当重视对调解过程的统筹安排，因此，调解之前需要进行必要的准备工作，具体包括：

① 律师与双方当事人商定调解的具体时间、地点、参加人、预计调解的次数和持续的时间、第一次调解的主要议题等，以便当事人清楚地了解调解活动。

② 律师需要通知当事人在正式调解前需做好的准备工作，如需要提交何种证据材料。

③ 做好对纠纷的前期调查，便于律师在主持调解的过程中更有效率地抓住主要问题，确定调解会谈的主题和重点。

（4）主持调解

律师在前期的调查和准备工作之后，进入对纠纷的调解阶段，这一环节主要有以下步骤：

① 调解的开场。律师和双方当事人于事先约定的时间和地点会面，向双方表明自己的身份，确认双方当事人及其代理人的身份，再次确认双方当事人委托调解的意愿。向双方当事人说明调解的原则和一般步骤、程序，使双方当事人对调解有正确的认识和理解，确定双方当事人均同意采取此种调解程序。面对面地告知当事人调解过程中应当避免的不当言行，强调保持调解的友好氛围，提出希望当事人以积极的建设性态度面对纠纷的解决。最后，再次请当事人以书面形式明确表示其愿意遵循调解协议所载明义务的承诺。

② 律师可主持引导当事人依次从自己的立场出发陈述纠纷案情，表达自己的意见和主张，说明理由并提供相关证据材料，引导双方当事人对证据材料提出意见。

③ 引导双方当事人就纠纷的事实问题和法律问题互相辩论，充分交换意见，引导双方当事人就纠纷的解决提出自己的要求和条件。

④ 律师进行调解。律师应当在基本查清事实、分清是非的基础上，对双方当事人的争议进行法律评估，向当事人耐心讲解法律法规及国家政策，促进当事人之间的有效沟通和相互理解，协助双方当事人平等协商，达成协议。律师可以针对焦点问题，提出自己对纠纷的法律评价，然后请双方当事人各自提出解决方案，并会同双方当事人一同讨论修改，最终形成兼顾双方当事人利益的最佳方案。

（5）调解结束

律师主持调解的结果会有以下几种情况，律师应根据具体情况分别处理：

① 调解成功，双方当事人经过平等协商，达成一致的调解协议。此时，律师应宣布调解程序结束，拟定调解协议书。调解协议书的主要内容包括双方当事人的基本情况、纠纷的主要事实、调解的时间、地点、参加人及参加人的基本情况、双方当事人就纠纷解决协议达成的权利义务分配方案，以及当事人各自履行义务的具体方式、调解协议生效的具体时间。调解协议的内容需明确具体，具有可执行性。

② 任何一方或双方当事人中途提出不愿意继续调解，或无正当理由多次拒不参加调解活动的，律师应视为当事人不愿意继续调解，应向双方当事人说明原因，终止调解程序，并告知当事人可以通过仲裁、诉讼解决争议。

③ 双方当事人对解决纠纷的方案要求差异巨大，对立冲突特别激烈、难以协调互让，律师从快速解决纠纷的角度出发，应告知当事人不必进行无谓的谈判磋商以免拖延时间，可建议当事人诉诸仲裁或诉讼。

（6）调解的善后事宜

调解协议达成后，有条件当场履行的，律师应鼓励当事人当场履行，以求尽快彻底解决纠纷，防止当事人事后反复。律师主持调解达成的调解协议不具有强制效力，为了巩固调解活动的成果，强化调解协议效力，主持调解的律师可以建议当事人通过公证或申请司法确认等方式赋予调解协议强制执行效力。

【案例评析】

（一）案情简介

2010 年 9 月，S 省 A 县某镇 15 岁女生王某与同学到 B 市 C 区某公园游玩，相继穿越公园中宽 4.1 米的绿化带到人工湖戏水，王某不慎跌入水中溺亡。王某的父亲身患残疾，在连续 2 年中经历丧父、丧妻，今又闻悉丧女噩耗，悲痛万分。10 月 8 日，王某的父亲与部分亲友赴公园建设管理单位 C 区规划和建设局索赔。由于 C 区规划和建设局与死者方就责任划分在认识上存在严重分歧，且双方预期的赔偿数额差距大，纠纷激化。B 市司法局接到消息，遂委托 C 区某人民调解委员会对纠纷进行调解。但王某的父亲不信任该调解组织，不愿意接受调解。B 市司法局遂通知 A 县人民调解委员会派遣调解员赴 C 区参与调解，同时邀请 A 县某律师事务所张律师参与主持调解。双方当事人均同意参加调解。

调解过程中，王某的父亲提出，按照该省《公园管理条例》和《公园建设规范》的要求，公共游乐场所建设管理应充分保证游人生命安全，应按规定设置安全防护栏，但公园设施建设未到达法定标准，用宽 4.1 米的绿化带作为防护设施，对王某的死负有责任，要求对方支付死亡赔偿金、丧葬费、交通费、精神损害赔偿金共计 50 万元。而 C 区规划和建设局则认为，王某是限制行为能力人，其父母仍负有监护义务，王某的死系监护不到位所致，因此，也应承担部分责任，只愿意支付 8 万元。双方分歧较大，调解陷入僵局。

（二）基本问题

1. 本案调解人员的构成是否合法？

2. 如果你是王某父亲的代理律师，如何评价王某父亲的要求？如何在调解中更好地维护其权益？

3. 如果你是参与主持调解的张律师，遇到死者亲属人数众多且情绪激动，因对方参与调解的人员言语失当导致冲突升级，如何处理？

4. 调解陷入僵局，如果你是参与调解的张律师，如何化解？

5. 如果经调解达成协议，王某父亲反悔，认为赔偿数额过低，作为他的代理律师，你如何处理？

6. 经过调解，双方当事人达成协议，但 C 区规划和建设局迟迟不履行，作为王某父亲的代理律师，你如何维护委托人的合法权益？

（三）案例评析

1. 调解人员构成合法

一般而言，民间纠纷，由纠纷当事人所在地（所在单位）或者纠纷发生地的人民调解委员会受理调解。村民委员会、居民委员会或者企业事业单位的人民调解委员会调解不了的疑难、复杂民间纠纷和跨地区、跨单位的民间纠纷，由乡镇、街道人民调解委员会受理调解，或者由相关的人民调解委员会共同调解。人民调解委员会调解纠纷，根据需要可以邀请有关单位或者个人参加，被邀请的单位或者个人应当给予支持。

但是调解以当事人自愿为基本原则，纠纷双方当事人主动申请或接受特定调解组织对纠纷进行调解，是决定调解组织合法性的根本要素。在人民调解活动中，纠纷当事人有权自主决定接受、不接受或者终止调解，有权选择或者接受人民调解员。因此，调解人员构成的合法性最终取决于当事人的意愿。

本案是一起跨地域的民间纠纷。C 区人民调解组织在司法行政部门的指引下主动介入纠纷，王某的父亲对其中立性心存疑虑，有权拒绝接受调解。但在调解人员组成更换后，纠纷所涉地区的人民调解组织共同派员调解纠纷，并邀请 A 县的张律师参加调解，为调解组织的中立性、专业性提供了保障。并且，更重要的是，调解人员的构成最终获得双方当事人的认可，纠纷双方当事人均愿意接受调解，因此，本案中调解人员的构成是合法的。

2. 调整索赔要求，制定合理的调解谈判目标及调解策略

为了最大限度地促成有效的调解，并维护委托人的合法权益，律师应依据事实和法律，对纠纷解决方案进行评估，帮助委托人确立合理的预期，调整过高的要求，并在此基础上协助委托人制定恰当的调解谈判目标和谈判策略。

在本案中，公园管理单位在公园建设中存在设计和施工缺陷，违背行业标准和法定要求，其违法行为是导致王某死亡的主要原因，依据最高人民法院《关于审理人身损害赔偿案件适用法律若干问题的解释》第 16 条和《民法通则》第 126 条之规定，应当承担赔偿责任。根据最高人民法院《关于审理人身损害赔偿案件适用法律若干问题的解释》第 17 条，王某死亡的人身损害赔偿由以下几项组成：丧葬费、死亡赔偿金以及受害人亲属办理丧葬事宜支出的交通费、住宿费和误工损失等其他合理费用。根据最高人民法院《关于审理人身损害赔偿案件适用法律若干问题的解释》第 20 条、22 条、27 条、29 条、35 条的规定，丧葬费、交通住宿费、误工损失约 1 万，死亡赔偿金约 23 万，损害赔偿金总计约 24 万。同时，死者系限制行为能力人，其父母仍负有监护义务，对死者独自水边玩耍的危险活动未能阻止，监护不到位，对王某的死也负有一定责任。据此，C 区规划和建设局所承担的赔偿金额不超过 24 万。而王某的父亲要求索赔的金额是 50 万，与法定标准差距悬殊。

在这种情况下，律师应耐心地向委托人释法说理，逐项估算合理的赔偿金额，帮助委托人正确看待纠纷，调整对纠纷解决的心理预期，将谈判目标确定为 15 万-23 万。

就谈判策略而言，在调解会谈过程中，律师应当明确指出 C 区规划和建设局在公园建设方面的违规行为，并着重强调这种行为对公共安全的危险性，从而在责任划分问题上占据主动。如果对方提出死者父母监护不力，律师应尽量提出合理的解释，如死者已经 15 岁，虽然为限制行为能力人，但已具备较为理性和准确的判断力

和较强的自我保护能力，父母履行监护责任的要求应随子女年龄的增长自然减弱，因而，对死者父母的监护要求不应过于苛刻。同时，律师应当适时提出委托人的特殊困难或不幸，争取调解人和对方当事人的理解。委托人身患残疾，在连续 2 年中经历丧父、丧妻，今又丧女，其受到的打击和伤害无疑更重于常人，因此，应当尽量为其提供道义上的支持和更多的经济抚慰。

3. 控制局面、分散人群、缓和冲突、抚慰说服

首先，调解员应保持冷静，在必要时立即通知公安机关，请求派遣增援，以迅速控制局面，防止出现纠纷进一步扩大，出现“民转刑”事件或群体性事件。

其次，果断疏散人群，要求围观的人群和当事人的亲友离去，将纠纷当事人带离现场分别安排至安静场所，给予其恢复冷静的空间和时间，避免亲友议论对其造成负面影响。

最后，召集其他调解人，分工合作，分别会见当事人，对激化冲突言行不当的一方进行批评、教育、劝导，让其认识到自己的过失，对其配合调解的积极合作及获得的成效给予赞许；对另一方当事人则需耐心安慰，倾听当事人的诉说，对其表示同情和理解，尽力缓和当事人的激烈情绪和敌对情绪。

4. 中立评价纠纷、“背对背”商谈、提出建议方案

如果当事人之间分歧较大，陷入僵局。主持调解的律师可以采取以下做法：

（1）对纠纷和当事人各自提出的要求和理由提出自己的看法，即引入当事人之外的社会视角评价纠纷，使当事人能够摆脱主观立场，实现让步。

（2）中止与双方当事人的会谈，改用“背对背”调解，分别私下与当事人商谈，讨论其可能作出的让步，并以假设的方式传达给另一方当事人，促成双方的互谅互让。要避免对当事人就纠纷解决方案作出轻率的承诺。

（3）主持调解的律师也可以提出对双方都有利的共赢方案，作为对当事人的建议，随后中止调解，待当事人分别慎重思考后再次召集会谈，引导当事人在建议方案的基础上进行讨论修改。

当然，如果当事人之间确实分歧太大，难以形成一致意见的，也应建议当事人通过其他途径解决争议，如申请有关行政机关调处解决、申请仲裁或提起诉讼。

5. 申请法院变更或撤销调解协议

根据最高人民法院《关于审理涉及人民调解协议民事案件若干规定》第 1 条至第 9 条的规定，如有证据证明达成调解协议过程中有导致调解协议无效、可撤销的情形，可以代理委托人向 C 区基层人民法院提起诉讼，要求确认调解协议无效，或变更，或撤销调解协议。若当事人行使撤销权，应当自知道或者应当知道撤销事由之日起 1 年内行使。但如果不存在上述情形，律师应当劝导委托人依照调解协议履行义务。

6. 强化调解协议效力，督促对方当事人尽快履行

（1）向对方当事人发送律师函，说明如果不尽快履行义务，将提起诉讼。

（2）对方当事人不履行调解协议的情况下，律师可代理委托人向 C 区基层人民法院申请支付令，申请书写明请求给付金钱或者有价证券的数量和所根据的事实、

证据，并附调解协议原件。对方当事人应当自收到支付令之日起 15 日内履行调解协议载明的义务，或者向人民法院提出书面异议；若其不提出异议又不履行支付令的，可代理委托人向 C 区基层人民法院申请执行。

（3）在调解协议生效之日起 30 日内向法院申请对调解协议进行司法确认，赋予调解协议强制执行力。若对方当事人拒绝确认的，律师还可以代理委托人向 C 区基层人民法院起诉，要求 C 区规划和建设局履行调解协议载明的义务。

（4）代理委托人向 C 区公证处申请赋予调解协议强制执行效力。不履行或者不适当履行具有强制执行效力的公证文书的，债权人可以依法向有管辖权的人民法院申请执行。

（5）就原纠纷向 C 区基层人民法院起诉，要求对方当事人进行损害赔偿。值得注意的是，原纠纷的诉讼时效为 2 年，因人民调解而中断，自调解程序终止之日起重新计算。

（四）法律依据

《人民调解工作若干规定》

第 21 条　民间纠纷，由纠纷当事人所在地（所在单位）或者纠纷发生地的人民调解委员会受理调解。

村民委员会、居民委员会或者企业事业单位的人民调解委员会调解不了的疑难、复杂民间纠纷和跨地区、跨单位的民间纠纷，由乡镇、街道人民调解委员会受理调解，或者由相关的人民调解委员会共同调解。

第 27 条　人民调解委员会调解纠纷，根据需要可以邀请有关单位或者个人参加，被邀请的单位或者个人应当给予支持。

调解跨地区、跨单位的纠纷，相关人民调解委员会应当相互配合，共同做好调解工作。

《人民调解法》

第 20 条　人民调解员根据调解纠纷的需要，在征得当事人的同意后，可以邀请当事人的亲属、邻里、同事等参与调解，也可以邀请具有专门知识、特定经验的人员或者有关社会组织的人员参与调解。

最高人民法院《关于审理人身损害赔偿案件适用法律若干问题的解释》

第 6 条　从事住宿、餐饮、娱乐等经营活动或者其他社会活动的自然人、法人、其他组织，未尽合理限度范围内的安全保障义务致使他人遭受人身损害，赔偿权利人请求其承担相应赔偿责任的，人民法院应予支持。

第 16 条　下列情形，适用民法通则第一百二十六条的规定，由所有人或者管理人承担赔偿责任，但能够证明自己没有过错的除外：

（一）道路、桥梁、隧道等人工建造的构筑物因维护、管理瑕疵致人损害的；

（二）堆放物品滚落、滑落或者堆放物倒塌致人损害的；

（三）树木倾倒、折断或者果实坠落致人损害的。

前款第（一）项情形，因设计、施工缺陷造成损害的，由所有人、管理人与设计、施工者承担连带责任。

第17条　受害人遭受人身损害，因就医治疗支出的各项费用以及因误工减少的收入，包括医疗费、误工费、护理费、交通费、住宿费、住院伙食补助费、必要的营养费，赔偿义务人应当予以赔偿。

受害人因伤致残的，其因增加生活上需要所支出的必要费用以及因丧失劳动能力导致的收入损失，包括残疾赔偿金、残疾辅助器具费、被扶养人生活费，以及因康复护理、继续治疗实际发生的必要的康复费、护理费、后续治疗费，赔偿义务人也应当予以赔偿。

受害人死亡的，赔偿义务人除应当根据抢救治疗情况赔偿本条第一款规定的相关费用外，还应当赔偿丧葬费、被扶养人生活费、死亡补偿费以及受害人亲属办理丧葬事宜支出的交通费、住宿费和误工损失等其他合理费用。

第27条　丧葬费按照受诉法院所在地上一年度职工月平均工资标准，以六个月总额计算。

第29条　死亡赔偿金按照受诉法院所在地上一年度城镇居民人均可支配收入或者农村居民人均纯收入标准，按二十年计算。但六十周岁以上的，年龄每增加一岁减少一年；七十五周岁以上的，按五年计算。

《民法通则》

第131条　受害人对于损害的发生也有过错的，可以减轻侵害人的民事责任。

最高人民法院《关于审理涉及人民调解协议的民事案件的若干规定》

第1条　经人民调解委员会调解达成的、有民事权利义务内容，并由双方当事人签字或者盖章的调解协议，具有民事合同性质。当事人应当按照约定履行自己的义务，不得擅自变更或者解除调解协议。

第2条　当事人一方向人民法院起诉，请求对方当事人履行调解协议的，人民法院应当受理。

当事人一方向人民法院起诉，请求变更或者撤销调解协议，或者请求确认调解协议无效的，人民法院应当受理。

第3条　当事人一方起诉请求履行调解协议，对方当事人反驳的，有责任对反驳诉讼请求所依据的事实提供证据予以证明。

当事人一方起诉请求变更或者撤销调解协议，或者请求确认调解协议无效的，有责任对自己的诉讼请求所依据的事实提供证据予以证明。

第4条　具备下列条件的，调解协议有效：

（一）当事人具有完全民事行为能力；

（二）意思表示真实；

（三）不违反法律、行政法规的强制性规定或者社会公共利益。

第5条　有下列情形之一的，调解协议无效：

（一）损害国家、集体或者第三人利益；

（二）以合法形式掩盖非法目的；

（三）损害社会公共利益；

（四）违反法律、行政法规的强制性规定。

人民调解委员会强迫调解的，调解协议无效。

第6条　下列调解协议，当事人一方有权请求人民法院变更或者撤销：

（一）因重大误解订立的；

（二）在订立调解协议时显失公平的；

一方以欺诈、胁迫的手段或者乘人之危，使对方在违背真实意思的情况下订立的调解协议，受损害方有权请求人民法院变更或者撤销。

当事人请求变更的，人民法院不得撤销。

第7条　有下列情形之一的，撤销权消灭：

（一）具有撤销权的当事人自知道或者应当知道撤销事由之日起一年内没有行使撤销权；

（二）具有撤销权的当事人知道撤销事由后明确表示或者以自己的行为放弃撤销权。

第8条　无效的调解协议或者被撤销的调解协议自始没有法律约束力。调解协议部分无效，不影响其他部分效力的，其他部分仍然有效。

第9条　调解协议的诉讼时效，适用民法通则第一百三十五条的规定。

原纠纷的诉讼时效因人民调解委员会调解而中断。

【疑难问题】

律师主持调解未成功，律师在随后就同一纠纷进行的法律程序中的角色规制问题

（一）主持调解的律师能否在随后就同一纠纷进行的诉讼或仲裁程序中担任一方当事人的代理人

我国的《人民调解法》及其他有关调解的法律法规均未涉及主持调解的人员是否可以在纠纷进入诉讼阶段后担任一方当事人的代理人，但这是法律实践中经常出现的问题。我们认为，律师主持调解未成功，当事人启动仲裁或诉讼程序，原主持调解的律师不宜担任一方当事人的代理人。理由如下：

1. 主持调解的律师在其后的司法程序中担任一方当事人的诉讼代理人会使双方当事人的诉讼能力失衡。律师在主持调解的过程中，知晓双方当事人针对纠纷解决设定的底线、了解当事人的举证能力和在诉讼中的不利因素，因此，担任一方当事人的代理人，会将对方当事人置于不利的境地，违背当事人平等原则。

2. 调解律师在随后的司法程序中担任一方当事人的代理人有违调解保密原则，有损当事人对调解的信赖，影响调解正常发挥作用。如果允许调解律师在司法程序中转变为一方当事人的代理人，那么，当事人会担心律师在日后的司法程序中泄露或利用调解中公布的信息，因而就会有所保留，不能完全表达自己的真实意愿，也

不愿意承认对自己不利的事实，这样就损害了调解机制的可信度和有效性。

3. 调解律师与司法程序中担任一方当事人的代理人存在根本的立场冲突。作为调解人，律师要兼顾双方当事人的利益；而作为一方当事人的代理人，律师要尽最大限度维护代理人的利益，可能请求法院或仲裁机构否认或变更原先在自己主持下达成的调解协议，这会使律师处于尴尬境地，也有损律师主持调解的公正性和权威性。

调解人不得在随后的司法程序中担任原纠纷当事人一方的代理人，已是国际通行的准则，是调解人的职业伦理道德要求。调解人在纠纷进入司法程序后担任一方当事人的代理人被视为违背自然正义原则。因此，我国立法应当对此作出明确规定，对主持调解的律师或其他人员在调解失败，纠纷进入仲裁或诉讼程序后，不能接受当事人的委托担任代理人。

（二）主持调解的律师能否在随后就同一纠纷进行的诉讼或仲裁程序中担任证人

为了消除当事人害怕在调解或和解中因承认案件事实而在其后诉讼中给自己带来不利的顾虑，鼓励当事人在调解或和解中作出让步，从而促进调解或和解协议的达成。最高人民法院《关于建立健全诉讼与非诉讼相衔接的矛盾纠纷解决机制的若干意见》第19条规定，从事调解的机关、组织、调解员，以及负责调解事务管理的法院工作人员，不得披露调解过程的有关情况，不得在就相关案件进行的诉讼中作证，当事人不得在审判程序中将调解过程中制作的笔录、当事人为达成调解协议而作出的让步或者承诺、调解员或者当事人发表的任何意见或者建议等作为证据提出，但下列情形除外：

1. 双方当事人均同意的；
2. 法律有明确规定的；
3. 为保护国家利益、社会公共利益、案外人合法权益，人民法院认为确有必要的。

（三）主持调解的律师能否在随后就同一纠纷进行的诉讼或仲裁程序中担任仲裁员

尽管在西方国家调解员不能在随后就同一纠纷进行的仲裁中担任仲裁员，但我国实行仲裁与调解相结合的制度，同一仲裁庭可以扮演调解人和仲裁员双重角色。当然，前提是当事人一致同意。当事人愿意调解人在调解失败后继续担任仲裁员，首先是因为调解人在调解活动中充分了解双方当事人的真实需求、动机、经济条件等诸多情况和信息，其裁决更能兼顾双方利益；其次，调解人担任仲裁员，其居中处理纠纷、兼顾双方当事人利益的中立立场没有改变，没有必要更换仲裁员。当然，当事人对调解人担任仲裁员也可能存在顾虑，因为，他们曾向调解人“摊牌”，调解人知悉当事人的各种不利因素，调解人担任仲裁员后可能无法排除这些因素的影响，调解中公布的信息可能成为对当事人不利的证据。但这不会对当事人实际造成影响，如果当事人有顾虑，可以另行选择仲裁员。

实务训练

主题一：律师参与调解技巧

(一) 以事实为基础，实事求是

律师代理当事人参加调解，应当最大限度地维护当事人的合法权益。但是，这不意味着律师可以为了迎合委托人而扭曲、捏造事实，伪造证据。律师参与调解，应当忠实于事实真相，尊重客观事实，以真实、充分、可靠的证据为依据。律师应在查明基本事实的基础上，进行说理谈判。

(二) 尊重调解人，积极提供协助

律师代理当事人参与调解，应当尊重调解人，维护调解人的权威。如果律师认为调解人的观点错误，应当委婉地纠正，引用相关法律法规或案例进行说明，与调解人的沟通过程中应保持礼貌、冷静、理性，言语简明扼要。

同时，律师应当采取积极合作的态度，按时参加各项调解活动，认真做好各项准备活动，支持配合调解人的工作，协助其查明事实、分清是非，分析双方当事人的共识和利益共同点，帮助调解人和委托人更好地确立共识基础。这样，可以获得调解人的好感，更容易让其接受自己的观点。

(三) 注重谈判技巧和策略，维护委托人的合法权益

调解活动的主要内容是双方当事人在调解人的主持下进行谈判，因此谈判技巧是律师参与调解的一项核心技能。为了在谈判中最大限度地维护委托人的权益，律师应当注意以下几点技巧和策略：

1. 谈判目标明确。律师应当通过调解前与委托人的沟通，全面了解纠纷情况，通过对纠纷的法律评价确立合理的谈判目标。一方面，律师要努力纠正当事人不切实际的要求或过高的期望，以防止调解未达成当事人预期而使其对律师的技能水平和敬业程度产生怀疑甚至否定；另一方面，确定合理的谈判目标，能够为律师参与调解谈判提供指引和主线，以便谈判活动有的放矢。

2. 抛出问题，先发制人。律师在调解谈判中应强调使对方无法回避的不利事实，分析和强调因此所导致的损害性后果，使对方当事人无法回避自己的过失，从而使委托人一方率先在谈判中获得优势，增强谈判的砝码。在此过程中，律师应当语气坚定，表意清晰明了，以增强己方观点的打击力。但同时，为了避免矛盾激化，破坏友好谈判的氛围，律师应保持克制，不能得理不饶人，态度强硬或用语激烈。

3. 缓和对方当事人的敌对、警惕态度。律师在谈判中应尊重对方当事人，耐心倾听其陈述，对对方当事人的困难或损失适当表示理解和同情，试图站在对方当事

人的角度分析问题，以缓和对方当事人的敌对、警惕态度，使其更容易与己方合作。

4. 态度诚恳，承认己方过失，分析客观原因。如果委托人在纠纷中有明显的过失，无法回避，律师应建议委托人委婉承认，但应尽量避免在这一问题上纠缠。律师应当将谈话重点放在为委托人寻求合理解释或导致其出现过失的客观原因，强调委托人在经济或其他方面的客观困难，争取对方当事人的谅解。

5. 努力转变与对方当事人的对立立场，将纠纷当作双方当事人共同面临的难题来处理，展示委托人一方积极解决问题，力求实现双赢的建设性姿态。

6. 尽量避免暴露委托人的底线，尽量先让对方当事人提出纠纷解决方案和要求，如果其要求过高，应明确而坚定地予以否定，不应有所迟疑。若对方要求较为合理，则可针对对方当事人的条件和要求逐条提出否定和质疑，在对方当事人的方案上进行修正。

（四）避免代替委托人决策

在与委托人的沟通中，律师应始终处于建议者和执行者的辅助性地位。调解的实质是劝说当事人对权利作出让步和处分。此种情况下，律师应当对调解谈判过程中的所有可能影响委托人利益的变化，每一项法律行为的风险及后果全面、客观、真实地告知委托人，让其作出决策。

主题二：律师主持调解的技巧

（一）始终坚持客观、中立的立场

不偏向任何一方，避免采取引起当事人对其中立性产生怀疑的言语或行动。比如，在采取“背对背”调解时，律师会见一方当事人时，应注意知会另一方当事人并告知其此次会面的主要目的和大致内容。尽管这种单方秘密会面容易使另一方当事人怀疑调解人的中立性，但是，“背对背”的调解方式有其特殊作用，适合在以下几种情况中运用：

1. 调解前调解人分别会见当事人，以了解其基本经济情况、履约能力以及他们对纠纷的基本态度。

2. 当事人矛盾冲突严重，对立情绪明显，言语冲动并具有破坏性，或者双方意见分歧较大，出现僵局，不能共同参加调解会谈，律师可通过单独会面缓解激动情绪，给当事人冷静思考的空间。

3. 主持调解的律师需要知悉当事人对纠纷解决方案的底线，或当事人不愿意让另一方当事人知晓的难言之隐。

4. 一方当事人缺乏谈判技巧，不能很好地表达自己的意见和主张，需要律师通过单独会谈后帮助其与另一方当事人更好地沟通。

需要注意的是，律师与一方当事人会谈，而让另一方当事人等待的情况下，会谈时间不宜过长。如果需要延长时间，应当及时知会另一方当事人。

此外，如果纠纷双方当事人力量对比悬殊，一方当事人的谈判能力、表达能力、知识水平、获取信息能力明显较低，律师应当给予必要的指点和协助。

(二) 显示专业水准，赢得当事人的信任

律师初见当事人做自我介绍时，可以对自己的职业经验和资历进行说明，表明自己优秀的职业素质和技能水准，以争取当事人的尊重和信任。

律师主持调解，应当言语谨慎，举止沉稳庄重，不要轻率地对当事人的纠纷作出定论和评判，对当事人的纠纷进行法律评估应当经过充分的准备和调查分析，言之有据，说理清晰。

律师主持调解的线索应清晰合理，重点突出，使当事人能够体会到法律思维的严谨和条理性。

律师帮助当事人修正调解协议条款时，可以适当引用类似案例，为当事人提供法律风险方面的分析意见；同时，应站在双方当事人的角度，为其提供调解协议条款的评估意见，供双方当事人采纳；律师应当逐步积累经验，力求做到更具有前瞻性，对当事人的决定和拟定的调解协议方案的法律后果提供法律专业分析意见。

(三) 保持友好的谈话氛围

正式进入调解会面时，律师可以从一些轻松的话题开场，比如向双方当事人亲切问候、谈论天气、关心当事人的健康和事业状况，使当事人感到愉悦和放松。如果有其他参加调解的人，律师应当以合理的顺序进行介绍，并说明其列席调解的原因。

律师应当对当事人按时出席调解活动、遵守调解规则和认真参与调解活动等合作行动表示赞许和感谢。

律师应当注意缓解当事人的激愤情绪，耐心倾听和尊重当事人的意见，换位思考，对当事人的困难和处境表示充分的理解，表达自己对当事人利益的慎重对待和审慎考虑，使当事人能够信任律师，更愿意听取律师的意见和建议。在当事人进行陈述时，律师不应突然打断，如果发现当事人陈述离题，律师可以通过礼貌的提问将谈话拉回主题。

在调解过程中，律师应及时制止当事人情绪激动时的不当言辞和行动，在冲突激化，难以会谈时，及时中止调解，采取“背对背”的调解，分别缓和当事人的情绪，帮助当事人重新理性看待纠纷。

(四) 掌控调解会谈主题和进程

主持调解的律师应充分尊重当事人，认真聆听其陈述，但应当有明确的主线和目标，有条理地安排和控制每一次谈话的主题，确保每一次调解会谈富有成效，对纠纷解决有所助益。律师应当避免被当事人情绪化和漫无边际的叙述、诉苦及批评斥责扰乱谈话主线，律师应当合理设置问题，让当事人的叙述按照律师提供的线索进行，避免零散、无目标的谈话。

(五) 坚持调解人的正确立场

律师主持调解的职责在于促进双方沟通，促成当事人的相互理解，而不是将自

己的观点当作一方当事人的观点传达给另一方，否则将造成当事人对律师的误解，更不能向任何一方当事人就协议条款作出承诺。律师不能强制当事人接受自己提出的调解协议方案，而只能提出建议。

（六）确立以纠纷解决为导向的谈判目标和解决方案

律师主持调解，要以基本查清纠纷事实，分清当事人之间的是非为基础，而不是纯粹地“和稀泥”。但律师在主持调解过程中，应当淡化绝对的是非判定，而应引导当事人以纠纷解决为导向的谈判目标，着眼于未来的合作和友好关系的持续。

律师应当尽可能地帮助当事人寻求共同利益，将当事人之间的纠纷逐渐转换为双方共同面临的难题，并以此为基点，相互谅解妥协，从而达成建设性的权利义务分配方案，以克服目前的纠纷所带来的困难，为双方当事人减少损失。

相应的，在调解协议的拟定方面，律师应当引导当事人针对整个纠纷涉及的问题提供综合性的解决方案，而非针对当事人的具体主张逐条探讨，以便当事人达成的协议内容得失互补。当然，还需要注意的是，律师需要对调解协议内容的合法性、有效性、明确性以及可执行性进行审查。

（七）善用书面文件

在调解的不同阶段中，律师要善于使用书面文件，以提高调解工作和沟通协调的效能。比如，律师在接受调解委托时，最好请双方当事人通过书面形式明确共同委托律师调解的意愿，以及受调解协议约束，自愿履行调解协议载明之义务的承诺。在正式调解的准备阶段，律师应当拟定调解议题进程清单，并递送当事人，以明确调解会谈的目标及线索；在调解过程中，律师应在每一次调解会谈结束后对双方当事人的陈述和争议问题进行归纳，帮助当事人理清会谈重点和下一次会谈的核心问题，并提示需要当事人准备的材料；及时归纳记录双方均无异议或达成一致意见的问题，并向当事人确认，以免当事人意见反复造成调解活动无效。

课后练习

1. 下列哪一种案件不适用诉讼调解？（　　）

A. 企业破产还债程序

B. 王某欲与儿子断绝父子关系

C. 劳动者追讨欠薪案件

D. 王某醉酒驾车致人重伤，受害人提起刑事附带民事诉讼

2. 下列调解属于社会调解的是？（　　）

A. 律师主持的调解

B. 行政机关委托人民调解组织调解

C. 退休法官受纠纷当事人委托进行调解

D. 当事人申请仲裁后，在仲裁庭外达成的和解

3. 下列说法正确的是？（　　）

A. 仲裁调解书自订立之日起发生法律效力

B. 劳动争议仲裁中，当事人自行和解达成和解协议的，可以请求仲裁庭根据和解协议作出裁决书

C. 只要当事人一致同意，可以将纠纷提交公证机关调解

D. 人民法院立案后将民事案件委托其他调解组织调解成功的，当事人可以申请撤诉，对调解协议进行司法确认或者经人民法院审查后制作调解书

4. 有下列情形之一的，人民法院不予确认调解协议效力？（　　）

A. 侵害案外人合法权益的

B. 调解组织、调解员与案件有利害关系、调解显失公正的

C. 内容不明确，无法确认和执行的

D. 调解组织、调解员强迫调解或者有其他严重违反职业道德准则的行为的

5. 律师主持调解纠纷过程中，下列行为恰当的是？（　　）

A. 对纠纷事实进行调查

B. 向一方当事人承诺另一方当事人会按照律师的意见让步

C. 调解失败，在针对同一纠纷的诉讼中作为证人

D. 私自会见一方当事人

6. 下列说法正确的是？（　　）

A. 当事人一方的诉讼代理人可以接受双方当事人委托在庭外进行调解

B. 律师主持调解失败，不能在随后的法律程序中担任一方当事人的代理人

C. 纠纷当事人经人民调解达成协议，不能再就原纠纷起诉，而只能就确认调解协议的效力、变更或撤销调解协议、要求对方当事人履行调解协议提起诉讼

D. 在仲裁庭进行调解的过程中，双方当事人在仲裁庭之外达成和解的，应视为是在仲裁庭调解下达成的和解

延伸阅读

1. 范愉，史长青，邱星美．调解制度与调解人行为规范：比较与借鉴．北京：清华大学出版社，2010

2. ［美］斯蒂芬·B·戈尔德堡等．纠纷解决．蔡彦敏等译．北京：中国政法大学出版社，2004

3. 刘金华．非诉讼与律师实务．北京：人民法院出版社，1998

4. 张晓秦，刘玉昆主编．调解要点与技巧．北京：中国民主法制出版社，2009

5. ［美］迈克尔·努尼．法律调解之道．杨利华，于丽英译．北京：法律出版社，2006

6. 范愉．纠纷解决：理论、制度与技能．北京：清华大学出版社，2010

7. 秦炳瑞，鲍雷．商事纠纷调解要点与技巧．北京：人民法院出版社，2007

第七章　法律援助

【内容摘要】

法律援助与律师执业密切相关，体现出律师应当承担的社会责任，因而法律援助便成为律师执业活动的一项重要工作内容。学习本章内容，要求熟悉和了解法律援助的概念、性质、功能、基本样态和法律援助制度的特征，以及法律援助确立的原则等基本理论问题。同时，以法律援助律师实务为视角，依托具体案例，阐述法律援助整个程序运作过程，重点掌握法律援助律师的办案程序，以及法律援助申请书的撰写和法律援助协议签订等诸多实务技能，这也是本章重点和难点所在。

【知识要点】

法律援助是社会经济和民主法制建设发展到一定阶段的产物，是衡量一国法治发达程度和现代国家人权保障机制完善的一个重要标尺。作为国际通行的一项特殊的法律保障制度，法律援助制度的实施，对于全社会范围内公平正义的实现、促进法治社会的形成和良好社会治理秩序的建立具有重要意义。

一、法律援助的概念、性质及其功能

（一）法律援助的概念界定

法律援助，英文为“Legal Aid”，又称法律扶助、法律帮助、司法帮助等，通常是指国家为经济困难的公民或特殊案件的当事人予以减免或缓缴费用，提供法律帮助，以保障其合法权益得以实现的一项法律制度。它是世界各国普遍采用的司法救济制度。该制度发端于英国，距今有近500年的历史。伴随人类的文明进步，法律援助经历了自发的慈善行为、私人团体到国家责任三个发展阶段。现代意义上的法律援助肇始于20世纪20年代的德国。由于历史条件、法律文化、社会背景和经济基础等方面的差异，各国在法律援助的指导思想、法律定位、援助范围、条件和方式等方面有所不同。目前，世界上具有典型意义的法律援助有英美模式和德瑞模式两种。前者是以英国和美国为代表，其运行主要依靠政府资助的律师协会、法律援助基金会等私人团体乃至律师共同运作，具有较强的民间性；后者是以德国、瑞典、丹麦为代表，其把法律援助纳入国家职能范畴，由国家设立专门机构、组织专业人员推进法律援助工作。纵观各国通行的法律援助制度，在法律援助对象方面，它包括因经济困难难以承担必要的法律服务费用的公民和其他原因无法得到法律服务的犯罪嫌疑人、被告人两种情形。就法律援助的内容而言，它主要限定在提供各种法律服务方面，大致分为诉讼业务和非诉讼业务两类。从法律援助的形式看，主要有减免收取费用或缓缴费用两种形式。

我国法律援助起步较晚，但起点相对较高，进步较快。早在20世纪50年代，法律援助在法律法规中已有体现，例如，1954年颁行的《人民法院组织法》规定，人民法院认为有必要时，可以指定辩护人为被告人辩护。1997年之后颁行的刑事诉讼法、民事诉讼法和律师暂行条例等法律法规均作出带有法律援助性质的规定。然而，作为制度层面上的法律援助，始于20世纪90年代。1994年初，司法部提出建立有中国特色的法律援助制度。为此，司法部一方面组织人员进行理论研究和可行性论证；另一方面，结合实际，在北京、上海、武汉等地开展试点工作，许多地方还建立了法律援助机构。1996年3月17日，第八届全国人大第4次会议修订通过的刑事诉讼法，率先规定了律师提供法律援助的内容，同年5月15日，第八届人大常委会第19次会议审议通过的律师法，专章规定法律援助的对象、范围、方式等。上述两部法律正式确立我国法律援助制度的地位，构筑法律援助制度的基本框架。之后，司法部亦与相关部委联合出台了一些措施，促进和推动法律援助工作的有效开展。1996年8月29日颁布的《老年人权益保障法》第39条“老年人因其合法权益受侵害提起诉讼……需要获得律师帮助，但无力支付律师费用的，可以获得法律援助”之规定，再次从法律上明确了法律援助制度。2001年3月，全国人大通过的《国民经济和社会发展第10个5年计划纲要》提出建立法律援助体系的目标，首次将法律援助事业纳入社会发展的范畴。随着西藏自治区法律援助中心的成立，标志着我国法律援助制度的雏形基本形成。2003年7月16日，国务院通过的《法律援助条例》明确规定了法律援助的范围、法律援助的申请和审查、法律援助的实施以及所涉及相关主体的法律责任等，标志着我国法律援助制度的正式建立。然而，何谓法律援助？我国法律未作出明确规定，且理论上存在争议，一定意义上，影响和制约了法律援助制度的发展。为此，笔者结合法律规定、司法部印发的相关文件精神和理论研究的实际，认为法律援助可以界定为，在国家设立的法律援助机构的指导、监督和协调下，法律援助机构指派法律服务人员，依法为经济困难或特殊案件的当事人提供法律帮助，并给予减免收取费用或缓缴费用的一项法律制度。它主要包括 5 个方面内容：

1. 宗旨。国家设立法律援助的宗旨是以提供法律援助的方式，保障公民合法权益的实现，从而健全和完善国家司法公正机制、人权和社会保障机制。

2. 主体。法律援助的实施主体是各级法律援助机构。法律援助人员是由法律援助机构指派，完成法律援助任务的人员，通常包括律师、法律援助机构的工作人员，以及公证员、基层法律工作者等其他社会组织人员。对于人民法院指定辩护的案件，只能由承担法律援助义务的律师担任辩护人。

3. 对象。法律援助的对象具有特定性，我国法律明确规定，法律援助的对象包括因经济困难需要提供法律援助的公民和特殊案件的犯罪嫌疑人、被告人两种情形。

4. 内容。法律援助的内容十分明确，它由公证证明、法律咨询等非诉活动和刑事辩护或刑事代理、民事代理等诉讼活动两个部分组成。

5. 依据。法律援助的依据是法律的明确规定，它包括宪法、法律、行政法规、部门规章、地方法规和国际公约。其中，《宪法》中“公民在法律面前一律平等”与“国家尊重和保障人权”的规定，是我国法律援助规范体系中的宪法渊源。《刑事诉讼法》第 34 条“犯罪嫌疑人、被告人因经济困难或者其他原因没有委托辩护人的，本人及其近亲属可以向法律援助机构提出申请。对符合法律援助条件的，法律援助机构应当指派律师为其提供辩护……”和《律师法》第 42 条“律师、律师事务所应当按照国家规定履行法律援助义务，为受援人提供符合标准的法律服务，维护受援人的合法权益”之规定，是我国法律援助制度规范体系中的法律渊源。国务院颁行的《法律援助条例》，是我国法律援助制度规范体系中的行政法规。司法部单独或联合相关机构发布的若干通知和意见，是我国法律援助制度规范体系中的部门规章。各省、自治区、直辖市结合本地区实际情况而制定的有关法律援助具体实施的有关条例、规定，是我国法律援助制度规范体系中的地方性法规。我国签署加入或批准的一系列国际公约中有关法律援助制度方面的规定，是我国法律援助制度规范体系中的国际法渊源。

（二）法律援助的性质

关于法律援助的性质，众说纷纭，见仁见智，莫衷一是。概括起来，主要有以下 5 种观点：

1. 慈善行为说。该学说认为，法律援助的性质是“一种慈善的行为”，是人们出于良心、道德责任自发而为的行为，它不是一种法律责任，无强制性可言，提供法律援助靠道德责任感的驱使，人们并无法定义务，政府亦不能以强制力作后盾，强加干涉。

2. 社会保障说。该学说认为，法律援助是“一种社会保障制度”，是弱者的福音，是政府、社会伸向贫穷者的援助之手，是实现社会保障权的程序保障。当社会成员的权利不能实现或受到侵害时，其有权借助法律援助，保障自己权利的最终实现。

3. 国家行为说。该学说认为，法律援助是国家行为，它所涉及的相关法律均是代表国家对受援人的援助。国家责任的体现是国家财政对法律援助的投入，当然还包括国家对法律援助的管理责任等。

4. 国家责任说。该学说认为，法律援助的性质首先是一种法律制度，是社会法制发展到一定阶段的必然产物；其次，它是公民的一种政治权利；最后是一种国家责任。

5. 法律救济说。该学说认为，从法律援助行为属性角度来看，法律援助是以政府为主导、政府和社会相结合的一种法律救济行为。

上述观点各有侧重，均有可取之处。第一种观点，把法律援助界定为一种慈善行为，这与法律援助发展的初始阶段相吻合。随着社会发展，法律援助已进入一个崭新阶段，倘若将其定性为慈善行为，则显然已不合时宜。第二种观点，把法律援助定性为社会保障制度，就逻辑归类角度而言，并非不妥，但社会保险制度的内涵和外延较为宽泛，显然这一说法无法体现法律援助的特质。第三种观点和第四种观点，就政府或国家拨款建立法律援助基金而言，确实是政府或国家的行为。然而，把法律援助定性为国家行为或国家责任，只是表明法律援助是国家的一种责任，并非是法律援助的性质所在。综上，笔者倾向于第五种观点，即政府负责与社会互助相结合。主要理由在于：

1. 法律之助是法律援助应有之义。法律援助是一种法律救济行为，与军事援助、工程技术援助等有着本质区别。它是以减免费用或缓缴费用的方式，让经济困难者获得法律上的帮助，使其依法能够通过诉讼方式维护其合法权益，这既体现对特殊群体合法权益的保护，又是对社会不平等的一次调整。

2. 法律援助属于社会救助的重要组成部分。社会救助是指“国家和社会（群体）运用资金、实物以及服务手段，通过一定机构或专业人员，按照法律规定，使用科学的工作方法，向无收入、无生活来源，也无家庭依靠并失去劳动能力，生活在贫困线或最低生活标准以下的个人或家庭，以及遭受严重自然灾害和不幸事故的人，给予物质帮助，以保证其能够维持生计，并摆脱生活困境的一种社会保障方案。”[①] 它不仅保障贫困居民的最低生活需要，还包括基本医疗救助、住房救助、教育救助、灾害救助以及司法救助等专项救助。由此可见，法律援助只是社会救助的一个组成部分，它向社会输出的是司法产品，实现的是最大限度的正义，其目的在于缓和社会矛盾、谋求社会安定、增进社会福利。

3. 法律援助应当以政府为主导。就政治学而言，国家作为一个政治实体，政府作为行使国家权力的执行机构，理应承担国家对公民的法律援助责任。并以法律形式予以确认，其目的在于促使政府更好地履行自己的义务。为此，国家需要制定相关法律和政策，为法律援助提供必要的机构、队伍和经费保障，采取积极措施，加强对法律援助工作的管理和监督，以推进和保障法律援助工作卓有成效地开展。然而，政府能力毕竟有限，且易受各种因素影响和制约，而法律援助是一个惠及整个社会的民生工程。因此，法律援助既需要政府的扶持和引导，也需要全社会有识之

---

① 种明钊、许明月：《社会保障法律制度研究》，340页，北京，法律出版社，2000。

士的积极参与和支持，这就需要政府借助国家权力调动社会资源，确保公民的权利得以实实在在的实现。当然，尽管不应将有关法律援助的规定看作是对贫民的施舍，而应将其视为整个社会的责任，但政府与社会在法律援助责任的承担方面绝非等量齐观，无论如何，政府都应该对法律援助承担主要责任。

（三）法律援助的功能

1. 法律服务的推动。法律援助是衡量一个国家法治完善程度的重要尺度，而法治的完善应关注社会基层的权利状况和法治的民众基础。事实上，法律援助的本质附设了法律服务这一特定前提，也就是说，法治的要求体现在何处，法律援助必须随之延伸至何处。从各国法律援助的实践上看，现代意义的法律援助是一个以法律专业人员为主体，以诉讼法律援助为基础，涵盖非诉讼领域法律服务的体系，对推动法律服务、实现公平正义，维护社会发展和稳定发挥了举足轻重的作用。在我国这样一个正处在社会转型时期的社会主义国家，随着法律的日益专业化、复杂化以及现代诉讼中程序公正理念的深入，加强法律援助的法律服务功能，就需要法律援助人员在熟知法律，掌握一定的诉讼技能为受援人提供法律服务的同时，采取措施，宣传国家法律政策，增强公民的法律意识，提高公民的法律水平，在促进法律制度在最大范围内实现社会的公平与正义，塑造公民良好的法律信仰的基础上，推动法治社会的形成和公民自觉知法、守法、用法习惯的养成。

2. 权利实现的保障。“法律面前，人人平等”是联合国和多数国家公认的一项法律原则。其真正含义在于：一个国家的所有公民，不分种族、民族、性别、年龄、地位高低、财产多寡、智力强弱都应一律平等地享有法律赋予的权利，受到法律的尊重和保护。我国宪法明确规定，“法律面前，人人平等”是一项基本原则，它所强调的是接受司法救济、司法程序和其他法律服务方面的平等，更多的是一种过程平等和程序平等。事实上，“法律面前，人人平等”既包括形式上平等，又包括实质上平等，而实质上平等就是承认合理差别。在我国司法实践中，合理差别主要体现在生理差异、民族差异、特定国家职位要求对公民行使某些权利、承担责任的差异和特定职业需要对从业者所采取的合理差异四个方面。“国家尊重与保障人权”载入宪法，更直白地表明国家应当提供相应的资源与制度帮助公民充分实现个人的合法权利，特别要关注那些最需要保障、最容易受到侵害的特殊群体。“法律的生命在于实施”，在地区发展差距扩大和公民个人收入悬殊的情势下，公民法定权利的实现必将存在诸多障碍。法律援助的权利保障功能在于，一方面，有助于弥补因经济不平等的矛盾所造成的缺陷；另一方面，有助于弥合司法机制存在的某些瑕疵，促进法律实施，保障公民依法享有的平等权得到真正实现。

3. 社会安定的维护。社会成员平等对待、和谐相处是现代社会稳定和发展的前提和基础。国家立足现实、着眼长远，建立了多层次的社会保障体系，为妇女、老年人、未成年人、残疾人等相对贫困的特殊社会群体提供了保障。倘若没有适当的司法救助程序为依托和支撑，上述社会保障体系无论设计的多完美，也有可能流于形式，难以奏效。法律援助的功能之一，是把因经济困难和其他特殊原因未纳入法律调整的社会关系重新纳入法律轨道，使此类易引发社会矛盾和影响社会稳定的纠纷得以较好的解决，有效地避免因社会和经济发展的失衡而导致社会的动荡不安和冲突，体现了国家和社会对他们的关怀，促使公民对国家和法治充满信心。同时，从一定意义上说，法律援助是国家、社会与特殊社会群体之间沟通、交流的桥梁或重要纽带，通过法律援助措施的实施，不断完善社会保障机制，有效化解各种利益纷争和社会矛盾，使法律援助维护社会安定的功能得到进一步发挥。

二、法律援助的基本样态

（一）以法律援助的责任主体为划分标准

1. 政府型法律援助，又称福利型法律援助。政府在整个法律援助制度运作中起主导性作用，援助资金集中来源于国家的财政支持，且所占国家财政年度支出比例较高，人均法律援助资金充足。例如，丹麦、瑞典等国。

2. 社会型法律援助，又称基金型法律援助。法律援助被视为市民社会的一种内在调整机制，社会有义务承担法律援助的责任，法律援助的资金主要来源于社会捐助，并尝试建立一种长期有效的基金形式，以克服慈善行为的偶发性与不稳定性。例如，我国台湾地区 2004 年 1 月颁行的“法律援助法”，确立了基金型法律援助。

3. 政府和社会结合型法律援助。法律援助运行的资金既来源于政府财政拨款，又来源于社会捐赠。此类型的法律援助为当今世界大多数国家采用。

（二）以法律援助的人员为划分标准

1. 律师提供的法律援助。律师是依法取得律师执业证书，受法律援助机构或律师事务所指派，向社会提供法律服务的职业人员。在较发达国家或地区，通常把法律援助主体界定为律师职业群体。即使在坚持法律援助主体多元化的国家，由律师实施的法律援助仍占主导地位。

2. 公证人员提供的法律援助。公证人员就法律事实和行为的真实性和合法性予以公证的法律救助方式，它体现我国利用法律服务资源的指导思想。实践中，公证人员提供法律援助的数量较少。

3. 其他法律服务人员提供的法律援助。除了律师、公证人员以外，其他法律服务人员所提供的法律援助，主要是指基层法律服务人员和高校师生提供的法律援助。

（三）以法律援助的范围为划分标准

1. 诉讼法律援助。是指在诉讼领域内所提供的法律服务，它包括刑事、民事和行政三种诉讼法律援助。刑事诉讼法律援助是在刑事诉讼中，为经济困难或特殊案件的犯罪嫌疑人、被告人提供的法律援助。民事、行政诉讼法律援助是在民事、行政诉讼中，对经济困难者提供的法律援助。由于刑事诉讼涉及人身自由的限制和生命权的剥夺，大多数国家都对此较为关注，并投入较大比例的援助资金。随着权利保护观念的日益增强，法律援助福利型时代的到来，民事诉讼法律援助亦将会受到青睐。

2. 非诉讼法律援助。非诉讼法律援助的范围比较广泛，如解答法律咨询、代写法律文书、参加调解、审查合同等。随着法律援助的发展，非诉讼法律援助呈逐渐增长趋势，在现代意义的法律援助中占据着举足轻重的地位。

（四）以提供法律援助的对象为划分标准

1. 向自然人提供的法律援助。对于经济困难确需法律援助的人，法律援助机构可向其提供法律帮助。向符合条件的自然人提供法律援助，这是国际社会的共识。

2. 向法人提供的法律援助。法人能否成为法律援助的对象一直存在争议。我国至今并未把法人规定为法律援助的对象。

（五）以法律援助的作用为划分标准

1. 积极法律援助，又称预防型法律援助或事前型法律援助。它是在权利被侵害前所能提供的一切避免侵害的法律服务，包括解答法律咨询、出具法律意见书、审查合同等，它具有预防和避免纠纷发生的社会功能。

2. 消极法律援助，又称处理型法律援助或事后型法律援助。它是发生纷争后，为解决纷争而提供的法律援助。它具有解决社会纠纷的社会功能，主要解决方式是诉讼，其所消耗的成本一般高于积极法律援助。

（六）以提供法律援助的模式为划分标准

1. 专职律师模式。由政府设立的法律援助机构指派国家财政聘请的专职律师或公职律师从事具体的法律援助工作的一种模式。专职律师从属于法律援助机构并接受该机构指派，受援人不可自行选择律师。例如，加拿大的社区服务模式。

2. 私人律师模式。政府设立的法律援助机构，按计划以法定方式，向私人律师购买专业法律服务，满足法律援助需求的一种模式。政府只承担财政支出责任，受援人自由选择在册私人律师为其提供法律援助。例如，英国的法律援助。

3. 多元化模式。专职律师提供法律援助和私人律师提供法律援助相结合的一种模式。例如，加拿大的魁北克省和我国大陆。

三、法律援助制度的特征

（一）国家的义务性

义务通常是社会关系主体必须作出一定行为或不作一定行为的约束。它的设立既要符合一定的社会需要，又要合乎公平、正义等价值目标，并随社会经济的发展而变化。在法律援助关系中，公民是法律援助的权利主体，国家是义务主体，承担法律援助是国家义不容辞的责任，因而公民有权要求国家利用一切物质手段，实现其应享有的权利。为此，许多国家在宪法中明确将法律援助规定为国家责任，最为典型的是 1977 年 1 月的《印度宪法》，该法在第 42 次修正案第 38 条 A 款规定，国家必须在机会平等的基础上，保证法律体系的运作能够促进司法公正，特别是必须通过适当的立法或者以其他任何方式，提供免费法律援助，以保证公民不因为经济或其他不利原因而被拒绝获得公正司法的机会。事实上，国家承担法律援助义务主要表现在两个方面：一方面，国家肩负着保障公民平等地实现合法权益的责任。这既是国家作为一个政治实体存在的合理前提，又是其行使政治、经济、社会权力的对应条件。政府作为国家权力的执行机构，理应调动社会各界力量，为经济困难的公民提供法律帮助，切切实实把《宪法》所规定的“法律面前，人人平等”原则落到实处，把法定权利转化为现实的权利；另一方面，国家负有对国际社会的缔约责任。我国加入的诸如《公民权利和政治权利国际公约》、《囚犯待遇最低限度标准规则》、《联合国少年司法最低限度标准规则》等国际公约，以及我国与一些国家签订的司法协助双边或多边协定或条约，均要求国家和政府本着诚信守约原则，自觉履行法律援助义务。

（二）社会福利性

社会福利是国家依法为公民提供的旨在保证一定生活水平和尽可能提高生活质量的资金和服务的社会保障制度，它包括教育、医疗、失业救济和残疾人救助等诸多方面。随着社会不断发展，社会福利权已被确认为一国国民的基本权利，因此，法律援助所具有的社会福利性特征亦日益凸显。毕竟，法律援助机构无偿为受援人提供法律服务，与以市场中介组织为特征的律师事务所、法律服务所提供的有偿性服务之间有着本质不同。尽管法律援助范围十分有限，整个援助过程具有严格的法定性和程序性，但是国家对符合法定条件的受援人，提供法律服务的“绿色通道”，既让其与其他公民一样享受法定权利，“打得起官司”，又不增加经济负担，从一定程度上说，它体现了接受援助的无偿性和参与诉讼的优惠性。需要指出的是，法律援助的发展必须与一国的社会福利发展状况相适应。一般来说，一国或地区的社会福利性的优越程度与法律援助服务水平的高低呈正向比例关系，即社会福利好的国家或地区，法律援助服务水平亦较高，例如，北欧的瑞典、挪威等国家制定了全球最为完善的、以税收为基础的福利制度，“从摇篮到坟墓”无不包容，因而其法律援助的资金投入和实际操作均采取政府包办形式，各级政府也设有相应的法律援助专门机构，法律援助水平较高。反之亦然，例如，受社会经济发展水平的限制，发展中国家的法律援助与社会福利事业一样难以全面展开，政府显然无力承担全部的法律援助费用，因而只能建立政府与社会共尽责任的多渠道投入体制，来缓解法律援助的经费不足问题。从这一角度来看，法律援助制度具有明显的社会福利政策的特征。

（三）实质正义性

实质正义是人们关于事实平等和结果平等的一种价值追求。它不是机械地追求普遍性，而是要求“类似情况类似处理”，做到原则性与灵活性的统一、普遍性、一致性与特殊性、差异性相结合。它不同于程序正义，程序正义所着眼于机会的公正平等，侧重于通过规范的程序性操作把正义理论形态转化为现实形态的过程。实践中，由于每个公民所处的社会环境、所接受的教育程度和自身具备的法律知识等存在不同，特别是所拥有的社会财富的差异，造成了在实际生活中获得法律保护机会不均等和实际享有权利上的差异。为了保证经济困难的人获得平等的法律服务，就需要建立法律援助制度，进而保障公民平等地进入诉讼程序，在保障公民在基本权利实现中获得程序正义的同时，实现实质正义。实际上，法律援助的公平正义性的真谛在于，在保护和实现公民权利的过程中消除贫富差距产生的障碍，促进整个法律服务资源的分配趋于公平，以实现程序正义和实质正义相统一的终极目标。

（四）社会互助性

法律援助是人类社会文明的一个重要组成部分，是公民权利保护机制的重要内容，具有广泛的社会性。就法律援助的对象而言，它是一个开放的概念，并随着社会对弱势群体的保护范围的变化而不断变化。无论男女老幼，无论残疾人和农民工，只要符合法律规定的条件，均可以申请并获得法律援助。随着福利型社会的稳步推进，目前世界多数国家的法律援助呈现扩大化趋势，即法律援助主要是为某些经济困难的当事人提供免费法律帮助，但不仅限于这些经济上的贫困者。例如，特殊案件中的当事人。实践表明，即使进入福利型社会的国家，社会团体提供法律服务的方式不仅没有消亡，反而是呈现不断发展壮大的趋势，以弥补政府法律援助之不足。例如，加拿大安大略省的慈善中心经常组织基层法律服务人员或法律志愿者具体实施法律援助。我国支持、鼓励社会团体、事业单位等社会组织利用自身资源为经济困难公民提供法律援助。于是，一些社会组织中的法律志愿者、高校师生便加入到法律援助的行列之中，增加了法律援助人员的从业数量，提高了法律援助质量。在法律援助资金的筹措方面，国家对法律援助的责任主要体现在资金保障方面。世界大多数国家均采取政府直接拨付与民间捐赠和其他渠道的资金投入相结合的资金筹措方式。其中，政府直接拨付是法律援助资金来源的主渠道，民间捐赠和其他渠道的资金投入是法律援助必不可少的组成部分。我国法律援助的经费主要由政府财政拨付，律师、公证员、基层法律服务人员的义务服务和社会捐赠三个部分构成。其中，政府财政拨付是资金来源的主渠道。由此可见，法律援助既是政府应尽的责任，又是全社会关心支持的社会公益事业，同时也是律师、公证员、基层法律服务人员应尽的社会义务。

四、法律援助确立的原则

（一）特殊保护原则

法律援助是针对特殊群体所进行的制度设计，对特殊群体的关照更是法律援助确立时所需考量的首要基本原则。这里所谓的特殊不仅是指一定社会中经济上的贫困者，而且还包括生理和心理方面有缺陷的特殊案件的当事人。传统法律制度一度忽视特殊群体的利益，为繁荣的背后投下了阴影。确立特殊保护原则，一方面，为特殊群体提供一个最低程度的法律帮助，旨在使其与其他公民一样享有法律信息和司法人员意见和服务的平等权利，以获得实质正义；另一方面，对特殊群体进行法律援助，这既是出于人道主义和慈善的角度考量，又是维护社会稳定和司法公正的必然要求。因此，必须跳出“对等”和“中立”的司法怪圈，站在弱势、边缘、受害者的立场为特殊群体撑起一片蓝色的天空。当然，这种对特殊群体的保护必须在一定范围之内，依法进行，否则，将构成反向歧视，有悖于法律平等原则。

(二) 协调发展原则

法律援助的发展必须与国际、国内的发展相适应。就国内而言，由于深受政治、经济、文化等方面的影响和制约，一国的法律援助只有与该国的国情相适应，才能得以生根、发芽，茁壮成长。因此，法律援助既要考虑一国的社会需要量，又要考虑一国的社会承受量，并使之保持协调一致。同时，法律援助制度也需要步调一致，尤其是法律援助的主体、对象、援助机构、运作程序需要整体配套，协调一致，从而确保其运作通畅、快捷和有序。鉴于经济、地理、文化等方面的差异，一定区域内的法律援助出现失衡现象在所难免，这就需要统筹兼顾，区别对待，对法律援助相对滞后的区域，需要采取措施，进一步加强资金等方面的投入。就一国的外部而言，法律援助的发展还必须与国际社会的发展相适应。为顺应法律援助国际化的发展趋势，在统筹协调好国内法律援助制度的同时，还应当以开放的姿态，借鉴和吸纳域外先进经验和合理内核，逐步健全和完善自己的法律援助体系才是最佳选择。

(三) 效益增进原则

效益是指国家和法律援助主体依照法定程序，实施法律援助行为所获得的效果和利益。它由量和质两部分构成，前者是单位时间内提供法律援助的数量，后者是提供法律援助的质量和所达到的社会效果。按照效益增进原则，国家在建立法律援助制度、选择法律援助模式时，既要争取在单位时间内提供更多的法律援助，让更多的人受益，又要保证提供法律援助的质量，获得最佳的法律效果和社会效果。在一国现阶段不可能大幅度跟进法律援助资金的情势下，遵循效益增进原则，使现有法律援助资金效益最大化，是一种明智和理性的选择。就现实而言，应当立足我国实际，按照效益增进原则的要求，从进一步对法律援助制度地位及其重要性的认识、法律援助最佳模式的确定、法律援助成本的降低和法律援助人员素质的提升等方面作出优化和改进。

(四) 社会参与原则

动员、支持、鼓励社会和社会组织参与法律援助，符合法律援助制度的发展规律。从西方一些发达国家的发展路径来看，在福利政策的影响下，政府承担法律援助的全部经费，且纳入财政预算，并非是一种理想的选择模式，客观上也导致政府入不敷出、积重难返，影响法律援助制度的运作，国民为此怨声载道。如何有效地运用法律援助资源，减轻政府负担是目前西方国家亟待解决的问题。历史和现实再次为我们敲响了警钟！因此，在确立法律援助原则时，切忌违背法律援助制度的客观发展规律。现阶段，我国法律援助资源的供求矛盾主要表现在援助经费和人力资源不平衡两个方面，仅仅依靠政府的力量难以为继，支持、鼓励和动员社会各界力量广泛参与法律援助工作不失为一条良策。为此，必须立足实际，在动员、支持各级工会、共青团、妇联等社会团体主办带有法律援助性质的组织机构，大规模实施法律援助，支持高校师生走出校门，积极参与法律援助的同时，还应该为热心于我国法律援助事业的外国公民和组织，搭建平台，为我所用，以此促进我国法律援助事业的蓬勃发展。

【案例评析】

（一）案情简介

2002 年 8 月，家住重庆市沙坪坝区的居民吴建与王丽开始同居，后生育一子吴小双。2004 年 5 月，吴小双的母亲王丽因车祸去世。吴建便将吴小双送到家住重庆市沙坪坝区的外婆孙紫英家，前往北京打工，对吴小双再也不闻不问。吴小双仅依靠外婆微薄的退休金维持生活。女儿的不幸遭遇，使 70 岁的孙紫英悲恸欲绝，导致其双目失明，经济上也不堪重负。2010 年 8 月，在万般无奈的情况下，祖孙 2 人向重庆市沙坪坝区法律援助中心（以下简称沙区援助中心）寻求援助。

（二）基本问题

吴小双应当如何申请法律援助？如果沙区援助中心决定为吴小双提供法律援助，并指派您为受援人吴小双的法律援助律师，请您结合实际，如何为吴小双提供援助？

（三）案例评析

1. 法律援助的申请

一般情况下，当事人向法律援助机构提出申请，是法律援助机构提供法律援助的先决条件。我国从中央到地方司法行政机关的法律援助机构的纵向设置，基本形成四级组织架构。在国家一级，建立司法部法律援助中心，统一对全国法律援助工作实施指导和监督。在省级地方，建立省（自治区、直辖市）法律援助中心，在业务上接受司法部法律援助中心的指导和监督，对所辖区域内的法律援助工作实施指导和监督，并承担少量的实施或组织实施为公民提供法律援助的职能。在地市级地方（含副省级），建立地区（市）法律援助中心，行使对法律援助工作的管理和组织实施的双重职能。在具备条件的县、区地方，建立县（区）法律援助中心，具体组织实施本地的法律援助工作。不具备建立法律援助机构条件的地方，由县（区）司法局具体组织实施法律援助工作，直接依托现有的律师事务所、公证处和基层法律服务机构开展工作。实践中，一般由各省级地方的法律援助中心具体实施法律援助活动。除此之外，工会、妇联、共青团、残联等社会团体、民间机构、高等学校所建立的法律援助组织也在法律援助中发挥着重要作用。为确保法律援助制度的统一实施，社会团体的法律援助工作纳入到司法行政机关法律援助机构的统一指导和监督中，且社会团体的法律援助只能为本团体的成员提供法律援助，不得借法律援助之名，行有偿服务之实。

本案中，吴小双应当向哪一级法律援助机构提出申请呢？这就涉及法律援助的管辖确定问题。在法律援助的管辖上，我国采取的是属地管辖为主、属人管辖为辅的原则。通常当事人应当向其户籍所在地的县（区）法律援助机构提出。具体地说，请求国家赔偿的，向赔偿义务机关所在地的法律援助机构提出申请；请求给予社会保险待遇、最低生活保障待遇或者请求发给抚恤金、救济金的，向提供社会保险待遇、最低生活保障待遇或者发给抚恤金、救济金的义务机关所在地的法律援助机构提出申请；请求给付赡养费、抚养费、扶养费的，向给付赡养费、抚养费、扶养费的义务人住所地的法律援助机构提出申请；请求支付劳动报酬的，向支付劳动报酬的义务人住所地的法律援助机构提出申请；主张因见义勇为行为产生的民事权益的，向被请求人住所地的法律援助机构提出申请。这与民事诉讼中“原告就被告”的一般管辖相一致。非指定的刑事法律援助的申请，由审理该刑事案件的法院所在地的法律援助机构受理。被羁押的犯罪嫌疑人不便提出申请的，通过其所在地的看守所向法律援助机构提出。对于非诉讼事项的法律援助实行属人管辖原则，即由申请人所在地或工作单位所在地的法律援助机构管辖。律师与基层法律工作者在日常业务中发现符合法律援助条件的，将当事人有关案件材料转交其所在地的法律援助机构审查。由于本案被申请人吴建系重庆市沙坪坝区居民，申请人吴小双及其外婆孙紫英因请求给付抚养费，向具有给付抚养费的义务人住所地的沙区援助中心提出法律援助申请并无不当。依照我国民法通则的规定，申请人吴小双属于无民事行为能力人，应由其法定代理人吴建代为提出申请。但吴建不尽抚养义务，且与该争议有利害关系，因而由与该争议事项无利害关系的其他法定代理人即吴小双的外婆孙紫英代为提出申请。

申请人吴小双应当如何申请？这涉及法律援助的申请方式问题。我国法律援助的申请原则上采用的是以书面申请为原则，以口头申请为例外。本案中的吴小双和孙紫英祖孙 2 人倘若以书面形式申请法律援助确有困难的，可以口头申请，则应由沙区援助中心工作人员作书面记录，并代为填写申请表格。但是无论是书面申请，还是口头申请，申请人均需说明请求法律援助的目的和主要事实，应当提交身份证或者其他有效的身份证明，代理申请人还应当提交有关代理权的证明、经济困难的证明以及与所申请法律援助事项有关的案件材料。此外，对于指定辩护的案件，法院应当将指定辩护律师通知书和起诉状副本送交同级法律援助机构。

2. 法律援助的审查

法律援助机构受理后，对申请进行审查是法律援助机构提供法律援助的必要条件。法律援助机构收到申请人申请后，应当及时受理，并从以下几个方面进行审查：

（1）受理范围。我国《律师法》和《法律援助条例》划定的法律援助的受案范围主要包括两类：一类是依法请求国家赔偿、请求给予社会保险待遇或最低生活保障待遇、请求发给抚恤金、救济金、请求给付赡养费、抚养费、扶养费、请求支付劳动报酬、主张因见义勇为行为产生的民事权益等 6 项。对于其他事项，《法律援助条例》授权省级人民政府作出补充规定。另一类有当事人申请和法院指定辩护两种情况。①公民向法律援助机构申请的，有犯罪嫌疑人在被侦查机关第一次讯问后或采取强制措施之日起，因经济困难没有聘请律师的；公诉案件中的被害人及其法定代理人或近亲属，自案件移送审查起诉之日起，因经济困难没有委托诉讼代理人的和自诉案件的自诉人及其法定代理人，自案件被人民法院受理之日起，因经济困难没有委托诉讼代理人等三种情形。②根据法院指定辩护而成为法律援助对象的主要有，被告人是盲、聋、哑人或未成年人或尚未完全丧失辨认或者控制自己行为能力的精神病人而没有委托辩护人的；或被告人可能被判处无期徒刑、死刑而没有委托辩护人两种情形。对于法院指定辩护的，法律援助机构无须审查被告人的经济状况。

（2）援助对象。根据法律授予的原因不同，法律援助的对象可以分为因经济困难，难以负担有关法律服务费用的公民和特殊案件中的犯罪嫌疑人或刑事被告人两类。其中，特殊案件中的犯罪嫌疑人或刑事被告人是指盲、聋、哑或未成年人或尚未完全丧失辨认或者控制自己行为能力的精神病人为刑事被告人或犯罪嫌疑人和可能被判处无期徒刑、死刑的刑事被告人或犯罪嫌疑人没有委托辩护人，应当获得法律援助的两种情形。

（3）管辖范围。如前所述，我国法律援助采取的是以属地管辖为主、属人管辖为辅的原则。按照《法律援助条例》第 14 条和第 15 条规定，对行政、民事和刑事案件、非诉讼事项以及异地协作分别进行审查。

（4）经济条件。我国《法律援助条例》第 10 条规定，公民对 6 种需要代理的事项，因经济困难未委托代理人的，可以向法律援助机构提出申请。什么是经济困难？目前全国没有统一标准，《法律援助条例》授权省、自治区、直辖市政府根据本行政区域经济发展状况和法律援助事业的需要作出规定。实践中，多数地方政府把居民最低生活保障线作为确定经济困难的标准，也有不少地方政府自行界定一个范围。例如，重庆市规定，由乡镇人民政府或街道办事处出具的证明，证明是否属于经济困难情形；北京市规定，农村“五保”供养对象、领取最低生活保障金或生活困难补助金、在社会福利机构由政府供养、重度残疾或者患有重大疾病且无固定生活来源、法院给予司法救助、农民工因请求支付劳动报酬或者工伤赔偿申请法律援助、公民因实施见义勇为行为致使自身合法权益受到损害 7 种情形直接认定为经济困难，无须提供经济困难证明。对于申请人住所地的经济困难标准与受理申请的法律援助机构所在地的经济困难标准不一致的，按照受理申请的法律援助机构所在地的经济困难标准执行。

本案中，申请人吴小双年幼，母亲过世，父亲不尽抚养义务。吴小双仅靠外婆孙紫英退休金维持生活，且外婆双目失明，经济不堪重负，显然符合法律救助中“经济困难”这一要件。但是，根据《重庆市法律援助条例》第 20 条规定，申请人吴小双需要提交由重庆市沙坪坝区小龙坎街道办事处出具的经济困难证明等相关材料。沙区援助中心受理后认为吴小双提交的证件和证明材料不齐全的，应要求申请人作出必要的补充或者说明。如果申请人未按要求作出补充或者说明的，视为撤销申请；如果认为申请人提交的证件、证明材料需要查证的，由沙区援助中心向有关机关、单位查证。对于符合法律援助条件的，沙区援助中心应当及时发给吴小双准予法律援助通知书，该通知书须载明当事人姓名、案由、法律援助理由、实施法律援助的律师事务所名称、律师或工作人员姓名、援助费用负担等事项。如果认为本案申请人不符合法律援助条件的，沙区援助中心应发给该申请人不予援助通知书，该通知书须载明不予法律援助的理由。申请人若对不予法律援助的通知书有异议，应向重庆市沙坪坝区司法局提出，该局应当在收到异议之日起 5 个工作日内审查完毕。重庆市沙坪坝区司法局经审查，认为申请人符合法律援助条件的，应当以书面形式，责令沙区援助中心及时为该申请人提供法律援助。

3. 援助人员的确定

法律援助人员是受法律援助机构指派直接承办法律援助事项和案件，享有法律援助权利和义务的主体，它与法律援助对象有直接联系。我国《法律援助条例》和《律师和基层法律服务工作者开展法律援助工作暂行管理办法》（以下简称《办法》）规定，法律援助人员由法律援助机构指派的律师事务所的律师、法律援助机构的工作人员、法律援助安排的有关社会组织的所属人员和基层法律服务工作者四部分构成。其中，律师为承担法律援助义务的主力军。

结合本案，就申请人吴小双申请法律援助事项的特点和需要，沙区援助中心既可以指派律师事务所安排律师或者安排本机构的工作人员为吴小双办理法律援助事项，又可以应社会组织的要求，安排该组织的人员为吴小双办理法律援助事项。法律援助人员选定后，沙区援助中心应及时向其发出《法律援助指派通知书》，该通知书须载明法律援助人员的姓名、受援人姓名、法律援助事项、签发日期，并加盖法律援助机构公章。法律援助律师接到通知后，应当及时与受援人吴小双签订《法律援助协议书》。在法律援助有效期限内，倘若出现法定或约定的事由时，经协商一致，双方则既可以变更协议的相关内容，又可以单方或双方终止协议的履行。

4. 法律援助的形式

按照《法律援助条例》规定，法律援助机构指派的法律援助人员，可以为受援人提供法律咨询、法律代理、刑事辩护、调解和公证等法律援助事项。

（1）法律援助咨询。可以分为简易法律咨询和复杂法律咨询两种。前者是对咨询者提出的有关法律援助制度方面的问题和日常生活中遇到的简单法律问题的解答，无须进行经济条件的审查；后者是法律援助人员就受援人提出法律问题进行的解释和说明，以及所提供的法律意见和建议。

（2）法律援助代理。根据代理事项的不同，法律援助代理分为诉讼法律援助代理、仲裁法律援助代理和其他法律援助代理三种情形。诉讼法律援助代理是指法律援助机构对符合法律援助条件的受援人，指派人员担任其诉讼代理人，在受援人或代理人的授权限范围内，参加诉讼活动，维护其合法权益的行为。诉讼法律援助代理分为刑事、民事和行政三种。刑事诉讼法律援助的代理人又分为担任刑事自诉案件当事人的代理人、附带民事诉讼当事人的代理人和公诉案件被害人的代理人三种。由于授权范围的不同，民事诉讼法律援助代理可以分为一般授权和特别授权代理两种情形。前者是委托人仅授权法律援助人员代为诉讼的权利，后者除授权法律援助人员代为诉讼外，委托人还授权法律援助人员代为承认、放弃、变更诉讼请求，进行和解，提出反诉或上诉等实体权利。仲裁法律援助代理主要包括为民商事仲裁中当事人和劳动争议仲裁中的员工提供法律援助代理两种情形。其他法律援助代理是指除上述法律援助代理之外，还存在诸如代理受援人参加非诉讼调解、办理公证、申请国家赔偿等代理事项。

本案中，沙区援助中心指派法律援助律师为受援人吴小双提供的是民事法律援助代理。

（3）刑事法律援助辩护。对于法院指定或被告人、犯罪嫌疑人及其法定代理人、近亲属的申请，法律援助机构指派法律援助律师担任受援人的辩护人，参加刑事诉讼活动，维护受援人合法权益的行为。

（4）法律援助调解。法律援助机构指派法律援助人员，以调解人身份，依法居中规劝和疏导纠纷双方，促使其本着互谅互让原则，自愿达成调解协议的行为。

（5）法律援助公证。对符合法律援助条件的公证事项，公证机关提供公证服务，减免公证服务费用。对于公证法律援助事项，由法律援助机构和公证机关共同审查决定。

5. 援助事项的承办

根据援助案件的需要，作为法律援助律师，应当尽职尽责地履行法律服务职责，并享有要求受援助人提供法律援助案件的有关材料，如实陈述事实和情况，提供证据材料，对不符合法律援助条件的，可以提请沙区援助中心终止法律援助，认为不宜承办所指派的法律援助的，可以申请沙区援助中心批准中止办理法律援助案件，沙区援助中心应当给予适当报酬，以及有关法律、法规赋予的其他权利。同时，还应承担如下法律义务：无正当理由不得拒绝、延迟、终止或中止承办的法律援助案件；在承办案件中应保守国家秘密和有关商业秘密，不得泄露当事人的隐私；不得向受援人索取、收取金钱、物品或谋取其他不正当利益；应当及时向受援人通报办理法律援助案件的进展情况；法律援助案件完成后，及时将有关材料整理归档，向沙区援助中心提交结案报告；在提供法律援助时，应当基于诚信、公平、理性和良知，不得违反公序良俗以及有关法律、法规规定的其他义务等。所指派律师事务所和沙区援助中心负责对法律援助案件进行监督。对于重大、疑难和复杂的援助案件，律师事务所应当组织集体研究，确定方案。在法律援助中，当遇到受援人的经济收入状况发生变化，不再符合法律援助条件；案件终止审理或者已被撤销；受援人又自行委托律师或者其他代理人以及受援人要求终止法律援助四种情形时，法律援助律师应当向沙区援助中心报告。经审查核实，沙区援助中心应当终止该项法律援助。

本案中，吴建远在北京打工，沙区援助中心承接的案件已超出该中心的管辖范围，如果由沙区援助中心完成该案件的援助工作确有不便，而委托北京市法律援助中心办理此案确实有利于节约经费和提高工作效率。鉴于此，沙区援助中心可以寻求异地协作，请求北京市法律援助中心给予协助。在寻求异地协作时，需履行下列程序：首先，由沙区援助中心负责人批准此案的协作事宜；其次，向北京市法律援助中心发出书面委托函，载明委托办理事项、委托原因以及附送相关材料；再次，北京市法律援助中心接到委托函后，及时给予答复；最后，北京市法律援助中心完成受托事项后，及时向委托方发出书面复函，载明办理过程和办理结果，附送相关材料。

6. 援助事项的完结

法律援助事项完成后，法律援助律师于 15 日内向沙区援助中心提交结案报告和相关结案材料，主要包括法律援助指派函和律师事务所批办单，委托代理协议及其相关委托手续，起诉书、上诉书、申诉书等法律文书副本，会见委托人、当事人、证人的通话笔录及其有关调查材料，代理词等法律文书，判决书、调解协议等法律文书副本，结案报告和其他与承办事项相关的材料。沙区援助中心对法律援助律师提交的材料于 15 日内审查完毕，并将材料装订成册、归档保存。材料验收合格与否，关系到沙区援助中心办案补贴费用的核算和支付问题。

7. 援助补贴的给付

沙区援助中心应当于审查材料完结后 30 日内向法律援助律师支付法律援助办案补贴。对于补贴的标准，《法律援助条例》授权各省、自治区、直辖市人民政府司法行政部门会同同级财政部门商定，同时，需要结合当地经济发展水平，参考法律援助机构办理各类法律援助案件的平均成本等因素，并根据需要进行调整。就本案而言，由沙区援助中心参照《重庆市法律援助条例》的相关规定，为法律援助律师支付办案补贴。对于实践中存在的其他相关机构在办理法律援助事务中收取的鉴定费、仲裁费和复印费等情形，司法部于 2004 年 9 月联合其他八部委发布的《关于贯彻落实〈法律援助条例〉切实解决困难群众打官司难问题的意见》(以下简称"九部门意见") 作出规定，劳动仲裁机构和鉴定机构对法律援助案件实行减免缓制度。具体言之，即倘若受援人胜诉，则败诉方支付相关仲裁费与鉴定费；倘若受援人败诉，且交纳仲裁费与鉴定费确有困难，该费用可以减免或由法律援助机构支付。对于档案资料查询费、咨询服务费、调阅档案费和证明费等应当免收，相关材料复印费应当给予减免。

8. 法律责任的承担

为确保法律援助制度的有效运行，违反法律援助规范中各种义务的情形均应当承担一定的法律后果。法律援助机构及其工作人员有为不符合法律援助条件的人员提供法律援助或拒绝为符合法律援助条件的人员提供法律援助，办理法律援助案件收取财物，从事有偿法律服务，侵占、私分、挪用法律援助经费等情形之一的，对直接负责的主管人员以及其他直接责任人员依法给予纪律处分。对办理法律援助案件收取的财物，由司法行政部门责令退还；从事有偿法律服务的违法所得，由司法行政部门予以没收；侵占、私分、挪用法律援助经费的，由司法行政部门责令追回；情节严重，构成犯罪的，依法追究刑事责任。律师事务所拒绝法律援助机构的指派，不安排本所律师办理法律援助案件的，由司法行政部门给予警告、责令改正；情节严重的，给予 1 个月以上 3 个月以下停业整顿的处罚。法律援助律师有无正当理由拒绝接受、擅自终止法律援助案件或办理法律援助案件收取财物情形的，司法行政部门应当给予警告、责令改正；情节严重的，给予1个月以上3个月以下停止执业的处罚。对于办理法律援助案件收取财物的，司法行政部门应责令其退还违法所得的财物，可以并处所收财物价值1倍以上3倍以下的罚款。司法行政部门工作人员在法律援助的监督管理工作中，有滥用职权、玩忽职守行为的，依法给予行政处分；情节严重，构成犯罪的，依法追究刑事责任。

实务训练

1. 上述案例中，沙区援助中心决定为吴小双提供法律援助，并指派您担任受援人吴小双的法律援助律师。请您结合实际，拟定一份《法律援助协议书》。

解析：法律援助协议书是规范法律援助各方之间法律关系、权利义务等重要事项的法律凭证。它包括法律援助机构名称、地址，法律援助人员姓名、工作单位，受援人姓名和自然情况，法律援助的理由，免费或费用的分担，法律援助事项和法律援助人员的权限，受援人的权利义务和法律责任，法律援助的有效期限以及法律援助人员、受援人和法律援助机构签名盖章等组成部分。在拟定法律援助协议书时，通常要注意两方面问题：一方面，明确双方的权利义务关系，法律援助人员要耐心细致地向受援人进行逐条解释，使其明白无误；另一方面，明确受援人的授权范围，尤其是在民事诉讼代理中，严格区分一般代理与特别授权代理之间的关系，以确保双方自觉履行协议。在本案中，还要注意的是，受援人吴小双是无行为能力人，其法定代理人吴建与本案存在利益纠纷，因而只能由吴小双的无利害关系的其他法定代理人孙紫英代为之。

法律援助协议

渝沙法援协字（2010）第234号

甲方：吴小双　地址：重庆市沙坪坝小龙坎正街25号　邮编：400030　电话：66778899

乙方：沙区援助中心　地址：重庆市沙坪坝区汉渝路48号　邮编：400030　电话：65395148

甲方因请求给付抚养费向乙方提出申请，要求乙方为其提供法律援助，现经乙方审查，认为甲方符合法律援助规定的条件，同意为甲方提供法律援助，双方达成协议如下：

一、乙方接受甲方的委托，指派本法律援助中心工作人员张小四担任甲方一案的民事诉讼法律代理人。

二、乙方应依照法律维护甲方的合法权益，如乙方指派的办案人员因故中途不能执行职务时，乙方应另行委派办案人员接管。

三、甲方对乙方办案人员就案件提出的分析意见有不同看法时，可以向乙方反映，乙方经调查，如办案人员提出的意见合理、合法的，甲方应当接受，甲方拒不接受的，乙方有权撤销甲方受援资格，终止代理；办案人员提出的意见确有不当的，乙方应当督促办案人员及时调整，拒不调整的，乙方可以另行委派办案人员。

四、甲方应当遵守法律、法规，自觉维护社会稳定。乙方接受委托后发现甲方有违规上访、集会等行为，造成不良影响的，有权撤销甲方受援资格，终止代理并按规定追缴法律援助费用。

五、甲方必须真实地向办案人员叙述案情事实，提供与本案有关的证据。乙方接受委托后如发现甲方有捏造或隐瞒事实、弄虚作假等行为的，有权撤销甲方受援资格，终止代理并按规定追缴法律援助费用。

六、甲方作为原告，可以将乙方办案人员办案所需差旅费、复印费、通讯费、调查取证费等办案必要开支列入诉讼请求。此项诉讼请求下获得的款项归乙方所有，如经人民法院强制执行的，甲方应申请人民法院将款项直接支付给乙方。

七、甲方委托乙方权限如下：特别授权代理，即代为承认、放弃、变更诉讼请求，进行和解，提出反诉或上诉等。

八、本协议自签订之日起生效，到本案终结时止（即判决、调解、案外和解或撤销诉讼时止）。

甲　　方（签字）：吴小双　　乙　　方（盖章）沙区援助中心
法定代理人（签字）：孙紫英　　法定代表人（签字）：主任
　　法律援助人员（签字）：张小四
签订地点：沙区援助中心　　2010 年 8 月 20 日
本协议一式两份，由受援人、法律援助机构各持一份。

2. 下列哪一种情况不构成法律援助机构拒绝为申请人提供法律援助的理由？（　　）（2008 年司法考试试题）

A. 申请代理的事项是主张因见义勇为行为产生的民事权益

B. 申请人提交的证明材料不齐全，又未按要求作出补充

C. 申请人提出申请后，自行委托了其他代理人

D. 申请人提出申请后，继承了一大笔遗产

答案：A

解析：我国《法律援助条例》第 10 条规定，公民对 6 种需要代理的事项，因经济困难未委托代理人的，可以向法律援助机构提出申请。由此可见，A 项属于法律援助的范围，法律援助机构不能拒绝提供法律援助。法律援助的申请人有义务提供相关的证明文件，如果申请人不提交或提交的不齐全，且未按照要求提交或补齐的，法律援助机构有权拒绝提供法律援助。因此，B 项不选。C 项中申请人自行委托其他代理人，已不符合《法律援助条例》第 10 条规定的“没有委托代理人”的条件，

法律援助机构可以拒绝提供法律援助。D 项中的申请人继承了一大笔遗产，已不符合《法律援助条例》第 10 条规定的“经济困难委托不起代理人”的条件，法律援助机构因此可以拒绝提供法律援助。

课后练习

1. 法律援助申请书是申请人向法律援助机构提交的，要求该机构为其提供法律援助服务的书面材料。法律援助申请书一般包括申请人的基本情况、申请法律援助事项、申请人在申请事项中的法律地位、申请事项法律状态、申请法律援助的援助方式、申请人及其家庭经济状况、申请法律援助的案情和理由，以及申请人签字等内容。作为一名法律援助律师，请您结合上述案例的实际，代为吴小双撰写一份法律援助申请书。

2. 结合上述案例，试分析法律援助程序运作过程。

3. 法律援助的功能主要有（　　）。

A. 法律服务的推动　　　　B. 权利实现的保障

C. 社会安定的维护　　　　D. 矛盾纠纷的化解

4. 法律援助制度的特征有（　　）。

A. 国家的义务性　　　　B. 社会福利性

C. 实质正义性　　　　D. 社会互助性

5. 法律援助制度是世界上许多国家普遍采用的一项司法救济制度。下列关于我国法律援助制度的哪一表述是错误的？（　　）（2006 年司法考试试题）

A. 律师和律师事务所是法律援助的责任主体

B. 法律援助机构既包括四级政府的法律援助组织，也包括社会团体、民间组织的法律援助组织

C. 法律援助的实施形式包括法律援助咨询、刑事代理、民事代理、行政代理、仲裁代理、刑事辩护、调解和公证等方式

D. 在办理法律援助事项时，法律援助人员未经法律援助机构批准，不得终止法律援助或者委托他人代为办理法律援助事项

6. 甲于 2010 年 7 月 6 日抢劫一路人乙女。在抢劫中，甲将匕首刺中乙女的腹部，致使乙女失血过多死亡。该案经公安机关侦查终结后，移送人民检察院审查起诉，人民检察院以抢劫罪依法向某市中级人民法院提起公诉。如果甲未委托辩护人，则人民法院该怎样做才符合《刑事诉讼法》的规定？（　　）

A. 征求甲同意并为其指定辩护人

B. 应当为甲指定辩护人

C. 征求甲同意后为其委托辩护人

D. 可以为其指定辩护人

7. 非指定辩护的刑事诉讼案件和其他诉讼案件的法律援助程序一般要经过申请、审查、批准申请和实施援助四个阶段。表述正确的有（　　）。

A. 由申请人向有管辖权的法院所在地的法律援助机构提出申请

B. 法律援助机构负责审查和批准援助申请的工作人员是援助事项的申请人或申请人的近亲属的，应当回避

C. 任何情况下，法律服务机构都不得先于法律援助机构批准实施法律援助

D. 法律援助机构应于作出同意法律援助决定的次日指定法律援助案件的承办人员

8. 甲因涉嫌强奸罪被审判，甲没有委托辩护人，具有下列哪种情形，人民法院可以为其指定辩护人？（　　）

A. 甲的经济状况符合当地政府规定的经济困难标准

B. 其他共同犯罪被告人已委托辩护人

C. 甲确无经济来源，其家属经多次劝说仍不愿为其承担辩护律师费用

D. 人民法院认为起诉意见和移送的案件证据材料可能影响正确定罪量刑

9. 以下有关法律援助制度的说法或者做法正确的是（　　）。

A. 2005年4月1日，公安局以甲犯故意伤害罪为由逮捕了甲，如果甲经济困难的话，则4月2日起甲可以向法律援助中心申请指派律师援助

B. 乙是17岁的未成年人，因犯故意杀人罪被检察院起诉到法院，法院审理时发现乙未委托辩护人，于是为其指定辩护人，则该地法律援助中心同意进行法律援助前必须对乙的经济状况进行审查，符合经济困难条件的才对其进行援助

C. 丙是广州人，2005年“五一”期间在佛山被一犯罪团伙抢去了身上用来治病的仅有的500元钱，而且身上还被砍了几刀，后来该犯罪团伙被抓获，被佛山市某人民检察院依法提起了公诉，法院依法受理了案件。如果丙经济困难的话，可以向该法院所在地的法律援助机构申请指派援助律师作为其委托诉讼代理人

D. 丁是佛山人，2005年“五一”期间在广州天河区被人故意伤害造成轻伤，于是丁向天河区人民法院提起自诉，该法院依法受理了案件。如果丁向天河区法律援助中心申请援助律师作为其委托代理人时，该援助中心必须按照其住所地佛山的经济困难标准来审查丁是否符合援助条件

10. 人民法院指定辩护的刑事法律援助案件，由下列哪些单位接受并组织实施？（　　）

A. 该法院所在地的律师事务所

B. 该法院所在地的法律援助机构

C. 尚未设立法律援助机构的，由该法院所在地的人民政府

D. 尚未设立法律援助机构的，由该法院所在地的同级司法行政机关

延伸阅读

1. 宫晓冰. 中国法律援助制度研究. 北京：中国方正出版社，2004

2. 沈红卫. 中国法律援助制度研究. 长沙：湖南人民出版社，2006

3. 李建波. 中国法律援助制度. 北京：中国检察出版社，2004

4. 马栩生. 当代中国法律援助：制度与理论的深层分析. 北京：人民出版社，2010

5. 陈卫东. 中国律师学. 北京：中国人民公安大学出版社，2006

6. 张中. 弱势群体的法律援助—法律援助服务及其质量问题研究. 北京：中国人民公安大学出版社，2008

7. 李学宽，胡玉霞. 现代法律援助制度中的国家责任. 现代法学，2001 (5)

8. 王鹏，尤文宏. 论我国的法律援助制度. 法制与社会，2006 (3)

9. 李忠春. 法律援助制度与和谐社会的建构. 中国律师，2005 (6)

10. 覃有土，韩桂君. 略论对弱势群体的法律保护. 法学评论，2004 (1)

第八章 律师论辩实务

【内容摘要】

本章主要介绍了律师论辩概念及其在实务中的应用。从律师论辩概念的思考出发，引申出律师论辩内涵，并介绍律师论辩对象，使初学者对律师论辩对象有一定了解。在了解律师论辩概念、内涵及论辩对象后，分别以三大诉讼为视角重点阐述了举证、质证与辩论三个环节及文书写作中的论辩实务。通过案例评析，将知识理论与案例相联系，加深初学者实务中论辩应用的掌握程度。在实务训练中，以案例形式介绍起诉书撰写中的论辩实务。最后通过疑难问题引出律师论辩中论辩语言技巧、论辩应变技巧、论辩心理技巧，供学习者在课后思考。本章重点在于论辩技巧的学习，结合实务案例教程，引导初学者将相应论辩技巧运用于具体案件之中，使之掌握和熟练应用论辩技巧，以提高实务水平。

【知识要点】

一、律师论辩概述

一般认为，论辩是指彼此用一定的理由来说明自己对事物或问题的见解或看法，揭露对方的矛盾，以便最后得到正确的认识或共同的意见。论辩包括论与辩：论，指论理，即依据一定的需要和原则分析和说明事理；辩，指辩驳，通常是指论辩者依据一定的原则来驳斥某种观点。论辩是论和辩的统一。论辩有诸多表现形式，常见的有争议、交涉、辩论、外交论辩、学术论辩、律师论辩等。

所谓律师论辩，是论辩中的一种，它与一般意义上的论辩既有联系也有区别。对律师论辩概念的定义上，不同学者给出了不同回答：有的学者认为律师论辩是指“律师接受当事人的委托，依据事实和法律，确立己方对事物或案件的见解，反驳对方观点和看法，以得到正确的认识或者共同的意见，维护委托人合法权益的语言交锋。”[①] 另有学者认为律师论辩是指“在诉讼、仲裁以及其他纠纷的法律活动中，律师围绕争议或纠纷事实，依据有关证据和法律的规定，在法定程序下，以口头或者书面形式开展的论证和辩论活动，以期对争议或纠纷从事实上和法律上得出正确的认识并获得正确、合法、公正的解决。”[②] 还有的学者指出律师论辩是指“律师在其业务活动中，就某个具体案件的事实、情节、证据、法律适用、法律责任等方面的观点或观点的分歧，对自己的观点加以论证，对不同观点进行反驳，并与对方展开争论。”[③]

要正确定义律师论辩，应当首先对律师论辩内涵充分掌握。只有在对律师论辩的内涵进行充分把握后，才能更好地定义律师论辩。具体来说，律师论辩有以下几个方面的内涵：

1. 律师论辩是发生在法定程序中的活动

其他类型的论辩，可以在生活的各个角落上演，并没有固定的形式要求。但是作为律师论辩，其发生只能在特定程序之中，并且必须按照相应的规则进行，否则不产生当事人所期待的效力。具体来说，律师论辩发生在诉讼、仲裁以及其他解决争议或纠纷的过程之中，并且在不同的诉讼、仲裁程序中其具体论辩规则也有相应的规定。

2. 律师论辩是具有阶段性的活动

律师论辩不同于一般论辩，其不是语言的随意堆积，律师论辩必须按照一定的阶段依次进行，不同阶段中的律师论辩有其特有的要求。以诉讼中的律师论辩为例，律师论辩始于证据的收集，经过立论、举证、质证，辩论等一系列相联系的环节，最终达到预定辩论目的的活动。

3. 律师论辩是特定主体之间的活动

律师论辩的主体是特定的，论辩只能在律师与律师之间或律师与公诉人、其他当事人之间发生，而不能是任意的社会主体。并且特定案件中的律师也是特定，只有接受当事人委托的律师，具有代理权限的律师，才能在当事人的授权范围内对涉及当事人纠纷部分进行论辩。

4. 律师论辩是围绕着确定争议或纠纷的活动

争议与纠纷的出现，是律师论辩的前提条件，并且，这种争议与纠纷必须具有法律性质，即属于应当由法律调整的确定争议与纠纷。不同于其他社会论辩，律师论辩的内容始终围绕着争议或纠纷事实，并且论辩范围只限于对案件处理结果有影

---

① 秦甫：《律师论辩学》，2 页，北京，人民法院出版社，2001。

② 顾永忠等：《律师论辩》，1 页，北京，中国政法大学出版社，2002。

③ 薛少峰：《律师论辩学》，17 页，北京，中国人民公安大学出版社，1996。

响的事实问题、证据问题、法律适用问题和程序问题。

5. 律师论辩是以维护当事人合法权益为目的活动

律师论辩通过提出有利于己方的事实、证据，驳斥对方无理要求和无理狡辩等一系列的论辩活动，促使法官对己方主张事实形成内心确信并形成有利于己方的判决。这一系列的活动围绕的根本目的旨在维护当事人的合法权益，因此律师论辩不是对错的论辩，而是关乎正义的论辩。

通过对律师论辩应有内涵的全面分析，我们可以得出，所谓律师论辩是指在法定程序中，律师通过调查证据、立论、举证、质证、辩论等一系列环节，围绕着具体案件的事实、证据、法律适用等方面，阐明己方观点、反驳对方观点，以维护当事人合法权益的论辩活动。

（二）律师论辩的对象

律师论辩对象的确定对研究律师论辩有着重大意义，只有在明确律师论辩对象后，才能展开论辩，才能使诸多论辩技巧有的放矢。所谓律师论辩对象是指律师论辩所指向的内容，即对于哪些内容，律师需要作出有理有据的分析、论证与反驳。一般认为，律师论辩的对象包括事实、证据、法律适用以及程序适用四个方面。

1. 实体性事实

实体性事实包括两类，第一类为要件事实：要件事实是指在律师论辩过程中，需要用证据加以证明的与实体法效果发生有对应关系的事实，这一类事实是律师论辩的中心。第二类为其他事实，包括间接事实和其他有关的事实，律师论辩与证明活动不同，它不仅仅要证明待证事实，也必须通过间接事实和其他有关事实的提出来佐证要件事实，从而使法官形成自由心证。

2. 程序性事实

程序性事实即程序法上的要件事实，是由相关诉讼法规定的，能够引起诉讼法律关系发生、变更或消灭的事实。根据诉讼的类型不同，律师论辩的程序性事实亦不相同，具体来说，在刑事诉讼中主要程序性事实包括：（1）回避的事实；（2）刑事强制措施的事实；（3）违反法定程序的事实等。民事诉讼与行政诉讼中除回避的事实及强制措施的事实外还包括：（1）证据保全的事实；（2）先予执行的事实；（3）诉讼中止与诉讼终结的事实。随着法治观念的日益加深以及对程序公正的重视，程序性事实的论辩在律师论辩中的比重也在相应增加。

3. 相关证据材料

证据材料是指当事人向法院提供的或者法院依当事人申请调查收集的用以证明案件事实的各种资料。证据材料应当与证据相区别，证据材料的产生先于证据，只有通过质证、辩论后，经法院审核和认定的证据材料方能成为证据。基于证据裁判主义要求，任何案件事实都需要相应的证据予以证明，而证据又来源于证据材料，由此可见，证据材料在律师论辩中的重要性。律师论辩的重点就在于如何使自己所提出的证据材料获得法院支持并成功地反驳对方提出的证据材料。

4. 法律适用问题

法律适用问题主要包括两个方面：（1）对案件定性，即在确定案件的要件事实后，依据相关法律法规，对当事人行为的性质作出法律上的认定，如罪与非罪的认定、或侵权或违约的认定。（2）对定性后的实体处理，即在案件法律关系明确后，具体适用法律的问题，例如罪名的确定，以及民事赔偿的确定问题。

二、刑事诉讼中的律师论辩实务

刑事诉讼中的律师论辩是指在刑事诉讼中，辩护律师通过调查取证、举证、质证、辩论等一系列环节，围绕着被告人是否有罪以及所犯何罪，是否应当处以刑罚以及怎么处罚，依据相关事实、证据和法律规定，阐明己方观点、反驳控方观点，以维护犯罪嫌疑人或被告人合法权益的论辩活动。

（一）审查起诉阶段

审查起诉阶段律师论辩主要体现在律师向检察院提交的辩护意见。所谓辩护意见，是指律师在对现有案卷材料进行查阅和分析后，根据事实和法律，提出犯罪嫌疑人、被告人无罪、罪轻或者减轻、免除其刑事责任的材料和意见。辩护意见是律师在审查起诉阶段的一种书面论辩，在审查起诉阶段对犯罪嫌疑人合法权益的保障有着重要意义。具体来说，撰写辩护意见应当注意以下两点：

1. 正确认识辩护意见的撰写目的

实践中，审查起诉阶段辩护律师往往不能完全了解侦查机关与检察机关所掌握的证据，从而很难直接反驳控方举出的相关证据或辩驳控方提出的案件事实。因此辩护意见的重心不在于反驳控方证据，而在于通过提出对犯罪嫌疑人有利的事实和情节，从而促使审查起诉部门作出不予起诉的决定或以比侦查机关提出的起诉意见书认定的罪名较轻的罪名或犯罪情节提起公诉。在明确了这个目的之后，律师才能更好地通过辩护意见维护犯罪嫌疑人的合法权益。

2. 明确辩护意见的逻辑方式

一般来说，辩护律师在撰写辩护意见时有两种撰写模式：（1）争取检察院作出不起诉决定，（2）争取检察院作出变更罪名或案件定性。作为辩护律师，撰写辩护意见最合适的逻辑应当是首先积极收集《刑事诉讼法》中规定的不起诉事由，在没有或缺少相关事由的情况下，再去寻找能够促使检察院变更罪名或案件定性的事由。只有这种层层递进的模式选择，才能切实维护犯罪嫌疑人的合法权益。

（二）法庭调查阶段

法庭调查阶段的律师论辩集中表现为举证与质证。在刑事诉讼中，控方承担举证责任，辩方只需要让法官对控方提出的案件事实产生合理怀疑即可。因此律师论辩的重点在于如何收集及提出证据反驳控方提出的事实与证据，律师论辩的重点偏向辩而非论。

1. 举证环节中的律师论辩

刑事诉讼中律师举证的目的在于提出有利于当事人的事实与情节，以证明被告人无罪、罪轻或有从轻、减轻等量刑情节，为了达到这个目的，律师在举证时应当侧重以下几个方面：

（1）突出焦点，避免盲目举证

刑事诉讼中，控方承担举证责任，辩方只需要使得法官对控方观点产生合理怀疑即完成了辩护任务。因此，律师举证时，应当在充分阅卷和分析起诉书的基础上，寻找控方可能存在的漏洞与案件争议焦点，对控方存在的漏洞努力辩驳。另外还应该紧密围绕着争议焦点进行举证，避免盲目举证，使有利于被告人的证据淹没在大量无用证据之中。

（2）适时举证，抓住最佳时机

在举证环节，面对纷繁复杂的诸多证据，我们不能苛责法官对每一项证据都能充分的了解。但是某些对当事人极其有利的证据，作为辩护律师应当尽可能地让法官予以重视并充分了解。欲达到这个目的，可以采取适时举证的论辩方法，将某些重要证据在适当时机提出。具体来说，举证时机应当以己方证据内容、证明对象及控方提出相关事实时间点等几个因素为考量，做到适时举证，从而让法官对己方有利证据能充分认识，做到有的放矢。

（3）"无中生有"，争取证据开示

公诉机关向人民法院移交案卷材料中，一般只会移送证据目录和控方认定的"主要证据"，而其他"非主要证据"却不会提出。这种"主要证据"、"非主要证据"的划分也仅凭公诉机关的一面之词；更重要的是，在这些"非主要证据"中，可能包含有利于被告人的证据。只要辩护律师能证明该情况的存在，法院有权要求检察机关向辩护律师出示拟移交法院的全部证据，作为对应条件，律师要将其调取的证据向公诉机关出示，行内统称"证据开示"。通过这种技巧，辩护律师不费吹灰之力便可获得有利于己方的证据。

2. 质证环节中的律师论辩

质证环节是法庭调查中最为重要的环节，律师论辩的成败很大程度上取决于律师对控方证据反驳的成功与否，质证主要围绕着控方提出证据的客观真实性、合法性、关联性三者进行质疑与论辩。在质证中，律师论辩应当侧重以下几个方面：

（1）仔细聆听，找出控方证据矛盾

刑事诉讼中，控方为证明被告人犯罪事实将辅以大量证据，在质证环节律师论辩的关键就是如何反驳这些证据。而聆听控方举证，是律师进行反驳的重要开始：通过仔细聆听、认真分析，尝试找到控方证据中的矛盾或是漏洞。利用控方证据中存在的矛盾、漏洞进行论辩，更为有助于其后的论辩。

（2）以十敌一，充分利用证据组合

面对控方精心准备的证据，有时很难直接从证据本身进行反驳，这时可以另辟蹊径通过寻找和利用证据组合以达到反驳该证据的目的。所谓证据组合是指一系列间接指向案件事实的证据，合理的将这些间接证据进行组合，还原案件真实情况，能达到出乎意料的质证效果。

(3) 两难辩驳，有效反驳证人证言

对于证人证言的反驳，是通过辩护律师询问来进行的，因此辩护律师的提问技巧对反驳证人证言极为重要。两难辩驳，是指律师在询问证人的过程中，提出数个相互联系又相互排斥的命题，让证人回答，无论证人确定哪个命题为真，其后命题都将对其不利，从而质疑该证人证言的效力。

(三) 法庭辩论阶段

法庭辩论阶段，是整个刑事诉讼过程中最精彩的阶段，在这个阶段辩护律师与公诉人代表将第一次面对面地对案件事实及法律适用等问题展开针锋相对的论辩。在这一阶段，律师论辩体现在以下两个方面：

1. 辩护词的撰写

辩护词，是辩护律师为履行其职责，针对起诉书的指控内容，根据事实和法律向法庭提出论辩意见的一种法律文书，其中心内容是根据事实和法律对起诉书指控的内容进行反驳和辩解或对指控作出全面评价。在撰写辩护词时应当注意以下两点：

(1) 充分了解案情，抓住主要分歧点

欲撰写一份成功的辩护词首先应当充分了解案件情况，仔细翻阅起诉书以及相关案卷材料，询问被告人以及其他涉案人员后，抓住主要分歧点，寻找起诉书中控方的薄弱点，紧紧围绕着分歧点及控方薄弱点展开论辩。

(2) 内容逻辑严谨、观点鲜明，前后一致

辩护词的撰写除了要围绕主要事实分歧外，在内容上还应当逻辑严谨，观点鲜明，即必须依据事实、法律来阐释自己的论点，并言之成理。另外，辩护词内容上应当前后一致，不应当在无罪辩护中出现减轻、从轻等量刑上的论辩，这样的论辩很明显是前后冲突的。

2. 辩论环节中的律师论辩

在辩论环节，控方将围绕着犯罪事实进行论证，而辩护律师的主要任务在于对控方观点的反驳。因此，本章对法庭辩论技巧的介绍将以如何反驳控方为主。

(1) 针锋相对，以事实对抗“事实”

刑法以“事实为依据，法律为准绳”，在诉讼中法官定案要求有确凿的犯罪事实及相关证据。然而控方在起诉书中认定的事实，大多是基于其控诉职能提出的不利于被告人的事实，这种事实可能是错误或是虚构的。律师在辩论阶段论辩可以围绕着事实，针锋相对以己方证据还原真实的案件情况，以真理攻击谬论，正面反驳控方提出的观点。

(2) 釜底抽薪，打破控方证据链

案件事实需要由证据加以证明，经过侦查机关、公诉机关的精心打造，控方证据会形成一条坚固的“证据锁链”，紧紧地“捆绑”被告人。辩护律师在辩论阶段，不一定要全盘反驳控方观点，只要将这条“证据锁链”拆断即可。要打破控方证据链，要求律师以质证结果作为基础，在辩论环节削弱关键证据的证明力。只要控方

的“证据锁链”被打破，法院将基于“孤证不能定罪”、“排除合理怀疑”等原则，驳回控方的主张。

（3）避实就虚，寻找有利量刑情节

在事实清楚，证据确凿的情况下，律师也不能坐以待毙，在法庭辩论中不做任何论辩。在这种情况下，辩护律师可以在辩护中对供认事实不予争辩，采取“回避”的态度，承认其真，然后积极去寻找一些有利于被告人的量刑情节，对法官动之以情，让法官形成该被告人虽有犯罪行为但社会危害性不大或有其他减轻、从轻的量刑情节，以达到维护被告人合法权益的目的。

三、民事诉讼中的律师论辩实务

民事诉讼中的律师论辩是指在民事诉讼中，代理律师通过调查取证、举证、质证、辩论等一系列环节。围绕着争议或纠纷事实，依据相关事实、证据和法律规定，阐明己方观点、反驳控方观点，以维护当事人合法权益的论辩活动。

民事诉讼中律师论辩的重点集中表现为起诉应诉阶段的文书撰写、开庭后的法庭调查与法庭辩论阶段，下面重点介绍这三个部分的律师论辩技巧。

（一）起诉应诉阶段

起诉应诉阶段律师论辩的主要形式为书面论辩，即通过将己方观点及论证过程记载于起诉状或答辩状中，由法院送达对方当事人的方式，进行书面论辩的活动。如何成功的撰写起诉书和答辩状是本阶段的论辩重点。

1. 如何撰写起诉书

民事起诉书，是公民、法人或者其他组织，因自己的民事权益受到侵害或者与他人发生民事争议时，为维护自己的合法权益而向人民法院提交的，请求依法裁判的诉讼法律文书。一般来说，撰写起诉书应当注意以下几项：

（1）选择有利的法律关系

撰写起诉书，必须在认真分析案件事实基础上，定性法律关系。只有在正确定性法律关系后，其他论辩才能随之展开。由于民事纠纷的多样性及民事法律的竞合性，一个民事纠纷会构成多重法律关系，撰写起诉书时应当选择最为有利的法律关系进行论辩。

（2）选择最合适的被告

在民事诉讼中，往往有多个被告，一个成功的律师会寻找尽可能多的被告，从而确保当事人的合法权益受到最大限度的维护。选择合适的被告，要求代理律师以法律关系为基础，积极寻找实体法上规定的赔偿义务人，并对比哪些赔偿义务人更有赔付能力，从而在诉状中列出最合适的被告。

（3）巧妙地提出诉请

诉讼请求是原告主张权利的具体表现，撰写诉状最重要的就是要将原告所主张的权利具体化、合理化。诉状中提出的诉讼请求是否恰当，对整个诉讼过程的论辩难易以及最终的胜诉都有重要影响。提出适当的诉讼请求应当综合考量法律关系的定性、当事人的要求、现有证据材料、诉讼成本和诉讼目的等因素。

2. 如何撰写答辩书

在被告收到原告起诉书副本以后，在法定期限内，针对原告在起诉书中提出的事实、理由及诉讼请求，进行回答和辩驳的书状，称为答辩状。答辩状是被告在法定期间内对原告主张的抗辩，因此撰写答辩书时应当注意以下两项：

（1）仔细阅读起诉书，有针对性答辩

撰写答辩状之前，代理律师应当仔细阅读起诉书中列举的事实与相关证据，发现原告的诉讼目的及诉讼原因，并从原告提出的事实和证据中寻找纠纷争议的焦点，对争议焦点进行有针对性的答辩。

（2）注重细枝末节，重视程序性问题

答辩状往往是基于原告起诉书中提出的事实和证据进行反驳，这样的反驳固然有效，但是这类反驳可能耗时耗力，乃至不能达到预期目的。因此，撰写答辩状时也可以由程序性问题出发，从当事人适格、诉讼时效等问题进行论辩。

（二）法庭调查阶段

民事诉讼中，经过准备开庭阶段后，进入法庭调查阶段，法庭调查阶段主要论辩任务在于论证己方证据以及辩驳对方证据。在这一阶段，律师通过举证与质证两个环节来进行论辩：

1. 举证环节中的律师论辩

举证在民事诉讼中属于极其重要的环节，只有通过周密举证才能证明己方主张的事实，使法官支持己方诉讼请求。下面简要介绍民事诉讼举证环节中律师论辩可能涉及的方法：

（1）步步为营，对要件事实充分举证

步步为营是指代理律师对构成法律关系的每一个要件事实，用充分的证据进行阐释、说明，不让对手找到己方任何一处矛盾的方法。一般来说，这种举证技巧适合于负有证明责任的当事人。

（2）以立代破，跳出起诉书预设的逻辑

以立代破是指在诉讼中不直接把矛盾指向对方，而是若无其事地将对方的错误观点搁在一旁置之不理，然后从正面提出己方观点以及事实陈述，通过这样的方式间接反驳对方。这种论辩技巧多适合不负证明责任的当事人。

（3）借助权威，合理利用专家证据

借助权威是指在诉讼证明活动过程中，借助某些专家证据或者其他权威机构出具的证据，对事实进行证明的技巧。随着科技在日常生活中的影响日益扩大，科技对诉讼活动的影响也开始凸显，新型案件及新的证明手段层出不穷。在举证环节中，为了更好地证明案件事实，代理律师可以求助于相关领域的专家，出示专家证据，能起到意想不到的作用。

2. 质证环节中的律师论辩

质证主要是围绕着证据的本质属性进行，对证据的客观性、关联性、合法性进行论辩，层层剥离、辨别真伪，从而使对方举证失去效力。质证环节中应当侧重以下几个方面：

（1）知己知彼，百战不殆

质证的重点在于如何成功质疑对方的证据，使对方证据不被采信，因此质证中了解对方举证也是同等重要的，即知己知彼，百战不殆。在对方举证时，代理律师应当认真倾听并确定其举证目的以及思考如何质疑该证据，只有在充分了解对方举证目的后才能更好地辩驳对方证据。

（2）偷梁换柱，彼证我用

所谓偷梁换柱，是指将对方有利的证据变成对我方有利的证据，从而逆转形势，取得论辩的胜利。具体来说，偷梁换柱包括虚假证人证言以及对方持有但未提交法院的有利于我方的证据。对于虚假证人证言，可以通过私下沟通引导，避免其向法院陈述虚假证言；对于对方持有但未提交法院的有利于我方的证据，应当积极提供证据证明对方当事人持有证据且无正当理由拒不提供，只要证明对方有这种情况的出现，举证责任将倒置。通过“偷梁换柱”技巧使得彼证我用，间接达到质证的效果。

（3）来源入手，反破对手

当对方列举的证据的客观性与关联性都似乎无法辩驳的时候，代理律师仍然应当积极地进行论辩。这个时候不妨由证据来源入手，要求对方说明证据来源，假若该证据是违法取得或是虚假证据，就可以从合法性角度对证据进行反驳了。

（三）法庭辩论阶段

法庭辩论是代理律师全面系统地阐述己方观点，以法庭调查的结果为基础，对争议焦点、适用法律充分发表意见，最后针对对方观点、理由进行反驳的论辩活动。法庭辩论主要体现在以下两个方面：

1. 如何撰写代理词

代理词是代理律师在法庭辩论阶段的重要书面论辩材料，成功的代理词能极大的帮助之后的口头辩论，在撰写代理词时应当注意以下两个问题：

（1）目的明确，突出重点

代理词不同于辩护词，辩护词的中心目的是如何反驳控方的观点，而代理词却不同。原告的代理词应当主要论辩要件事实成立的依据以及证据的证明力，而被告的代理词应当紧紧围绕如何反驳对方要件事实以及相关证据的证明力，因此，在撰写代理词的时候代理律师应当充分了解代理目的。

（2）据实论证，情理结合

所谓据实论证就是“讲事实，摆道理”，充分列举相关事实，而情理结合指在除了法律上的论辩外，把情与法相结合，虽然“说情”不能代替法律，但是更容易引起法官情感上的共鸣。

2. 辩论环节中的律师论辩

民事诉讼辩论环节要平衡论证己方观点与反驳对方观点，两者并行不悖，相互兼顾，缺一不可。在辩论环节，应当侧重以下几个方面：

（1）防守反击，优先论证己方观点

成功的辩论，首先应当集中力量论证自己的论点，以法庭调查查明的事实充实己方论据，掌握法庭辩论的主动权，待成功防守后再开展对对方观点及主张的反驳。这样，避免了在辩论阶段手忙脚乱，瞻前顾后的情况，从而更好地开展论辩活动。

（2）诱敌深入，使对方弱点充分暴露

在法庭辩论中，往往双方代理律师都会留有“后手”，一味的主动出击往往只能进入对手设计的论辩陷阱，使得法庭辩论较为被动。其实，在法庭辩论中可以诱敌深入，引而不发，让对方充分发表自己观点后再慢慢反驳，当然这并不是说对对方任何疑问都进行回避，某些问题的及时回答是必需的。

（3）以法律为名，论辩法律适用问题

民事诉讼中代理律师大多围绕着案件事实、证据的证明力进行辩论，而忽略了具体法律适用的论辩。在某些民事案件中，案件事实清楚，但是实体法上的不同理解往往会导致不同的案件结果，因此，作为代理律师，应当积极地论辩法律适用，从而维护当事人的合法权益

四、行政诉讼中的律师论辩实务

行政诉讼中的律师论辩是指在行政诉讼中，代理律师通过调查取证、举证、质证、辩论等一系列环节，围绕被诉具体行政行为是否具有合法性，依据相关事实、证据和法律规定，阐明己方观点，反驳控方观点，以维护当事人合法权益的论辩活动。

行政诉讼肇始于民事诉讼，行政诉讼法中没有规定的，可以参照民事诉讼的有关规定。另外行政诉讼中程序及论辩都与民事诉讼相仿，可以相互借鉴。鉴于此，本章仅分别从行政诉讼原告和被告两个角度简略介绍行政诉讼中的律师论辩。

（一）作为原告的代理人

在行政诉讼中，原、被告双方地位具有恒定性，原告只能是行政行为的相对人，因此代理原告的律师论辩主要任务在于如何反驳具体行政行为的合法性。另外在行政诉讼中，行政主体负有证明责任，因此在行政诉讼中原告方论辩技巧主要在于辩驳。

1. 纵横分析，反驳具体行政行为的事实基础

纵横分析就是在论辩过程中对案件的发生、发展、变化以及结束的全过程进行纵向和横向的分析比较，将具体行政行为的基础事实真实还原，反驳行政机关作出具体行政行为时认定的虚假事实，从而质疑该具体行政行为的合法性。

2. 剑走偏锋，反驳具体行政行为的程序基础

剑走偏锋是指在论辩过程中不从被诉具体行政行为的事实基础及行政机关提供的证据出发进行辩驳，而是独辟蹊径，由作出具体行政行为的程序入手。对被诉具体行政行为程序的论辩，主要围绕着被诉行政主体作出具体行政行为时，是否违反

了公正、公开等原则或违反了如告知、说明理由、申辩等基本制度。

3. 利用冲突，反驳具体行政行为的法律基础

在论辩行政行为合法性时，可以针对被诉具体行政行为适用法律错误来进行反驳。具体来说，被诉行政主体在作出具体行政行为时，会适用相关的法律法规。但基于某些原因，行政主体适用的地方法规可能与相关法律法规相冲突，代理律师只要寻找到这种冲突的存在，就可以轻易地反驳该具体行政行为的合法性。

（二）作为被告的代理人

作为行政诉讼中的被告，行政机关应当就被诉具体行政行为的事实、证据及法律适用等各方面进行答辩，律师在论证被诉具体行政行为具有合法性时，应当侧重以下两个方面：

1. 全面答辩，坚持依法行政

法院审理行政案件，对具体行政行为的合法性进行审查，不受原告提出的事实和理由的限制。因此，被告在答辩中，应当遵守全面答辩的原则，也许原告诉状仅仅是针对被告行政行为的一个方面提出争议，但是律师不能局限于原告争议的内容，而是要全面阐述被诉具体行政行为合法性的各个要素。

2. 正名反驳，阐述行政行为概念实质

所谓正名反驳，是指律师从辨析概念的内涵与外延入手，通过准确定义概念的内涵外延，来反驳对方无意或故意地曲解该概念，从而达到论辩的成功。在行政诉讼中，行政相对人基于自身认识的原因，错误理解法律、行政法规上关于行政行为的解释，混淆行为之间的联系，希望浑水摸鱼逃避处罚。这时候，作为被告代理律师可以通过对相关概念作出解释，以真实反驳虚假。

【案例评析】

案例一

（一）案情简介

7月20日夜，王某与几名同学去酒吧聚会，在聚会过程中与另外一名顾客谢某发生冲突。在冲突中，王某受伤，后被送入医院治疗，经过医院诊断，王某脸部被割伤，伤口直径2.5cm；背部青淤，软组织挫伤；右肋骨骨折。经过2个星期治疗，共花费2万余元。

现王某起诉谢某，要求其赔偿治疗费用、其他费用共计3万元。人民法院受理了该案件，黄律师接受谢某委托担任其一审诉讼代理人。

（二）基本问题

1. 面对起诉书构建的虚假案情，应当如何论辩？

2. 面对对方提出的虚假证人证言，应当如何论辩？
3. 面对对方提交的虚假医疗诊断书，应当如何论辩？
4. 在双方均有过错的情况下，应如何对过错程度进行论辩？
5. 对于行为与结果之间的真实联系，应当如何论辩？
6. 为有效地解决纠纷、达成调解协议，应怎样进行论辩？

（三）案例评析

1. 以立代破，还原真实案情

在诉讼中对方极可能存在虚假陈述案情的情况，代理律师不能一味地按照对方的思路来进行论辩，这样的论辩虽然有一定效果，但极可能陷入对方早已设下的陷阱，使得之后的论辩过于艰难。相反，代理律师可以独辟蹊径，另起独立的论点，还原真实案情，通过论证己方事实的真实性间接反驳对方的观点。

本案属于典型的民事侵权案件，原告在起诉书中陈述了对其极为有利的事实，并配之相关证据予以支持，仅仅从起诉书来判断，法院很可能会支持原告的诉讼请求。黄律师在充分阅卷后发现了几个问题：第一，被告孤身一人，怎么会主动与人数众多的王某等人冲突并将王某打伤？第二，即使打伤，从王某身上的伤痕分布来看，也不像是一人所致，其中应该存在他人致伤的可能性。第三，正常情况下，按照王某的伤势，其就诊费用不会如此之多，其医疗费用计算可能存在问题。

抱着这些疑问，黄律师调查了案发现场的具体情况，并询问了相关当事人，发现这起简单的侵权案件竟有许多复杂的情况：原告向法院提交的证据，多项作假；案件主要证人虚假作证，隐瞒真实情况；原告的医疗诊断书也存在伪造的情况。

为了更好地达到论辩效果，在答辩过程中，黄律师并没有将矛头指向对方论调中的种种错误，而是通过细心分析案情，抽丝剥缕地还原案件实情，建立其独立且严谨的逻辑体系，从侧面间接地反驳对方观点，让法官信服。

2. 偷梁换柱，将对方主要证人为我所用

所谓偷梁换柱，是指律师在取证过程中，将对方重要证据为我所用，使得原先有利于对方的证据转变成有利于我方的证据，从而在举证或质证中，出其不意，成功反驳对方观点的论辩技巧。

在本案中，根据原告王某的描述，当晚饮酒时，谢某借酒挑衅，王某的几位同学过来劝阻，但是谢某依旧我行我素，他们才被迫反抗。对于这个事实，原告提供了当晚酒吧保安孙某的证言予以支持。而被告谢某称情况绝非如此，当晚谢某与女友分手，心情不佳，在酒吧独自饮酒。由于王某等人过于喧哗才上前阻止，哪想反被王某辱骂，并动手打人，谢某情急之下随手拿起酒瓶防卫才将王某打伤。具体打到哪里由于场面混乱、灯光昏暗也没看清。黄律师了解这一情况后，联系王某身上的伤痕，想到真实情况可能与起诉书中所述并不相符。可是纠纷发生时只有酒吧保安孙某一人目睹了整个过程，如何争取到酒吧保安对诉讼的胜负有关键作用。

发现这个线索后，黄律师决定改变之前的方法，放弃从其他相关人入手，而准备“偷梁换柱”将酒吧保安孙某争取过来，得到直接证据以还原真实的案件情况。

黄律师找到酒吧保安，通过多次交谈，了解到其作伪证是受原告威胁所致，黄律师陈述了事情的利害关系，成功地说服了酒店保安，使得其愿意为被告出庭作证，从而逆转了被告的不利局面，为之后一系列论辩营造了有利于我方的局面。

3. 来源入手，排除虚假医疗诊断书

面对对方精心准备的证据时，可能从客观性与关联性难以反驳，这时候代理律师不妨从证据的来源入手，要求对方说明证据来源，假若该证据是违法取得或是故意伪造，就可以从合法性角度对证据进行反驳了。

在法庭调查阶段，原告方提出某医院作出的王某伤势医疗诊断书以及相关费用凭证，以证明损害结果以及支持原告的赔偿诉讼请求。黄律师发现，该医疗诊断书以及相关费用凭证的客观性和关联性都难以辩驳，诊断书上的印章也是该医院的正规用章。但是代理律师通过调查了解到，原告当晚受伤并没有医疗诊断书所称的那样严重，治疗费用也不应该有 2 万之多。既然该证据的客观性及关联性都无法辩驳，那么只能从该证据的来源入手，试图论辩其来源不合法或有伪造的可能性。

黄律师来到出具该医疗诊断书的医院进行调查走访，发现一个重要事实：原告的父母均是该医院的职工。经过其后更加深入调查，从一位护士口中了解到，原告父母为了得到更多的赔偿，从而唆使主治医生修改了医疗诊断书，将背部软组织挫伤以及肋骨骨折等受伤情况虚假加重。

了解到这些情况后，代理律师及时向法院申请鉴定，通过其后的鉴定结果也支持了代理律师的猜想，原告案发当晚受到的损害并没有之前原告提出的医疗诊断书中那样严重，代理律师通过证据来源入手分析，成功反驳了对方虚假证据。

4. 选言排除法，找出行为与损害之间的真正联系

所谓选言排除法，亦称选言间接论辩法，是指运用选言推理的否定肯定式进行论证或反驳的一种演绎的论辩方法。

在本案中，原告在起诉状中称，被告谢某在打斗中导致原告全身多处受伤，主要伤痕包括三处：（1）右脸部眼睑下侧长度 2.5cm 划伤；（2）背部软组织挫伤；（3）右肋骨骨折。并举出医院的医疗诊断书，以证明原告受到的损害程度。黄律师在之前与被告谢某的交谈中得知，打斗中被告始终只用了一个破裂的酒瓶进行防卫，并没有主动攻击王某，对王某的多处伤痕表示疑惑，可当时酒吧灯光昏暗，也记不清这么多了，决定吃点亏按照原告要求的赔偿。令黄律师感到疑惑的是，一个破裂酒瓶很难造成原告身体上三处伤痕，为此，黄律师专门咨询相关专家，并了解到了以下情况：（1）背部软组织挫伤一般是受钝器打击而成。（2）肋骨骨折需要受到钝器的直接击打，且需要击打力度较大。

黄律师在获得相关证据后，在法庭调查阶段对原告方提出的损害结果利用选言排除法成功地进行了反驳：第一个选言，原告背部软组织挫伤需要受钝器击打方能造成，而被告使用的是锐器破裂的酒瓶，因此，原告背部软组织挫伤不可能是被告造成，被告对此损害不负赔偿责任；第二个选言，原告肋骨骨折需要钝器用力击打才能造成，同理亦与被告无关，被告对此损害也不负赔偿责任。加上当时目击者酒吧保安提供的被告仅仅攻击过原告一次的证人证言，可以很充分地反驳原告提出的

三项损害均为被告谢某造成的这一虚假事实。黄律师巧妙地使用选言排除法，让庭审过程中的所有人都相信了被告仅应当对原告面部割伤这一损害负有赔偿责任，从而大大减轻了被告的赔偿责任。经事后查证，原告的另外两项伤痕是由于灯光昏暗，受其同学误伤所致。

5. 因果分析法，寻找双方各自的过错程度

因果分析法，是指在民事诉讼过程中，以事物之间因果关系来判断其是否应当承担民事责任，以及民事责任程度的一种论辩方法，主要用于寻找损害结果、过错、损害行为三者之间的关系。

在本案中，原告在起诉书中称案发当夜，是由于谢某主动上前挑衅原告等人才发生了其后的冲突，因此谢某应当对原告损害承担全部责任。经过黄律师的不懈努力，挖掘起诉书背后的案件真实情况，并成功地说服了案件主要证人酒店保安证明当晚纠纷发生的真实情况。现在的关键问题是：究竟是谢某之前的劝阻行为导致了冲突，还是王某其后的过度反应导致了冲突。对这个问题的论辩切实关系到被告应当在多大程度上承担民事责任的认定。

在法庭辩论环节，如何对双方过错进行论辩，黄律师采用了因果分析法，对双方最初的行为与纠纷的发生之间的因果联系进行分析。经过分析，被告最初的劝阻，既没有通过言语刺激、辱骂也没有使用武力进攻动作，按照常理，这样的行为不会引发之后的斗殴事件。因此，劝阻行为与这一系列纠纷并没有直接的因果联系。整个事情的起因，应该是原告仗着人多势大，不听被告的劝阻还对被告进行人身攻击。虽然被告使用较为危险的破裂酒瓶进行防卫，有一定过错，但是这个过错程度应当小于原告的挑衅行为。经过黄律师整体把握案件的因果关系，将因果链逐一理顺，法官很明晰地看清事情发生的原因与结果，从而认定在本案中，原告应当负主要责任，而被告仅仅是防卫过当而负次要责任。

6. 动之以情，晓之以理，与原告达成调解协议

民事诉讼中的论辩与刑事诉讼中的论辩不一样，民事诉讼的论辩是发生在平等主体之间，基于人身或财产上纠纷进行的论辩活动，这种论辩具有可妥协性，不同于刑事诉讼中的论辩是罪与非罪，罪轻或罪重这类不可调和的矛盾。因此，在民事纠纷的论辩中，可以通过动之以情，晓之以理的论辩技巧更完满地解决纠纷，既维护了当事人的合法权益，又避免了原、被告陷入无休止的争执和长时间的诉讼。

在本案辩论环节，双方当事人就案件事实、相关证据都基本达成一致，争议的主要焦点围绕在过错程度以及赔偿数额问题，双方争得面红耳赤。在这种情况下，固然可以将赔偿数额等问题留给法院处理，但是在案件事实基本查清的情况下，争取双方的和解往往是更有利的处理方式。

黄律师首先对原告的伤情表示关心，代被告表达了将会在开庭后及时去医院看望原告的愿望，并对当晚在双方都饮酒的情况下发生这种冲突表示理解。同时，代理律师从多方面阐释了对于这次纠纷的发生，原、被告都应负一定责任，暗示原告法院不可能完全支持其诉讼请求，希望与原告达成调解协议，使得纠纷在友好的氛围下解决。事实上，原告方通过之前法庭调查以及其后的法庭辩论环节已经知道自

己很难获得胜诉，在黄律师“主动示好”的情况下，自然愿意与之达成调解协议。

最后，这个案件在双方互谅互让下完美解决，按照调解协议，谢某赔偿王某损失共计 1 500 元，诉讼费用双方各承担 50%。在这个案件中可以看出，判决结果深切地受到了各类论辩技巧的影响。

案例二

（一）案情简介

7 月 2 日晨，某派出所接到群众举报，称某小区 205 号房发现一名女尸。经查死者系 205 号住户吴某，死者赤身裸体且有打斗痕迹，经法医鉴定，死者死亡时间大约在 7 月 2 日凌晨 1 时，死亡原因系他人以织物勒颈致其窒息死亡，被害人为 A 型血。经现场勘验，侦查机关发现带有被害人血液的烟头一个。侦查机关在通过其后的调查中得到几份证言，包括（1）吴某邻居王某证言证实，7 月 1 日晚透过其防盗门猫眼看到一高大男子进入吴某家中；（2）小区保卫证言证实，7 月 1 日晚 12 点多有一高大男子进入小区。

警方迅速锁定犯罪嫌疑人陈某，陈某系被害人生前男朋友，警方认为陈某因近期吴某要求与其分手而杀人泄愤，并于 7 月 15 决定对其实施逮捕。在羁押期间，警方获得了陈某有罪的供述。基于此，侦查机关于 8 月 20 日移交检察机关，检察机关经过审查决定起诉，黄律师接到陈某父亲委托，担任一审辩护律师。

（二）基本问题

1. 在控方强大证据攻势之下，应当如何开展论辩？
2. 对于控方重要物证，应当如何论辩？
3. 对于控方关键证人证言，应当如何论辩？
4. 当了解到控方拥有有利于我方的证据时，应当如何论辩？
5. 当出现有利于我方的事实或证据时，应当如何论辩？

（三）案例评析

1. 突出举证焦点，避免盲目举证

一个刑事案件，在侦查机关缜密的调查、公诉机关逐字逐句、精心准备下，都会形成一份由“主要证据”为基础讲述的内容完善、逻辑清晰的“犯罪故事”，并且各项证据之间也看似牢不可破。即使在这种情况下，律师仍然需要用怀疑乃至责难的眼光去看待该“犯罪事实”，并仔细查阅案卷、认真分析控方提出的证据、积极寻找举证焦点及突破口，围绕着举证焦点以及突破口进行举证。

在本案中，控方提出了多项证据以构建一个完美的“犯罪故事”：

一个带有被害人血液的烟头，上面的唾液经 DNA 检验为陈某，通过该物证证明陈某案发时有在场的可能；其次被害人生前邻居王某证人证言，证实疑似陈某的男子出现在犯罪现场，保安的证言也能佐证这一点；最后被告人供述更是能直接认定犯罪事实。结合陈某情杀的犯罪动机以及多方证言，似乎可以充分证明陈某杀害吴某的犯罪事实，侦查机关与公诉机关共同打造的“陈某情杀前女友”这个“犯罪故事”似乎无懈可击。

在受理该案件后，黄律师认真阅卷与分析案情，积极走访案发地并多次询问相关人员。在充分地了解案情后，确定了控方提出的带有被害人血液的烟头以及吴某生前邻居王某的证人证言是该案件的焦点以及突破口。其后的论辩应当紧紧围绕这两项证据的真实性、合法性及关联性进行，只要能成功辩驳这两项证据，控方指控的犯罪事实将不攻自破。

2. 以十敌一，充分利用证据组合

控方提交给法院的证据，很多都是侦查机关花费数月寻找到的直接证据，很难直接从该证据本身入手。这种情况下，辩护律师通过寻找相关的间接证据，利用间接证据之间的组合，有时可以起到出乎意料的作用。

本案中，控方提交的用以证明被告人陈某在犯罪现场的物证即一个沾有被害人血液的烟头，通过 DNA 的鉴定，该烟头正是被告人陈某留下的。平常陈某烟瘾极大，不排除其在犯罪时抽烟的可能性。如何反驳该证据成了黄律师的疑难问题。

黄律师通过开庭前与被告人的沟通了解到，在案发当天下午被告人也曾在吴某的住所滞留大约一个小时，期间也抽了 2—3 支香烟，黄律师判断控方出示的那个烟头极有可能是下午遗留，而在案发时血液溅射上去的。但是仅凭被告人一席话法院是不可能采信的，只有通过其他证据证明被告人在案发当日下午去过被害人住所。

黄律师通过在被害人小区的走访调查过程中了解到：案发当天中午 12 点半左右，被告人陈某与被害人吴某曾在小区门口一家饭店吃饭，吃完饭后走进了小区内。由于吃饭中间两人发生过剧烈争吵，因此饭店老板对陈、吴二人在饭店用餐印象极深；另外从小区内一家超市老板口中了解到被告人陈某于下午 1 点半左右在超市买了一包红塔山香烟后，跟吴某一起走上楼，该香烟与控方提交的物证相符；最后，黄律师通过吴某楼上住户得知，其在下午 3 点半下楼取包裹时遇到陈某正巧离开吴某住处。

在质证环节，黄律师通过向法院出示这一系列的证人证言，还原了案发当天下午陈、吴二人在小区外午饭后，陈某携带一包香烟与吴某一起回到住处的事实。通过一系列的间接证据证明了案发时那一个沾有被害人血液的烟头可能是被告人下午遗留的，使得审理该案的法官产生了“合理怀疑”，成功击破了控方欲以“带血烟头”证明陈某在犯罪现场的初衷。

3. 两难辩驳，成功反驳控方证人证言

所谓两难辩驳，是指律师在询问证人过程中，列举两种或几种可能性的情况，让对方从中选择，对方无论选择哪一种，其结果都将对对方不利，然而除此以外又没有其他选择，必然使对方陷入左右为难的境地，以反驳对方证人证言的真实性，从而获得诉讼的胜利。

在本案中，控方提出的另外一份重要证据是吴某邻居王某的证人证言，王某声称半夜 12 点多，听到外面有异常响动，通过防盗门上的猫眼目睹了被害人被被告人劫持进入房间，大约20分钟后迅速离开了。黄律师对该证据表示极为怀疑，首先一个正常人怎么会在目睹了犯罪发生的情况下不及时报案而放任犯罪行为的发生？其次如果当时并不是犯罪嫌疑人劫持进入，而是两人如平常一样进入，证人怎么会在毫无缘由的情况下通过猫眼观察外部？基于此，辩护律师认为该证人很有可能是在说谎。于是，在法庭调查过程中，黄律师向该证人询问：

黄律师："平常是不是有人按了你家门铃以后，你才会通过猫眼去观察外面的人？"

证人："是的。"

黄律师："那平常有人上下楼，发出任何响声，你是不是也会通过防盗门上的猫眼去观察外面的人？"

证人："那肯定不会。"

黄律师："那案发当夜，你在干什么？"

证人："我在工作，整理工作材料。"

黄律师："那案发时候被害人有没有按你门铃？"

证人："没有。"

黄律师："那你专心致志，一心在忙自己工作的时候有没有听到外面传来的呼救声音？"

证人："没有。"

黄律师："隔着客厅以及书房两道关闭的房门，你听到了楼道里有打斗的声音吗？"

证人："这个我记不清楚了。"

黄律师："那案发当夜，你专心致志地忙你自己的工作，也不会关心邻居是否回来晚的问题，并且没有任何人按你家门铃，隔着两道门也不可能听到外面任何声音，是什么促使你放下手中的工作走出书房，再通过猫眼去观察外面情况？而且在极为碰巧的情况下遇到有人杀害你的邻居，你为什么不报警？"

证人：（不语）

黄律师在本次证人询问过程中，利用了两个难题来反驳证人：（1）证人隔着两道门在听不到任何呼喊又没有人按门铃的情况下，会不会无缘无故地透过猫眼去观察门外的情况？（2）在极为巧合的情况下，证人透过猫眼看到门外有人准备杀害自己的邻居，证人会不会报警？

证人无论肯定哪个都会受到非议或怀疑，因此通过两难辩驳，将证人塑造成为一个半夜三更向外无故窥探，碰巧目睹被告人行凶却不报案的矛盾之人，使其证言难以令人信服。

4. 争取证据开示，使证据"无中生有"

在公诉机关向人民法院移交案卷材料时，只会移送证据目录和控方认为的"主要证据"，而其他"非主要证据"却不会移送。在这些"非主要证据"中，甚至包含有利于被告人的证据，如何争取这些证据，就需要辩护律师充分利用证据开示，使得证据"无中生有"。

本案中，经过黄律师的不懈努力，多次走访被害人小区、询问该小区住户，黄律师发现控方掌握有一项证据，该证据显示案发当夜小区有不明人员出入，在其他住户门口徘徊的迹象。这项关键证据控方并没有向法院提交。

黄律师了解到该情况后，向法院提交该小区多名住户的证言以及当晚小区的录像，以证明该证据的存在及控方未向法院提交该证据的事实。法院在查明后，要求检察院向黄律师出示拟移交法院的全部证据。通过本次“证据开示”，黄律师成功地获得了控方掌握的有利于被告人的相关证据。

随后，在质证环节，黄律师将这份证据交予法庭，该证据可以充分证明当晚案发时可能有其他犯罪嫌疑人的存在。通过黄律师“无中生有”一计，成功获得了我方没有的证据，从而使得控方指控陈某犯罪的事实进一步削弱。

5. 扩大显微，凸显我方有利事实

所谓扩大显微，是指在法庭论辩中，洞察对方命题中隐蔽的荒谬点，通过反复强调或重点凸显的方式，扩大其范围，加深其程度，使其成功的暴露在法官面前，同时配以举出有利于我方的事实，此消彼长，从而凸显出我方有利事实，有效反驳对方的一种论辩技巧。

本案中，黄律师通过申请“证据开示”获得了有利于被告人的证据。而在之前的举证、质证环节中，通过证据组合、两难辩驳等论辩技巧也成功质疑了控方提出的物证及证人证言。在法庭辩论环节，黄律师通过扩大显微的方法，愈加扩大控方的漏洞、凸显了我方有利事实。

在论辩中，黄律师紧紧围绕着控方忽略犯罪嫌疑人可能另有其人这一漏洞进行论辩，并用多份小区居民证人证言及当晚监控录像加以佐证，将控方这一漏洞不断凸显扩大；对于该控方出示的一个沾有被害人血液的烟头，黄律师以质证时举出的一系列间接证据为基础，继续向法院说明该证据可能存在的一切怀疑，从而更加凸显了该物证的矛盾，使之难以达到“排除合理怀疑”的地步；对于控方出示的王某证人证言，黄律师更是通过一系列提问，成功降低了该证人的可信度，使得法院难以支持控方的观点。

在成功的反驳了控方的多项证据后，控方唯一能被法院认定的证据只有被告人陈某的有罪供述，结果可想而知。本来是一个由侦查机关、检察机关通过缜密的调查、精心准备下的“完美犯罪故事”，正是黄律师通过一系列巧妙的论辩技巧，绝地反击，以不可能战胜可能，成功地将这个“完美犯罪故事”打破，从而维护了陈某的合法权益。

【疑难问题】

1. 本章在知识要点中，为方便同学学习与理解，区分三大诉讼来进行律师论辩的介绍。而实践中，不同诉讼中介绍的律师论辩方法或技巧是可以相互借鉴的，请你思考如何将这些论辩方法或技巧应用到不同诉讼中去？

基本思路：要熟练地使用论辩技巧，首先应当充分了解其内涵及其机理，在掌握一项论辩技巧内涵及机理后，可以结合不同诉讼中的案例进行分析。将论辩技巧适用于不同诉讼中的案例并仔细思考其合理性，从而能更为熟练地使用该论辩技巧。

2. 语言是论辩的载体，只有通过语言，才能将律师论辩应用到具体案件中。请你思考一下应当通过怎样的语言表达技巧来进行论辩？

基本思路：与日常生活中的交谈不同，律师论辩具有神圣性以及规范性。律师在表达己方观点时，应当按照某些要求进行。简略地说，律师的语言表达技巧要求包括：准确严谨、简洁明晰、庄重严肃、专业与通俗辩证统一等等，其他律师语言表达技巧请同学们课后思考。

3. 法庭论辩过程瞬息万变，这要求律师不但需要丰富的律师论辩知识，更需要随机应变的功夫，请你思考一下在法庭论辩过程中应当如何随机应变？

基本思路：在论辩过程中，突发情况可能随时出现。应对突发情况，要求律师思考要快、分析要准、应对要正确，无疑这是一种很难的应变技巧，简略来说，律师的应变技巧要求包括：基础扎实、果断决策、灵活多样、精于变通等，其他律师应变技巧请同学们课后思考。

4. 律师论辩，不仅仅是一种语言的交锋，还是一种心理上的碰撞，在论辩过程中抓住对方及法官的心理也是极为重要的，请你思考如何在论辩过程中利用心理战术来获得论辩的胜利？

基本思路：律师论辩中，要想利用心理战术来获得胜利，可以从以下几个方面进行：(1) 律师自身的心理要求，即律师在论辩过程中应当有一个怎么的心态。(2) 对方心理的洞察，即如何观察对方心理活动及利用对手的心理弱点。(3) 法官心理的引导，即如何通过论辩使法官产生情感上的共鸣。具体如何利用心理战术请同学们课后思考。

实务训练

2011 年 8 月 10 日，刘某乘坐贵发公司客车回家探亲，途径某封闭高速公路时发生交通事故，经查事故原因系三顽童在横跨高速路天桥时向车丢石块，石块击中车身导致。事故导致刘某严重受伤，刘某经过长达一个月的治疗后出院，花费医疗费等其他费用共计 12 万元，刘某欲起诉要求赔偿其损失，但是却不知如何进行起诉，现刘某授权你作为代理律师，希望你帮其撰写一份起诉书。

分析讲解：

起诉书作为书面论辩的重要环节，起到了开启诉讼的作用，起诉书撰写的好坏直接关系到之后论辩开展的难易程度以及当事人合法权益是否能得到充分保障。因此撰写起诉书不仅仅需要了解起诉书的写作格式，更需要了解撰写起诉书的论辩技巧，以刘某交通肇事案为例，简略介绍在律师论辩层面应如何撰写起诉书：

1. 全面分析案件事实，选择有利的法律关系

该案件属于第三人导致的交通事故，案例中出现了多方民事主体，要想成功的撰写一份起诉书，首先要做的就是厘清各个民事主体之间的法律关系。在该案例中，刘某与三名顽童之间的侵权关系、刘某与保险公司之间的保险合同关系都比较明确，法律关系确定的重点在于刘某与客车公司之间。刘某与客车公司之间存在侵权关系以及合同关系竞合，必须择一提起诉讼，面临的问题是如何选择更有利于刘某的法律关系？

侵权法律关系与合同关系在诉讼管辖、损害赔偿、赔偿范围、举证责任、时效、归责原则、免责责任等方面均有较大区别。从本案情况出发，下面简要介绍几点区别：

（1）赔偿范围不同

侵权之诉中，损害赔偿范围包括了财产的损失、人身伤害的损失以及精神损害三者。刘某若提起侵权之诉，可以向贵发公司主张其在交通事故中相应的财产损失、人身伤害损失以及精神损害赔偿。而人身伤害损失的赔偿包括了误工费、护理费、残疾赔偿金等相关费用。而违约之诉中，损害赔偿仅仅包括财产损失赔偿，而不包括精神损害赔偿。由此可见，提起侵权之诉在赔偿范围上超过了违约之诉。

（2）归责原则不同

对侵权责任，依据《侵权责任法》以及最高人民法院《关于审理人身损害赔偿案件适用法律若干问题的解释》的相关规定，主要实行过错原则，即除法律有特别规定外，当事人有过错才承担法律责任。对本案来说，假若刘某欲起诉贵发公司，并希望能胜诉的话，就要对贵发公司在该事故中存在过错进行举证。

对违约责任，依据《合同法》相关规定，主要实行无过错原则，又称严格责任，即除法律有特别规定外，不以过错作为认定当事人承担责任的条件，即便当事人没有过错，只要法定条件具备时，也要承担责任。由此可见，提起侵权之诉在证明难度上要超过违约之诉。

（3）诉讼时效在一定情况下不同

诉讼时效，是指权利人不行使权利的事实状态，持续到法定期间届满，其请求法院依诉讼程序强制义务人履行义务的权利即行丧失的一种法律制度。依据《民法通则》关于时效的规定，因身体受到伤害而产生的损害赔偿请求权，其诉讼时效期间为 1 年。而依据《合同法》的规定，因违约行为而产生的损害赔偿请求权，其诉讼时效的期间一般为 2 年。由此可见，侵权之诉的时效短于违约之诉的时效。

在实务操作中，在二者竞合的时候，不能说提起哪个诉就一定最好，而应当在分析案件事实以及了解现有证据的基础上，选择合适己方的诉。具体来说，选择合适的诉要综合考虑持有的证据、过错证明的难易以及赔偿的范围等几个因素。

2. 仔细分析法律关系，选择最合适的被告

撰写起诉书时，选择合适的被告也是至关重要的。被告选择的适当与否，直接关系到后面举证环节、质证环节、辩论环节中的论辩难易，以及当事人的损失是否能够得到完全赔付。具体来说，要选择最为合适的被告，要求律师仔细分析法律关

系，寻找出任何可能的法律关系主体。

以刘某交通事故一案为例，该案例中法律关系较为复杂，涉及第三人侵权、客车公司合同关系以及保险公司的保险合同关系，一般律师在撰写起诉书时可能就仅仅围绕这三名被告进行论辩，而忽略了其他潜在的被告：依据最高人民法院《关于审理人身损害赔偿案件适用法律若干问题的解释》第16条规定，道路、桥梁、隧道等人工建造的构筑物因维护、管理瑕疵致人损害的，所有人或者管理人承担赔偿责任，但能够证明自己没有过错的除外，因设计、施工缺陷造成损害的，由所有人、管理人与设计、施工者承担连带责任。很明显，只要能找到相关证据证明该高速公路的管理机关存在维护、管理瑕疵，就可以要求其承担刘某的损失。

每增加一个被告，原告损失得到弥补的可能性就要大一分，要寻找到最合适的被告，可以按照以下几个步骤入手：

（1）全面了解案件情况，不放过任何细微之处

全面掌握了案件的事实情况后，按图索骥寻找到案件相关人员，通过询问案件相关人员，可以找到潜在的被告。要全面掌握案件事实，要求律师认真走访案件地以及仔细询问当事人。

（2）努力寻找类似案例，仔细查阅相关法律法规

它山之石，可以攻玉。借鉴吸收类似的案例往往能起到出乎意料的作用，对比案件与类似案例后，在仔细查阅相关法律法规，耐心地从相关法律法规中尽力寻找到可能支持本案的依据。

（3）细致调查相关证据，将事实与法律相结合

任何诉讼都要求“用证据说话”，在寻找到相关的法律法规后，应当积极寻找符合构成要件的相应证据。只有具备充足的证据，才能保证起诉该被告能获得法院的支持。

课后练习

1. 案情简介

2010年7月3日，余某到某郊县宾馆住宿，宾馆工作人员以余某携带水产品会弄脏宾馆房间为由，拒不让其入住。双方发生激烈争吵，余某一时气恼，强行入住该宾馆。该郊县派出所以扰乱公共秩序为由，当场对余某处以300元罚款。余某欲起诉该派出所，要求撤销该处罚决定，现余某授权你作为代理律师。

问题：

（1）如何用纵横分析法对被诉具体行政行为认定事实进行论辩。

（2）在该行政诉讼案件中，你作为余某代理律师，将如何反驳该派出所作出的处罚决定？

2. 案情简介：

2010年8月7日下午5时左右，张某从单位下班回家，刚进小区门口时发现，其父与同小区另一住户赵某因琐事发生冲突。张家与赵家素有间隙，张某见父亲被

赵家几人辱骂，遂拾起路边砖头冲上前去将赵某打伤，赵某当场倒在血泊之中，张某见状迅速逃离。事后，张某在父亲的陪同下投案自首，并举报其单位领导受贿事实。现公诉机关以故意伤害罪提起公诉，张某授权你作为一审代理律师。

问题：

（1）在本案中，如何对张某的犯罪事实以及量刑情节进行论辩？

（2）在案件事实清楚的情况下，如何通过扩大显微这一论辩技巧来保护张某的合法权益？

延伸阅读

1. 秦甫．法庭论辩的策略与技巧．北京：法律出版社，2001

2. 秦甫．成功律师的98种技法．北京：法律出版社，2004

3. 顾永忠主编．律师论辩．北京：中国政法大学出版社，2002

4. 薛少峰．律师论辩学．北京：中国人民公安大学出版社，1996

5. 李元授，李鹏．辩论学．武汉：华中科技大学出版社，2004

6. 赵传栋．论辩原理．上海：复旦大学出版社，1997

7. 赵传栋．论辩胜术．上海：复旦大学出版社，1995

8. 王向和．以诉制诉——辩护、代理策略与技巧．北京：中国检察出版社，2010

9. 钱列阳．道与术——大律师之精彩刑辩系列．北京：中国法制出版社，2008

10. 刘桂明．雄辩之魅：中国名律师办案实录．上海：复旦大学出版社，2000

第九章　律师对证据的收集与审查

【内容摘要】

律师必须加强对证据的收集。收集证据应具有目的性、及时性、主动性、细致性、深入性和合法性。律师在收集证据前应制订详细的计划，拟定调查提纲。收集证据的途径包括：自行收集证据、阅卷收集证据和向法院申请调查取证。审查证据的方法有两种：一种是对单一证据的审查，一种是对全部证据的综合审查。对单一证据的审查主要是审查单个证据是否具有真实性、关联性和合法性；对全部证据的综合审查，须从各个证据与案件事实的比较关联程度以及各个单一证据相互之间的协调一致性判断证据整体的综合证明力。

【知识要点】

一、律师对证据的收集

诉讼案件的证据收集，是指律师接受刑事诉讼案件、民事诉讼案件和行政诉讼案件当事人的委托，对有关证据进行收集，以应对诉讼的活动。无论是诉讼案件，还是非讼案件，律师都必须对证据的确实性、关联性和合法性进行认真的判断和分析，方能从容应对。而这是建立在律师充分占有证据的基础之上的，只有充分地占有证据，律师才能真正弄清案件的是非曲直，为代理或辩护定下可行的思路。为此，律师必须加强对证据的收集工作。

（一）证据收集的要求

1. 收集证据的目的性

律师开展证据收集工作首先要有一个明确的目的：是为了实现委托人的权利，还是为了减轻或免除委托人的责任；是为了掌握委托人自身的情况，还是为了掌握与委托人有利害关系的另一方的有关情况等等。律师接受委托后，应当根据初步的思路认真细致地分析研究已经掌握的证据，首先弄清哪些待证事实已经有了证据证实，哪些待证事实没有证据或证据并不充分。同时，要研究证据之间有无矛盾以及需要进一步澄清的问题。对犯罪嫌疑人或被告人的供述与民事、行政当事人双方的诉称和辩称，要研究它们与证据之间有无矛盾，哪些还需要进一步核实。在此基础上，进行证据的收集工作，如此方能做到取证工作有重点、有步骤地进行，克服盲目性，少走弯路，提高效率。

2. 收集证据的及时性、主动性

证据的时效性很强。有些物证如不及时收集起来，则可能由于现场变动、痕迹消失、物品丢失或毁坏等原因而收集不到或不能完全收集到。时间过长，证人可能记忆模糊，甚至完全想不起来曾经耳闻目睹的事，极端情况下证人还来不及作证就已经死亡。这种种的可能性使本来可以收集到的证人证言不能完全收集到或根本收集不到。这些都提醒我们律师只要发现证据线索，就应当及时、主动地加以收集，必要的时候可采取证据保全措施，把证据尽快收集到手。实践反复证明，收集证据的工作抓得越紧，进行得越及时，就越能收集到确实可靠的证据材料。

3. 收集证据的细致性、深入性

要搞清证据的每一个细节，不放过任何矛盾和疑点，即使发现微小的迹象和不明显的线索，都应细致地加以收集研究。一些微小的迹象，但经过认真、细致地调查分析，可能成为案件取得突破的重要依据。

4. 收集证据的合法性

最高人民法院《关于民事诉讼证据的若干规定》第 68 条就明确规定：“以侵害他人合法权益或者违反法律禁止性规定的方法取得的证据，不能作为认定案件事实的依据。”因此，律师在收集证据时应该特别注意合法性的问题，收集过程中稍有瑕疵，就可能导致证据的无效。

（二）证据收集的步骤

1. 制订证据收集计划，拟定调查提纲

律师在证据收集以前，应制订切实可行的证据收集计划。在计划中应明确收集证据的方向、范围、方案、步骤，并考虑可能遇到的问题及解决办法等等。实践中，律师收集证据的方案可能有多种，因此在制订证据收集计划时应当尽可能想到或找出这些方案，必要时可求教于有经验的证据调查人员或其他专家，以免遗漏重要的可供选择的证据收集方案。在列出各项可选方案之后，应逐一评价其优点和缺点。这种评价既要考虑法律的要求，也要考虑实用的要求。也就是说，既要考察一项方案的合法性和正当性，也要考察该方案的实用性和可操作性，有时还要考察其在人力、物力、财力和时间花费上的优劣。律师在评价了每种可选方案的优缺点之后，应综合比较这些方案的优劣，以便较为客观地确定哪个方案最佳或最可取。

较简单的案件，证据收集的计划和调查提纲可以合二为一；比较复杂的案件，除证据收集的计划外，还需要拟定一个具体的调查提纲，该提纲中应当更加具体地说明调查采取什么样的策略，要调查哪些人，调查什么问题，采取什么方式，注意什么细节，获得什么证据等。特别应当注意待查问题的轻重缓急，以便决定收集证据的先后顺序和应采取的行动策略。在有些情况下，按照不同的途径和顺序进行证据的收集，可能会取得截然不同的结果。随着案情的发展，调查取证的计划和提纲应不断地修改与补充，以利于证据的收集。

2. 证据收集的途径之一——自行收集证据

律师收集证据主要靠自己。自行收集证据的步骤和方法有：

（1）根据案情确定访问对象。律师访问的对象一般有：委托人或当事人；其他诉讼参与人，特别是证人；侦查、审判人员等。

（2）针对不同的访问对象和案件类型，确定不同的行动策略。律师要明白“到什么山上唱什么歌”、“一把钥匙开一把锁”的道理，不应拘泥于某一种固定的形式，而应根据不同的案情灵活运用一种或多种方法。证据收集的方式，一般是采取个别访问，亦可召开座谈会。律师必须耐心地说服教育，动员有思想顾虑的相关人员，让他畅所欲言。律师不应当偏听偏信，草率从事，更切忌主观片面，套供、诱供、逼供。询问证人时，必须了解他本人的情况以及他与原告、被告以及与案件的关系，以作为判断证言的参考。询问证人必须单独进行，不能采取座谈的方式。要善于发掘与利用同访问对象彼此的相同点和相似点，譬如相同的或相近的工作履历、性格嗜好、价值取向，运作各种人际关系，通过易于与其沟通的同学、战友、同事、朋友、领导或部属等人士的引见、介绍，消除其思想顾虑，增强彼此的心理相容性，使访问变得轻松自如。对于一些敏感性的案件，如民族问题的案件，应事前与宗教、民族事务部门联系，征求他们的意见，请他们给予支持。对于有关技术问题需要鉴定的案件，则请有关部门的技术人员做好鉴定，鉴定费用由委托人承担。在询问后，要当场制作询问笔录，并向被询问人宣读或请其阅读，然后由他们签名、盖章，必要时应由其所在单位盖章。

（3）注重细节。事前应做好充分准备，要携带律师事务所的介绍信，向被访问者介绍自己的身份，出示相应的证件，同时说明目的。要告知相关人员律师有权向有关单位和个人收集证据的法律规定。同时告知相关人员作证要忠实于事实真相，不能凭想象和道听途说作证。访问进行时，律师要耐心地听取被调查人的陈述和讲解。对有疑问的地方，及时提出。要有目的地询问自己感兴趣而案件又需要的问题，律师要懂得“倾听”与“询问”的艺术。律师要记录被访问者所说的原话，调查结束时要他签字或按手印。

（4）证据收集的具体方法。包括笔录提取法、音像提取法、实物提取法等。笔录提取法是指通过文字记录的形式来提取证据材料的方法。主要适用于提取以言词、活动、状态为内容的证据材料，其表现形式有询问笔录、辨认笔录、实验笔录等。音像提取法是指通过照相、录音和录像等手段来提取证据材料的方法，主要适用于提取各种物证、书证以及以声音和形象为内容的证据材料，其中照相法用途最广，效果最好。在提取证据材料时经常使用的照相方法有原物拍照法、文书翻拍法、现场照相法等。实物提取法是指直接提取与案件有关的物品、文书和其他载体的方法，主要适用于体积不大的物证和痕迹载体、各种书证及音像证据，如合同、法律文书、票据、录像带等。

3. 证据收集的途径之二——阅卷收集证据

这里所说的阅卷，是指律师到法院、检察院等单位查阅案件的卷宗原始资料的活动。由于被阅卷单位一般都具有档案管理的职能，因此阅卷是一种律师快捷有效的证据收集方式。如被告律师通过到法院阅卷，不但可以弄清原告起诉有哪些证据，甚至还可能发现自己踏破铁鞋无觅处的原始证据。阅卷收集证据的要点有：

(1) 选择阅卷的最佳时机。根据诉讼法律的规定，律师可以到检察机关、审判机关查阅有关案卷材料。民事诉讼案卷材料，包括原告起诉后向法院提交的证据材料、被告应诉时提交的证据材料以及法院调查收集的证据。民事案件案卷材料的形成时间对于原、被告来说意义是不一样的。比如，原告起诉后必须按照诉讼证据规则的规定向受诉法院提交起诉证据，被告律师自收到起诉状之日，即可直接到受诉法院查阅原告的起诉证据，但被告方的证据通常在举证期限届满前才会向法院提供，因此对于被告方的证据，原告的最佳阅卷时间就是举证期限届满的次日。

(2) 把握阅卷的重点。阅卷应按事先拟定的提纲进行。在查阅材料较多的案卷，尤其是查阅重大疑难、复杂的刑事案件、民事案件卷宗，如有可能的话，律师应先浏览案卷材料目录，明确阅卷的重点，然后以阅卷的目的为主线，按重点、焦点、难点的顺序进行查阅复制。如对于刑事案件被告人供述的查阅，如果被告人较多，辩护人可以以一份最详细供述材料作为查阅的基础，然后有选择地查阅复制其他供述材料。对同一事实情节有众多供述材料的，也应选择一份主要的供述材料为阅卷的基础，然后分别有选择地摘抄复制。

(3) 做好阅卷笔录。阅卷除了了解案件的相关情况外，阅卷笔录还具有证据的证明功能。如果阅卷仅仅是为了了解案情，则可以因陋就简，既可以摘要抄录，也可以提示性地摘抄，但无论采用哪种方式，都应突出重点，简练实用，尽量抄录原话，同时还应注明卷页、页码、材料名称等，以便引用方便。阅卷笔录、摘抄笔录在卷宗保管单位注明摘抄属实，并加盖单位印章之后，可以直接当作诉讼证据使用。

4. 证据收集的途径之三——申请法院调查取证

对有些事项有必要请法院出面调查时，律师应当及时地和法院联系，申请法院调查，最好附送调查提纲，说明调查的必要性和调查的线索、对象、目的和要求，供法院调查时参考。

（三）证据收集中可能遇到的社会问题及解决之道

1. 证据收集中可能遇到的社会问题

律师工作是社会性工作。律师收集证据的活动是社会总体活动的一部分，它要受社会各方面因素的制约，尤其受社会制度、社会需要、社会规范、社会思潮和社会心理等因素的影响。律师收集证据中常见的社会问题有：

（1）对律师的了解不够

社会大众对律师的职能、角色定位不够了解，有的甚至认为律师是为坏人说话的，因而表现为对律师的收集证据工作反应冷淡、不够配合。

（2）逆反心理

律师收集证据是受当事人的委托，为维护当事人的合法权益而进行的。它所访问的对象往往是委托人的对方或与委托人有利害关系的人。对这些单位和个人的调查，由于各自的观点、意见和利益不同，往往会有一种逆反心理存在。如果律师工作方法不恰当，这种潜在的逆反心理就会成为律师取证的阻力，律师就容易遭遇取证难。

（3）不正之风

律师收集证据要求被访问者要如实反映客观情况，然而由于不正之风的干扰，有时难以如愿。个别被调查的单位或个人，为了掩盖事实真相，用种种手段阻挠甚至破坏律师证据收集的进行，或制造假证；或避重就轻、文过饰非；或装聋作哑，保持缄默。为了使证据收集活动能够实事求是地进行，律师必须妥善地处理和解决这些问题。

2. 解决之道

（1）晓之以理，正面引导

个别单位或个人，对于律师的收集证据工作不配合。这种情况下，律师对当事人应当详加解释律师收集证据是法律赋予律师的一项权利，阐述律师工作对于人民群众的必要性，如果同律师没有利益冲突时，他们往往会变得积极主动配合律师收集证据。

（2）寻找突破口

如被访问对象由于地方保护主义、不正之风等原因而不配合律师的收集证据工作，律师在晓之以理，正面引导无效的情况下，就应当集思广益，根据证据收集的目的，另辟蹊径，善于从被访问者的人际关系、生产经营状况、销售网络运营乃至工商、税务、银行等登记资料中，寻找收集证据的突破口。

（3）寻找间接证据

有时一方当事人出于和另一方当事人的利益冲突，隐匿不利于自己的直接证据，而不向另一方当事人和法院提供。对于这种情况，另一方当事人的律师只需证明有此证据存在即可。例如，立契约时有执笔人、见证人等在场，如果一方隐匿不予举证，律师可以到执笔人、见证人等人员中调查访问，收集间接证据，只要它能够证明有此契约存在即可。根据最高人民法院《关于民事诉讼证据的若干规定》第 75 条的规定："有证据证明一方当事人持有证据无正当理由拒不提供，如果对方当事人主张该证据的内容不利于证据持有人，可以推定该主张成立。"

总之，为了能在证据收集中坚持实事求是的科学态度，律师要设法克服局限性，不仅要克服职业局限性，而且要克服认识的局限性，多方面、多层次地进行证据收集，要设法搞好证据收集活动中的人际关系，取得被访问者的积极配合和大力支持。律师尤其要提高自身的素质，提高认识问题、洞察事物本质的能力。律师应避免先入为主，主观想象。不能轻易地否定一切或肯定一切，轻易地表态下结论。当然，上述问题是不可能完全克服的，律师的取证某种意义上说就是不自由的，尽力而为罢了。

二、律师对证据的审查

（一）审查证据的总原则

在诉讼过程中，用以查明刑事、民事和行政案件真实情况的证据是多种多样的、各不相同的。一般讲有真的，也有假的，还有真假相杂的；有正面肯定的，也有反面否定的；有直接的，也有间接的；有彼此一致的，也有互相矛盾的。整个案件的证据往往是真假虚实混杂在一起。因此，律师对于案内的各种证据，必须仔细审查，认真鉴别，进行一番去粗取精、去伪存真、由此及彼、由表及里的分析研究工作，才能分辨真假，指出控诉证据中存在的问题，掌握辩护方面的真凭实据，以确定各个证据有无证明力和证明力大小。

（二）对证据的审查方法

审查证据的方法有两种：一种是对单一证据的审查，一种是对全部证据的综合审查。

1. 对单一证据的审查方法。

最高人民法院《关于民事诉讼证据的若干规定》第 65 条规定："审判人员对单一证据可以从下列方面进行审核认定：（一）证据是否原件、原物，复印件、复制品与原件、原物是否相符；（二）证据与本案事实是否相关；（三）证据的形式、来源是否符合法律规定；（四）证据的内容是否真实；（五）证人或者提供证据的人，与当事人有无利害关系。"因此，律师在对证据进行审查时也应遵守这一规定。

（1）审查证据是否原件、原物。如系复印件、复制品，必须在法庭上证明其与原件、原物相符。

（2）审查证据与本案事实是否相关。证据与需要证明的案件事实之间必须具有关联性，缺乏关联性的证据，也就欠缺证据能力。

（3）审查证据的形式、来源是否符合法律规定。对证据形式、来源合法性的审查主要涉及证据是否具有可采性的问题。只有符合法律规定形式或者以合法方式和手段收集的证据才具有证据能力，才可以作为认定案件事实的依据，否则，将丧失证据资格，不能作为诉讼证据采纳。所谓证据的形式，是指证据必须是民事诉讼法所规定的7种证据种类之一，如法律要求特定的证据必须履行相应的法律手续的，应当满足这一要求。如最高人民法院《关于民事诉讼证据的若干规定》第11条规定："当事人向人民法院提供的证据系在中华人民共和国领域外形成的，该证据应当经所在国公证机关予以证明，并经中华人民共和国驻该国使领馆予以认证，或者履行中华人民共和国与该所在国订立的有关条约中规定的证明手续。"

所谓证据的来源是否合法，包括两个方面的内容：其一是指证据的形成过程以及证据的提供有无影响其真实性的因素。如对证人证言的审查，要看待证事实与证人的年龄、智力状况或者精神健康状况是否相适应。其二是指对证据的收集方式和手段是否符合法律程序。如最高人民法院《关于民事诉讼证据的若干规定》第68条规定："以侵害他人合法权益或者违反法律禁止性规定的方法取得的证据，不能作为认定案件事实的依据。"

（4）审查认定证据的内容是否真实。证据的真实性，是指证据所反映的案件事实是否与客观事实相一致。律师应当依据逻辑推理、日常生活经验等考察证据所反映的情况是否合情合理、证据所表明的事物的联系是否顺理成章，并据此预测法院将如何认定该证据的真实性。

（5）审查认定证人或者提供证据的人，与当事人有无利害关系。按照最高人民法院《关于民事诉讼证据的若干规定》第77条第5项的规定："证人提供的对与其有亲属或者其他密切关系的当事人有利的证言，其证明力一般小于其他证人证言。"因此，除非万不得已，律师应当避免要求法院通知和当事人有亲属或者其他密切关系的人出庭作证。

2. 对全部证据的综合审查的方法

对全部证据的综合审查，须从各个证据与案件事实的比较关联程度以及各个单一证据相互之间的协调一致性判断证据整体的综合证明力。对全部证据的综合审查之所以必要，是因为通常仅凭对单一证据的审查无法达到确认案件事实的目的。特别是在多个证据构成一个证据链条的情况下，必须对全部证据进行综合审查，才能保证证据是真实可靠的。

（1）综合审查各个证据与案件事实的比较关联程度

为此，可根据情况的不同分别适用有完全证明力的证据规则、最佳证据规则、补强证据规则和证据排除规则等。

有完全证明力的证据规则是指一方当事人提出的下列证据，对方当事人提出异议但没有足以反驳的相反证据的，应当确认其证明力：①书证原件或者与书证原件核对无误的复印件、照片、副本、节录本；②物证原物或者与物证原物核对无误的复制件、照片、录像资料等；③有其他证据佐证并以合法手段取得的、无疑点的视听资料或者与视听资料核对无误的复制件；④一方当事人申请人民法院依照法定程序制作的对物证或者现场的勘验笔录；⑤对方认可的证据或者提出的相反证据不足以反驳的；⑥一方当事人提出的证据，另一方当事人有异议并提出反驳证据，对方当事人对反驳证据认可的，可以确认反驳证据的证明力。人民法院委托鉴定部门作出的鉴定结论，当事人没有足以反驳的相反证据和理由的，可以认定其证明力也属于有完全证明力的证据规则的范畴。

最佳证据规则是指双方当事人对同一事实分别举出相反的证据，但没有足够的依据否定对方证据的，结合案件情况判断一方提供证据的证明力是否明显大于另一方提供证据的证明力，并对证明力较大的证据予以确认。具体而言，就数个证据对同一事实的证明力，可以依照下列原则认定：①国家机关、社会团体依职权制作的公文书证的证明力一般大于其他书证；②物证、档案、鉴定结论、勘验笔录或者经过公证、登记的书证，其证明力一般大于其他书证、视听资料和证人证言；③原始证据的证明力一般大于传来证据；④直接证据的证明力一般大于间接证据；⑤证人提供的对与其有亲属或者其他密切关系的当事人有利的证言，其证明力一般小于其他证人证言。

补强证据规则是指只有在具有其他证据佐证的情况下，才能作为认定案件事实的依据的规则。包括：①未成年人所作的与其年龄和智力状况不相当的证言；②与一方当事人或者其代理人有利害关系的证人出具的证言；③存有疑点的视听资料；④无法与原件、原物核对的复印件、复制品；⑤无正当理由未出庭作证的证人证言。

证据排除规则是在法律有特别规定的情况下，某些证据虽然具有真实性，也不能作为定案的依据的规则。包括：①当事人在诉讼中为达成调解协议或者和解作出妥协所涉及的对案件事实的认可，不得在其后的诉讼中作为对其不利的证据；②以侵害他人合法权益或者违反法律禁止性规定的方法取得的证据，不能作为认定案件事实的依据。

（2）综合审查各证据之间的联系

证据与证据之间是否协调一致，是甄别和判断证据真实性和证明力的重要依据。如果所有的证据协调一致指向同一事实，可以认定该证据为真。如果证据相互之间矛盾，则可以通过分析判断矛盾形成的原因，来判断证据的真伪，从而最大限度地接近客观事实。

【案例评析】

案例一

（一）案情简介

在我们承办的一起涉及三方当事人之间的土地置换纠纷的案件中，经过我们研究该案基本事实和相关法律规定，得出的结论是，该案的土地置换合同因未经相关政府主管部门的审批未能生效，且此后亦不存在经审批生效的可能性，因为，原定进行置换的两块土地中其中一块土地已经被该案中的一方当事人开发建设完毕，且与该块土地有关的物权已经归该案以外的善意第三人所有。为此，我们需要确认该案中的哪一方当事人应当对合同未生效以及此后亦无法生效的后果存在过错并承担相应的法律责任，此问题与我们代理的客户在该案中的诉讼策略紧密相关。但是，根据客户提供的现有证据材料和相关参考资料无从对上述问题进行判断。

（二）基本问题

在此案中，下一步我们应如何办？

（三）案例评析

在此情况下，根据我们对该案背景情况和基本事实的了解，并根据我们以往的经验，我们认为，与已经归善意第三人所有的物权有关的登记文件应当可以显示该物权形成及变更的过程或基本环节。有鉴于此，我们建议客户向与此物权登记有关的多个相关政府部门调取相关资料；并且，在相关政府主管部门不予配合的情况下，建议客户向受理案件的法院申请调查取证。在我们与客户的共同努力下，最终获得了能够证明上述问题的关键证据材料。在该案中，由于发现了上述关键性证据材料，使得客户从不利转变为有利，并据此制定了全新的诉讼策略。

案例二

（一）案情简介

在我们代理的客户意大利某公司提起的知名商品包装装潢保护的侵权案件中，需要证明意大利某公司的商品属于知名商品，但根据相关司法解释和司法实践的惯例，商品的知名存在地域性。换言之，虽然客户的商品在国外已经是知名商品，但我们需要证明客户的商品在中国是知名的以及知名形成的时间。但证明知名商品成立的证据材料大多在七八年之前形成，很难查找。

（二）基本问题

在此案中，下一步我们应如何办？

（三）案例评析

因为该公司在中国的所有商品均为进口，且在上述商品进入中国的早期一段时间，中国还在适用外贸代理制（当时国家对进出口贸易的管制非常严格），因此，证明客户商品知名度状况的一些主要证据，如在中国的进口销售量、市场占有率、广告及费用等，大多通过当时与客户存在合作关系的中国的进出口公司形成，并由其记录或保留相关资料（如代理进口合同、广告发布资料及相关财务资料）。因此，我们首先确定的收集途径与代理进口的进出口公司有关。

代理律师通过拜访早年参与上述工作的进出口公司的业务人员（知晓相关情况的人士已经退休），了解到了相关代理进口合同、广告发布的一些线索和具体信息，调取了一些有关客户商品进口信息的证据材料；在此基础上，为了收集到客户商品早期在中国进行广告、推广宣传的资料，代理律师查阅了当时的诸多报刊、杂志，并通过多方努力调取了在各大图书馆均未查询到的相关行业出版物的原件。上述证据在证明客户商品构成知名的关键问题上发挥了非常有效的作用。

案例三

(一) 案情简介

Q市某产妇因早产一男婴，诊断为新生儿肺透明膜病，由于肺部血氧存在一定障碍，出生时即予以吸氧，情况明显好转，后在转经儿科的时候，由于适逢该医院搬进新的住院大楼，医用呼吸机靠管道供氧，供氧管道接口与呼吸机不配套，最终导致新生儿延迟吸氧15分钟，新生儿死亡。为此医患双方发生纠纷，产妇与医院反复交涉，并到处投诉，均得不到妥善解决。患方当事人找到律师时，提供的住院病历复印件，经审查缺少护理记录等部分，律师介入此案后，立即到医院复印了相关的材料。发现医生所写的儿科病历与护理记录有许多不一致之处，分析其原因是由于发生纠纷后，医生将病历改了，而护理记录则没有改动。在此情形下，医方不得不同意协商。患方认为：医方存在伪造病历的行为，在法律上应承担举证不能的后果；虽然新生儿患有肺透明膜病，但从医学理论上分析，该病经及时有效的治疗有相当高的存活率，该新生儿的死亡是由于缺氧直接造成的。最后由医方赔偿2.5万元而结案。

(二) 基本问题

本案中，患方律师制胜的关键是什么？类似的医疗纠纷案件中患方律师应如何收集证据？

(三) 案例评析

本案中，患方律师制胜的关键在于，通过将病历记录进行复印，发现了医方伪造病历的关键证据，从而在协商谈判中占据主动，使对方尽早“投降”，从而达成赔偿协议，减少了讼累。

类似的医疗纠纷案件中，患方律师应当尽快复印客观性病历资料，并将主观性病历资料进行封存。客观性病历资料主要有入院病历、医嘱单、出院记录等医生书写的病历资料；也包括护士制作的护理记录、体温单；还包括检验及医技科（室）出具的检验报告；当医疗机构对患者实施手术或其他特殊治疗时，还要有患者及家属签字的同意书；病人出院时医院还要给病人一份住院收费的明细单等。主观性资料一般是指各种会诊记录、病程记录、疑难病讨论记录和死亡讨论记录。在封存主观性资料的时候如果由于各种原因不能将原件封存，也可以将其复印件封存，由医患双方确认盖章认定复印件与原件一致，封存时应由医患双方在封存袋外的齐缝处签字、盖章。有些案件有必要封存药品和输液器具。患方律师在收集证据时，会碰到许多情况，在病历资料中并无记录，而医患双方各执一词。在纠纷发生的初期，当事医生之间及医生与领导之间尚未统一口径，作为患方此时应及早与其交涉，并对相关医生或护士的言语进行录音，以此作为将来诉讼时的辅助证据。患方律师在收集证据时有时可以与对方协商，通过协商时的交谈及形成的书面协议，可以从中发现蛛丝马迹，从而达到揭露真相的目的。当然有时候为了避免打草惊蛇，不一定由律师直接出面，而由当事人自行协商，律师则在幕后策划。医方准备的证据主要是病历资料和共同封存的实物，如患者的医疗过程涉及其他医疗机构，也包括其他医疗机构的病历资料。医方在准备病历时，要注意保证病历的原始状态。

【疑难问题】

1. 律师如何更有效地收集证据？

动用一切可利用的资源，必要时申请法院调查取证。

2. 对全部证据如何进行综合审查？

对全部证据的综合审查，须从各个证据与案件事实的比较关联程度以及各个单一证据相互之间的协调一致性判断证据整体的综合证明力。

实务训练

根据审查证据的基本原理，确认本案中房产所有权的归属。

杨某和彭某原是夫妻。2006 年，彭某将丈夫杨某起诉至法院要求离婚，法院经审理认为杨某和彭某的情形符合离婚条件，判决准予双方离婚，但是法院并未对两人居住的房屋进行处理，因为该房产登记的产权人为彭某的婆婆王某。因为涉及离婚案件当事人以外公民的利益，法院告知彭某可以另案起诉主张权利。

杨某和彭某在 1995 年结婚后，一直和婆婆王某一起住在玉溪镇马栏村。1997 年，城镇拆迁办公室对他们所在房屋进行拆迁。杨某一家和拆迁办公室签订了拆迁协议。根据协议，有关部门在玉溪镇七里街给杨某一家安置了 40 平方米的宅基地。后杨某和彭某经过申请又取得了 40 平方米的宅基地。1998 年，杨某和彭某在宅基地上共同建造了三层小楼。建成后，新房子一直由杨某和彭某居住，婆婆王某居住在出嫁的女儿家中。杨某夫妇按习俗举办了乔迁宴席，宴请了双方的亲朋好友。

2000 年，婆婆王某将拆迁协议经过涂改后到房地产管理中心办理了房屋产权证，产权人登记为王某。

杨某两夫妻的感情时好时坏，也有两次闹上过法庭。2006 年那场官司后，双方终于离婚了。在第三次官司中，彭某才知道自己一直居住的房子的产权登记在婆婆名下。

2007 年，彭某再将杨某告上法庭，并将婆婆列为第三人，要求确认三层小楼为夫妻共同财产，并依法分割。在庭审中，杨某和王某都主张婆婆王某持有合法的房产证，房屋属于婆婆，彭某无权分割。彭某在诉讼中提供了房屋建造和装潢坐落时的工程结算书、杨某夫妇购买建材的单据以及单位同事、邻居证词能证明的从起工到竣工包括装潢坐落，整个过程均由杨某和彭某负责管理监督，所需费用绝大部分由他们支付，同时彭某也向法院申请调取产权登记的原始资料，法院调查的结果显示房屋产权证在登记时存在瑕疵。

提示：彭某提供的证据更具有优势，本案法官最后确认房屋属于杨某、彭某和王某共有，考虑到三方对宅基地房屋建造的贡献，确认杨某和彭某分别享有房屋产权的45%，王某享有10%。

课后练习

根据审查证据的基本原理，确认本案中被告人是否犯盗窃罪。

被害人声称在列车上丢失了财物，向乘警报案，乘警随即搜查了被告人，在被告人的提包中发现了丢失的财物。被害人还向司法机关提供了整个案件过程的证言：两人素不相识，被告人主动与其攀谈，并邀请被害人喝其饮料，被害人喝后即感到有睡意，待睡醒后，即发现旅行包中现金不见了。后来搜查被告人，没有找到财物，下车时再次搜查时，在被告人的提包中发现了自己的财物。乘警也向法庭提供了关于接受报案、搜查的过程和结果的证言。但没有关于饮料罐及其化验结果的证据。被告人称，是被害人与其主动攀谈，两人喝完饮料后都睡去了，醒来后即被乘警搜查，没有收获，在下车时，却查出自己的提包中有不属于自己的财物，他认为是被害人和乘警共同陷害自己。被害人、被告人、乘警都没有提到是否搜查过旁人。

延伸阅读

1. 朱德锴．被告谋略：被告的诉讼策略与技巧．北京：法律出版社，2008

2. 孙赟峰，姜麟．婚姻继承官司证据收集、认定和运用．北京：中国法制出版社，2010

3. 陈志华主编．医疗纠纷案件律师业务．北京：法律出版社，2007

第十章　律师的举证与质证

【内容摘要】

律师应根据证明责任分配的原则和规定来举示证据，并区分本证和反证，注意在举证期限内将己方证据提交法院，举示新证据必须符合新证据的条件。质证是在法庭调查阶段，对法庭上出示的各种证据材料、证人证言，当事人及其代理人通过询问、核对、辨认等方式，就其是否客观、真实、合法及其与本案的关联性等情况进行质询的活动。律师的质证分为审验、质问、辩驳三个阶段。质证应具有明确的目标，尊重被质证者的人格，制订可行的策略，符合法定的质证规范。对不同的证据种类，质证的方法是不一样的，应当灵活加以运用。

【知识要点】

一、律师的举证工作

（一）举证的要求

1. 根据证明责任分配的原则和规定来举示证据

对于刑事案件而言，律师举证必须从有利于被告人的角度出发，切忌举出对被告人不利的证据。律师在庭审举证时，律师所举的应是能够证明被告人无罪或罪轻的证据，而不能主动举示证明被告人有罪或罪重的证据。这是绝对违反证明责任的分配原则的，也是和律师的功能定位不符的。

对于民事案件而言，应当按照罗森贝克所提出的法律要件分类说来举证。该学说将实体法规范按照对立关系分为两大类：权利发生规范和权利对立规范，权利对立规范又可分为三种类型：权利障碍规范、权利消灭规范和权利制约规范。权利发生规范，又称权利根据规范，是指能够产生一定权利的规范。权利障碍规范，是指权利发生规范的构成要件已经部分实现，但因该权利的效果受到妨碍而使该权利自始不能发生所涉及的规范。权利消灭规范，是指权利被消灭已经不存在。权利制约规范，是指权利发生之后，权利人欲行使权利时，能够将权利的效果加以遏制，使该权利不能发挥效力的规范。与这些规范相联系的、抽象意义上的、类型化的、能够导致民事法律关系发生、变化或消灭的事实就是我们所说的要件事实。与此相关的证明责任分配原则是：凡主张权利存在的当事人，应就权利发生的法律要件事实承担证明责任；凡否定权利存在的当事人，应就权利对立存在的事实负有证明责任。通常情况下，在实体法中，在由主文和但书构成的条文中，主文表示的是权利发生规范，但书表示的是权利对立规范；在原则和例外形式规定的条文中，原则是权利发生规范，例外是权利对立规范。相对应的，主张权利的当事人应当证明权利发生要件事实存在，反对权利的人应当证明权利障碍要件事实、权利消灭要件事实或者权利制约要件事实存在。实体法中和民事诉讼证据规定中还有若干证明责任的分配条款，也是指导双方律师如何举示证据的标准。

2. 所举证据应区分本证和反证

根据证据与证明责任承担者的关系，可以将证据分为本证和反证。对待证事实负有证明责任的一方当事人所提出的，用来证明自己所主张事实存在的证据叫做本证；不负证明责任的当事人提出的证明对方主张的事实不真实的证据叫做反证。因此，本证方的律师，对己方提出的事实有责任提供证据加以证明，并使法官不再怀疑其真实性，否则就可能承担败诉的后果；而反证方的律师只需举示证明对方主张的事实不真实的证据，达到动摇审判人员对本证的事实的确信，使其真伪不明就行了。形象地说，如果说本证方的律师要证明某一待证事实为真，或者起码是八九不离十这种程度的话，那么，反证方的律师只要证明本证的事实有五六成的把握，可以判定其为假或者真假难辨的程度就行了。

3. 注意在举证期限内将己方证据提交法院

在司法实践中，有些律师在庭前做了大量的工作，收集到许多和案件有关的证据材料，有的甚至是关系到案件全局的重要的证据材料，但却不在举证期限内向法院提交，而是在庭审中突然拿出来，甚至迟至法庭辩论时才亮相，企图作为秘密武器，一招制敌。依照最高人民法院《关于民事诉讼证据的若干规定》第 34 条第 1 款的规定："当事人应当在举证期限内向人民法院提交证据材料，当事人在举证期限内不提交的，视为放弃举证权利。"因此律师的这种做法是错误的，可能严重影响委托人的实质性的利益。

4. 举示新证据必须符合新证据的条件

依照最高人民法院《关于民事诉讼证据的若干规定》第 41 条的规定：一审程序中的新的证据包括：当事人在一审举证期限届满后新发现的证据；当事人确因客观原因无法在举证期限内提供，经人民法院准许，在延长的期限内仍无法提供的证据。

二审程序中的新的证据包括：一审庭审结束后新发现的证据；当事人在一审举证期限届满前申请人民法院调查取证未获准许，二审法院经审查认为应当准许并依当事人申请调取的证据。如不具备这些条件，律师所举示的新证据就可能根本没有当庭质证的机会，而各种证据，只有经过当庭质证，才具有法律效力，否则根本不可能作为定案的依据。

（二）举证的方法

应当因案而异，根据案情特点、证据性质和庭审变化，灵活采取如下的举证方法：

1. 根据所需证明的要件事实是否同类指导举证。此种举证是将能够相互印证某一个要件事实的证据划归一类，一并向法庭举示。这种方法举示的证据相对集中，逻辑性强，便于法官理解举证的用意，避免了一证一举，零敲碎打，令人丈二摸不到头脑的现象发生。另外，利用证据组合所呈现的整体证明力，化解、排除了单证的疑点，免除了当事人提出的孤证、证据单薄所可能遭遇的反驳。此法一定要根据所需证明的要件事实是否同类来作为标准，不能将证明两个不同的要件事实的证据作为一类一同举证，否则会给法官混乱感，引起不必要的麻烦。如民事侵权案件中，四个要件事实的证据可分为四类来进行举示，清清楚楚，一目了然。

2. 根据诉讼请求的不同划分不同的举证单元指导举证。对于有若干诉讼请求的案件，可以将每一个诉讼请求作为一个举证单元，按照诉讼请求的先后顺序，依次向法庭举证。此法由于所举示的证据和各个诉讼请求直接挂钩，具有较强的针对性，便于法官把握庭审的节奏和作出裁断，因此是不错的举示证据的方式。但此法不宜用在诉讼请求所依据的证据大多雷同的情形。

3. 综合举证。某些证据对当事人所有的诉讼请求中均能取到证明的作用，如果每证明一项主张就将该证据出示一次，就会造成重复使用，给人生硬、机械之感；如果将该证据综合使用一次，就可以提高庭审的效率，庭审效果也会更加明显。

4. 先易后难。人都是有惰性的，一般都会有先易后难的思维定式，法官也不例外。因此，律师在举示证据时，可先举示当事人双方没有争议的证据，再重点举示双方有争议的证据。此法可以使双方及法官将重心放在有争议的证据上，有助于庭审的真正展开；另外，由于先举示的证据当事人双方并无争议，因此，在有的情况下，这些证据所证实的事实可以作为解决双方有争议的证据的前提。

5. 重点突出。双方有争议的重要证据，应当加大力度，力求一剑锁喉。这些证据，有可能涉及牵一发而动全身的争议情节，有可能决定争议的方向和性质，总之是双方主要矛盾之所在，也是双方法庭辩论的主要依凭之所在。

6. 按照法律事实发生的时间顺序依次举证。时间顺序是人最容易把握的内在的逻辑联系，因此依照事情发生的先后顺序来进行举证，自然有一种逻辑的力量。此法是对同一个法律事实证明时的一种常用的举证方法。

7. 连环举证。在无直接证据的情况下，间接证据的作用就显得尤为重要，对于间接证据的举示，应运用连环举证法。首先，在举证时注意论证每一个间接证据都具有真实性，而且能证明争议的某些情节；其次，严格做到举证的前后统一，协调一致，注意它们之间的内在的逻辑联系，达到环环相扣，步步为营，所有间接证据完整地构成一条证据链条，并指向某一个法律事实，排除了其他可能性的存在。

8. 单个举证。对于较简单的，证据较少的案件，通常都采用单个举证的方式。反证方针对本证方所举示的证据予以反驳时的证据通常也是以单个举证的形式出现的。

（三）常见案件类型的举证指导

1. 合同纠纷案件的举证指导

主张合同关系成立并生效的一方当事人对合同订立和生效的事实承担举证责任；主张合同变更、解除、终止、撤销的一方当事人对引起合同关系变动的事实承担举证责任；对合同是否履行发生争议的，由负有履行义务的当事人对合同履行的相关事实承担举证责任；对代理权发生争议的，由主张有代理权的一方当事人对代理权的相关事实承担举证责任；在劳动合同争议纠纷案件中，因用人单位作出开除、除名、辞退、解除劳动合同、减少劳动报酬等决定而发生劳动争议的，由用人单位对作出上述决定所依据的事实承担举证责任。如借贷合同纠纷中，原告应提供下列证据：（1）能证明自己与被告之间存在债权债务关系的证据材料，如合同、借条、收据等；（2）自己已履行义务而被告逾期不履行义务的证据，如钱款在何日何地通过什么方式交给了被告，而被告到期仍不归还的证据。被告主要提供足以证明双方之间的债权债务关系已经发生变更或消灭的证据，如债务已经履行或者该笔债权已过诉讼时效的证据。

2. 损害赔偿纠纷案件的举证指导

一般侵权损害赔偿纠纷案件中，原告对侵权的所有构成要件都必须举证来加以证明。特别侵权损害赔偿纠纷案件中，对侵权的构成要件中的某一个或几个实行举证责任倒置，由被告负责举证。

损害赔偿纠纷案件中常见的证据有：

（1）能够证明受害人与侵权人之间存在相关法律关系的证明。如乘坐交通工具的凭证，购买商品或接受服务的发票、收据等。

（2）能够证明侵权事实和损害后果的证据。如能够证明侵权人在何时、何地实施了何种违法行为，以及这种行为给自己造成了损害后果的证据。具体为：验伤单、现场勘验记录或鉴定书、照片、目击者证言、修理费单据、工资收入证明、被毁损财产的价值证明等。

（3）能够证明侵权人主观上有过错的证据。通常只要能够证明侵权行为存在，并证实该行为是违法的，就可以证明侵权人主观上有过错。在已尽到合理注意义务或者采取可靠防范措施后仍造成的损害、无民事行为能力人的行为所导致的损害、因不可抗力或者意外事件导致的损害及因正当防卫造成的损害中，受害人要求行为人承担赔偿责任，而行为人要求免责的，则必须对自己是否具有法律规定的无过错条件加以证明。具体为：履行了哪些合理注意的义务或采取了哪些可靠的防范措施的事实，可以说明或认定其无民事行为能力或责任能力的文书和事实，发生过不可抗力或意外事件的有关记录和说明等。

二、律师的质证工作

质证是在法庭调查阶段，对法庭上出示的各种证据材料，证人证言，当事人及其代理人通过询问、核对、辨认等方式，就其是否客观、真实、合法及其与本案的关联性等情况进行质询的活动。

(一) 律师质证的要求

1. 具有明确的目标

既要从总体上明确质证的目的，也要把握每次质证所要解决的中心内容。对于被质证对象可能作出的回答要有所预测，并准备相应的对策。对于没有明确目的，没有相应把握及对策的问题，应考虑少质证或不质证。证人陈述清楚，且有其他证据印证的证言，不应再进行质证；也不宜超越证人证言所涉及的范围对证人进行质证。

2. 尊重被质证者的人格

质证者与被质证者本来思想上就有所抵触，因此为了使双方的沟通更加畅通，质证者尤其应当尊重被质证者的人格。在质证中要做到耐心地、不卑不亢地进行质证，不急躁，不动怒，不挖苦，不讽刺，避免在质证中与对方发生争论。

3. 制订可行的质证策略

要加强质证的计划性，周密设计质证的方案，做到切实可行，具有可操作性。为此，应根据对方的职业、身份、文化程度、个性特点、与案件当事人的关系、对律师质证的态度以及自己对所质证的内容掌握的程度等，运用不同的问话用语，开展有理有节的质证活动。

4. 符合法定的质证规范

律师在质证时，不能运用威胁、欺骗、引诱等非法手段逼取、套取证言进行质证。必须遵守法定的质证程序。如民事案件中的质证程序是这样的：先由原告出示证据，同时对证据的形式、内容、来源、欲证明的事实等内容进行陈述；再由被告、第三人认可或者提出质询或抗辩，对证据的真实性、关联性、合法性表明意见；原告对于被告和第三人提出的异议，可再予解释。被告出示的证据，先由被告作出说明，再由原告、第三人认可或提出质询，被告再回答疑问。第三人出示的证据，先由第三人说明，再由原告、被告认可或者提出质询，第三人回答疑问。

(二) 律师质证的过程

1. 倾听

倾听，包括倾听审判人员的询问；听取双方当事人的陈述；听取各方证人的证言；听取鉴定人的陈述及其结论；听取勘验的过程及其结果；以及听取本案其他诉讼参与人的陈述。

听取以上的陈述和证言，重点要放在结合有关的证据，判断其真实性上，同时注意揭示它们之间的内在关系。在听取委托人的陈述时，应注意其内容有无变化或者发展，并及时分析变化或发展的原因，以免被动。

2. 观察

首先，要查看法庭出示的书证、物证和视听资料，结合其他的证据，辨别其可靠性；对于不真实的部分，伪造的证据，应及时提出。其次，要察看当事人各方在法庭上的真实感情的流露。这在婚姻、析产、继承等民事纠纷案件中尤为重要。作为代理人，律师应根据当事人真心实意的流露，促成调解。

3. 质问

质问，就是律师依照法律的规定，在法庭调查阶段对当事人、证人、鉴定人、勘验人等进行发问，其目的是弄清事实真相。其问法有：

（1）正面问。对于案件和证据掌握得一清二楚，通过庭审发问，对回答的问题有十分把握的，适宜直截了当、不绕弯子地发问。

（2）绕着问。有些案件，为了使被询问人丧失警觉和事先的设防，或者缓解双方的对立情绪，从外围问话入手，先询问与本案不直接有关的情节，使被询问人在不知不觉中谈出真实的情况。绕着问的技巧是：不过早地暴露发问的意图，让被询问人自然而然地谈出所需的情况。

（3）连着问。对某些与案件有利害关系的证人或当事人发问，为了获得真实的回答，有时可以采用由远至近、由表及里、由浅入深、由彼及此的发问方式，步步为营，层层发问，问话速度要快，跟得要紧，像连珠炮似的一个接着一个问，以扰乱其事先的设防，不给他过多的思考时间，使他在回答问题上逻辑紊乱，从中抓住关键。

（4）反问。有些与案件当事人有某种瓜葛的证人、第三人等，为了自己的私利，往往把无说成有，把轻说成重。回答问题时，或者前后矛盾，或者避实就虚、泛泛而谈。为了揭露其虚假性，便可采用反问的方式发问。这样被询问人在反问之下必作解释，从而让其矛盾、虚假的证词暴露于法庭。

（5）提示问。由于从案件事实的发生到庭审调查，间隔时间较长，常常遇到被询问人对某一事实回忆不起或记得不准的情况，这时可采用提示性的发问。

（6）重复问。对于一些表达有困难、记忆力差、听力差或年老的证人，由于他们在某些方面难以清楚、准确地进行意思表达，必须耐心地重复发问，让他们能听得明白，不致答非所问。

4. 判断

律师在发表质证意见以前，应对对方所举示的证据以及证人证言、鉴定结论等是否具有真实性、关联性和合法性有明确的判断和理由，这样发表质证意见才会言之有据，具有说服力。应特别留意有疑点和矛盾的地方，这些地方是律师发表质证意见的重点。

5. 辩驳

辩驳即是对对方出示的证据或者证人证言、鉴定结论等明确地表示不同的看法或主张。辩驳是在审验和质问的基础上即时发表的，且要进行论证。辩驳应侧重指出对方当事人的证据在真实性、关联性和合法性上存在问题，证据与证据之间存在矛盾，证人的作证具有虚假性，或者证人和对方当事人之间的某种关系使其证言并不可信，或者鉴定结论的作出是违反法律规定的等等。辩驳是对证据和证据所证明的事实的异议，并不涉及实体法的适用问题。

（三）对常见证据种类的质证方法

1. 对物证、书证的质证方法

物证和书证具有自然性和客观性的特点。因此，它的真实性较大，证明力较强，对查明案件事实有重要作用。但是，物证、书证也有可能伪造，有可能受时间影响或者因收取、保全方法不当发生变化，失去了原来的面目。因此，律师对于物证、书证，要鉴别它的来源，是在什么时间、地点、情况下发现和收取的；是原物、原件，还是复制品、复印件；收取或保全的方法是否恰当，有无伪造、调换，或者发生差错的可能；了解它本身是真是伪，防止以假乱真；分析物证、书证与案件有无关系，能够证明案件什么问题。这些鉴别，有的通过观察、比较、查证可以判明；有的需要通过检验、鉴定才能确定；有的还要和案内其他证据结合起来加以研究，审查是否一致，互相印证。

2. 对证人证言的质证方法

证人证言有真实的，也有虚假的，还有真假混杂的，至于不够全面、不够准确的更是常见。这主要是因为证人故意作伪证，或者由于主客观条件的限制，对于事实情况没有看清楚、听清楚，或者是记忆不好，理解错误，因而提供的证人证言不符合实际情况。律师对证人证言应通过质问的方式，了解证人与案件或当事人有无利害关系；证人的观察力、理解力、记忆力和表达力的强弱程度；证人陈述的情况是耳闻目睹的，还是传闻的；取得证言的方法是否合法；证言内容是否明确具体、合情合理；证人是否受到外界的影响；证人前后的证言是否矛盾等。在此基础上，对证人证言加以评价。

3. 对鉴定结论的质证方法

鉴定结论虽是一种科学判断，但鉴定材料、鉴定设备、鉴定方法、鉴定人的业务水平和工作态度等因素，都会影响鉴定结论的正确性。作为证据，它也必须经过当事人的质证。对鉴定结论的质证，可从合法性、真实性和关联性三个方面入手。对于鉴定结论合法性的质疑，可从委托鉴定的单位是否合法，鉴定单位和鉴定人是否具有法定资格，鉴定单位和鉴定人是否与案件有利害关系，是否属于应该回避的情形等方面展开；对于鉴定结论真实性的质疑，可从鉴定材料是否充分、可靠，鉴定方法是否科学，鉴定结论与案件其他证据是否一致，有无矛盾等方面展开；对于鉴定结论的关联性，可从鉴定结论与案件事实有无联系展开。对于鉴定结论不完备、不明确、鉴定程序有瑕疵的，可申请补充鉴定或重新鉴定；对于鉴定结论有重大缺陷，或者与本案其他重要证据存在不可克服的矛盾，不足以证明案件真实情况的，律师可以直接否定鉴定结论。

【案例评析】

案例一

（一）案情简介

2004 年 6 月，原告良迪有限公司向被告欣彩纺织公司订购一批色织布，双方签订了购货合同，约定被告于 2004 年 8 月底前向原告提供一批色织布。合同签订后原告依约向被告账户汇入了 3 万美元的预付款，被告向原告提供了小批量的色织布样品。2004 年 7 月，原告发传真称色织布质量存在瑕疵，客户不满意，原告要求取消订单，对此被告没有答复。后来原告又向被告发函表示愿以七折的价格购入此批货物，并可以先行给付货款，被告业务人员在回函上表示了接受。原告即按照被告要求将货款 13 万美元汇入了被告指定的账户。后被告未按约定时间履行交货义务，并拒绝返还货款。原告遂诉至法院，请求判令被告返还货款 16 万美元并承担本案诉讼费用。被告辩称，是原告拒绝履行合同在先，应由原告承担违约责任。

（二）基本问题

本案的关键证据是什么，原告方应当如何举证?

（三）案例评析

本案的关键证据是变更价款的发函与回函、催告通知。本案属于典型的买卖合同债权债务纠纷，涉及合同重要条款的变更。原告良迪有限公司是色织布的买受人，被告欣彩纺织公司是色织布的出卖人，双方形成买卖合同法律关系。原告要求被告返还 16 万美元货款，需要基于以下三个方面的事实：原、被告之间存在有效的色织布买卖合同；原告按照合同内容履行了先行给付货款的义务；被告未按约定的时间履行合同规定的交货义务，且经催告后在合理的期间内仍未履行交货义务。原告为支持己方的诉讼请求，就要举出证明以下事实的证据。

首先，原告需要证明原、被告之间买卖合同的内容，也就是要证明买卖双方各自的权利义务。因为合同内容是合同履行的依据和确定一方当事人履行情况的标准。本案合同在履行中发生了内容变更，这是双方发生争议的焦点，被告的答辩中就以原告首先提出取消原订单作为抗辩，因此证明合同变更的证据也就成为本案的关键证据。

买卖合同的主要条款包括买卖标的、价款、数量、付款方式和交货方式。本案的标的是色织布，最初付款方式是原告先交付预付款 3 万美元，被告提供小批量色织布样品。后来原告试用认为质量不合格，提出取消订单产，实际上就是要求解除合同，由于原告解除合同的理由不是法定理由，因此在未取得被告答复的情况下，不能达到解除合同的效果。原告后来又提出以七折的价格购入此批货物，并可以先行给付货款。这实际上是对原合同价格及付款方式进行更改的要约，由于被告业务人员在回函上表示了接受，视为被告接受了更改要约，原合同因此发生了变更。原告、被告应该按照变更后的合同履行各自的义务，如不履行即构成违约。这里，原告给被告的发函及被告业务员的回函，就是证明合同变更的证据，也是原告诉讼请求能否得到支持的关键。

需要注意的是，如果被告业务员的回函上没有被告公司的业务公章，也无被告公司的信头、电话号码、传真号码等公司本身的标志，原告还要准备证明回函的业务员确系被告公司在职人员的证据，如被告的业务委托书、授权证明等等，以防止被告否认该业务员为其单位在职人员，以致否认变更合同的效力。

其次，原告需要提供自己按约履行合同的证据。原告向被告账户先后汇入 16 万美元的汇款凭证，即可为证，这是主张返还货款的重要依据。

最后，原告需要提供已方履行催告义务的证据。原告要求返还全部货款，是解除双方合同的表示。根据《合同法》第 94 条第 3 项，当事人一方迟延履行主要债务，经催告后在合理期限内仍未履行的，另一方当事人可以要求解除合同。解除合同的后果，就是返还已付货款。本案被告没有按约定时间履行交货的义务，属于迟延履行。迟延履行并不必然导致合同解除，此时原告应履行催告义务，催告被告在一定合理期间内交货。经催告后被告仍不履行的，原告才享有合同解除权。因此，证明原告履行催告义务的催告函、催告通知等证据也是原告需要准备的重要证据。

至于被告拒绝发货不履行合同的行为，原告无须举证。根据最高人民法院《关于民事诉讼证据的若干规定》第 5 条第 2 款，对合同是否履行发生争议的，由负有履行义务的当事人承担举证责任。本案应由被告就自己是否履行交货义务提供证据，如不能证明，即认为未履行，应承担违约责任。

综合以上分析，原告为了支持其诉讼请求，须向法庭提交以下证据：

（1）色织布买卖合同。以此证明双方为合同当事人的关系和合同的最初内容。

（2）原告向被告账户汇入 3 万美元预付款的汇款凭证。以此证明原告履行了原合同的义务，没有违约行为。

（3）原告给被告的发函及被告业务员的回函。以此证明双方经过要约承诺变更了原合同的价款及付款方式。

（4）原告向被告账户汇入 13 万美元货款的汇款凭证。以此证明原告履行了更改后合同的义务，没有违约行为。

（5）原告催告被告履行交货义务的通知函件。以此证明原告履行了催告义务。

案例二

（一）案情简介

在原告段某诉被告某市计生局征收计划生育社会抚育费人身损害赔偿纠纷一案

中，原告段某的证人当庭作证，原告段某爬上被告计生局的面包车“论理”，坐在车上的一个人一边叫喊：“摔死你！摔死你！”一边将原告段某从正在行走的车上推下摔伤。被告计生局的律师认为证人做的是伪证，遂申请对证人进行发问。

（二）基本问题

被告计生局的律师应如何证明证人做的是伪证？对证人质询的技巧在哪里？

（三）案例评析

律师：“你敢肯定亲眼看见被告工作人员将段某从面包车上推下去的吗？”

证人：“是的，我敢肯定！”

律师：“你当时站在面包车的什么位置？”

证人：“我站在车的左边。”

律师：“你与车相距多少米？”

证人：“有十三四米远。”

律师：“你知道将原告段某推下车的被告工作人员穿的什么衣服？”

证人：“……时间长了，我记不清了。”

律师：“你正面看见被告工作人员将原告段某推下车门的，是吗？”

证人：“没错，我看得十分清楚。”

证人的回答渐行渐远。见戳穿证人“伪证”的时机一到，被告律师转而向证人发动猛攻，直捣证人的“心窝”：

律师：“你知道被告面包车的车门开在左边，还是右边？”

证人：“……”

律师：“被告的面包车上的窗户是关着，还是开着？”

证人：“……我记不清了，我真的有点记不清了……”

真相已大白于法庭。发问完毕，被告律师在质证时当即指出证人说的全部是谎话，被告面包车的车门开在右侧，证人不可能从十几米远的地方透过面包车左侧封闭的茶色车窗看清右侧车门发生的事情……

由远及近，由外到内，迂回式的询问是该案被告计生局的律师成功对证人质询的技巧所在。

【疑难问题】

律师如何区分己方证据是本证还是反证？本证和反证有什么不同的要求？

以罗森贝克的法律要件分类说来区分本证和反证。本证应当达到使法官内心确信的程度，反证只需要动摇法官对于本证的确信即可，反证本身不需要法官的内心确认。

实务训练

请分析以下案件以合同之债纠纷起诉或者以侵权之债纠纷起诉原告方应如何举证？哪种案由更有利于原告方的举证？

田某某从事个体经商，经营粮油副食。为了存放货物，田某某于 2005 年 11 月与王某协商，欲租赁其闲置的房屋一处作为其仓库。经过协商，田某某与王某签订了一份房屋租赁协议，约定：田某某承租王某家的房屋一间，面积 20 平方米，租期 1 年。合同签订后，王某按约将房屋交付田某某使用。2006 年 3 月，田某某所租用的上述房屋发生一场大火，屋顶、门、窗户等被烧毁。事故发生后，有关部门未对火灾事故原因及责任作出认定。王某多次找田某某协商，要求田某某恢复被损毁房屋的原状或赔偿损失，均遭田某某拒绝。王某遂聘请律师，想起诉田某某至法院。

提示：如果是以侵权之债纠纷向法院起诉，王某必须举证证实田某某有过错行为，且其过错行为与损害结果之间有因果关系，王某不能提供消防部门作出的火灾事故原因和责任认定书，就不能证实田某某有过错，更不能证明田某某的行为与损害后果之间有因果关系，王某应承担举证不能的后果。

课后练习

1. 请问：根据我国民事诉讼法及其相关司法解释的规定，下列案例中医院和乔某各应承担哪些举证责任？

2009 年 4 月，乔某因为严重肠炎到某省人民医院进行手术，手术很顺利，伤口也愈合得很快。但出院后，却时常感觉到腹内疼痛。2010 年 7 月，经另外一家医院诊治，其腹腔内尚留有手术用的纱布。乔某认为，从 2009 年 4 月至今，自己未在任何医院进行过手术。所以这块纱布肯定是省人民医院留下的，于是要求医院赔偿物质和精神损失；而医院坚持认为手术是正常的，有病历和手术器械清单为证，以此拒绝赔偿。乔某于是将医院告上法庭。

2. 请根据证明责任的分配原理对下列案件的事实作出认定。

原告：某银行股份有限公司上海某支行。

被告：马某。

2006 年 9 月，被告向原告申请了牡丹国际卡。自 2007 年 4 月 19 日，被告使用该卡累计透支 1 166.61 元，原告遂诉至法院，要求被告承担法律责任。被告辩称，其于 2007 年 7 月收到银行对账单欠款 14 048.30 元，遂于 2007 年 7 月 25 日至某自助银行 ATM 机还款，因机器识别问题分别存入四笔即 8 400 元，2 500 元，600 元，600 元，并在对账单上写明尚未还清余款 1 948.30 元，由于申请了相关服务收到银行的四条短信确认，故未打印存款凭条。7 月 27 日，被告为还清余款，通过银行柜台还款 1 950 元。2007 年 8 月，被告收到 7 月账单发现 7 月 25 日还款少算一笔 600

元，并产生利息两笔人民币 140.15 元和 172.62 元，遂于 2007 年 8 月 12 日致电银行客服，要求调取 ATM 存款录像，并停止使用该卡，但银行接到电话后一直没有联系被告。

案件审理过程中，原告与被告各执一词。由于事发时间较长，被告未保留四条短信信息提醒，同时无法找到写有欠 1 948.30 元及随手记录电话联系情况的对账单。因案件不是刑事案件，法院应被告申请至通讯公司调查亦未能查到当日的四条短信记录，ATM 机监控录像由于时间过长亦没有保存。银行称客服录音系随机录音，8 月 12 日该录音不存在不能提供。银行提供的系争 600 元存款的 ATM 机当日所有存取款记录中只有三次被告所称存款记录，且只有一次 600 元存款的记录。

延伸阅读

1. 君合律师事务所．律师之道——新律师的必修课．北京：北京大学出版社，2010

2. 赵祥．用证据说话：债权债务官司证据指导．北京：法律出版社，2008

3. 蒋新苗，何燕华，朱利平．仲裁案件举证技巧．长沙：湖南人民出版社，2006

4. 上海市黄浦区人民法院．司法阶梯：审判前沿问题研究（第 4 辑）．北京：法律出版社，2011

第十一章　律师专项法律实务

【内容摘要】

随着我国社会主义市场经济体制的建立和发展，我国民商事领域中公民、法人与其他组织之间的民商事活动逐步增多。而改革开放的深化进行，使得外国民商事主体进入我国经济领域从事相关经济活动的现象也呈现不断增长之趋势。因此，律师提供给中外公司、企业等民商事主体的服务不仅仅局限于“事后”的纠纷解决，更多地出现在这些经济主体纠纷发生“事前”的经营活动过程中。此即所谓律师法律顾问制度设立的最初目的。

根据 1992 年 6 月 15 日“司法部令第 20 号”颁布的《关于律师担任企业法律顾问的若干规定》第 7 条第 1 款第（二）项之内容，律师专项法律实务是指：律师与企业就某一专门法律事项签订聘应协议，该事项办结则法律顾问关系即终止的律师法律服务。因此，首先律师专项法律服务属于企业法律顾问服务之内容；其次专项法律服务主要是以企业经营而发生的专门问题为范围的。目前我国律师可能为企业提供的专项法律服务内容较多且未形成固定的内容。本章主要介绍企业的并购重组等企业创立行为；企业的改制与发行上市、信托业务等经营专项行为；企业的破产清算等消灭行为。

【知识要点】

一、企业并购重组专项律师实务

企业并购是兼并与收购的统称。企业兼并本质为公司的吸收合并，具体指一个或多个公司的全部资产转移为另一公司所有，接受上述公司全部资产与责任的公司吞并这些公司并以自己的名义继续存在。公司收购是指一个公司收买另一个公司的股份或资产，但并不吞并该公司。我国目前有《公司法》、《证券法》、《上市公司收购管理办法》等法律和规章规范并购行为，而该法律行为的运作也成为律师提供专项服务的重要范围。

律师在并购重组中的作用主要体现在两个方面：第一，接受当事人的委托完成尽职调查并审查并购合同的合法性；第二，帮助当事人设计并购重组的流程和框架方案，帮助当事人选择最佳的并购路径、设计优化的债务重组方案，起草合同、参与谈判，通过合同保证条款的约定，对尽职调查中发现的潜在问题进行防范，利用处理股权纠纷的实务经验，预测发生争议的法律后果，并尽可能在合同或附件中加以防范，为当事人的并购重组提供全面的法律服务。

(一) 企业并购重组的律师尽职调查

企业并购重组中的法律尽职调查是指投资人与目标公司达成初步合作意向后，经协商一致，投资人对目标公司与本次投资有关的事项进行现场调查、资料分析的一系列活动。

1. 尽职调查的目标与原则

尽职调查贯穿于并购完成前的各个阶段。在提交并购意向阶段前律师就需要对目标公司进行初步的尽职调查，从而确定目标公司的基本情况；在投资前阶段，律师应尽可能深入那些可能会影响投资程序进行的事项进行调查；在达成交易阶段，律师应当对交易构建与整合计划中的各种问题进行调查，从而尽量揭示与交易相关的各种信息。与这些调查阶段相匹配的目标与原则可以归纳为以下几个方面：

(1) 尽职调查的目标

尽职调查的目标在于使买方尽可能地发现有关它们要购买的股份或资产的全部情况，即影响其是否继续并购的重要事实。同时，尽职调查也是买方的风险规避策略，通常买方需要律师介入通过尽职调查确认并购存在哪些风险，从而确定是否或如何安排继续并购活动。一般来说，尽职调查需要确认的风险有：法律风险，如目标企业的主体资格、财产价值与产权纠纷等；财物风险，确认目标企业是否存在重大债权债务以及其应收款项的可实现性等；经营风险，包括目标企业生产产品的市场前景、税务与环保等问题；人力风险，目标企业人力资源结构、学历与知识结构以及是否存在重大劳资纠纷等问题。

(2) 尽职调查的原则

正是因为尽职调查具有上述重要目的，因此律师进行尽职调查必须掌握以下原则：

① 全面调查原则。尽职调查必须对所有可能影响并购的目标公司各方面情况进行认真调查，详细甄别，必须注重该公司与一般公司不同之情况，尽量使调查结论全面、准确。

② 独立调查原则。律师虽然受托于并购方公司进行调查，但律师必须依据自己

的独立专业技能与职业伦理进行工作，律师之意志必须独立于并购公司与目标公司。

③ 调查专业性原则。律师对发现的任何资料、信息与问题，都必须持审慎的态度，从专业的角度对这些资料进行深入调查，并给出专业性的、有充分事实支撑的结论。该结论不同于并购业务中的财务调查等其他调查项目，该调查是从法律专业性角度对并购的法律风险进行的系统评估，因此该调查与评估始终关注的应该是并购行为中的法律问题。

④ 区别对待原则。企业并购重组是一项复杂而具体的工作，其并购的目标公司情况千差万别，因此尽职调查必须有针对性地区别进行。例如：对于“幼年期”的目标企业来说，其法律关系较为简单，反而其知识产权、人力资源关系等较为复杂，需要尽职调查律师对此处问题予以充分注意；对于特殊行业例如化工、水电等企业，其可能导致的环境污染必须予以高度注视，如目标企业是否排放达标、通过环评、是否因污染被起诉过或受过行政处罚等等。

2. 尽职调查的准备工作

尽职调查是复杂而缜密的律师服务，不但调查数据准确、全面与否关系到委托方的法律风险承担，甚至调查过程中的步骤疏失也可能给委托方带来不可弥补的损失。因此尽职调查之前进行细致的准备工作是必要的。具体来说，律师在尽职调查之前应当做好两个方面的准备工作：

（1）保密约定的拟定、商谈与签署工作

保密约定的拟定、商谈与签署是律师在尽职调查之前必须首先要做的准备工作。应当承担保密义务的人首先是律师、会计师等依据法律规定必须恪守保密义务的调查人员与专业人士。其次还包括接触这些信息的并购方企业的董事会成员、经理等管理人员与职工。保密协议可以是单独的，也可以在并购意向书中以保密条款形式出现。另外，为了使保密效果落实，在保密协议中还应当约定律师事务所与委托并购方调查内容、对象，确定尽职调查资料存放室的保密规则与安全使用规则等等。

（2）制定较为详细的调查方案

律师事务所与尽职调查律师应当在听取目标企业管理人员对企业状况的说明与陈述后做好以下的工作准备：

第一，律师事务所接受委托后应当尽快组成律师尽职调查工作小组，明确各个律师的分工和责任，为及时开展尽职调查工作提供组织保证。

第二，尽职调查律师应按照合同的约定，与目标企业进行及时协商拟定具体工作方案，并与委托人沟通。

第三，尽职调查律师应当根据上述具体情况制定调查提纲与问卷。

第四，了解并购的目的、基本要求、目标企业的基本情况特别是出售的原因等关键问题。

3. 尽职调查的方法

尽职调查是针对被并购对象，即目标公司基本情况的调查，因此向目标公司管理层人员获得公司的资料与通过询问调查相关问题所得之结论为最主要的尽职调查方法。当然，目标公司管理层出具的公司资料与信息，由于事涉利害往往存在真实性问题，律师应当要求公司管理层出具声明书，保证其所提供的资料为真实、全面的公司经营境况说明，这样可以促使管理层尽量不违法提供虚假与不充分的公司资料。此外，律师还应当通过其他方法进行调查，该调查方法为上述方法的必要补充，同时也是上述资料或结论证明或证伪的佐证方式。

（1）通过公司登记机关调查相关资料

律师可以通过公司登记机关调查目标企业的相关资料和信息准确性。例如：根据我国公司工商登记管理制度的规定，公司成立必须在相关工商行政管理部门进行登记，查阅登记资料可以了解目标公司的成立日期、存续时间、公司性质、公司章程、公司的注册资本和股东、公司的法定代表人等情况，从而判断本国目标公司是否合法成立；另外，公司成立与运行必须有自己独立的财产，其中的不动产与特定动产的移转与变更资料也可以在相关职能机关查到，例如：公司的土地使用权、不动产的产权与抵押、担保负担等情况可以在国土部门与房产部门查明，公司机动车等的购买与变更信息可以在机动车登记管理机关查明等等。

（2）通过其他政府职能部门调查

政府职能部门是尽职调查的重要信息来源，律师可以通过地方政府主管经济的机关调查了解目标公司是否属于当地政府给予优惠政策予以扶持的企业；通过地方的劳动人事部门与环保部门可以了解该目标公司是否在用人与环保方面存在违法行为或受到行政处罚；通过文化部门与知识产权部门可以调查公司是否在知识产权方面存在纠纷与争议，是否因违反知识产权法律法规而受过行政处罚等内容。

4. 尽职调查的具体内容

尽职调查涉及目标公司的成立、经营中的纷繁复杂的事项，其内容不一而足。下面以列表方式将尽职调查的主要内容进行归纳。

（1）关于目标公司基本状况的尽职调查

主体资格基本情况	公司的名称、住所、经营范围、法定代表人；
	公司的注册日期、注册地址与经营期限；
	公司的商业年检等情况。
公司的设立与审批基本情况	目标公司的发起人协议、股东协议、批准证书与成立、组建及改组有关的政府批文；
	公司的营业执照；
	公司法定代表人的身份证明；
	股东人数；
	公司的注册资本、实际缴纳资本与验资报告、出资证明与资产评估证明、产权登记证明文件；
	公司的章程；
	公司股东名册及持股情况、股东出资在工商部门的备案资料。

续前表

公司目前组织结构与成员	公司的组织结构；
	公司目前之股权结构；
	公司股权结构是否存在争议；
	公司股东会、董事会主要成员资料；
	公司经理层及管理人员资料；
	公司其他行政部门的主要组成人员资料。
公司部门设置	公司部门设置及其人员资料；
	公司及子公司、分支机构规章；
	公司职能部门的职责规定与工作分工。
公司的变更情况	公司股权的变更、验资报告与相应之章程等文件与工商部门登记文本；
	注册资本变更；
	公司登记变更事项；
	法定代表人与董事变更事项。
公司的年审与资质	公司自成立至兼并前年审情况；
	公司经营中的各种资质取得与证明文件、许可文件；
	并购活动中的授权文件与限制条件。
公司的分支机构与经营	公司分公司设立情况；
	投资参股、控股子公司的基本信息；
	公司合资、合营情况。
关联公司信息	关联公司的名称、营业执照与章程、验资报告；
	与关联公司发生的或拟发生的交易情况；
	关联公司的主要业务与竞争状况。

（2）目标公司已签署合同情况尽职调查

公司涉及金融、融资与担保方面的合同	公司已与银行签订的贷款、授信、担保、抵押合同及其相关文件；
	公司与其他金融机构或企业之间的融资协议；
	公司作为担保人的担保合同。
公司重要业务合同及其资料	公司重大金额订单、设备购置、不动产购置、仓储等合同；
	公司重大采购、销售与代理合同；
	公司的水、电、气等资源购买合同；
	公司与排名在前的供应商的销售合同；
	公司其他业务协议。
影响公司运营的重要协议	限制竞争或独家经营协议；
	公司托管协议及其他重要协议。
涉及股权变化的重要协议	有关注册资本禁止或限制增加协议、转让股权或其他处置注册资本协议及其法律问题；
	可能使公司陷入重大法律纠纷或使其他股东无法实现其权利的股东转让股权协议；
	其他有关股权变化的重要协议。

（3）目标公司资产的尽职调查

公司资产	固定资产状况，证明文件与权属证件；
	流动资产状况；
	长期投资状况；
	无形资产状况，包括著作权、专利权与商标权等无形资产，还包括商业信誉与商业秘密等；
	土地使用权及其权属证书。
公司负资产	公司债务的性质、数量与履行情况；
	公司债务的偿还期限等情况；
	公司的贷款情况与偿还状况；
	公司资产抵押与担保状况；
	公司因负债而引起的诉讼状况。

（4）公司的行政许可与环评尽职调查

公司的行政许可	特种设备行政许可情况（需调查的证件包括：特种设备设计许可证、特种设备制造许可证）；
	化妆类行政许可情况（特别是特殊用途化妆品卫生行政许可证、化妆品新原料卫生行政许可、进口特殊用途化妆品卫生行政许可）；
	药品类行政许可（包括：药品生产许可证、医疗机构制剂许可证、进口药品注册证、医药产品注册证）；
	医疗企业类行政许可（包括：医疗器械生产企业许可证、医疗器械经营企业许可证）；
	化学类行政许可（特别是其中易制毒化学品生产许可证、安全生产许可证、易制毒化学品进出口许可证）；
	新闻影视、出版类行政许可（由省级以上政府颁布的经营报纸、期刊、图书经营许可证、电子出版物出版许可证等）；
	房地产企业许可（国有土地使用权证、建设用地规划许可证、建设工程规划许可证、施工许可证、商品房预售许可证）。
公司的环评状况	环保部门对公司经营的环境影响审查文件；
	环保部门“三同时”验收状况；
	排污等许可证件与缴费证明、违法情况。

（5）目标公司相关诉讼与法律纠纷尽职调查

诉讼纠纷有民事、行政与刑事诉讼三种，并购尽职调查主要针对民事纠纷进行。

诉讼纠纷尽职调查	正在进行的诉讼、仲裁情况；
	诉讼、仲裁的全部文件；
	由法院、仲裁机构作出的裁决、禁令、执行令等可执行法律文件；
	涉诉律师函；
	和解、调解等情况；
	知识产权纠纷情况；
	相关政府调查文件。

除了上述主要内容外，尽职调查还包括保险、目标公司垄断事宜与税务情况、补贴情况等内容。

（二）企业并购重组其他律师实务

除了尽职调查，在企业并购中律师可以提供的专项法律服务还有：提供法律咨询、起草并购协议或重组协议、参与谈判与制定并购方案等。

1. 提供法律咨询

企业并购的种类差别很大，律师在具体并购行为中提供的法律咨询亦应当根据目标企业的不同而有所针对地提供法律咨询。

例如：在国有企业为目标企业时，律师提供法律咨询的重点应当首先放在国有土地使用权相关法律问题上，应当在被询问或主动情况下，为委托人阐释清楚企业土地使用权是集体还是国有；受让方在并购时对土地使用权作价、土地出让金等方面的商谈与底线是怎样等等法律问题，从而避免使委托人成本增加和风险增大。其次，国有企业作为目标企业还涉及企业职工的安置问题。律师应当依据《劳动合同法》、财政部2004年颁布的《企业国有产权转让管理暂行办法》的规定，为职工安置方案提供咨询意见，并从法律角度提醒委托方可能违法的行为。再次，国有企业被兼并重组被改制时，国务院办公厅2005年颁布的《关于进一步规范国有企业改制工作的实施意见》、最高人民法院2003年颁布的《关于审理与企业改制相关民事纠纷案件若干问题的规定》都对国有企业被兼并重组时债务处理方案作出了规定，律师应当依据上述法律文件，结合兼并重组案件提出切实的法律咨询意见。

2. 起草并购协议与其他相关法律文件

并购行为过程中主要的协议有两个：第一为并购意向书；第二为并购合同。起草相应的协议文书也是律师专项法律实务的组成部分。

（1）并购意向书的主要内容

并购意向书是指并购方与目标公司达成并购意向，就收购主要条款与价格达成一致后，所签署的并购协议书。并购意向书的法律效力是，如未发生阻滞并购达成的情形，并购双方均受意向书制约。该意向书的主要内容应当包括：

①并购主体；②并购标的；③并购价格；④并购方式；⑤并购款的支付；⑥并购生效需满足的条件；⑦并购终止条款；⑧其他条款。此外，并购意向书还应当包括保密条款、并购过程中的费用分担等条款。

（2）并购合同的主要内容

合同主要内容	并购项目的合法性条款与先决条件条款。该条款一般包括：审批公司兼并重组的国家职能部门批准文件与审批手续，第三方同意条款与文件等。
	并购合同主要内容。包括标的、价款、支付及支付方式等条款。
	合同的生效条款。如果并购项目需要国家有关部门批准，应当约定并购合同自批准时起生效，其他应当约定并购双方召开董事会并形成决议后生效。
	并购各方的保证与承诺条款。

续前表

合同必要附件内容	主要是并购过程中形成的主要协议与证明文件。包括：目标公司财务审计报告、评估报告、土地转让协议、政府批准文件等；目标公司固定资产与机器设备清单、流动资产清单；债权债务清单；对外提供担保清单；会议纪要与谈判记录等等。
其他重要条款	保证条款，即目标公司陈述与保证真实的条款。通常应对未披露的表外负债等内容予以约定，此外，律师还应该根据尽职调查的资料确定条款的内容。
	履行协议期间义务。即并购协议签订后到价金支付完毕期间并购方与目标公司的义务规定。
	履行并购协议条件。即规定在一方未达成预定条件，另一方的抗辩权利。
	股票与价金的提存。即在协议履行期间，双方将尚未转移过户的股票与价金，提存在双方同意的第三人保管。
	履行后公司的经营。规定在并购协议履行后，特别是仅收购部分股份时双方的经营权限问题，还有雇员的安排问题等。
	损害赔偿条款。即因一方违反该条款时应当给予对方的赔偿问题。

3. 参与并购谈判与制定并购方案

除上述行为外，律师还通过参与并购谈判与制定并购方案来为企业并购提供专项法律服务。

首先，在开始并购谈判前，具有丰富经验的律师事务所或律师就应当依靠自己执业经验在并购企业选择、确立并购目标时提供专业服务，这在积极式并购行为中更显重要。有经验的律师往往会根据并购的目标，依据产业类别、企业规模、财务状况、技术水平与市场情况等指标，为委托人建议合适、可行的并购对象，从而为并购的实现打下扎实基础。

其次，律师此时应当全程参与并购谈判，制定可行的并购方案。律师应当通过缜密尽职调查从专业角度为委托人提供专项法律服务。并购谈判的核心在于并购价格谈判与并购条件。并购价格的合理确定，需要充分掌握目标企业未来的盈利能力与委托方自创业的成本，并结合投资中的风险与不确定因素进行比较而得出。律师应当通过尽职调查为委托方提供目标企业资产、盈利能力、经营风险、知识产权、资本组成等方面详尽的信息，从而尽可能准确地制定并购价格。并购条件是除价格外的并购条件，律师应当依据专业视角，在付款方式、期限、交易保护、违约赔偿、并购后企业人员安排、卖方税负等问题上了解详细信息，从而制定有利于并购实现的条件。在上述谈判基础上，律师还应当帮助委托人制定可行的并购方案。

二、企业改制与发行上市律师专项法律实务

企业改制与发行上市有广义与狭义之分。广义的改制泛指各种类型的企业采取重组、联合、租赁、承包经营、合资、转让产权等多种形式对企业的组织形式、管理体制等各个方面进行改革、规范。本部分所说的企业改制与发行上市是指狭义上的，仅以发行上市为目的的改制，即企业向社会首次公开发行股票并在证券交易所

上市（下述简称“发行上市”）。

企业改制与发行上市必须有律师事务所作为中介组织的参与。1993 年至 2002 年间，我国证监会与司法部对律师、律师事务所从事证券法律业务进行规范，规定从事证券法律业务的律师和律师事务所需要进行资格认证。2002 年国务院《关于取消第一批行政审批项目的决定》取消了证券业律师从业资格的审批，自此所有律师事务所与律师都可以依法从事证券类法律业务。2007 年为了规范证券律师工作，证监会与司法部颁布《律师事务所从事证券法律业务管理办法》（下述简称《管理办法》），规定了证券业律师工作要求与相应的法律责任等等。这也成为律师从事企业改制与发行上市最重要的法律依据与行为准则。

企业改制与发行上市法律专项法律实务具体包括以下几个方面：律师的核查和验证；出具法律文书与意见书；企业信息披露的法定协助与督促、见证义务与制作工作底稿。

（一）核查和验证

《管理办法》第 12 条规定：律师事务所及其指派的律师从事证券法律业务，应当按照依法制定的业务规则，勤勉尽责，审慎履行核查和验证义务。第 13 条规定：律所及律师应当依法对所依据的文件资料内容的真实性、准确性、完整性进行核查和验证；在进行核查和验证前，应当编制核查和验证计划，明确需要核查和验证的事项，并根据业务的进展情况，对其予以适当调整。

1. 核查和验证的原则

律师进行核查和验证首先应当坚持真实、准确与完整的基本原则。律师在核查和验证时应当收集所有改制与发行上市各方面的法律文件与资料，对于其中重要的资料与文件，应当收集原始材料进行查证核实。除此之外，律师的核查与验证还应当遵循以下原则：

（1）客观性原则

律师应当依据我国企业改制与发行上市法律法规，客观地调查、核实所收集的文件与资料，并杜绝任何主观臆断的现象，从而保证核查与验证结论的客观真实。

（2）全面性原则

企业的改制与发行上市是非常复杂的程序与运作，任何环节资料调查与核实的不全面都可能导致企业改制与发行上市失败。对于律师来说，对改制与发行上市各个层面与细节进行调研，力求结论覆盖所有应予调研的对象，从而恪守全面性原则是律师提供优质专项法律服务的必要保证。

（3）独立性原则

在企业改制与发行上市专项法律服务中，虽然律师由委托人委托，但律师并不唯委托人意志是瞻，律师提供法律服务也不受委托人意思左右。因此，律师在调查和核实工作中应保持独立性。例如：当律师经过审慎调查与核实仍不能得出肯定性意见时，应当不受委托人意志左右，发表保留意见，当然此时律师也不受其他中介机构的干预。总之，律师在调查与核实过程中应当保持独立性原则，独立地决定调查与核实的各项工作。

2. 核查与验证的方法

(1) 调查收集资料

核查和验证的首要方法，是要求企业提供资料清单，律师对这些文件反应的真实情况做分析。律师要求企业提供的资料应当涵盖但不限于下述范围：

①与企业改制和发行上市相关的重要文件。包括文件的原件、复印件、副本、节录本及传真件等。当然，在收集文件时应当尽量收集原件，如果无法收集原件的，可以要求企业或文件提供人在复制件、副本或节录本上签字、加盖公章或以其他方式确认。文件中缺乏相关资料证明的事实的，律师应当取得企业对该事实的书面确认并在法律意见书中作出说明，需要公证、见证的，应当与企业协商沟通办理。

②与企业管理人员或业务人员谈话记录。企业的管理人员是指公司的董事、监事或者经理层人员，业务人员是指公司的营销、财务、法务与具体管理人员。上述人员的谈话记录经双方签字确认，即成为可资核查与验证的谈话记录文本。

③政府职能部门的函证与查证笔录。如果律师在核查和验证过程中发现问题，经与企业管理人员或业务人员谈话后仍无法确定的，律师应当到相关政府职能部门以函证或调查方式予以查证、核实。调查应当制作调查笔录，由调查人和被调查人在笔录上面签名，表示双方对笔录内容的确认。

④实地调查记录。律师还可以通过对被调查企业实地走访，查看企业相关项目的厂房、设备、办公场地，以证明相关问题。实地调查应当做好调查记录及拍照留档。

除了上述核查和验证方法外，律师还可以向中介机构，如会计师事务所、资产评估机构等证券服务机构进行调查。而实践中律师还可以根据自己的经验和企业的实际情况，思考和形成自己独特的核查与验证方法。

律师在从事核查和验证时应当注意的是：如果委托人提供虚假的记载、误导性陈述或者陈述有重大遗漏等违法行为的，律师应当要求委托人纠正、补充，如果委托人拒不补正，律师可以拒绝委托核查、验证，并按照规定向有关部门报告。

3. 核查、验证的主要内容

律师应当在与委托方签约过程后并对委托事项进行初步了解的基础上确定核查、验证的主要内容。通常核查、验证的主要内容有：

企业与股东主体资格方面资料	企业历史沿革方面资料。自最初的出资者以及历次产权变更资料。
	企业的营业执照正、副本；组织机构代码、税务登记、进出口企业资格证等证书。
	企业现行组织机构文件。
	企业全体股东主体资格资料。包括历史数次变动的股东（5%以上股权）的主体资格、业务与资产情况。
	公司目前高管人员基本情况与历史变动情况。

续前表

企业财务与资产资料	企业近 3 年的资产负债表。
	企业近 3 年的利润表和利润分配表。
	企业近 3 年的现金流量表。
	企业所有或使用的土地使用权、房产证书等资料。
	企业拥有的知识产权及技术成果。
	企业其他资产及其资料。
	证券、合资或合作权益、融资租赁或经营租赁合同。
	其他资产。
企业尚未完成的重大合同等债权债务	尚未完成的重大合同。
	在建项目及其相关批准文件。
	其他合同债权债务关系。
	侵权而引发的债务。
	重大项目投资情况。
贷款文件	有担保的贷款协议。
	无担保的贷款协议。
	还贷情况。
关联关系	企业与控股股东的其他全资、控股、参股企业之间的有关资产、财务方面的协议和原材料供应、产品生产、销售及日常经营业务所签订的合同。
	企业与公司董事、监事、经理等高管及其关系密切亲属之间有关资产、财务方面的协议和原材料供应、产品生产、销售及日常经营业务所签订的合同。
	公司可能产生的关联交易与关联方。
公司重要会议决议	公司历次董事会纪要、决议。
	公司历次监事会决议。
	公司股东大会通知决议。

(二) 律师应出具的法律文件和法律意见书、律师工作报告

律师在提供企业改制与发行上市专项法律服务时，还应当有出具法律文件与法律意见书的任务。根据《管理办法》第 14 条的规定：律师在出具法律意见时，对于法律相关的业务事项应当履行法律专业人士特别的注意义务，对其他业务事项履行普通人一般的注意义务，其制作、出具的文件不得有虚假记载、误导性陈述或者重大遗漏。此即对律师提供上述专项法律服务的总体要求。

1. 律师应当编制或审核的法律文件

企业改制与发行上市的各个运作阶段，律师都需要编制或审核不同的法律文件。该运作阶段依次有：企业改制阶段、企业首发上市辅导期阶段、企业首发上市阶段。律师在这三个不同阶段主要应完成的法律文件编制或审核的有：

（1）企业改制阶段的相关法律文件

① 改制方案。改制是企业发行上市的基础，即将企业进行股份制的改造。因此，律师应当与委托人充分沟通，根据改制企业的具体情况与相关法律法规，协助委托人制定合理可行的改制方案。

② 审查批准文件是否齐备。我国《公司法》虽然为国有企业改制与发行上市未设置较多的审批门槛。但是国务院相关文件却对国有企业改制设置了相应的限制性要求，通常涉及金融、石油、煤炭、医药等特殊行业改制的需要有权部门的批准。对于此类批准文件的审查，应属律师的专项法律服务内容之一。[①]

③ 财产权属证书。改制过程中涉及诸多财产权的变化，形成较为复杂的财产关系。所以律师应当审查企业的相关财产权证书，明确财产权属关系。

④ 公司章程。律师应当与委托人充分沟通，协助当事人编写或审查符合《公司法》要求的公司章程。

此外，改制过程中还有《发起人意向书》与发起人主体资格、资产状况等法律文件需要撰写与审查。

（2）首发上市辅导期阶段需编制或审核的文件

首发上市辅导期是指：在公司改制成立股份有限公司后，在具有保荐资格的保荐人辅导下规范运作，该期间即为辅导期。首发上市辅导期需编制或审核文件列表如下：

发起人协议	发起人协议主要内容有：发起人的名称、住所、出资额、出资方式和发起人的权利与义务等。
发起人主体资格证明文件	我国《公司法》规定如下人员不可担当发起人：第一，政府机关；第二，法院、检察院、部队；第三，国家公务员、法官、检察官。因此，律师应当审核发起人的主体资格证明文件，防止出现违法。
财产权属证书	律师应当查验以非货币出资发起人的财产权属，即登记机关的记载内容与出资人持有的权利证书。
公司章程	律师应当依据《上市公司章程指引》、《上市公司治理准则》与《关于在上市公司建立独立董事制度的指导意见》帮助股份有限公司制定合法的公司章程。
议事规则	议事规则是指根据章程的规定，公司各职能部门的职权、召集、通知、表决与决议事项等法律文件，具体有：股东大会议事规则、董事会议事规则、监事会议事规则等。
独立董事规则	证监会规定股份有限公司上市公司需要有 1/3 的独立董事。律师应当根据《关于在上市公司建立独立董事制度的指导意见》制定独立董事规则。
资产重组法律文件	如果股份有限公司在公开发行股份之前有资产重组的情事，则律师应当协助公司制定有关资产重组的有关协议，规范资产重组的行为。

（3）股份首次发行上市阶段需要编制审核的法律文件

股份有限公司首发上市需要编制或者审核的法律文件主要与股票上市发行有关：其一为首次公开发行股票申请文件；其二为招股说明书。律师应当依据其专业经验与知识，为委托公司编制或审核相关的法律文件。

---

① 例如国务院办公厅（国发办【2005】60 号）《关于进一步规范国有企业改制工作的实施意见》与（国办发【2005】62 号）《关于做好贯彻实施修订后的公司法和证券法有关工作的通知》即对国有企业改制进行了规范，设定了审判程序与条件。

2001 年，为了规范与方便申请人制作申请文件，证监会颁布了《公开发行证券公司信息披露内容与格式准则第 9 号——申请首次公开发行股票申请文件》，其中对申请文件的内容与格式作出了详细的规定，这为律师协助发行人编写申请文件提供了写作依据。而 2006 年证监会修订的《公开发行证券的公司信息披露内容与格式准则第 1 号——招股说明书》为律师协助发行人或审核发行人编写的招股说明书提供了法律依据。

律师参与或审核股票申请文件与招股说明书后还应当确认上述文书中引用的法律意见和律师工作报告的内容真实、准确并应当承担法律责任。

2. 出具法律意见书及律师工作报告

律师在企业改制与发行上市中需出具的法律意见书与律师工作报告有若干种类，且证监会在《管理办法》中规定了律师出具法律意见书与律师工作报告的相关要求。

(1) 企业改制设立股份公司的法律意见书

该法律意见书是律师作为企业的法律顾问就改制设立股份公司的法律事项出具的专业法律意见。2005 年《公司法》修订前成立股份公司需取得省级政府或国务院授权部门的批准，因此在这些部门审批成立股份公司时大多需要律师出具法律意见书。但 2005 年修订后的《公司法》取消了该规定。仍然需要注意的是依据上文国务院办公室所发的有关特定国有企业改制与上市时仍需要提交律师法律意见书。

改制时的法律意见书内容无明文规定，通常应当包括改制设立股份公司的主体资格、发起人主体资格、股份公司的设立方式、设立股份公司的批准资料、章程、法人治理结构、股权结构、主要资产状况、关联交易和同业竞争、重大债权债务关系、环保和产品质量技术标准、被行政处罚或涉讼内容。

(2) 公司首次公开发行股票的法律意见书与律师工作报告

证监会于 2001 年公布了《公开发行证券公司信息披露的编报规则第 12 号——公开发行证券的法律意见书和律师工作报告》，详细规定了法律意见书和律师工作报告的具体标准和内容。这是律师为公司首次公开发行股票的法律意见书与律师工作报告的法律依据。而且法律意见书与律师工作报告是公司公开发行股票的必要文件，律师应当严格依法、审慎出具这些法律文件。

(3) 内部职工股问题核查意见

如果公司改制有内部职工股的情况，则律师应当对此进行审查并出具内部职工股审查意见。律师的审核意见应当包括：公司设立及内部职工股的设置的批准文件是否齐备；内部职工股的发行是否按照批准的比例、范围及方式进行；内部职工股首次及随后之托管是否合法、真实与有效；内部职工股的演变是否合法、合规、真实与有效；如内部职工股涉及违法行为，是否该行为已经得到清理，批准内部职工股的部门是否对有关情况及对有关责任和潜在风险承担责任出具了确认文件。

(4) 发审会会后事项的法律意见书

股票发行审核委员会审核通过公司股票发行申请后，根据证监会发行监管部 2002 年 5 月发布的《关于已通过发审会拟发行证券的公司会后事项监管及封卷工作的操作规程》，发行人律师应当对公司在通过发审会审核后是否会发生重大事项出具专业意见。

（5）询价阶段的法律意见书

根据证监会的规定，律师应全程参加询价阶段并对询价过程是否符合法律法规及相关规定等进行见证，并出具法律意见书。

（6）发行阶段的法律意见书

律师应当在发行阶段对企业所有与发行上市有关的事项进行充分的检查验证，确认不存在虚假、误导性陈述或重大遗漏。同时，在刊登招股说明书前一个工作日，发行人应向证监会说明拟刊登的招股说明书与其封卷稿之间是否存在差异，律师应当核查二者之间是否存在差异并作出无差异声明或说明具体差异。

此外，律师在企业于交易所申请上市时，根据申报的需要也需要由律师出具法律意见书。

（三）督促或协助企业履行法定的信息披露

保护投资者利益是证券市场的首要目标之一，而信息披露制度即是为所有投资者提供公开获取信息的机会，从而保障投资者公平参与投资竞争。根据《证券法》的规定，律师作为证券服务机构之一，为证券的发行、上市、交易等证券业务活动制作、出具法律意见书时，应当勤勉尽责，对其制作的文件内容的真实性、准确性、完整性进行核查和验证。当其制作出具的法律意见书有虚假记载、误导性陈述或者重大遗漏而给他人造成损失的，应当与发行人、上市公司承担连带赔偿责任，但能证明自己无过错的除外。因此，根据上述规定，律师有责任与义务协助或督促企业真实、准确与完整地履行法定信息披露义务。

（四）对企业改制与发行上市特定法律行为的见证与法律文书的鉴证

根据证监会的相关规定，律师应当对企业在改制与发行上市中的若干重要法律行为进行见证，并对特定的材料进行鉴证。

1. 上市公司股东大会见证

2006年证监会颁布《上市公司股东大会规则》明确规定，公司董事会应当聘请律师出席股东大会，对以下意见出具意见并公告：

（1）会议的召集、召开程序是否符合法律、行政法规、本规则和公司章程的规定；

（2）出席会议人员的资格、召集人资格是否合法有效；

（3）会议的表决程序、表决结果是否合法有效；

（4）应上市公司要求对其他有关问题出具法律意见。

2. 上市公司董事和监事声明及承诺的见证

我国无论是“深交所”还是“上交所”的股票上市规则均规定：上市公司的董事、监事应当在股票上市后2个月内，新任董事、监事应当在股东大会通过其任命后2个月内，签署《董事（监事）声明及承诺书》并送达本所备案。而该董事、监事的声明及承诺过程应当有律师作为见证，并在最后的声明及承诺书中签字确认。

3. 对企业上报材料的鉴证

企业如果上报非原件的法律文件，应当由律师鉴证其一致性。此外，企业报送的原始财务资料文件也应当由律师鉴证其是否与原报送税务部门的一致。

（五）制作工作底稿

根据证监会2001年颁布的《公开发行证券公司信息披露的编报规则第12号——公开发行证券的法律意见书和律师工作报告》要求律师在制作法律意见书和律师工作报告的同时，应当制作工作底稿。《管理办法》也规定，律师应当归类整理核查和验证中的工作记录和获取的资料，并针对法律意见书等文件中各具体意见所依据的事实、国家相关规定以及律师的分析判断作出说明，形成记录清晰的工作底稿。工作底稿由出具法律意见的律师事务所保存，保存期限不得少于7年，证监会另有规定的，从其规定。

律师制作的工作底稿，是判断律师在从事证券中介业务中是否存在过错并是否需要对投资人损失进行赔偿的依据。同时也是律师出具法律意见的根据来源与律师是否勤勉的判断标准，因此，依据证监会的相关规定制定合乎要求的工作底稿，也是律师提供专项法律服务的必要内容。

1. 工作底稿的内容

律师工作底稿的内容主要有以下几个方面：

（1）律师承担项目的基本情况，包括委托单位名称、项目名称、制作项目的时间或期间、工作量统计；

（2）为制作法律意见书和律师工作报告制定的工作计划及其操作程序的记录；

（3）与发行人设立及历史沿革有关的资料，如设立批准证书、营业执照、章程等设立文件；

（4）重大合同、协议以及其他重要文件或会议记录的摘要或副本；

（5）与发行人及相关人员沟通情况的记录，对发行人提供资料的检查、调查访问记录、往来函件、现场勘查记录、查阅文件清单等相关的资料及详细说明；

（6）发行人及相关人员的书面保证或声明书的复印件；

（7）对保留意见及疑难问题所作的说明；

（8）其他与出具法律意见书或律师工作报告相关的资料。

2. 工作底稿的格式及保存要求

根据证监会的要求，工作底稿的正式文本应当由两名以上律师及律师事务所负责人签名和加盖律师事务所公章，其内容应真实、完整、记录清晰，并标明索引编号。

证监会要求律师工作底稿由制作人所在的律师事务所保存，保存期限至少7年。但如果工作底稿为一种证券业务档案，保存期为10年。对于届满需要销毁的工作底稿应当按照档案管理的规定履行必要手续。[①]

---

① 参见陈菊香：《企业改制与发行上市操作实务》，139～152页，北京，法律出版社，2011。

三、破产清算律师专项法律实务

自2006年8月27日《企业破产法》审议通过并于2007年6月1日正式施行后，我国新的企业破产法律制度得以正式建立。该法与2007年4月最高人民法院通过的《〈企业破产法〉施行时尚未审结的企业破产案件适用法律若干问题的规定》较好地解决了我国从计划经济向市场经济过渡过程中所遗留的企业破产法律适用混乱，债权人与债务人利益得不到公平保障等问题。与原有企业破产相关法律相比，新《企业破产法》使律师等中介成员担当了较为重要的角色与功能，也使律师在企业破产清算中的实务事项更为多样与明确。

根据律师在企业破产清算过程中提供专项服务的对象不同，可以将律师在破产清算过程中的专项法律服务主要分类为：律师作为管理人的专项法律服务、律师为债权人提供的专项法律服务、律师为债务人提供的专项法律服务等等。这些专项法律服务中，律师作为管理人提供的专项法律服务最为重要与复杂，且其提供服务的多数内容亦为后两种律师专项法律服务的重要组成部分。因此本章略去其后两项，仅对律师作为管理人提供的专项法律服务进行阐述。

根据《企业破产法》的规定，律师作为管理人在企业破产清算中提供专项法律服务的需要首先申报并被批准进入"破产案件管理人名录"才可以获得被指定为管理人的资格。根据2007年最高人民法院《关于审理企业破产案件指定管理人的规定》，编制"破产案件管理人名录"由各高级人民法院完成。但由于各地的经济与社会状况差异，因此各高级人民法院对本省、自治区、直辖市律师事务所或个人律师作为管理人资格的遴选标准并未统一。故本章对有关标准的规定不做探讨，主要阐述律师作为管理人提供专项法律服务的内容。

具体来说，律师作为企业破产清算管理人的主要实务工作有：以管理人身份全面接收债务人企业；在企业重整期间提供相应帮助与监督；在企业和解期间提供相应帮助与监督。

（一）律师以管理人身份全面接收债务人企业

根据《企业破产法》规定，在人民法院受理破产案件后通过摇号的方式来指定破产案件的管理人，并向指定的管理人下发《指定管理人通知书》，接到通知书后律师事务所或相应律师应当积极做好准备工作，并认真开展管理人事务。

1. 接收企业前的准备工作

律师作为管理人在准备期间应当做的主要工作有三方面：首先要对律师事务所或相关律师进行利害关系审查与报告；其次是了解案件的基本情况并组建管理人团队；再次为通过召开工作会议等方式制订工作计划并制作管理人印鉴为全面接收企业作准备。

（1）利害关系审查与报告

根据《企业破产法》的规定，与破产案件有利害关系的人，不能担任破产案件管理人。因此律师事务所被指定为管理人之后，要严格依法对律师事务所与律师个人进行利害关系审查。审查具体内容见下表：

律师事务所利害关系审查内容	①本律所与破产案件中债务人、债权人有无未了结的债权债务关系；②本律所在法院受理破产申请前，是否曾经为债务人企业提供过相对固定的法律服务；③本律所现在是或者在法院受理破产申请前曾经是债务人、债权人的控股股东或者实际控制人；④本律所现在或者在法院受理破产申请前，是否曾经担任债务人、债权人的法律顾问；⑤本律所是否具有人民法院规定的可能影响其忠实履行管理人职责的其他情形。
律师利害关系审查内容	①律师个人与破产案件中的债务人、债权人是否还有未了结债权债务关系；②律师个人现在是否担任或者在法院受理破产申请前是否曾经担任债务人、债权人的董事、监事、高级管理人员；③律师个人与债权人、债务人的控股股东、董事、监事、高级管理人员是否存在夫妻、直系血亲、三代以内旁系血亲或者近姻亲关系；④律师个人是否具有可能影响其忠实履行管理人职责的其他情形。

（2）了解案件基本情况并组建管理人团队

律师事务所或律师被指定为管理人后，应当及时到人民法院领取《指定管理人通知书》，听取人民法院对破产案件的指导，根据人民法院的要求，确定管理人的职责范围并组建相应的管理人团队，逐步开展案情了解与资料收集工作。

第一，律师作为管理人应当通过向人民法院申请调阅破产企业卷宗的方式了解破产案件的基本情况。卷宗的范围应当包括：破产申请书、财产状况说明、债务债权清册、财务会计报告、审计评估材料、职工工资与支付情况资料、社会保险等费用交纳情况材料及其他相关材料等。在债权人申请破产而债务人未在人民法院规定的时间内提交相关破产资料的，人民法院可以依法对直接责任人处以罚款。此外，管理人还应当通过到破产企业实地调研来了解破产企业的规模、债权债务情况等。通过上述手段，律师作为管理人应当针对企业的实际状况作出一套切实可行的接收企业工作方案。

第二，在被指定为管理人后律师应当根据破产企业的基本状况来组建管理人团队，其成员并不仅限于律师，还应当包括会计师等专业中介人士协助处理。管理人团队还应当根据破产企业的实际状况确定管理团队成员的分工，并做好刻制管理人印章等具体工作。[①]

（3）召开管理人工作会议并制订工作计划

在组建管理人团队后，管理人团队负责人应当召开工作会议，在必要时工作会议可以邀请企业原法定代表人或人民法院决定的其他相关人员参加。工作会议的内容应当根据解决的问题而定，既可以针对管理人自身工作问题，也可以针对破产工作问题而召开会议。

管理人应当制订切实可行的工作计划，并根据破产工作进展及时对工作计划进

① 最高人民法院《关于审理企业破产案件指定管理人的规定》第29条："管理人凭指定管理人决定书按照国家规定刻制管理人印章，并交人民法院封样备案后启用。"

行调整。该计划的主要内容包括：管理人应当履行的职责与原则；管理人团队中团队成员、负责人及其具体分工；管理人接管债务人企业的方案；管理人团队各项工作完成的时间、思路、步骤和程序；管理人执行职务预算费用及其安排；聘用其他中介专业人士的计划等等。

2. 全面接收债务人企业

管理人接收债务人企业，主要是接收债务人企业的财产与债权、债务，此外企业的人事与劳动关系也属于管理人接收企业的内容。

（1）管理人接收企业财产的程序

管理人接收企业财产之前必须首先拟定债务人财产的接收方案，并根据方案进行接管，同时管理人应当制作《债务人财产移交清单》，其内容包括：债务人资金、物品与档案材料等。其次，管理人应当凭借人民法院指定管理人的决定书同债务人原法定代表人及有关负责人员办理交接手续。交接完毕后双方应在移交书与移交清单上签字确认。如果破产企业相关人员不能交出应交接的财产、物品或档案资料的，管理人应当在交接记录中载明，并要求原企业法定代表人及有关人员作出书面说明或者提供有关证据、线索，以明确责任并有利于管理人向有关方面追索。但如果债务人拒不向管理人移交财产、物品或其他资料的，或者有伪造、销毁有关证据材料而使财产状况不明的，依据《企业破产法》第127条规定，人民法院可以对直接责任人依法处以罚款。再次，如果管理人认为债务人财产确实复杂，在接收后可能无法对其进行有效管理的，管理人可以先拟定财产管理方案，提交债权人会议讨论通过，并在财产管理方案讨论通过或人民法院批准后，再接管债务人的财产。

（2）管理人接收企业财产的主要内容

根据《企业破产法》第30条规定："破产申请受理时属于债务人的全部财产，以及破产申请受理后至破产程序终结前债务人取得的财产，为债务人财产。"因此，管理人接收企业财产的主要内容是：

①债务人在破产申请受理时的全部财产。主要包括企业的固定资产和流动资产；企业享有的土地、水流、矿产等自然资源使用权；设定了担保权益或优先权的特定财产；由企业行使的物权、债权、证券权利以及知识产权等财产权利。

②债务人在破产申请受理后至破产程序终结前取得的财产。具体来说有：因破产企业债务人的清偿和财产持有人的交还而取得的财产；因为合同的继续履行而取得的财产；破产企业享有的投资权益收益；债务人财产所生孳息或转让所得；破产企业享有的知识产权收益；继续经营收益；因无效或可撤销行为，管理人追回的债务人的财产；债务人因出资人补足所认缴的出资而获得的财产；管理人追回的债务人的董事、监事或高级管理人才利用职权从企业获得的非正常收入和侵占的企业财产；管理人通过清偿债务或者提供为债权人接受的担保而取回的抵押物、留置物等；因执行错误而执行回转的财产；债务人获得的捐赠等合法收入；因他人侵犯企业权利而获得的赔偿；其他的合法财产。

（3）对债务人企业人事与行政事务的接收

管理人对债务人企业的接收还包括对企业职工等人事方面的接收与行政事务的

接收。

① 管理人应当对现有的职工状况进行接收。管理人应当对债务人企业的职工花名册、企业职工构成、各种人事费用情况、企业的人事档案等文件；人事任命文件；劳动合同；聘用合同等等进行接收。管理人通过对上述文件进行接收从而对企业全部职工进行清理与确认，注意人事档案和劳动合同档案的完整性以及确定合同是否有效，是否需要继续履行。此外，管理人还应当妥善编制企业职工状况移交表，核对职工债权、债务，确定安置对象从而维护破产程序运行稳定。

② 管理人应当对破产企业行政事务进行接收，并做好接管笔录和移交手续。具体的接收内容有：企业印章、各种证件、文件档案、产品及科研档案、诉讼与仲裁案件材料等。

3. 对债务人企业进行管理

在管理人接收债务人企业后，对债务人企业进行管理是其重要职责之一。对债务人企业管理首先应当对债务人财物状况进行调查，通过对债务人财产进行管理与清理，对企业人事事项进行合理处理，从而维护债务人企业与债权人的合法权益。

（1）管理人对债务人企业财物与财产的管理

第一，管理人应当对接收的债务人企业财务资料进行清查，清楚地了解债务人企业以前的经营状况，并通过对企业财务进行调查审计与对有关人员询问，确认债务人企业财产是否完成接收并为制作债务人企业财产状况报告做准备。在上述清理与调查基础上对破产费用与共益债务进行预算、核算与控制。

第二，债务人应当在接收企业财产后，根据各类资产的不同性质，依法采取合理的管理措施，保障债务人的财产安全和价值的最大化。这些措施应当围绕上述目的而多样化。例如：对于不动产，管理人应当及时依法确权或登记；对闲置的具备对外出租的不动产，如果案件周期较长，可以在不影响最终变价清算的前提下，经债权人会议同意或人民法院许可后对外出租；对于现金等管理人应当确定出纳人员负责保管和核算，并注意安全防范，其中的存款应当采取集中的方式划入管理人账户管理并查明资金是否有被挪用、非正常支出等问题；对于知识产权等无形资产，管理人应当调查了解其注册登记证明及转让或授权使用协议，维护无形资产的权属状况避免无形资产的流失。

管理人对债务人财产的处分原则上要征得人民法院或债权人会议的批准。如涉及以下财产的处理，则应当事先取得人民法院或债权人会议批准：①涉及土地、房屋等不动产权益的转让；②探矿权、采矿权、知识产权等财产权的转让；③全部库存货营业的转让；④借款；⑤设定财产担保；⑥债权或有价证券的转让；⑦履行债务人和对方当事人均未履行完毕的合同；⑧放弃权利；⑨担保物的取回；⑩对债权人权益有重大影响的其他财产处分行为。

第三，对于债务人与他人在破产申请前成立而均未履行完毕的合同，根据《企业破产法》管理人应当决定是否予以继续履行，并通知对方当事人。管理人自破产申请受理之日起 2 个月内未通知对方当事人的，或者自收到对方当事人催告之日起 30 日内未答复的，视为解除合同。根据《企业破产法》管理人认为应当要继续履行合同的，应当及时报告人民法院或债权人会议批准。此外，对方当事人可以要求管理人提供继续履行的担保，如果管理人未提供的，则视为解除合同。

第四，在管理人接收企业后，应当根据以下标准决定企业是否继续生产经营：即如果继续生产经营确实有利于债务人财产的价值增值或保值，且不影响破产程序的高效顺利进行。管理人如认为企业应当继续经营的应当征得人民法院或债权人会议的批准。

（2）对债务人企业人事进行管理

在破产程序过程中管理人须依据《企业破产法》、《劳动法》、《劳动合同法》及劳动部门的相关规定，处理好破产企业职工的管理工作，切实维护职工的合法权益。为达成上述目的，管理人须首先对破产企业管理人员与职工情况展开全面细致的摸底，确认债务人企业在册职工人数，编制《职工安置意向调查表》，从而为后续管理安置工作做好准备。在上述工作基础上，管理人还需通过下述工作做好债务人企业人事管理事项：

第一，对与债务人企业职工相关事项进行详细确认。具体应当包括所欠职工工资、医疗费用、伤残补助、职工抚恤费用、个人账户基本养老保险、个人账户医疗保险费用等。

第二，依据《企业破产法》，分类做好解除企业职工劳动合同与安置工作。具体来说应当有以下几种分类解决：①对保持劳动合同关系的在职职工应当依照《劳动合同法》第 44、47 条规定予以补偿；②对患病或者非因公负伤职工的医疗补助费根据《违反和解除劳动合同的经济补偿办法》处理；③对债务人企业离退休职工的安置依据《中共中央办公厅、国务院办公厅关于转发劳动和社会保障部等部门〈关于积极推进企业退休人员社会化管理服务工作的意见〉的通知》、《人力资源和社会保障部、财政部、国务院国有资产监督管理委员会、监察部关于妥善解决关闭破产国有企业退休人员等医疗保障有关问题的通知》积极筹资解决；④对距法定退休年龄不足 5 年工龄满 30 年职工的安置应当依照《关于印发完善城镇社会保障体系试点方案》解决；⑤对工伤职工的安置和管理应当依照《工伤保险条例》以及地方政府有关法规执行。

第三，依据《企业破产法》第 28 条规定，确定聘用的留守工作人员。为了在破产过程中实现破产财产最大化，管理人需要通过对债务人企业经营现状、市场销售状况及盈利状况进行调查，从而决定是否继续进行营业。聘用留守人员的编制和岗位，须向人民法院报告请求予以批准。留守人员的名单、报酬，要经债权人会议讨论通过。

（二）在企业重整期间提供相应的帮助与监督

重整是《企业破产法》中专设的重要程序之一，是对虽申请破产但尚有潜力与复苏希望的企业进行挽救的一种重要法律制度。律师作为管理人在重整程序中也可以依法提供相应的专项法律服务。具体来说有移交财产和营业事项并监督债务人经营；制定重整计划草案并实施；申请终结重整程序。

1. 移交财产和营业事项并监督债务人经营

根据《企业破产法》第73条的规定，在重整期间由债务人申请，人民法院批准，债务人可以在管理人监督下自行管理财产和营业事务。此时，管理人已经接收企业的应当向债务人交还财产与营业事项，并将其职责转变为监督债务人的营业事务。为实现监督职责，管理人应当深入到债务人企业进行调查，了解债务人企业的财产和经营状况，查阅其账本及营业资料，询问债务人并定期或不定期要求债务人报告财务状况，并可以对债务人企业进行审计。

如果债务人在经营过程中有出现侵害债权人利益的行为，则管理人应当及时判断其是否违法，如确定违法则管理人应当及时通知债务人要求其停止违法行为。必要时管理人还应当及时向人民法院和债权人委员会报告有关情况并请求人民法院撤销或确认无效，追回财产。

2. 制订重整计划草案并实施

根据《企业破产法》第80条的规定，如果重整期间人民法院未同意由债务人对企业进行管理与经营的，则该项职责由管理人进行。管理人应当依法制作重整计划草案并依法对被人民法院批准的草案进行实施。草案的具体内容包括：①重整期间的企业经营方案；②对企业债权进行具体分类；③对企业债权进行调整；④制订企业债权受偿方案；⑤重整计划期限。在制订重整计划草案时，管理人不得违反《企业破产法》第83条规定减免债务人欠缴的各种社会保险费用。

根据《企业破产法》第84条的规定，人民法院应当自收到重整计划草案之日起30日内召开债权人会议，对重整计划草案进行表决。管理人应当向债权人会议就重整计划草案进行说明并接受债权人的询问。在债权人会议中各表决组均通过重整计划草案的，则重整计划草案即为通过。

3. 申请终结重整程序

根据《企业破产法》78条规定，在重整期间，无论债务人财产和营业事务是否由管理人管理，有下列情形之一的，管理人均可以请求法院裁定终止重整程序，并宣告债务人破产：①债务人的经营状况和财产状况继续恶化，缺乏挽救的可能性；②债务人有欺诈、恶意减少债务人财产或者其他显著不利于债权人的行为；③由于债务人的行为致使管理人无法执行职务。

(三) 律师作为管理人在和解程序中提供的专项法律服务

和解程序也是企业破产程序中单独设立的重要程序之一。是指在人民法院受理破产案件后，债务人与债权人之间通过自愿协商，在相互谅解基础上，就延期偿还和减免债务问题达成一致，终止破产程序的方式。根据《企业破产法》有关和解程序的规定，和解程序的开启需要由债权人会议通过并由人民法院裁定通过和解协议方可进行。在和解协议执行期间，律师作为管理人提供的主要法律服务有下述两个方面：

1. 根据《企业破产法》第98条的相关规定，管理人在人民法院批准和解协议后应当向债务人移交财产和营业事务，并履行相应的监督责任。如果管理人在和解协议运行中发现债务人有欺诈或者其他违法行为的，管理人可以请求人民法院裁定和解协议无效，并宣告债务人破产；如果发现债务人不能执行或不执行和解协议的，管理人也应当向人民法院请求裁定终止和解协议的执行并宣告债务人破产。

2. 在和解程序终止后，根据《企业破产法》第98条的规定，管理人向人民法院提交《执行职务报告》。报告应当包括以下内容：

（1）破产程序及主要工作及其进程

首先，管理人要向人民法院报告债务人企业的基本情况以及经营状况。其次，管理人应当报告执行管理人职责的相关准备与计划执行情况。

（2）和解协议通过及其执行情况

管理人应当重点报告和解协议通过的情况以及财产、营业事务的移交情况，并将和解协议执行情况作为附件归入《执行职务情况报告》中。①

【案例评析】

案例一

（一）案情简介

假设A公司为一家房地产公司，其有正处于立项阶段的房地产项目。B公司欲对其进行收购，而你为B公司聘请的、希望在本次收购中为其提供法律意见的律师。若B公司要求你对A公司进行此次房地产收购尽职调查，根据我国目前房地产法律法规，请列出你尽职调查计划的主要内容？如果A公司房地产项目为已经开工建设的房地产项目，尽职调查应存在哪些不同？

（二）基本问题

要求同学们根据不同类型的企业并购重组及相应的法律法规，设计律师提供专项法律服务时的尽职调查计划。

（三）案例评析

房地产开发项目涉及面广、程序复杂，需要众多行政部门审批。且国家对房地产开发调整法律、法规甚至政策也影响较大，这些法律及规范性文件都可能影响房地产并购中律师尽职调查的内容。因此，对房地产并购尽职调查的方式应当包括到相关政府部门审查房地产项目的批准、审核和备案文件，还应当到房地产项目开发现场进行调研。归纳起来尽职调查的内容有以下几个方面：

1. 对房地产项目公司的主体资格调查

具体包括：最近1年经年检的企业法人营业执照、组织机构代码证、房地产开

① 参见皮剑龙：《破产清算律师实务》，248～270页，北京，法律出版社，2011。

发企业资质证书、税务登记证、财政登记证、统计登记证等。外商投资设立的房地产项目公司，还应审查外商投资企业批准证书。

2. 对房地产项目的调查

对于立项阶段的房地产项目，要审查国有土地使用权成交确认书（中标通知书）、《国有土地使用证》、《建设用地规划许可证》、国家发展改革管理部门对项目的核准文件，国土资源局、规划部门、环保部门、地震局、气象局、文化部门等各部门的审查意见。

3. 对企业债务及担保情况进行调查

通常房地产开发过程中融资不可避免，在房地产开发过程中往往出现施工单位垫资，资金周转困难的房地产商还可能拖欠其他相关方的款项。因此，在房地产项目公司的债权人较多的情况下，对房地产公司债务及担保调查就非常重要。可能的债权人有：银行、信托公司、施工单位、勘察设计单位、监理单位、企业员工和土地出让部门或相关政府部门。对这些情况的调查应该要求房地产公司提供经审计的最近一期财务报告和相关合同。

4. 审查重要合同

根据我国房地产开发法律法规，房地产公司重要的合同包括但不限于以下内容：《国有土地使用权出让合同》、《贷款合同》、《建设工程勘察合同》、《建筑工程施工合同》、《建设工程委托监理合同》、《拆迁委托协议》、《城市房屋拆迁补偿安置协议》等。审查合同时要关注合同签订的日期、期限、双方主要权利义务、违约责任。此外，还应审查房地产公司员工的劳动合同。

5. 股权融资情况

房地产开发是资本密集型行业，所以房地产开发企业除了贷款外还可能采取其他融资形式。所以应重点审查股权融资的协议，如：《股权转让协议》、《增资扩股协议》等等，还有通过公司章程的修改也可以发现公司是否有股权融资行为。

6. 企业经营管理文件

公司的经营管理文件也是尽职调查的重要内容，其中包括公司管理制度、人力资源制度、财务制度、印鉴管理制度等等，此外公司的商品房定价策略和销售策略也属于尽职调查内容。①

案例二

（一）案情简介

上海某啤酒厂是上海某轻工控股（集团）公司下属企业，因常年亏损，无力偿还到期债务，经主管单位同意，于 2009 年 8 月向上海市某区人民法院申请破产还债。区人民法院经过审查，裁定宣告该啤酒厂破产。

① 参见肖金泉、黄启力主编：《并购重组操作指引》，102～110 页，北京，法律出版社，2010。

在破产还债过程中，某律师事务所被法院指定为破产企业管理人，管理人将该啤酒厂“天鹅”、“华威”等啤酒商标以总价 13 万元的价格转让给上海某轻工控股（集团）公司下属另一家企业。债权人和上海某啤酒厂职工代表认为管理人转让价格太低，对此转让行为向法院提出异议。另外，部分债权人还对管理人以低价出售库存啤酒和果酒的行为提出异议。

（二）基本问题

根据破产案件管理人的职责，请问本案管理人的行为是否合法？

（三）案例评析

根据《企业破产法》的规定，管理人基于法律规定对破产企业财产进行接管并进行相应处理，因此符合债权人与债务人合法权益的经营管理行为都会得到法律法规的支持。但该管理人对破产企业的管理行为存在违法情况，应当依法承担相应的法律责任。

管理人低价转让商标的行为，违反了《破产企业法》规定的管理人应当为债权人、债务人权益尽职管理破产企业的规定，依据该法第 130 条规定应当承担民事赔偿责任。而管理人处理库存啤酒和果酒的行为，由于上述商品有保质期需要及时处理变现，所以管理人该行为合法。

【疑难问题】

1. 根据并购的不同方式、不同企业之间的并购为委托人并购重组提供最优方案的法律意见。

从并购标的来分，并购可以分为股权并购与资产并购；按照并购双方所属行业的相关性，并购可以分为横向并购与纵向并购；按照并购是否取得目标公司同意，并购可分为善意并购与恶意并购；按照是否利用目标公司本身的资产来支付并购资金，并购可以分为杠杆收购与非杠杆收购等等。这些分类的不同会产生不同的并购重组方式，这需要律师在提供专项法律服务时审时度势，利用法律知识为企业提供最优并购方案的法律意见。

此外，企业类型的不同，也影响律师提供的法律意见。如：国有企业并购问题；外资企业并购问题；外资并购中国企业问题；中国企业并购外国企业问题；房地产类型企业并购问题；上市公司并购问题；私募融资产生的并购问题等等。这些都需要律师有针对性地进行尽职调查与提供专项法律服务。

2. 针对各类企业改制与发行上市特点提供相应专项法律服务。

例如：在金融企业改制与发行上市专项法律服务中，以下若干问题应属于重点关注并提供审慎法律意见之处：清产核资与界定国有产权的问题；合理解决不良资产的问题；理顺股权结构的问题；资本充足率的问题；土地使用权与房屋所有权核查的问题等等。在资源型企业改制与发行上市问题上，律师法律服务的重点应包括：土地使用权问题；税收问题；采矿权问题；同业竞争与关联交易问题；环保问题等。高科技企业改制发行上市之法律服务，以下内容为重点：出资方式的选择与核定；战略投资者的选择与出让股权比例；政策扶持与税收优惠等问题。

因此，律师针对不同类型企业的改制与发行上市提供切合企业特征与行业特征的专项法律服务，是律师专项法律实务的疑难之处。

3. 律师在破产清算中提供专项法律服务，应当依法处理好与其他破产清算主体或参加者之间的关系。

例如：律师作为管理人在接收清算组移交的债务人企业时应注意：首先，审慎并合理使用撤销权，对清算组成员违反法律的行为追究相关责任，这就需要律师对撤销权行使的条件进行详细分析与思考；其次，管理人在接收破产企业后也可以对清算组的行为行使撤销权追回债务人企业财产；最后，管理人对清算组成员的违法行为，可以行使求偿权等等。

再如：律师在提供破产清算专项法律服务时还应当处理好与人民法院和债权人之间的关系。根据我国《企业破产法》规定，管理人由人民法院指定并向人民法院汇报工作，因此管理人与人民法院之间处于被监督与监督的关系。此外，管理人还应当协调好与债权人的关系，接受债权人会议的监督向债权人会议汇报工作，在管理与破产清算时还要处理好职工的相关利益等等。

律师在提供专项法律服务时，只有审慎处理好各种关系，才可能顺利接收债务人财产与管理，使破产程序顺利进行。

实务训练

律师专项法律服务属于律师实务的组成部分之一。因此相关法律文书的撰写与上述尽职调查等技能的培养一样重要。下面将本章律师所要撰写的部分重要法律文书格式与基本内容逐次列出，从而使同学们在专项法律服务法律文书撰写技能方面得以锻炼。

一、企业改制设立股份有限公司法律意见书基本格式

1. 企业改制法律意见书模版

*****律师事务所**
关于*有限责任公司依法整体变更为**
*****股份有限公司的法律意见书**

敬启者：

律师事务所（下述简称本所）接受有限公司（下述简称***公司）的委托，担任***公司整体变更的特聘专项法律顾问，就***公司整体变

更为股份有限公司的法律事项出具本《法律意见书》。

对本所出具的《法律意见书》，本所律师声明如下：

1. 本所律师根据本《法律意见书》出具日以前已发生或存在的事实和《中华人民共和国公司法》（以下简称《公司法》）等有关法律、法规的规定，根据自身的专业水平以及对有关法律、法规的理解发表法律意见。

2. ＊＊＊公司及其股东向本所律师保证，提供的有关文件和材料是完整、真实、有效的，且无隐瞒、虚假和误导之处，其中的文件资料为副本、复印件的，保证与正本或原件相符。

3. 本所律师对于与本《法律意见书》至关重要而又无法得到独立证据支持的事实，依赖于有关政府部门、＊＊＊公司及其股东或者其他单位出具的证明文件发表法律意见。

4. 本《法律意见书》仅供＊＊＊公司本次整体变更之目的而使用，未经本所同意，不得用作任何其他目的。

5. 本所律师同意将《法律意见书》作为＊＊＊公司本次整体变更所必备的法定文件，并依法对出具的《法律意见书》承担相应的法律责任。

本所律师根据我国有关法律、法规的规定和要求，按照律师行业公认的业务标准、道德规范和勤勉尽责精神，对＊＊＊公司本次整体变更设立股份有限公司的有关事实进行了核查和验证，现出具法律意见如下：

一、关于公司整体变更设立股份有限公司的主体资格

（一）历史沿革

公司成立登记的时间以及经营范围等基本情况。历次股东、注册资本、公司名称等工商登记事项的变更情况。

（二）公司目前的股东

综上，本所律师认为，＊＊＊公司整体变更设立股份有限公司的主体资格合法、有效。

二、设立股份有限公司的方式

＊＊＊公司符合股份有限公司设立的以下条件：

1. 发起人符合法定人数；

2. 发起人认购的股本达到法定资本最低限额；

3. 股份发行、筹办事项符合法律规定；

4. 发起人制定了符合要求的公司章程；

5. 有公司名称，建立符合股份有限公司要求的组织机构；

6. 有公司住所；

7. 折股情况。

本所律师认为，＊＊＊公司设立股份有限公司采取整体变更设立的方式符合《公司法》的有关规定。

三、关于本次整体变更的批准和授权

＊年＊月＊日，签署《发起人协议书》。

*年*月*日，公司召开股东会，决议通过。

*年*月*日，获得《企业名称预先核准通知》

如涉及特殊行业的公司成立前，须获得有关主管部门的许可。

公司进行整体变更设立股份有限公司尚需到工商行政管理机关办理注册手续。经工商注册登记注册后，股份有限公司的设立合法有效。

四、关于股份有限公司章程（草案）

为变更设立为股份有限公司，***公司制作了股份有限公司章程（草案）。本所律师依法对股份有限公司章程（草案）审查后认为，该章程（草案）依据《公司法》制定，载明了《公司法》第79条规定的应该载明的事项，其内容完整、合法，未发现有违反我国现行法律、法规之处。

股份有限公司章程（草案）尚需由股份有限公司创立大会决议通过，并经省工商行政管理局注册审核后正式生效。

五、股份有限公司的法人治理结构

根据***公司提供的《发起人协议书》及股份有限公司章程（草案），股份有限公司将建立以下机构：

股份有限公司设立股东大会，股东大会为股份有限公司的最高权力机构。股东大会的召开、职权及议事规则等均由股份有限公司章程（草案）予以规定。

股份有限公司设立董事会，董事会为股份有限公司的常设权力机构，向股东大会负责并报告工作。董事会由***人组成，其中设立独立董事***名，设董事长***名，副董事长***名。董事会的选举、职权及议事规则等由股份有限公司章程（草案）确定。

股份有限公司设立监事会，对股份有限公司的经营管理、财务状况和董事会成员、总经理及其他高级管理人员的行为实施监督。监事会由***人组成，由***名股东代表和***名职工代表组成，设监事会主席***名。

股份有限公司设总经理，由董事会聘任或解聘，负责股份有限公司的日常经营和管理工作。

本所律师认为，股份有限公司的法人治理结构符合《公司法》和其他法律、法规的规定。

此外，根据***公司提供的材料和本所律师的适当核查，拟出任股份有限公司董事、监事及其他高级管理人员不存在《公司法》和股份有限公司章程（草案）所规定的禁止任职的情形，其任职资格符合《公司法》的规定。

六、股份有限公司的股本设置和股权结构

股东姓名	出资额（万元）	认购股份数（万股）	所占股份比例
合计			100%

根据上述事实，本所律师认为：

1. ＊＊＊公司将其全部资产投入股份有限公司，并以经审计的净资产＊＊＊万元，折为＊＊＊万股，是合法有效的。

2. 发起人作为股份有限公司发起人持有股份有限公司总股本的100%的股份，符合《公司法》及其他有关法律、法规的规定。

3. 股份有限公司的股本设置和股权结构符合我国现行法律、法规的规定。

七、主要资产状况

根据会计师事务所出具的《审计报告》，以＊年＊月＊日为基准日，＊＊＊公司投入股份有限公司的总资产为＊＊＊万元，负债总额为＊＊＊万元，净资产为＊＊＊万元。会计师事务所出具的《验资报告》，各股东出资已全部到位。

股份有限公司成立后，其拥有或使用的主要资产状况如下：

1. 房屋；

2. 土地使用权；

3. 生产经营设备；

4. 商标、专利。

根据＊＊＊公司提供的材料和本所律师的适当核查，截至本法律意见书出具之日，股份有限公司成立后对其主要财产的所有权和使用权的行使，除了上述说明外无其他限制和法律障碍。

八、重大债权、债务关系

＊＊＊公司的重大债权、债务关系主要是正在履行的重大合同关系。根据＊＊＊公司提供的材料及本所律师的适当核查，＊＊＊公司正在履行的重大合同的内容及形式合法有效，未发现合同因违反我国法律、法规等有关规定而导致不能成立或无效的情况。

根据＊＊＊公司提供的材料、有关部门的证明以及本所律师的适当核查，＊＊＊公司不存在因环境保护、知识产权、产品质量、劳动安全和人身权等原因产生的侵权之债而导致股份有限公司不能设立的法律障碍。

根据＊＊＊公司提供的材料以及本所律师的适当核查，其他较大金额的应收、应付账款属于经营活动中正常发生的往来款项，合法有效。

＊＊＊公司的以上重大债权、债务关系依法由设立后的股份有限公司继承。

九、公司的环境保护和产品质量、技术等标准

根据相关环保部门提供的证明和本所律师的适当核查，近3年来，＊＊＊公司在其生产经营过程中能遵守国家和地方环境保护法律法规，符合有关环境保护的要求，也未出现因违反环境保护法律法规而遭受处罚的情况。

根据＊＊＊公司提供的材料以及本所律师的适当核查，近3年来，公司的产品符合国家关于产品质量标准和技术监督的要求，未出现因违反有关产品质量和技术监督方面的有关法律法规而遭受处罚的情况。

十、公司涉及诉讼、仲裁或行政处罚的情况

根据相关工商行政管理局提供的证明及本所律师的适当核查，近3年来，＊＊

＊公司在其生产经营过程中能遵守国家工商管理法律法规，未出现因其违法经营而遭受行政处罚的情形。

根据相关税务局提供的证明及本所律师的适当核查，近 3 年来，＊＊＊公司能遵守国家有关税务法律法规，自觉缴纳各种税款，无偷税、漏税情况，不存在因偷税、漏税情况而遭受税务机关的处罚。

根据＊＊＊公司及全体股东提供的保证和本所律师的适当核查，＊＊＊公司和全体股东目前没有尚未了结或可预见的足以影响股份有限公司设立的重大诉讼、仲裁或行政处罚的案件。

十一、结论意见

基于上述事实和分析，本所律师认为，＊＊＊公司进行整体变更为股份有限公司符合我国现行法律、法规的规定，股份有限公司尚需在＊＊＊省工商行政管理局注册登记，股份有限公司的设立不存在法律上的障碍。

本法律意见书一式＊＊＊份，经本所律师签字盖章后，具有同等法律效力。

（签字盖章）

2. 股份有限公司首发上市法律意见书重要内容框架

＊＊＊律师事务所关于＊＊＊股份有限公司首次公开发行股票并上市的法律意见书[①]

首部

＊＊＊律师事务所（以下简称本所）依据与＊＊＊股份有限公司（以下简称股份公司）签署的《非诉讼法律服务委托协议》，担任股份公司首次公开发行股票（A股）并上市的特聘专项法律顾问。本所根据《中华人民共和国证券法》（以下简称《证券法》）、《中华人民共和国公司法》（以下简称《公司法》）、《首发管理办法》（以下简称《办法》）等法律、法规和中国证券监督管理委员会（以下简称证监会）的有关规定，按照证监会关于《公开发行证券公司信息披露的编报规则第 12 号——公开发行证券的法律意见书和律师工作报告》（以下简称《编报规则 12 号》）的要求，按照律师行业公认的业务标准、道德规范和勤勉尽责精神，出具法律意见书。

律师应声明的事项

一、本所律师已依据《编报规则 12 号》的规定及本法律意见书出具日以前已发生或存在的事实和我国现行法律、法规和证监会的有关规定发表法律意见。

二、本所律师已严格履行法定职责，遵循了勤勉尽责和诚实信用原则，对发行人的行为以及本次申请的合法、合规、真实、有效进行了充分的核查验证，保证本法律意见书和律师工作报告不存在虚假记载、误导性陈述及重大遗漏。

三、本所律师同意将本法律意见书和律师工作报告作为发行人申请本次发行上市所必备的法律文件，随同其他材料一同上报，并愿意承担相应的法律责任。

四、本所律师同意发行人部分或全部在招股说明书中自行引用或按证监会审核

① 参见陈菊香：《企业改制与发行上市操作实务》，163～199 页。

要求引用本法律意见书或律师工作报告的内容，但发行人作上述引用时，不得因引用而导致法律上的歧义或曲解。

五、发行人及其关联方保证：其已经向本所律师提供了为出具本法律意见书所必需的真实、完整、有效的原始书面材料、副本材料或口头证言。

六、本所律师未授权任何单位或个人对本法律意见书作任何解释或说明。

七、本法律意见书仅供发行人为本次发行、上市之目的使用，不得用作任何其他目的。

正文框架

一、发行人本次发行上市的批准和授权

（一）发行人已于*年*月*日召开的***年度股东大会依法定程序作出批准发行上市的决议。

（二）发行人上述决议的内容合法有效。

（三）发行人股东大会授权董事会办理有关申请发行A股并上市事宜的授权范围及程序合法有效。

（四）发行人董事会已审议通过本次股票发行的具体方案、本次募集资金使用的可行性及其他须明确的事项，并提交股东大会获得了批准。

本所律师认为：发行人已经具备了公开发行股票并上市所必需的批准和授权，尚需得到证监会的核准。

二、发行人本次发行上市的主体资格

（一）发行人是依法成立且合法存续的股份有限公司

（二）发行人成立至今，持续经营时间在3年以上

（三）发行人设立时各发起人的出资全部到位。

（四）经发行人股东大会同意，并于*年*月*日经***人民政府***号文批准，自然人***以货币***元，按发行人*年末经审计的每股净资产***元为作价标准，认购了***股。本次增资的出资全部到位。

（五）原有限公司拥有的资产在变更为股份公司后均已进入股份公司，相关资产的财产权转移手续已办理完毕。发行人的主要资产不存在重大权属纠纷。

（六）发行人的生产经营符合法律、行政法规和公司章程规定，符合国家产业政策。

（七）发行人最近3年一期（*年、*年、*年及*年1—6月，以下同）内主营业务、董事、高级管理人员及实际控制人的变化情况。

（八）发行人的股权清晰，控股股东持有的发行人股份不存在重大权属纠纷，也不存在受控股股东支配的股东持有发行人股份的情形。

本所律师认为：发行人具备本次公开发行股票并上市的主体资格。

三、发行人本次发行上市的实质条件

发行人本次发行股票是有限责任公司变更设立为股份有限公司后，首次向社会公众公开增资发行股票。经本所律师审查，发行人符合《公司法》、《证券法》、《办法》等法律法规及规范性文件规定的股票发行与上市的实质条件：

（一）发行人具备本次公开发行股票并上市的主体资格。

（二）发行人具有完整的业务体系和直接面向市场独立经营的能力；发行人的资产完整，人员、财务、机构、业务独立，在独立性方面不存在任何严重缺陷。

（三）发行人规范运作：

（本部分主要指发行人具有健全的股东大会、董事会且各组织机构能按照《公司法》要求规范运作，且阐述发行人没有违反《办法》中规定的禁止性事项）

（四）发行人的财务与会计

（主要根据《审计报告》与《内部控制鉴证报告》内容撰写）

（五）发行人募集资金的运用

（六）其他实质条件

四、发行人的设立

（一）发行人系由原有限公司依法整体变更而设立的股份有限公司。发行人的设立程序、资格、条件、方式等均符合当时法律、法规和规范性文件的规定，并得到了有权部门的批准。

（二）发行人设立时的发起人人数为*人，其中半数以上在中国境内拥有住所，符合《公司法》相关规定。

（三）发行人与*年*月*日签署的《发起人协议书》符合有关法律、法规和规范性文件的规定，不会因此引致发行人设立行为存在潜在纠纷。

（四）发行人设立过程中有关审计、验资等履行了必要的程序，符合法律、法规和规范性文件的规定。

（五）发行人创立大会及第一次股东大会的程序及所议事项，符合当时法律、法规和规范性文件的规定。

五、发行人的独立性

（一）发行人业务独立于股东单位及其他关联方，具有独立完整的供应、生产、销售系统。

（二）发行人的资产独立完整。

（三）发行人的人员独立。

（四）发行人财务独立。

（五）发行人机构独立。

（六）发行人具有直接面向市场自主独立经营的能力。

六、发起人和股东

（一）发起人共有*位股东，分别是：* * *

（二）发起人或股东依法存续，具有法律、法规和规范性文件规定担任发起人或进行出资的资格。

（三）发起人*位股东，住所均在中华人民共和国境内。发起人或股东人数、住所符合当时有关法律、法规及规范性文件的规定。

（四）股份公司设立时，各发起人以持有原有限公司的权益出资，发起人依法拥有该等权益，该等出资的权属关系明晰，发起人将该等权益投入股份公司不存在法律障碍。

（五）不存在发起人将其全资附属企业或其他企业先注销再以其资产折价入股的情形。

（六）不存在发起人以在其他企业中的权益折价入股的情形。

（七）发行人系由原有限公司整体变更而成。发行人设立后，原有限公司资产或权利的权属证书均已更名为发行人所有，不存在法律障碍或风险。

七、发行人的股本及演变

（一）发行人设立时的股权设置、股权结构合法有效，产权界定和确认不存在纠纷及风险。

（二）发行人历次股权变动合法、合规、真实、有效。

（三）发行人股东所持发行人的股份不存在质押等其他权利。

八、发行人的业务

（一）发行人的经营范围和经营方式符合有关法律、法规和规范性文件的规定。根据发行人现时有效的公司章程以及最近一期的《企业法人营业执照》所载，发行人的经营范围为：＊＊＊。发行人目前的主要营业业务为＊＊＊。发行人的经营范围和经营方式符合有关法律、法规和规范性文件的规定。

（二）发行人未在中国以外经营

（三）发行人的主营业务未发生过重大变更。

（四）发行人的主营业务突出。

（五）发行人为依法有效存续的股份有限公司，其依照法律的规定在其经营范围内开展经营，不存在持续经营的法律障碍。

九、关联交易及同行竞争

（一）发行人的关联方主要包括：

＊＊＊

（二）发行人与关联方之间的重大关联交易

＊＊＊

（三）发行人的主营业务为＊＊＊，与关联方之间不存在同业竞争。

（四）发行人股东＊＊＊均于＊年＊月＊日向发行人出具了《非竞争承诺函》，已采取有效措施避免与发行人产生同业竞争。

经本所律师对发行人招股说明书及其他申报文件的核查，发行人已对存在的关联交易和解决同业竞争的措施进行了充分的披露，没有重大遗漏或隐瞒。

十、发行人的主要财产

（一）发行人的主要财产包括：

＊＊＊

（二）上述财产的所有权或使用权

经本律所核查，发行人的上述主要财产所有权或使用权是原有限公司变更为股份公司后继承取得以及股份公司成立后通过申请、购买和自建等方式取得，均已取得完备的权属证书，不存在产权纠纷或潜在纠纷。

（三）发行人存在将部分房屋所有权以及存货设定抵押的情况，具体情况如下：

（根据《审计报告》进行归纳统计）

（四）发行人租赁房屋等情况的合法性

十一、发行人的重大债权债务

（一）截止＊年＊月＊日，发行人及其子公司正在履行和将要履行的标的金额在＊＊元以上的重大合同有：

＊＊＊

（二）上述合同之内容和形式合法有效，不存在潜在纠纷，发行人现已履行完毕的重大合同亦不存在潜在纠纷的可能。

（三）发行人不存在因环境保护、知识产权、产品质量、劳动安全、人身权等原因发生的侵权之债。

（四）除发行人的控股股东＊＊＊为发行人借款提供担保外，发行人与其他关联方之间不存在其他重大债权债务关系及其他相互提供担保的情况。发行人未向关联方提供担保。

（五）发行人金额较大的其他应收款均系发行人在正常经营过程中形成的。

发行人不存在金额较大的其他应付款。

十二、发行人重大资产变化及收购兼并

（一）发行人的分立

（二）发行人的增资扩股

（三）发行人的重大出售或收购资产

（四）＊＊＊公司变更设立股份公司至今，没有发生合并、减少注册资本等行为

（五）经发行人董事会确认，发行人近期没有进行重大资产置换、资产剥离、资产出售与收购等行为的安排。

十三、发行人章程的制定与修改

（一）发行人章程的制定及近3年的修改均履行了法定程序，＊年＊月＊日，发行人召开＊年第一次临时股东大会，全体股东一致审议通过了根据《上市公司章程指引》、《上市公司治理准则》的要求草拟的《公司章程（修订草案）》，该章程草案将在本次股票发行上市后生效。＊年＊月＊日，发行人召开＊年第二次临时股东大会，全体股东一致同意将《公司章程（修订草案）》第＊条的公司经营范围增加“＊”的内容。

（二）经本所律师核查，发行人的章程或章程草案的内容符合现行法律、法规和规范性文件的规定。

（三）发行人的章程或章程草案是按照《上市公司章程指引》、《上市公司治理规则》等规范性文件起草或修订，发行人章程或章程草案符合《上市公司章程指引》及《上市公司治理准则》的规定。

十四、发行人股东大会、董事会、监事会议事规则及其规范运作

（一）发行人按照《公司法》等有关规定设置了健全的公司法人治理结构，具有健全的公司法人治理结构，具有健全的组织机构，经本所律师核查，该组织机构中

决策层、经营层、管理层以及各职能部门之间分工明确、运行良好。

（二）发行人具有健全的股东大会、董事会、监事会议事规则，该议事规则符合相关法律、法规和规范性文件的规定，相关机构能够依法履行职责。

（三）发行人已依法建立健全独立董事、董事会秘书制度。独立董事和董事会秘书均能够依法并按照公司制定的相关制度履行职责。

（四）发行人历次股东大会、董事会和监事会召开、决议内容及签署均合法、合规、真实、有效。

（五）发行人股东大会或董事会历次授权或历次重大决策等行为符合有关法律、法规及发行人章程的规定，行为均合法、合规、真实、有效。

（六）发行人的董事、监事和高级管理人员已经了解与股票发行上市有关的法律法规，知悉上市公司及其董事、监事和高级管理人员的法定义务与责任。

（七）发行人的董事、监事和高级管理人员符合法律、法规和规章规定的任职资格，不存在《办法》第23条列举的情形。

（八）发行人的内部控制制度健全且被有效执行，能够合理保证财务报告的可靠性、生产经营的合法性、营运的效率与效果。

（九）根据发行人的声明并经本所律师核查，发行人不存在《办法》第25条规定的情形。

（十）根据发行人的声明并经本所律师核查，发行人的公司章程中已经明确对外担保的审批权限和审议程序，不存在为控股股东及其控制的其他企业进行违规担保的情形。

（十一）根据**号《内部控制鉴证报告》以及发行人管理层对内部控制完整性、合理性及有效的自我评估意见，发行人有严格的资金管理制度，不存在资金被控股股东及其控制的其他企业以借款、代偿债务、代垫款项或者其他方式占用的情形。

十五、发行人董事、监事和高级管理人员及其变化

（一）发行人董事、监事或高级管理人员的任职资格。

（具体包括各董事、监事及高级管理人员的基本情况）

（二）发行人董事、监事或高级管理人员在近3年一期的变化符合有关规定，履行了必要的法律程序。

经本所律师核查，最近3年一期发行人董事、监事和高级管理人员因换届、工作变动、增设岗位以及退休等个人原因引起的变化没有给公司生产经营管理造成实质性影响，发行人董事和高级管理人员没有发生重大变化，发行人董事、监事和高级管理人员在近3年一期的变化符合有关规定，履行了必要的法律程序。

（三）发行人于*年*月*日召开*年度股东大会，选举***为独立董事，独立董事任职资格符合发行人章程及相关法律法规的有关规定。

十六、发行人的税务

发行人下属***分公司；发行人下属子公司***，按各自所在地独立纳税。

（一）发行人及其子公司、分公司执行的主要税项、税率如下：

＊＊＊

（二）发行人及其控股子公司执行的税收优惠

＊＊＊

（三）发行人的财政补贴

＊＊＊

（四）发行人近3年一期的完税情况

根据发行人及其附属企业主管税务机关出具的证明文件，发行人及其附属企业近3年一期依法纳税，不存在被税务部门处罚的情形。

十七、发行人的环境保护和产品质量、技术、食品安全、疾病控制等标准

（一）根据＊＊＊环境保护局出具的＊＊＊号文件并经本所律师核查，发行人的生产经营活动和拟投资项目符合有关环境保护要求，＊＊＊年至今未发生环境污染事故和环境违法行为。

（二）发行人的产品符合有关产品质量和技术监督标准。获得ISO9001国际质量管理体系认证和中国绿色食品发展中心对＊＊＊产品办法的绿色食品证书、有机食品证书等文件，发行人近3年一期未有违反有关产品质量和技术监督方面的法律法规而受到处罚的情形。

（三）根据＊＊＊卫生局分别于＊年＊月＊日、＊年＊月＊日出具的《证明》，并经本所律师适当核查，发行人自设立以来未曾违反食品安全、疾病控制等方面的法律、法规，不存在因该等事由受到相关机关处罚的情况。

十八、募股资金的运用

（一）发行人本次募股资金将用于以下项目：

＊＊＊

（二）发行人上述募集资金投向项目已取得以下批复批准：

＊＊＊

（三）上述投资项目不涉及与他人合作

（四）发行人募集资金有明确的使用方向，募集资金均用于发行人主营业务。

（五）发行人募集资金数额和投资项目与发行人现有的生产经营规模、财务状况、技术水平和管理能力等相适应。

（六）发行人募集资金项目符合国家产业政策、投资管理、环境保护、土地管理及其他法律、法规和规章的规定。

（七）发行人董事会已对募集资金投资项目的可行性进行认真分析，确信投资项目具有较好的市场前景和盈利能力，有效防范投资风险，提高募集资金使用效益。

（八）发行人募集资金投资项目实施后，不会产生同业竞争或者对发行人的独立性产生不利影响。

（九）根据发行人＊＊＊年度股东大会决议，发行人将建立募集资金专项存储制度，募集资金将存放于董事会决定的专项账户，专款专用。

十九、发行人业务发展目标

（一）经发行人董事确认，发行人业务发展目标为：“＊＊＊”。

（二）发行人业务发展目标符合国家法律、法规和规范性文件的规定，不存在潜在的法律风险。

二十、诉讼、仲裁或行政处罚

本所律师核查后确认：

（一）发行人、持有发行人5%以上（含5%）股份的主要股东、发行人的控股公司不存在尚未了结的或可预见的重大诉讼、仲裁及行政处罚事项。

（二）发行人董事长、总经理不存在尚未了结的或可预见的重大诉讼、仲裁或行政处罚事项。

二十一、发行人招股说明书法律风险的评价

本所律师参与了招股说明书的编制及讨论，已审阅招股说明书，特别对发行人引用法律意见书和律师工作报告相关内容已审阅，发行人招股说明书及其摘要不存在虚假记载、误导性陈述或重大遗漏引致的法律风险。

尾部

一、法律意见书的日期及签字盖章

本法律意见书于＊年＊月＊日由＊＊＊事务所出具，经办律师为＊＊律师、＊＊律师。

二、法律意见书的正、副本份数

本法律意见书正本三份，无副本。

＊＊＊律师事务所

负责人（签字）：＊＊＊

经办律师：（签字）＊＊＊

课后练习

1. 请根据我国现行上市公司及其并购相关法律法规，撰写上市公司尽职调查计划。

2. 请根据我国目前私募基金及融资流程相关法律法规，撰写私募投资、融资尽职调查计划。

3. 根据我国目前外资并购相关法律法规，撰写外资并购尽职调查计划。

4. 根据下述案例分析管理人行为是否合法有效：

原告北京市华强奇苑房地产开发有限责任公司（以下简称北京华强）诉徐某破产撤销权纠纷一案，法院受理后，依法由代理审判员于某独任审判，进行了公开开庭审理。原告北京华强的破产管理人以及委托代理人韩某，被告的委托代理人徐某到庭参加了诉讼。本案现已审理终结。

原告诉称：2008 年 9 月 4 日，北京市房山区人民法院裁定受理何某、李某申请北京华强破产一案，确定北京市鑫河律师事务所作为本案的破产管理人，负责本案的清算工作。破产管理人接管后发现，北京华强于 2008 年 6 月 18 日支付给被告款项 5 万元。因其属于破产申请前 6 个月进行的清偿，管理人有权申请人民法院予以撤销。故诉至人民法院撤销原告北京华强2008年6月18日对被告债权的清偿行为；判令被告返还原告人民币5万元；并且由被告承担本案诉讼费。

被告徐某辩称：原告确实给过被告5万元，但原告不能证明在法院受理破产申请的时候，原告公司不能偿还债务的事实。因此，应当认定原告对被告的清偿是有效的。

北京市房山区人民法院经审理查明：2007年12月28日原告向被告借款现金20万元，约定到期按月10%付息。后原告于2008年6月18日还款5万元，而从2004年到2008年9月，原告公司的债务有3亿元左右，2008年6月已经处于不能清偿到期债务的情况。2008年9月4日，北京市房山区人民法院裁定受理何某、李某申请北京华强破产一案，进入破产程序。

延伸阅读

1. 陈菊香．企业改制与发行上市操作实务．北京：法律出版社，2011
2. 肖金泉，黄启力．并购重组操作指引．北京：法律出版社，2011
3. 皮剑龙．破产清算律师实务．北京：法律出版社，2011
4. 李雨龙，陈景云．投资并购经典案例法律评析．北京：法律出版社，2008
5. 隋平．外资公司法律实务．北京：法律出版社，2010
6. 周高吉．建设工程专项法律实务．北京：法律出版社，2008
7. 盛希泰．中国证券发行上市保荐业务实务．北京：法律出版社，2010
8. 张兰田．资本运作税法实务．北京：法律出版社，2010
9. 丁辉．对我国医药行业并购重组发展趋势的探讨．江苏科技信息，2011 (3)
10. 彭少辉．新形势下并购重组中证券内幕交易的实证研究．武汉金融，2011 (4)
11. 张超，贾晋平，梦哲．钢铁企业的并购型重组．经营与管理，2010 (4)
12. 官晋东，冀蓓红．公司治理结构弊端之监事会制度的完善．法律适用，2005 (11)
13. 郭晓鸣．知识产权律师实务系统．中国律师，2009 (5)
14. 王威．关于企业改制相关问题及商业银行法律风险防范．法制与经济，2008 (2)

第十二章　法律顾问

【内容摘要】

在律师法上，担任法律顾问被列为律师的首要业务，同时，它也是综合性特征最强的律师业务类型。本章所言的法律顾问仅指律师法律顾问，其具有特定的内涵与外延，借以区别于其他法律顾问类型。对于正在从事或即将从事法律顾问工作的律师而言，除了要对法律顾问的含义、种类、工作流程、工作方式以及工作原则等业务知识予以熟知之外，还必须掌握各类型法律顾问实务的技巧。此外，对于法律顾问关系的建立及其维护等问题亦应予以关注。

【知识要点】

一、法律顾问含义之界定

广义上而言，凡是被委以法律顾问职务的人均可称之为法律顾问，其既可以是受法律服务机构指派为聘方提供法律顾问服务的执业律师或基层法律服务工作者，也可以是在本单位从事法律顾问工作的内部工作人员，如企业法律顾问、政府法制机构工作人员，还可以是其他虽不具备律师或基层法律服务工作者身份，但具有法律专业知识和技能而被委以法律顾问职务的人员，如被聘方委任为法律顾问的法学教育研究人员。狭义上而言，法律顾问仅指受律师事务所指派，独立为聘方提供综合性法律服务的执业律师，更确切地说就是律师法律顾问，也即本章所言的法律顾问。具体而言，狭义上的法律顾问包括以下四层含义：

（一）法律顾问属于法律专业服务人员

根据《律师法》第2条之界定，律师是“依法取得律师执业证书，接受委托或者指定，为当事人提供法律服务的执业人员。”据此推之，顾问律师具有服务人员的身份，并且与投资顾问、财务顾问等相同，顾问律师提供的亦是专业服务。但与其他专业顾问类型不同的是，顾问律师是法律领域内的顾问，具有较强的法律专业色彩。具体而言，从从业资质来看，法律顾问由法律职业人员当中的执业律师担任，凭借其法律专业知识和专业技能为聘方提供服务；从服务内容来看，顾问律师所提供的是且只能是法律服务，而不得从事法律服务以外的经营活动。①

（二）法律顾问属综合性法律服务人员

《律师法》第29条规定：“律师担任法律顾问的，应当按照约定为委托人就有关法律问题提供意见，草拟、审查法律文书，代理参加诉讼、调解或者仲裁活动，办理委托的其他法律事务，维护委托人的合法权益。”可见，与诉讼代理、刑事辩护、解答法律咨询、代书等单项律师业务类型不同，法律顾问工作属于一项综合性律师业务，其工作内容除了包括解答日常的法律咨询之外，往往还涉及聘方内外纠纷的解决、法律文书的起草和审查以及其他法律服务事项，甚至可以说，凡是涉及聘方的法律事务均可以纳入法律顾问的工作范围。

（三）法律顾问属于外聘法律服务人员

一般而言，顾问律师与聘方管理层接触较多，对聘方的决策往往起到关键作用，但顾问律师并非聘方的决策者和管理者，而只是为聘方提供法律顾问服务的外聘人员。顾问律师的外聘属性使之与单位内设的法律顾问区别开来，后者虽然亦从事法律顾问工作，但其工作往往兼具管理性质。同时，从职业准入条件来看，前者必须由执业律师担任，而对于后者一般未作此强制性要求，有些虽有从业资质方面的规定，如企业法律顾问，但其资质要求相对较低。② 此外，从报酬方面来看，律师法律顾问所收取的是法律顾问服务费，其计酬标准和方法、支付方式和支付时间一般通过法律顾问合同来约定，而单位内设法律顾问则是按照劳动合同或聘用合同的约定领取薪水，一般不再另行收取法律顾问服务报酬。

（四）法律顾问是相对独立的服务人员

与聘方内部所设的专职法律顾问不同，顾问律师是享有独立地位的服务人员，与聘方之间并不存在隶属关系，仅依照法律顾问合同的约定开展工作。对此，《律师法律顾问工作规则》第7条明确作出了规定，顾问律师“在授权委托范围内，依法

---

① 《律师法》第27条：“律师事务所不得从事法律服务以外的经营活动。”

② 以学历要求为例，根据《企业法律顾问执业资格制度暂行规定》第7条的规定，大专以上学历就可报考企业法律顾问，而担任律师则必须通过国家司法考试，并且，原则上应当具备本科学历才能报考。

独立提供法律服务”。因此，顾问律师在接受聘方委托开展法律顾问工作时，有权拒绝聘方内部机构及其成员的非法干预，并且，对聘方提出的就其违法行为以及违背事实或律师职业道德的事项提供服务的要求，顾问律师也有权予以拒绝。此外，顾问律师还独立于其他单位和个人，其依照事实和法律独立地向聘方提供法律顾问服务，其他任何单位、个人不得予以非法干预。

尽管如此，顾问律师的独立地位仍受到诸多限制。首先，顾问律师受到法律顾问合同的制约，法律顾问工作不得违背法律顾问合同的约定。其次，在办理聘方委托的法务事项时，顾问律师还受到聘方意志的制约，其法律顾问工作不得超越聘方的授权范围。再次，顾问律师的工作不得违背法律规定，也不得违背律师职业道德的要求。最后，顾问律师办理法律顾问事务还受到律师事务所和律师管理机构的制约。根据《律师法律顾问工作规则》第 10 条的规定，顾问律师在接受指派提供法律顾问服务的过程当中，对遇到的重大问题以及参与的重大项目或经济合同谈判事务应及时向律师事务所汇报；对有重大社会影响的事件或突发事件，在提供法律意见前，还应向当地司法行政机关、律师协会报告。

二、法律顾问的基本类型

关于法律顾问的类型，学界存在多种划分方式：

根据聘方性质的不同，法律顾问可以划分为国家机关法律顾问、企业法律顾问、事业单位法律顾问、社会团体法律顾问和公民法律顾问等类型。一般而言，聘方性质不同法律顾问服务的侧重点亦有区别。具体而言，国家机关法律顾问的工作主要侧重于公共权力行使当中所涉及的法律事务，企业法律顾问主要处理企业经营行为所引起的法律问题，事业单位和社会团体的法律顾问则以该单位所涉公益事业或社团活动范围的法律事项为工作重心，而公民法律顾问主要是为公民的民商事活动提供法律顾问服务。由上可见，依聘方性质的不同来划分法律顾问类型，有利于把握各种类型法律顾问工作的特点。

根据法律顾问合同是否约定聘期的不同，法律顾问可以划分为定期法律顾问与项目法律顾问两种类型。定期法律顾问，亦可称之为常年法律顾问，有明确的聘期约定，一般为 1 年或 1 年以上，聘期届满且未延聘或续聘的，律师事务所与聘方的法律顾问关系即告终止。项目法律顾问，实践当中亦称之为临时法律顾问，没有明确约定聘期，顾问律师仅对聘方的特定事项提供法律顾问服务，特定事项完成，法律顾问关系即告终止，如公司为股票发行、上市等事务而聘请的法律顾问即为此种类型。从实务做法来看，定期法律顾问与聘方的关系一般较为稳定，主要适用于日常法律服务需求相对较多的聘方；项目法律顾问与聘方的关系相对不太稳定，主要适用于存在季节性或临时性法律顾问服务需求的聘方。

根据法律顾问服务领域的不同，法律顾问有专业法律顾问与综合法律顾问之分。专业法律顾问的法律专业性更强，仅对聘方特定领域的事项提供法律顾问服务，如劳资法律顾问、金融法律顾问、建筑法律顾问、税务法律顾问、知识产权法律顾问等，他们仅对劳资、金融、建筑、税务或知识产权领域的事项提供法律顾问服务，主要适用于法律服务需求较多且专业性较强的聘方，如大型企业、层级较高的政府机关。综合法律顾问则不分专业，类似于医院的全科医生，对聘方所有领域的涉法事项提供法律顾问服务，主要适用于法律服务需求不多或专业性需求不强的聘方，如中、小型企业、层级较低的政府或政府部门。

此外，按法律顾问服务内容是否包含诉讼代理的不同，法律顾问还可以分为含诉讼代理的法律顾问和不含诉讼代理的法律顾问。前者除了提供非诉讼法律顾问服务之外，还提供诉讼代理服务。顾问律师在提供诉讼代理服务时，无须与聘方另行签订诉讼代理合同，聘方也无须另行支付诉讼代理服务费。而后者仅为聘方提供非诉讼的法律顾问服务，如需委托顾问律师提供诉讼代理服务，聘方须与律师事务所另行签订诉讼代理合同，并且还需向律师事务所另行支付诉讼代理服务费。在法律顾问实务当中，法律顾问类型以后者较为常见，并且，在诉讼代理服务费的收取问题上，律师事务所一般会在法律顾问合同当中承诺予以优惠。

三、法律顾问的工作流程

（一）法务调研

在聘方与律师事务所的法律顾问关系建立起来之后，顾问律师的首要举措就是对聘方的法务状况进行调研，旨在为其聘期之内法律顾问服务工作的开展打好基础。法务调研首先要得到聘方法定代表人的支持，同时，通过他的介绍再向聘方其他相关人员了解情况。法务调研既可以采取个别访谈或集体座谈等口头方式进行，也可以采取查阅聘方的相关文件资料、问卷调查等书面方式进行。在进行法务调研之前，顾问律师最好制作一份调查提纲，确立法务调研所要了解的具体内容，甚至还可以预先设计出调研时所要提出的问题。

从法务调研的内容来看，顾问律师主要需要掌握以下情况：（1）法务机构的设置及其人员配置情况；（2）法务制度建设及其实施情况，主要了解聘方在行为决策、文书制作、纠纷处理、项目谈判、法制宣传等方面的法务管理制度及其实施情况；（3）纠纷发生及其处理情况，主要了解聘方近年所发生纠纷的数量、涉案金额、纠纷诱因、解决方式、损失情况以及补救措施等等；（4）聘方的基本信息。以聘方为企业的情况为例，在法务调研当中，顾问律师主要是要了解聘方的名称、组织构架、人员编制、经营方式、业务范围、资信情况、外部隶属关系以及公司治理机制等等。

（二）工作计划

在法务调研的基础之上，顾问律师应着手为法律顾问工作的开展制订计划。顾问律师的工作计划有长期计划和短期计划之分，长期计划主要是对聘期之内法律顾问工作所要达到的目标和阶段性任务进行规划；短期计划主要是对近期法务工作的内容和具体措施进行安排。工作计划除了要严格遵循法律顾问合同的约定之外，还要与聘方法务现状及其发展趋势相适应，并且，顾问律师的工作计划必须与聘方进行沟通，得到聘方的充分认可，以便于其以后能更好地开展法律顾问工作。

顾问律师的工作计划不同于律师事务所就法律顾问业务制订的工作计划或工作规划。律师事务所的工作计划主要是对该所法律顾问业务的开拓进行部署，对该所法律顾问工作的目标、要求和措施进行统筹安排，旨在促进该所法律顾问业务的发展，提高该所法律顾问工作的质量和效率。律师事务所的法律顾问工作计划一般采取年度计划的形式，必要时亦可制订长期性的发展远景规划。顾问律师的工作计划不得与律师事务所的法律顾问工作计划相冲突。

（三）法务处理

工作计划确定之后，顾问律师即可全面处理聘方的法务事项了。根据《律师法律顾问工作规则》第 14 条和司法部《关于律师担任政府法律顾问的若干规定》第 3 条之规定，参考法律顾问实践当中的做法，顾问律师主要为聘方处理以下 8 种类型的法务工作：（1）解答法律咨询；（2）参加项目谈判；（3）参与法务文书的制作；（4）参与建章立制；（5）参与纠纷解决；（6）法务指导；（7）法制宣教；（8）其他法务事项，如商标事务代理、专利事务代理、工商事务代理、公司上市法务、股票发行法务、发布律师声明等等。诚然，法律顾问服务内容种类繁多，但就某一特定的法律顾问关系而言，并不意味着顾问律师均有责任提供。事实上，顾问律师仅对合同项下的法务项目提供服务，对于合同项外的法律顾问服务项目，聘方必须与律师事务所另行达成协定之后，顾问律师才有义务为聘方提供。

此外，顾问律师在处理法务时，还应注意以下几个问题：

第一，在聘用初期，为了开创工作局面，扩大法律顾问的影响，迅速取得聘方的信任，顾问律师应找出几个有代表性的问题进行重点突破，将顾问律师的作用显示出来。

第二，对于聘方委托的重大、疑难法律事务，顾问律师有责任将其提交律师事务所进行集体讨论，确保法律顾问工作的服务质量，避免律师事务所因法律顾问服务质量不合格而承担法律责任，也有利于降低顾问律师自身的执业风险。

第三，顾问律师对重大问题的处理以及对其参与的重大项目谈判等事项应及时向律师事务所汇报；对有重大社会影响的事件、突发事件，在提供法律意见前，还应向当地司法行政机关和律师协会报告。

第四，顾问律师应当严格依照法律顾问合同的约定提供法律顾问服务，在办理委托事项时不得超越聘方的委托权限；不得从事与履行法律顾问职责无关的事务；更不得以法律顾问身份进行不正当竞争和从事任何盈利性活动谋取私利。

第五，顾问律师对其在提供法律顾问服务过程中知悉的国家秘密、商业秘密、不宜公开的情况及个人隐私有义务予以保密。

第六，顾问律师不得为聘方的违法行为以及违背事实或律师职业道德的事项提供法律顾问服务。

（四）立卷归档

律师担任法律顾问还应当建立工作档案，做到一户一卷，一事一档，并且，在法务事项办结之后应及时归档。立卷归档是顾问律师的一项常规性工作，对法律顾问业务的开展具有重要价值：一方面，立卷归档便于顾问律师对其服务工作进行总结、汇报，也便于律师事务所对顾问律师的工作业绩予以考评；另一方面，立卷归档也便于法律顾问业务资料的保存和利用。例如，在聘方与律师事务所发生争议时，法律顾问档案是极为重要的证据来源。

从内容上看，法律顾问业务档案大体分为十类：

1. 法律顾问关系建立、变更和终结方面的资料。该部分主要包括聘方的基本情况资料，就法律顾问关系成立、变更和解除等事项签订的合同、协议、文件、往来函件，双方就法律顾问合同的履行所形成的书面材料等。

2. 法务调研资料。该部分主要收集顾问律师在法务调研过程中形成的书面材料，如访谈笔录、座谈记录、调查问卷模板、查阅聘方档案时形成的摘抄笔录和复印件等。

3. 法律咨询事务资料。该部分主要收集解答法律咨询登记表、法律意见书以及聘方就法律咨询事项提供的书面材料。

4. 文书制作事务资料。该部分主要收集文书草稿、修改稿、定稿以及聘方与顾问律师双方对文书制作的往来函件等。

5. 建章立制事务资料。该部分主要收集聘方规章制度的初稿、修改稿、定稿以及聘方与顾问律师双方关于建章立制的往来函件等。

6. 项目谈判资料。该部分主要收集项目谈判事务当中形成的文书材料，如谈判方案、谈判纪要以及经谈判达成的协议等。

7. 纠纷处理资料。该部分主要收集顾问律师参与聘方的和解、调解、仲裁、行政处理和诉讼等纠纷处理事务当中形成的案卷材料。

8. 法务评估及指导资料。该部分主要收集顾问律师在法务评估以及指导聘方法务管理工作当中形成的材料，如法务评估意见、法务管理制度的指导意见、法务培训资料等。

9. 法制宣教资料。该部分主要收集顾问律师为聘方进行法制宣传教育时形成的文书材料，如法制讲座的讲义、法制宣教照片、法制传单、手册等。

10. 其他资料。该部分主要收集与法律顾问工作相关的其他材料，如顾问律师的工作日志、工作总结、律师事务所的指示等等。

四、法律顾问的工作方式

根据顾问律师为聘方提供日常法律顾问服务地点的不同，法律顾问的工作方式可以分为“上门”服务制与“不上门”服务制两种类型。

（一）“上门”服务制

“上门”服务制是指顾问律师亲自到聘方处理日常法律事务的服务方式。依“上门”服务时间是否确定的不同，“上门”服务制又可进一步分为定时服务制和不定时服务制两种类型。

所谓定时服务制，是指顾问律师按照确定的时间到聘方处理日常法律事务。一般而言，顾问律师一周去聘方服务一到两次，每次服务半个或一个工作日，聘方可以将每周的法务工作集中交由顾问律师处理。此外，对于法务需求较多的聘方，顾问律师甚至可以全职提供法律顾问服务。定时服务制的优势十分明显，它便于顾问律师和聘方保持持续、稳定的联系，也有利于聘方有计划地安排顾问律师的法务工作。当然，定时服务制亦存在不足，在顾问律师不能全职提供法律服务的情况时，它不利于聘方紧急法务事件的处理；同时，在顾问律师需办理开庭以及其他需亲自处理的事项时，定时服务制亦不利于顾问律师其他业务的开展。

不定时服务制，俗称“随叫随到制”，是指顾问律师到聘方处理法务的时间不固定，顾问律师亦无需全职坐班，但聘方一旦有法务需要其办理时，顾问律师必须及时“上门”提供服务。不定时服务制能够保证聘方的法务事项得到及时解决，也有利于顾问律师其他业务工作的正常开展。然而，不定时服务制的缺陷也十分明显，它不利于聘方和顾问律师保持经常性的联系，尤其，在聘方法务需求较少的情况之下，顾问律师可能很长时间不会去聘方，使法律顾问职位形同虚设，影响了顾问律师在聘方的声誉，甚至导致法律顾问关系无法维系。

(二)“不上门”服务制

顾问律师除可以采取“上门”的方式提供日常法律服务之外，还可以在聘方以外的其他场所提供日常法律服务，称之为“不上门”服务制，以示与“上门”服务制相区别。“不上门”服务制不受服务场所的限制，并且，顾问律师还可以通过多种方式来处理聘方委托的日常法律事务。例如，可以由聘方工作人员定期或不定期到顾问律师的办公场所接受法律服务，顾问律师可以通过电话来提供口头服务，可以采取电报、电传、传真、电子邮件、手机短信等数据电子方式提供服务，还可以采取来信的方式提供日常法律顾问服务等等。

由上可见，“不上门”服务制的工作地点及其服务方式较为灵活，顾问律师也可以灵活安排自己的工作时间，有利于其他律师业务工作的开展。同时，它还能保证聘方的法务需求得到及时解决，为聘方节约了法律顾问服务成本。尤其，对于顾问律师在律师事务所提供服务的情形，还有助于充分利用律师事务所的团队力量和法律资源，为聘方正确解决疑难复杂的法务问题。然而，“不上门”服务制的劣势也十分明显，由于顾问律师在“门外”提供法律服务，不利于聘方与顾问律师保持经常性的联系，也不利于对聘方法务情况的全面掌握，相对难以保证法律顾问工作的服务质量，在聘方出现复杂的法务事件时尤为如此。

从实践做法来看，顾问律师事实上很少采取单一的工作方式为聘方处理日常法律事务，通常以某种工作方式为主、其他工作方式为辅，具体视聘方法务需求而定。一般而言，在聘方提出的法务需求较大的情况时，通常采取定时服务制为主，“不上门”服务制为辅的工作方式；在聘方发生紧急法务事件的情况时，则实行不定时服务制；而在聘方提出的法务需求不大的情况时，通常采取不定时服务制为主，“不上门”服务制为辅的做法。

五、法律顾问的工作原则

为了维护法律顾问关系双方的利益，促进和保障法律顾问工作的发展，顾问律师在其法律顾问服务当中，还应当坚持和遵守以下工作原则。

（一）诚实信用

所谓诚实信用，是指为人要真诚，不虚伪，处事要守信，不欺诈。在人类社会活动当中，诚实信用可以说是立人之本，齐家之道、交友之基、为政之法、经营之魂，法律顾问工作无疑亦应当遵循此项原则。顾问律师如果反其道而行之，在其服务工作当中怠于履行职责，甚至欺诈妄为，损害聘方利益，法律顾问关系定不会长久持续，甚至，聘方还可能进一步追究其所在律师事务所的违约责任或侵权责任，顾问律师自身也可能因其失职行为而受到律师事务所的追偿，甚至因违反律师执业纪律和职业道德而遭受纪律惩戒。

诚实信用原则要求律师事务所以及顾问律师全心全意地维护聘方的合法权益，要求顾问律师严格按照法律顾问合同的约定提供各项法律服务，尤其不得实施损害聘方利益的行为。例如，顾问律师不得超越委托权限开展工作以损害聘方利益，不得以顾问律师身份从事任何盈利性活动谋取私利，不得将提供法律服务过程中知悉的聘方秘密或隐私予以公开，不得从事与法律顾问工作产生利益冲突的执业行为，更不得与第三方恶意串通起来损害聘方的利益。

（二）合法原则

依法办事是法律秩序得以维持的事实要件，法律顾问工作无疑亦应当坚持此项原则。诚然，按照诚实信用原则之要求，法律顾问应当最大限度地维护聘方的利益，但并非意味着法律顾问工作可以无视法律的尊严。事实上，顾问律师违法提供法律顾问服务，除了损及法律尊严、侵害公共利益或他人合法权益之外，从实质上来看也并非真正有利于聘方，因为违法的法律服务往往直接导致聘方违法，进而导致聘方承担法律责任并因此而遭受法律制裁。

此外，不遵循合法原则开展法律顾问工作，律师事务所和律师本人亦可能因此而承担法律责任。例如：聘方因听从顾问律师的不合法意见遭受损害后，可以依《合同法》之规定追究律师事务所的违约责任；同时，律师事务所和顾问律师也可能因违法执业而遭受纪律惩戒；在顾问律师担任聘方代理人的情况下，顾问律师如果进行无权代理、违法代理或恶意串通代理，律师事务所还可能因此承担连带民事责任。

具体而言，在法律顾问工作当中，合法原则的基本要求有三：第一，法律顾问关系的建立、变更和解除要合法，不得违背律师行业管理法规之规定；第二，顾问律师应当依法向聘方提供法律顾问服务，律师事务所及顾问律师对法律意见的合法性承担法律责任；第三，顾问律师不得指使或暗示聘方从事违法行为，更不得代理聘方实施违法行为，关于聘方提出的对其正在或将要实施的违法事项的咨询，顾问律师有责任指出该行为的违法性及其法律后果。

(三) 预防为主

以服务内容是否与纠纷解决有关，法律顾问的工作内容大体上分为两大类型：一类是纠纷解决事务，即在聘方发生纠纷时，由顾问律师帮助聘方解决纠纷，如参与聘方以自助、和解、调解、仲裁和诉讼等方式解决纠纷的活动；另一类事务是预防纠纷的发生，即对聘方在建章立制、行为决策、项目谈判、文书制作、法务管理以及法制宣教等法务事项提供法律服务，以最大限度地防范纠纷的发生。

诚然，顾问律师为纠纷的解决提供服务，无疑也是在维护聘方的利益，但聘方一旦发生了纠纷，其损失也就相伴而生了。因此，从经济分析的视角来看，最佳的应对办法就是防患于未然，尽量消除聘方所存在的纠纷隐患。由此可见，顾问律师的工作还应当坚持预防为主的原则，将法律服务工作的重心放在建章立制、行为决策、项目谈判、文书制作、法制宣教、法务指导等非纠纷解决事项上来，此举才能最大限度地维护聘方的利益。

六、法律顾问合同的订立

根据《律师法律顾问工作规则》第 12 条的规定，法律顾问合同是法律顾问关系存在的唯一证明。据此推之，律师事务所与聘方要想建立法律顾问关系，就必须依法签订法律顾问合同。从性质上看，法律顾问合同是以法律服务为标的的服务合同，属于民事合同的范畴，因此，法律顾问合同的签订除了要遵循律师管理法规的规定之外，还应当遵守《合同法》之规定。从合同内容来看，法律顾问合同一般要对如下事项予以约定：

1. 顾问律师及其服务类型

法律顾问合同首先应当明确约定担任法律顾问的律师。在聘方提出的法务需求不大的情况下，法律顾问合同可以只约定 1 名顾问律师，但在聘方提出的法务需求较大的情况下，双方可以约定数名顾问律师组成顾问团（组），还可指定其中 1 人担任首席法律顾问。此外，法律顾问服务类型不同，合同双方的权利义务亦有区别。因此，法律顾问合同还应当对法律顾问的服务类型进行约定。具体而言，合同应当确定聘请的是定期法律顾问还是项目法律顾问，是综合性法律顾问还是专业法律顾问；如果约定为定期法律顾问，还应约定聘用的起止日期；约定为项目法律顾问的，应当明确指出该项目的名称；约定为专业法律顾问的，应当明确指出法律顾问服务的专业领域。

2. 法律顾问的工作范围

在法律顾问实践当中，工作范围是最易引起争议的问题之一，因为它不仅影响到顾问律师工作量的大小，而且还直接关系到聘方所能享有的法律服务的范围，因此，合同双方亦应当对此作出明确的约定。具体而言，法律顾问合同首先要对法律顾问服务的种类进行约定，注明顾问律师是提供所有类型的法律服务，还是仅对部分法务事项提供服务。特别是合同应当对法律顾问服务范围是否包含参与项目谈判，是否为仲裁、行政裁决、诉讼等事项提供代理服务等工作量相对较大的法务工作作出明确约定。其次，在聘方提出的法务需求较多的情况下，双方还可以对各种法律顾问服务工作的数量进行约定，如明确规定合同项下出具法律意见书的份数、参与项目谈判和纠纷处理的次数等等。

3. 法律顾问的工作方式

为了避免争议的发生，法律顾问合同还应当对顾问律师的工作方式进行约定。首先，合同应当对法律顾问工作方式的类型进行约定，是采取“上门”服务制还是“不上门”服务制，或是采取“上门”服务制与“不上门”服务制相结合的工作方式；双方约定顾问律师需“上门”提供法律服务的，还要明确指出是采取定时服务制还是不定时服务制，或是采取定时服务制与不定时服务制相结合的方式。另一方面，合同还可以对法律顾问工作方式的具体细节进行约定。例如，法律顾问合同可以将双方的联系方式、联系人与联系地点确定下来，还可以对法律顾问服务流程及其具体要求等进行约定。但亦必须注意，法律顾问合同对工作方式的约定应具有可操作性，要体现原则性与灵活性相结合的原则。

4. 法律顾问服务费用

法律顾问服务费是法律顾问双方重点关注的内容，也是法律顾问实践当中最易产生争议的问题，因此，法律顾问合同必须对此作出明确的约定。一方面，合同应对法律顾问费的金额作出规定。具体而言，双方要明确约定合同项下法律顾问费用的金额，或约定合同项下的各类法律顾问服务的收费标准和计算方法；同时，合同还应注明哪些法律服务项目属于另行收费的项目，并且，可以进一步对这些项目的收费标准及其计算方法预先予以确定。此外，双方还应当对顾问律师在为聘方处理法务过程当中产生的差旅费、复印费和其他费用的承担问题进行约定。另一方面，法律顾问合同还可以对法律顾问费的结算和支付问题进行确定。例如，双方可以约定法律顾问费的结算时间、结算地点和结算方式，同时，还可以对法律顾问费的支付时间、支付方式、收款人、收款账户、收款票据、税费负担等事项进行约定。

此外，法律顾问合同通常还会对以下事项予以规定：（1）合同双方的其他权利或义务。关于聘方的其他权利或义务，合同可以规定聘方为保证法律顾问职责的履行所应提供的工作条件和物质保障，还可以规定聘方对其提供的法律事实及证据、文件负有真实义务等等。关于律师事务所的其他权利或义务，双方可以对顾问律师的知情权的范围及其行使手段进行约定，还可以就顾问律师的保密义务进行约定等等。（2）法律顾问合同的变更和解除。具体而言，双方可以对法律顾问合同变更或解除的条件、方式、期限、后果等进行约定，可以对顾问律师人选和人数、顾问律师的工作范围和工作方式、法律顾问费用等事项的变更问题进行约定，可以对聘期之内可能发生的解聘和辞聘事由进行约定。此外，法律顾问合同还可以规定违约责任及其免责事由、争议解决方法、合同的份数及其效力、合同期限的续展等事项。

（范例）

浙江省聘请常年法律顾问合同①

聘请人（甲方）：________________

地址：________________

邮编：________________

电话：________________

传真：________________

联系人：________________

电子邮件：________________

受聘执业机构（乙方）：__________律师事务所

地址：________________

邮编：________________

电话：________________

传真：________________

联系人：________________

电子邮件：________________

开户银行及账号：________________

甲、乙双方依据《中华人民共和国律师法》和其他相关法律、法规，就聘请常年法律顾问提供法律服务事项达成一致，于________年________月________日订立本合同。

1. 法律服务范围

甲方聘请乙方律师为常年法律顾问，在下列________个方面为甲方提供经常性法律帮助：

（1）就甲方涉及的法律问题提供咨询意见或进行指导，草拟、审查法律文书，维护甲方的合法权益；

（2）应邀参与甲方的经营或其他重大事项的决策或谈判；

（3）协助甲方开展法律普及活动，帮助甲方建立内部法律事务机构；

（4）若甲方委托乙方代理参加诉讼、仲裁、调解活动以及其他民事代理或刑事辩护性质的活动时，应另行办理委托手续，乙方应优先接受委托，并按收费标准给予适当优惠。

2. 承办律师及助理

（1）乙方接受甲方的聘请要求，指派________律师、________律师担任甲方的常年法律顾问（以下简称律师）。

（2）甲方同意乙方及其所指派的律师在认为必要时可将部分法律服务工作交由乙方的其他律师及助理人员协助完成。

---

① 见 http：//www.lawyee.net/Contract/Contract _ Display.asp? ChannelID＝11010000&RID＝8928，2011－09－29。

(3) 本合同履行过程中，若律师因合理原因（包括但不限于正常调动、离职、时间冲突、回避、身体状况等）无法继续或暂时不能提供服务时，律师应及时告知甲方并由合同双方协商另行指派其他合适的律师接替；甲方不同意其他律师接替的，视为甲方解除合同，本合同终止履行。

3. 聘请年限

(1) 双方商定乙方为甲方提供常年法律顾问服务的期限为________年，自________年________月________日起至________年________月________日止。

(2) 合同期满后，若甲方不通知乙方终止，且实际支付 1 年的顾问费，则本合同自动延长（续聘）1 年；其后每年类推。

4. 常年法律顾问费

(1) 每年为人民币________元，本合同年限总额为人民币________元。

(2) 上述常年法律顾问费甲方应于本合同生效之当日一次性付清。

5. 其他费用

双方商定下列与常年法律顾问服务有关的费用开支由甲方负担，且未包含在本合同第 4 条的常年法律顾问费中：

(1) 直接费用（包括但不限于异地交通、住宿、通讯、电信、文印等）；

(2) 间接费用（包括但不限于委托审计、鉴定费，公证费，查档费，其他用于收集资料的费用）；

(3) 上列其他费用由乙方律师向甲方按实报销。

6. 发票

乙方收到甲方支付的常年法律顾问费后，应当向甲方出具正式税务发票。

7. 乙方及律师的义务

(1) 律师必须遵守职业道德和执业纪律：

(2) 律师应当勤勉尽职，依法在本合同约定范围内维护甲方的最大权益；

(3) 律师应当及时向甲方发表顾问意见；

(4) 律师无权超越甲方授权行事。如果确有需要，应当由甲方另行给予明确的授权；

(5) 乙方或律师变更联系信息的，应当及时通知甲方；

(6) 乙方和律师对甲方负有保密义务。

8. 甲方的义务

(1) 与乙方和律师诚实信用合作，为乙方律师开展工作提供方便，向乙方和律师如实提供与需进行法律顾问服务的事务有关的情况和资料；

(2) 如有关的情况和事实发生变化，应及时告知乙方或律师；

(3) 如变更联系信息，应当及时通知乙方和律师；

(4) 按照约定支付常年法律顾问费和其他费用；

(5) 向乙方和律师提出的要求不应与法律以及律师职业道德和执业纪律的规定相冲突。

9. 保密

(1) 乙方和律师对于甲方的商业秘密或个人隐私，应当保守秘密，在未征得甲方同意的情况下，不得向第三方泄露。

(2) 客户有特殊保密要求的，应当另行签订保密协议，以保密协议的约定为准。

10. 利益冲突

乙方和律师应将已经或正在或可能存在的为与甲方有利益冲突的当事人提供法律服务的情况如实告知甲方。在发生利益冲突的情况下，甲方有权选择继续签订/履行合同或改变委托权限或解除合同；乙方有权作出回避的安排。

11. 其他法律事务

乙方和律师均无权利和义务代理甲方处理本合同约定的常年法律顾问服务范围以外的其他法律事务。甲方如确需乙方和律师提供有关其他法律事务的服务的，应当与乙方另行签订法律服务委托合同。

12. 合同的解除、终止履行

(1) 经书面通知，甲方有权随时以任何理由解除本合同，该解除通知在乙方收到之日起生效。一旦收到解除通知，乙方和律师立即停止提供常年法律顾问服务。

(2) 如果甲方未按照本协议约定支付常年法律顾问费和其他费用且延期超过30日的，乙方有权解除本合同，但应书面通知甲方。

(3) 若甲方要求达到的目标有违律师职业道德和执业纪律的规定，则乙方有权随时终止向甲方提供法律服务，但应书面通知甲方。

(4) 本合同因上列第 (1)、(2) 项情形而解除时，乙方已收取的常年法律顾问费不予退还，甲方欠付的应予以补足约定数额；因上列第 (3) 项情形而解除时，乙方按实际尚未服务的时间所占的比例退还部分常年法律顾问费。

13. 免责

本合同履行期间，如遇不可抗力，致使本合同无法实际/继续履行，双方应按有关法律规定处理。

14. 合同的可分性

本合同中的任何条款如因任何原因导致部分无效，本合同的其他条款仍保持原有的效力，应当予以履行。

15. 通知

与本合同履行有关的通知应当以书面方式提交对方，送达方式可为邮寄、挂号邮寄、专人送达、传真、电子邮件等。各方均可分别视需要选择合适的送达方式。

16. 争议的解决

(1) 双方之间发生争议的，应当进行协商，如果协商不成，甲方应先向乙方主管司法行政部门投诉，由主管司法行政部门进行调解。

(2) 双方同意，就本合同签订、履行而发生的任何争议，在无法通过协商和调解方式解决的情况下，任何一方均可向原告所在地人民法院提起诉讼。

17. 其他约定

除上述条款约定外，乙方和甲方就如下内容达成一致的约定：

(1) ________________________________

(2) ________________________________

(3) ________________________________

18. 生效条件

本合同在双方签署（或由甲方实际支付常年法律顾问费）后生效，在此之前，乙方没有义务向甲方提供法律服务，但律师在签订合同前已提供的预备性法律服务包括在本合同内。

19. 本合同空格部分填写的文字与印刷文字具有同等效力。

20. 本合同一式二份，双方各执一份，效力相同。

甲方（盖章）：__________	乙方（盖章）：__________
代表（签字）：__________	代表（签字）：__________
____年____月____日	____年____月____日

实务训练

一、法律咨询实务

现代社会，法律已成为社会控制的重要工具，不合法行为往往会引起法律责任，进而导致法律制裁的实施。受此影响，作为社会主体的聘方在实践当中，不得不对其行为进行法律评估。其中，在聘方作为行为实施者的情况下，法律评估也许在决策之际就已完成，以尽可能地降低行为的法律风险，尤其在重大决策作出之前往往还要进行法律可行性分析；法律评估也可能在行为实施当中或结束之后进行，特别是在行为即将或已经引起法律争议的情况下，法律评估有利于聘方及时采取补救措施，以最大限度地减少甚至避免法律上不利益的产生。而在聘方作为行为接受者的情况时，尤其是对于受不法行为侵害的聘方而言，对对方实施的侵害行为进行法律评估，有利于聘方采取正确的应对措施，以尽量避免或减少利益损害的扩大，或尽可能多地去争取利益补偿。由此可见，对聘方行为及其相对方的行为进行法律评估，为聘方提供正确的法律咨询意见，是顾问律师最为经常且非常重要的一项法律顾问实务。

法律咨询有广义与狭义之分，本章所言的法律咨询是从狭义上而言的，它作为一项独立形态的法律顾问实务而存在，顾问律师仅就咨询事项提供法律意见，而不参与该法律意见的实施；广义上的法律咨询则泛指一切提供法律意见的活动，除了包含狭义上的法律咨询之外，顾问律师在其他法律顾问实务乃至其他律师业务当中提供法律意见的活动均可纳入其范畴。此外，以咨询事项与聘方事务是否具有直接关联为标准，法律咨询还可分为知识性咨询与事务性咨询两种类型。前者用以解答与聘方事务没有直接关联甚至毫无关联的法律咨询事项，如聘方法定代表人就一般法律知识问题提出的询问；后者用以解答与聘方事务有直接关联的咨询事项，如聘方就其行为决策及其实施当中实际遇到的法律问题而提出的咨询。与法律咨询的分类相对应，解答咨询的方式亦可分为两种类型：第一种是口头解答，主要用以解答知识性咨询事项，双方同意用书面方式解答的除外。此外，问题简单且并未要求书面解答的事务性咨询事项，亦一般通过口头方式予以解答；第二种是书面解答，由顾问律师向聘方出具法律意见书，主要适用于重大事务性咨询事项，聘方不要求顾问律师以书面形式解答的除外。

从内容上看，法律意见书大体上分为四个部分。第一部分为首部，主要写明标题、法律意见书编号，如“××律师事务所法律意见书”、“××（2011）意字第××号”。第二部分为引言，主要是列明聘方名称，阐述出具法律意见书的缘由等，指出该法律意见书所依据的具体证据材料和法律依据，最后还需对非因顾问律师原因导致法律意见不成立的情形发表免责声明，如对因聘方提供事实材料不实或因法律变迁等事由导致法律意见不成立的情形声明免责。第三部分为正文，主要包含“事实陈述”、“法律分析”和“法律意见”等三个方面的内容。“事实陈述”主要是概括聘方陈述的咨询事项及其具体问题；“法律分析”部分可以说是法律意见书的主体，它主要是对咨询事项的合法性、潜在的法律风险以及可能引起的法律后果等进行分析、论证和评价；“法律意见”主要是对聘方咨询的问题提出明确、具体的处理意见。第四部分为尾部，主要是由律师事务所和顾问律师在法律意见书上签字盖章，并注明该法律意见书出具的日期，正、副本的份数，必要时还可以注明法律意见书的主送单位和抄送单位。

（格式范例）

××律师事务所关于××公司××年配股的法律意见书①

（引言）

一、出具法律意见书的依据

（一）说明根据《证券法》、《公司法》及国务院证券管理部门关于上市公司配股的规定出具法律意见书。

（二）说明根据发行人与律师事务所签订的《委托协议》出具法律意见书。

二、律师应当声明的事项

（一）说明是根据法律意见书出具日以前已经发生或存在的事实和我国现行法

① 该配股法律意见书格式摘自中国证券监督管理委员会于1999年6月15日颁布的《公开发行股票公司信息披露的内容与格式准则第六号〈法律意见书的内容与格式〉（修订）》。

律、法规和规范性文件发表法律意见。

（二）律师已经对与出具法律意见书有关的所有的文件资料及证言进行审查判断，并据此出具法律意见。

（三）说明已经按照《公开发行股票公司信息、披露的内容与格式准则》（以下简称《准则》）的要求对本次发行上市的合法性及对本次发行上市有重大影响的法律问题发表法律意见，法律意见书中不存在虚假、严重误导性陈述及重大遗漏，否则愿承担相应的法律责任。

（四）本法律意见书仅供发行人为该次股票发行、上市之目的使用，不得用作任何其他目的。

（五）律师同意将本法律意见书作为发行人本次配股所必备的法定文件，随其他申报材料一起上报，并依法对其出具的法律意见承担责任。

三、引言的结束段应载入下列文字：

“本所律师根据《证券法》第13条的要求，按照律师行业公认的业务标准、道德规范和勤勉尽责精神，对××公司提供的上述文件和有关事实进行了核查和验证，现出具法律意见如下：”

（正文）

一、发行人发行股票的主体资格

（一）说明发行人是否为其股票已经依法在国务院证券管理部门批准的证券交易所交易的股份有限公司。

（二）说明发行人是否依法有效存续。即根据法律、法规及其章程，说明发行人是否有需要终止的情形出现。

（三）说明发行人章程的内容是否符合现行法律、法规的规定，是否按《上市公司章程指引》修订。

二、本次配股、上市的授权和批准

（一）说明公司本次配股是否按照公司章程和有关配股规定的程序作出决议。

（二）说明本次配股已经依法取得或者尚待取得有权部门同意发行、上市的许可事项。

三、本次发行、上市的实质条件

（一）逐项说明本次配股是否符合《证券法》、《公司法》以及国务院证券管理部门关于公司配股的具体规定。

（二）如股东以实物资产或者其他非现金资产作价抵作股款，说明此类资产是否已取得完备的权属证书，此种行为的实施是否存在法律障碍。

（三）说明各股东在配售过程中是否受到公平对待。

四、说明本次配股所涉及的关联交易及同业竞争

（一）说明发行人有哪些关联企业。

（二）说明发行人与其关联企业在本次配股中是否存在关联交易，若存在关联交易，还需说明关联交易的内容、数量和金额。

（三）说明这种关联交易是否会损害发行人及其股东的利益。

（四）若关联交易一方是公司大股东，还需说明是否已采取必要措施对小股东的利益进行保护。

（五）说明股东大会关于本次配股涉及的关联交易的表决程序是否符合法律、法规和公司章程的规定。

（六）说明发行人本次配股涉及的关联企业之间是否存在同业竞争。若存在同业竞争，还需说明是否已采取必要措施解决同业竞争。

（七）说明是否对关联交易和同业竞争进行充分披露。

五、发行人募股资金的运用

（一）说明发行人前次募集资金的使用是否与原募集计划一致。如果发行人改变前次募集资金的用途，应当说明该改变是否依法定程序获得批准。

（二）说明发行人本次募股所筹资金的使用是否需要得到有权部门要求的批准或授权；如需要，是否已经得到批准或者授权。

（三）如果本次募集资金的运用涉及兼并、收购其他企业的，说明兼并、收购的方式及其法律性质，并说明是否存在法律障碍、是否存在法律纠纷。

六、本次配股所涉及的重大债权、债务关系

（一）审查本次配股涉及的重大合同的合法性。

（二）说明发行人在上述合同项下的义务对本次配股是否构成法律障碍。

（三）说明发行人与股东之间是否存在重大债权债务关系及相互提供担保的情况。

（四）说明发行人正在进行或将要进行的重大诉讼、仲裁或行政诉讼事项，并说明对本次配股是否构成法律障碍。

七、发行人的税务问题

（一）说明发行人执行的税种、税率是否符合现行法律、法规及规范性文件的要求。

（二）说明发行人近 3 年是否依法纳税，是否有被税务部门处罚的情形。

八、董事、监事等高级管理人员

说明发行人的董事、监事等高级管理人员的任职是否符合法律、法规以及公司章程的规定，并说明其任期。

九、律师认为需要说明的其他问题

《准则》未明确要求，但对配股有重大影响的法律问题，律师应当发表法律意见。

十、结论意见

概括说明对本次配股的意见，即对本次配股的合法性给予总括确认。律师已经勤勉尽责仍不能对本次配股的合法性作总括确认的，应当发表保留意见，并说明对本次配股的影响程度。

（结尾）

一、法律意见书的日期及签字、盖章

二、法律意见书的正、副本份数

律师事务所名称（加盖公章）　　　　经办律师×××　　　　×××（印刷体）

二、法律文书制作实务

在实践当中，聘方的法律行为常以书面形式来表达，据此形成了诸多具有法律意义的文书，如聘方在参与民商事活动当中形成的合同、协议、章程、声明、遗嘱、委托书等，行政主体在行使行政权的过程当中发布的决定、命令和指示等，这些法律事务文书往往关乎权利义务的处分，能够引起特定法律后果的产生，甚至对聘方利益将产生重大影响。由此可见，为了降低法律文书所存在的法律风险，聘方在其文书正式完成之前，从法律方面对其进行完善显得尤为必要，文书制作实务亦因而成为法律顾问工作的重要内容。

顾问律师主要通过两种方式来参与聘方法律文书的制作：第一种是审查，即由顾问律师对聘方提交的法律文书草案进行审查，提出废止、修改或补充的意见；另一种是为聘方起草法律文书，主要适用于重大法律事务文书或聘方起草存在困难的法律文书。从实践做法来看，顾问律师一般以文书审查为主要方式。究其原因，主要有两点：一方面，聘方法律文书的种类和数量较多，如果一概由顾问律师来起草，其工作量就会大为增加，聘请顾问律师的成本亦相应增大；另一方面，聘方的文书大多业务性较强，顾问律师虽然精通法律，但不一定熟悉聘方的业务，起草起来具有一定的难度。相反，此类文书由聘方自己来起草则不成问题。诚然，聘方起草的文书或多或少存在法律瑕疵，但该法律文书草案经顾问律师审查之后，所存在的法律瑕疵同样可以得到纠正。

在法律文书制作实务当中，顾问律师主要注意以下三个方面：

1. 文书格式要正确。一般而言，法律事务文书均有格式要求，对于某些文书格式，法律甚至作出了明确规定，聘方如果不依照法定格式制作，其文书必然存在法律瑕疵，甚至因此而不能正常生效。[①] 而有些文书格式，法律虽未作规范，但实践中已经形成了制作习惯，如声明、业务函等，有些甚至形成了范本，如合同范本、公文范本等，不遵循这些习惯格式，亦容易导致文书瑕疵的产生，进而使聘方陷于纠纷当中。因此，在文书制作实务当中，顾问律师首先要遵循法定格式；没有法定格式的，则应尽可能遵照习惯格式；尚未形成习惯格式的，则参照类似的文书格式制作。

2. 文书制作的主体及其内容要合法。法律文书具有特定的法律意义，往往能引起权利义务关系的产生，但如果文书制作的主体及其内容不合法，必然对其法律效

---

① 以有限责任公司章程的制作为例，根据《公司法》第 22 条之规定，有限责任公司章程应当载明下列事项：(1) 公司名称和住所；(2) 公司经营范围；(3) 公司注册资本；(4) 股东的姓名或者名称；(5) 股东的出资方式、出资额和出资时间；(6) 公司的机构及其产生办法、职权、议事规则；(7) 公司法定代表人；(8) 股东会会议认为需要规定的其他事项。并且，股东还应当在公司章程上签名、盖章。同时，根据《中华人民共和国公司登记管理条例》第 52 条第 (4) 项、第 53 条之规定，公司章程如果不符合上述格式要求，公司登记机关可作出不予受理公司登记的决定。

力产生影响，甚至导致聘方法律责任的产生。[①] 可见，文书制作主体及其内容的合法性是顾问律师应予关注的另一重点。当然，文书制作除了涉及合法性问题之外，往往还同时涉及经济问题、技术问题等，但经济、技术方面的审查并非法律顾问职责范围，顾问律师不能越俎代庖。

3. 文字表述要达意。与其他文书制作对文字表达的要求不同，法律文书的要求更为严谨。文字表述如果不能准确反映文书制作主体的意图，该文书则可能因违背主体真实意思的表示而被撤销或被宣布为无效，甚至还可能因文书表达上的瑕疵而导致聘方利益遭受损害。有鉴于此，顾问律师在法律文书制作实务当中，一方面应关注文书所表达的内容，审查其是否已将文书制作主体的意思完整地表达出来，是否最大限度地降低了聘方的法律风险；另一方面，顾问律师还应当关注文书的表达形式，如措词、句子、篇章等等，按照文书的文义是否能作出对聘方有利的解释。

三、纠纷解决法律实务

如前所述，法律顾问工作的主要功能在于预防纠纷。然而，聘方在其社会行为实践当中，受各种主客观因素的影响，仍然不可能绝对避免纠纷的产生，聘方或是因内部管理行为与其工作人员发生纠纷，如劳动、人事争议，或是因生产、经营、管理等行为与其他单位或个人发生纠纷。此时，顾问律师无疑有责任为聘方排解纠纷，最大限度地维护聘方利益。

顾问律师为聘方解决纠纷大体上按照以下步骤进行：

1. 查明事实。查明事实是纠纷得以正确解决的前提，因此，顾问律师在接受聘方的委托之后，其首项任务就是了解案情，查明纠纷发生的时间、地点、纠纷所涉主体、纠纷的起因、过程以及造成的后果等事实要素。顾问律师在查明案情时，要注意收集和保存相关的证据材料，如纠纷所涉的物品、文书、视听资料、数据电文，对重要证人制作调查笔录等。

2. 实体评价。在查明案情的基础之上，顾问律师应对案件进行法律评价，这是纠纷解决的第二项任务。首先，顾问律师应从法律上对纠纷进行定性，判断该纠纷究竟是属于民事纠纷，还是属于刑事纠纷或行政纠纷，还是兼具多重法律属性。在此基础上，顾问律师再对纠纷的实体处理进行分析，寻找适用于该纠纷解决的实体法依据，理清各方应承担的实体法律责任，确保其在正式参与纠纷处理时能做到心中有数。

3. 程序选择。一般而言，聘方绝大多数的纠纷（包括民事纠纷、行政纠纷和自诉案件）既可以通过诉讼途径解决，也可以通过自决、和解、调解等诉讼外的方式

---

① 以民事合同的制作为例，根据《合同法》第 9 条、第 47～51 条之规定，订约主体应具有相应的行为能力，否则，可能因此而导致合同无法正常生效甚至无效；根据该法第 52 条第（1）项、第 54 条之规定，合同内容必须属于当事人真实意思的表示，否则可能因此而导致合同的撤销甚至无效；根据该法第 54 条第（2）～（5）项之规定，合同当事人不得恶意串通，损害国家、集体或者第三人利益，不得以合法形式掩盖非法目的，不得损害社会公共利益，还不得违背法律和行政法规的禁止性规定和强行性规定，否则，合同无效。

解决，即便是已经进入诉讼程序的纠纷，如民事案件，亦可谋求诉讼外和解。诚然，各种纠纷解决方式均有其特定属性，如果泛泛而论，它们在纠纷解决方面并无优劣之分，但如果具体到个案之解决而言，仍然存在最佳的纠纷解决方案。

因此，在纠纷解决方式的选择上，顾问律师要针对纠纷的特点，结合实体法分析的结果，对各种可选的纠纷解决方式进行评估，为聘方提供一套最佳的纠纷解决方案。例如，对于特定的民事纠纷，聘方如果在证据方面存在重大瑕疵，那么，该纠纷就不宜通过诉讼的方式来解决。而对于自助、和解、调解无望的纠纷，也许通过诉讼途径更为有效。再如，对于聘方内部发生的纠纷，通过和解、调解等协商型的方式解决也许更为适宜，因为此举有利于维护聘方内部关系的和谐以及维护聘方的对外声誉。

4. 纠纷处理。在对纠纷进行调查分析之后，顾问律师即可正式参与纠纷的解决。在纠纷处理过程当中，顾问律师通常是担任聘方的代理人，或是以代理律师的名义介入，或是以内部法律顾问的名义出面，其具体操作方式可以参照本书相关章节的内容进行。此外，顾问律师在参与聘方内部纠纷解决时，也常以中立第三者的身份出现。例如，在处理聘方内部员工之间的纠纷时，顾问律师可以担任调解人，通过调解使该内部纠纷得到化解。顾问律师居中调解聘方内部纠纷时，其具体操作方法可以参照《人民调解法》规定的原则和程序进行。

四、项目谈判法律实务

聘方在其社会交往过程当中，有诸多事项均需通过谈判来解决。聘方的谈判事务大体上分为两种类型，第一种是纠纷解决过程当中的和解谈判，另一种是聘方与合作方为谋取共同利益而发起的项目谈判。和解谈判属于纠纷解决范畴，本书的相关章节内容业已论述，本章仅探讨项目谈判问题。在项目谈判当中，谈判事项或多或少会涉及法律问题，从而需要顾问律师提供相应的法律帮助。诚然，对于一般的项目谈判而言，由于所涉利益不大，无须顾问律师全程参与，通过法律咨询、参与文书制作等方式就足以满足聘方的需求；重大项目的谈判则不然，因其所涉利益较为重大，法律问题也涉及颇多，且诸多法律问题还需要临场解决，从而需要顾问律师的全程参与。从谈判的过程来看，重大项目的谈判大体可分为谈判准备、实质性谈判和谈判终结三个阶段，与此相应，顾问律师需分别做好三个阶段的法务工作。

在谈判准备阶段，顾问律师的法务工作主要有：

1. 收集和分析有关谈判事项的信息资料。为了给聘方争取谈判的主动权，确保项目谈判的成功，顾问律师应对谈判的相关资料和信息有所了解。首先，顾问律师要对谈判项目进行了解，知道聘方与对方将要谈什么；其次，要了解聘方的谈判意图，知道聘方希望通过谈判来获得什么；再次，要收集对方资信情况、主体资格和项目履行能力等方面的信息资料，同时还要尽量摸清对方的谈判意图，分析对方想通过谈判取得什么；最后，还要收集与项目有关的技术资料、法律法规和政策，分析谈判项目在法律上是否具有可行性。

2. 参与谈判目标、谈判策略及其方案的制订。在资料分析的基础上，顾问律师应当为谈判目标、谈判策略及其方案的制订提供法律方面的咨询意见。此外，在谈判方案制订时，顾问律师还要与聘方商定其在谈判中的位置，是担任主谈还是担任辅谈，哪些问题需要顾问律师直接与对方交换意见，以便于顾问律师提前做好准备，确保谈判工作有计划地开展。

3. 起草或审查谈判文件。谈判文件是谈判的基本对象，是聘方向对方提出的基本谈判方案，也是形成谈判最终文本的基础，可见，制作谈判文件是谈判准备阶段较为重要的工作。顾问律师主要通过起草或审查两种方式来参与，普通的谈判文件一般交由聘方工作人员起草，顾问律师仅负责该文件的审查修改；对于聘方起草较为困难或法律性较强的谈判文件，则由顾问律师为主起草较为适宜。总而言之，无论顾问律师通过何种方式参与，所制作的谈判文件应充分体现聘方的利益，不能遗漏重要条款，文件内容亦不能存在明显违法之处，否则，很容易使聘方在谈判中陷于被动状态。

在实质性谈判阶段，顾问律师的工作因其谈判地位不同而有所区别，但无论是担任主谈还是辅谈，顾问律师均应做好以下四项工作：第一，在双方就谈判方式进行磋商时，力争将聘方提出的谈判文件作为谈判的主要基础，至少应将聘方的谈判文件作为谈判基础之一，以确保聘方在谈判过程当中不至于丧失主动权。第二，在了解对方提出的谈判文件后，顾问律师应对其认真进行对比，找出谈判双方分歧之所在，并从法律上进行分析论证，为聘方及时修改谈判策略、方案提供咨询意见。第三，在就分歧事项进行谈判时，按照聘方事先确定的谈判分工，对对方的主张及时作出回应。对于对方提出的对聘方利益无实质性损害的主张，切忌过分纠缠；对于原则性分歧，如果聘方与对方僵持不下，在不影响聘方利益的前提下，为了避免谈判破裂，可以提出暂予搁置的处理意见。第四，为了提高谈判效率，在有利于聘方利益的前提下，经谈判双方同意，可以对谈判的初步成果和最终成果制作成谈判纪要或备忘录，并由双方代表签字认可。

在项目谈判的终结阶段，双方一般会通过谈判纪要、协议或合同等将谈判成果固定下来，而顾问律师主要是通过起草或修改等方式参与项目文件的制作。在项目文件的制作实务当中，顾问律师首先要从内容上进行把关，确保体现聘方利益的谈判成果没有遗漏，审查文件的内容是否合乎法律、政策；同时，顾问律师还要从形式上进行把关，审查项目文件的形式是否合乎法律的规定，以防文件条款将会作出不利于聘方的解释。此外，在项目谈判的终结阶段，顾问律师往往还需参与项目文件的签署和生效手续的办理。具体而言，在项目文件的最终文本确定之后，顾问律师要注意审查对方代理人、代表人的资格，防止出现代理人越权或代表人无资格的情况，同时，顾问律师还可以见证项目文件上签名、盖章的真实性；对于需要履行审批、公证、鉴证或备案手续的项目文件，聘方往往还需要顾问律师协助其办理相关手续。

五、建章立制法律实务

建章立制是维持团体秩序的规范前提。正如奥地利法社会学家埃利希所言：“任何人类关系，无论是暂时的还是持久的，都完全以团体中的行为规则来维系。假如规则不再起作用，那么团体就会四分五裂；这些规则的效力愈弱，则共同体就会变得愈松散。”① 基于此故，无论是国家机关，还是企事业单位和社会团体，为了维护内部秩序，实现其组织目标，均会就内部管理事项建立诸多规章制度。此外，对于具有公共管理职能的组织体而言，也经常以颁布规范性文件作为手段，以调整组织体以外其他主体的行为，实现该组织体所承担的公共管理目标。然而，无论是组织体内部的规章制度，还是它们对外发布的规范性文件，往往涉及权利义务的处分，并且与组织体自身的利益也密切相关，因此需要顾问律师从法律方面进行审定。在聘方的建章立制当中，顾问律师主要是通过审查修改的方式提供服务；在聘方起草存在困难的情况之下，顾问律师亦可为聘方草拟相关规章制度。

在协助聘方建章立制时，顾问律师要注意两个方面的问题：

一是合法性审查。如前所述，法律顾问工作应坚持合法原则，据此，顾问律师首先应当对规章制度的内容进行审查，确保其不会因违背现行法律法规的规定而归于无效。同时，顾问律师还应当对规章制度的制定程序进行审查，防止因制定程序违法导致规章制度无法生效的局面出现。公司的建章立制即是如此。例如，2005 年修订的《公司法》第 18 条第 3 款就明确规定：“公司研究决定改制以及经营方面的重大问题、制定重要的规章制度时，应当听取公司工会的意见，并通过职工代表大会或者其他形式听取职工的意见和建议。”第 22 条前 2 款则明确规定：“公司股东会或者股东大会、董事会的决议内容违反法律、行政法规的无效。股东会或者股东大会、董事会的会议召集程序、表决方式违反法律、行政法规或者公司章程，或者决议内容违反公司章程的，股东可以自决议作出之日起六十日内，请求人民法院撤销。”

二是规范性审查。规章制度还应当具有明确性、普适性和稳定性等规范属性，否则，其规范功能很难得到正常发挥，组织体目标也不可能有效实现，因此，顾问律师还应对聘方的规章制度进行规范性审查。首先，顾问律师要审查规章制度的明确性。具体而言，顾问律师要审查规章制度的表达是否明确肯定，含混和歧义是否难以发生，规则的逻辑结构是否清晰、完整，规则体系的内部结构是否层次分明、协调一致；其次，顾问律师要审查该规章制度的普适性，看其是否在组织体内具有普遍适用的效力，而非仅对特定人、特定事项或特定区域内有效的具体决定；最后，顾问律师还要审查该规章制度的稳定性，看其是否能在相当长的时间内保持稳定，而不是朝令夕改。同时，对于聘方已经制定的规章制度，顾问律师还应当根据政策、法律以及其他环境因素的变化，建议聘方及时予以健全和完善。

六、法务评估与法务指导

要想使聘方的法务管理工作有条不紊地进行，最大限度地降低聘方行为的法律

---

① ［奥］欧根·埃利希著，舒国滢译：《法社会学原理》，43 页，北京，中国大百科全书出版社，2009。

风险，其首要前提就是要建立一套规范的法务管理机制。在此问题上，顾问律师亦可为聘方提供法律顾问服务，其主要形式就是法务评估与法务指导。法务评估的作用是对聘方的法务管理水平进行评价，为聘方法务管理机制的完善提供对策。具体而言，通过对聘方法务状况的调查，法律顾问掌握了第一手资料，接下来就可以对聘方的法务状况进行研究，找出聘方法务管理工作所存在的问题，并对该问题出现的原因进行分析，在此基础上为聘方法务管理机制的完善提出具体方案，法务评估一般以法务管理机制评估报告的形式体现。

在法务评估的基础之上，顾问律师还可以为聘方提供法务指导，其具体内容有：

1. 协助聘方建立健全法务管理机构。法务工作，内容繁杂，顾问律师不可能大包大揽，对于法务特别繁重的聘方而言尤为如此。因此，为了保证聘方法务管理工作的有效开展，顾问律师还应协助其建立健全相应的法务管理机构，使其具有独立处理日常法律事务的能力。根据聘方法务管理需要的不同，法务管理机构既可以是一个相对独立的部门，如政府法制机构，企业法律事务部等等；也可以是专职或兼职从事法务管理的人员，例如，有些单位虽未设置专门的法务机构，但在其他部门当中安排工作人员专职或兼职从事法务工作。

2. 协助聘方制定和完善法务管理制度。“没有规矩，不成方圆”。为了使聘方在决策机制、文书制作、建章立制、项目谈判和纠纷处理等事项的法务管理工作有章可循，以及为了保证聘方法务管理机构正常有序地运转，法务管理机构本身亦须建立相应的规章制度。有鉴于此，顾问律师在协助聘方建立健全法务管理机构的同时，还可协助其建立健全一套规范性的法务管理制度。尤为重要的是，顾问律师应当协助聘方建立和完善相关的控制机制，如法务管理方面的奖惩机制和内化机制等，确保聘方的法务管理制度能够得到切实地执行。

3. 协助聘方提高其法务管理人员的法务素质。顾问律师可以通过多种形式来提高聘方法务人员的法务水平。例如，顾问律师可以为聘方制定内部法务人员的选拔标准，并协助聘方按此标准去选拔法务人员；又如，顾问律师可以通过法务讲座，或组织专门的法务培训，或安排聘方法务人员到律师事务所进行法务进修来提高聘方法务人员的法务素质；再如，在为聘方提供日常法律顾问服务的过程当中，顾问律师可以通过传帮带的形式提高他们的法务能力，同时还可以通过审核法务工作的形式来促进法务人员法务素质的提高。

七、法制宣教

在法律成为主要控制工具的现代社会，组织体要想尽量避免或减少法律风险事件的发生，组织体成员必须要有较强的法律意识，至少应对组织体行为领域的法律规定要有着一定程度的了解。为此目标，顾问律师可以协助聘方进行法制宣传教育，提高聘方管理层和其他工作人员的法律意识。顾问律师的法制宣教服务要结合聘方的特点进行：对于行政机关，主要以宪法、行政法为宣教重点，特别是对于政府所属职能部门的法制宣教，主要是以该部门所主管领域的行政法为重点；对于企业，主要是宣教民法、商法、经济法以及该企业经营领域所涉及的行政法等；对于事业单位和社会团体，主要以其所从事领域相关的法律为宣教重点。此外，顾问律师的宣传教育可以采取多种形式进行，如定期举行法制讲座，印发法制宣传手册，解答法律常识方面的咨询等等。

【案例评析】

案例一

（一）案情简介

某艺术学院下属的产业开发部与某甲签订协议，聘用其为艺术学院下属培训中心副主任，某甲可对外自主经营培训业务，每年上交艺术学院无形资产使用费15 000元。在协议履行当中，双方发生了矛盾，艺术学院遂委托常年法律顾问某乙发表一份涉案律师声明。随后，该顾问律师依据艺术学院的单方陈述，在某晚报和培训中心网站发布了题为“某艺术学院培训中心授权律师声明”，声称：“某甲既非艺术学院人员也非培训中心人员，培训中心从未授权某甲个人代表培训中心对外开展活动，对某甲个人以培训中心名义对外开展的任何活动均不予认可。”某甲以该声明侵犯其名誉权为由起诉，要求艺术学院和律师事务所删除声明、赔礼道歉和赔偿精神抚慰金。

（二）基本问题

1. 对于律师声明事项的真实性，顾问律师具有核实义务吗?

2. 律师声明失实造成相对人名誉受损，律师事务所是否承担侵权连带责任?

3. 聘方与律师事务所承担了连带赔偿责任后，双方又应当如何分担侵权赔偿数额?

（三）案例评析

1. 对聘方委托事项的真实性，顾问律师具有核实义务

顾问律师对于声明事项是否具有核实义务无疑成为本案争议的焦点。对此，律师事务所往往援引《律师法律顾问工作规则》第 6 条之规定来抗辩，因为该规定对律师事务所的法律责任进行了限制，“聘方应就其所为的民事行为，所提供的法律事实及证据、文件的真实性承担法律责任；律师事务所及顾问律师应就其所提供的法律意见的合法性承担法律责任。”据此推之，在律师声明的事项与事实真相不符时，律师事务所似乎无须承担法律责任。

然而，依上述逻辑来理解律师事务所和顾问律师的法律责任并不具有正当性。具体而言，律师声明是以律师的名义对外发布的，社会公众基于对律师职业的信赖，对律师声明的内容也容易接受而信以为真，如果不对发表声明的律师施加真实义务，

律师声明就易为有不良企图的当事人所滥用，成为损害公共利益和他人合法权益的工具。与此同时，律师职业的公众信赖度亦会随之下降，最终导致律师声明丧失其原有的功能。因此，从法理上来分析，律师接受聘方的委托对外发布声明时，对于声明所涉事项的真实性应尽必要的审查义务。

事实上，《律师法》对律师的真实义务已经作出了规定。该法第 3 条第 2 款明确指出："律师执业必须以事实为根据，以法律为准绳。"该法第 40 条第（6）项还进一步规定：律师在执业活动中不得"故意提供虚假证据或者威胁、利诱他人提供虚假证据，妨碍对方当事人合法取得证据"。由此可见，律师对声明事项的真实性进行核实是一项法定义务。在本案当中，顾问律师仅凭聘方单方陈词发布声明，结果导致了律师声明与事实真相不符，据此，可以认定顾问律师对声明事项的真实性并未尽到核实义务。

2. 顾问律师未尽到核实义务造成相对人权益受损，律师事务所应当承担侵权连带责任

律师声明是指律师根据当事人的授权，以律师事务所和律师的名义，通过媒体或者以其他形式向社会公开披露有关事实，代理当事人声明其立场或主张其权利，或对相关法律问题发表评价的一种律师业务活动。由此可见，律师依法发布声明的行为具有民事代理的性质，其产生的法律后果应由作为委托人的聘方来承担，但在顾问律师为聘方违法发布律师声明的情形下则不然。"民法设代理制度的目的，在于使民事主体可以借助于代理制度以实现自己的合法利益。法律不允许利用代理制度去侵害国家利益、他人利益和社会公益。因此，违法行为不得适用代理。"① 由此可见，顾问律师违法发表律师声明时亦不能产生民事代理之法律效果，并且，在违法的律师声明造成相对人利益受损的情况时，律师事务所和顾问律师还可能因此承担相应的法律责任。

从现行法之规定来看，相对人首先可以援引有关违法代理方面的法律规则来追究律师事务所的侵权连带责任。根据《民法通则》第 67 条的规定："代理人知道被委托代理的事项违法仍然进行代理活动的，或者被代理人知道代理人的代理行为违法不表示反对的，由被代理人和代理人负连带责任。"因此，只要顾问律师知道声明事项违法，无论其是否履行了核实义务，律师事务所均应承担侵权连带责任。然而，在诉讼实践当中，律师事务所通常会对声明事项失实的事实表示否认，而相对人要想证明顾问律师明知声明事项失实亦较为困难，因此，相对人依《民法通则》第 67 条来寻求权利救济的目的往往难以实现。

尽管如此，在因律师声明失实造成相对人利益受损，相对人还可依据侵权法规则之规定来寻求救济。《民法通则》第 130 条规定："二人以上共同侵权造成他人损害的，应当承担连带责任。"《侵权责任法》第 8 条也规定："二人以上共同实施侵权行为，造成他人损害的，应当承担连带责任。"由此可见，在顾问律师发布声明造成相对人权利损害的情形，只要其存在过错，无论这种过错形态是故意还是过失，律

---

① 梁慧星：《民法总论》，224 页，北京，法律出版社，2007。

师事务所都应当承担侵权连带责任。申言之，律师事务所除了在明知声明事项违法而发布声明的情况下要承担侵权连带责任之外，在顾问律师应当知道声明事项违法而因疏忽大意不知道的情况下，律师事务所亦应承担侵权连带责任。

由上可知，关于因律师声明失实造成相对人权益受损之情形，对律师事务所侵权连带责任的追究存在法律适用方面的竞合，此时，相对人选择侵权法规则来寻求侵权责任救济更为有利。如前所述，顾问律师对声明事项的真实性进行核实是一项法定义务，而本案的顾问律师在发表声明时并未认真履行该义务，从而导致律师声明事项失实，并且还造成了某甲名誉受损的后果，据此，可以认定律师事务所存在过错，某甲可以依《民法通则》第 130 条和《侵权责任法》第 8 条之规定来追究律师事务所的侵权连带责任。

3. 律师事务所与聘方如何分担侵权赔偿数额应视情况而定

关于连带侵权赔偿数额的分担问题，律师事务所也许仍然会援引《律师法律顾问工作规则》第 6 条之规定来抗辩，律师事务所及顾问律师仅就声明事项所提供的法律意见的合法性承担法律责任，对于因声明事项失实导致的法律责任应当由聘方承担，因此侵权赔偿数额最终仍应当由聘方负担，律师事务所有权就其支付的赔偿数额向聘方追偿。此种抗辩并非完全不能成立，在聘方承诺对声明事项之真实性负责的情况下，或者顾问律师对声明事项的真实性提出保留意见的情况下，因声明事项失实导致的侵权赔偿责任最终应当由聘方来承担，而承担了连带赔偿责任的律师事务所亦有权向聘方追偿，当然，顾问律师与聘方串通发布失实律师声明的除外。

然而，在双方未就声明事项的真实性审查进行明确约定，以及顾问律师对声明事项的真实责任亦未提出保留意见的情形当中，律师事务所并不能援引《律师法律顾问工作规则》第 6 条之规定予以抗辩，因为《侵权责任法》已经对连带侵权赔偿数额的分担问题作出了明确规定。① 对于因律师声明失实导致聘方与律师事务所承担连带赔偿责任的情况，双方应根据各自责任的大小来分担，无法确定责任大小的，则由双方平均分担赔偿数额。《律师法律顾问工作规则》作为一个行业规范，显然不能和《侵权责任法》的规定相对抗。此外，在双方约定顾问律师还需对声明事项的真实性进行审查的情况下，侵权赔偿责任最终应当由律师事务所来承担，而承担了连带赔偿责任的聘方也有权向律师事务所追偿，当然，因聘方故意或重大过失提供虚假证明材料导致律师声明失实的除外。

案例二

（一）案情简介

某公司开展抽奖式有奖销售活动，中奖者可以免费参加该公司举办的北京夏令营活动。为保证该项目的合法性，某公司特聘请某律师事务所律师作为法律顾问，

---

① 《侵权责任法》第 14 条："连带责任人根据各自责任大小确定相应的赔偿数额；难以确定责任大小的，平均承担赔偿责任。支付超出自己赔偿数额的连带责任人，有权向其他连带责任人追偿。"

为该项目设计法律风险规避方案，法律顾问服务费为 3 万元，并约定因律师事务所的责任给公司造成损失的，律师事务所应予以赔偿。随后，顾问律师在该公司提供的活动指南文案上签字，确认其内容合法，并向某公司出具了法律意见书，提出抽奖式销售活动最高奖金额不能超过 5 000 元的意见。然而，在有奖销售期间，某工商行政管理局认为最高奖的金额超过了 5 000 元，属于不正当竞争行为，责令某公司停止违法行为，并罚款 2 万元。某公司遂起诉某律师事务所，要求赔偿经济损失 2 万元。在诉讼当中，当事人双方均确认，夏令营免费内容中包括了中奖者往返车费及其他费用，由于中奖者分布在全国各地，其往返车费可能会很高，故最高奖的金额超过了 5 000 元。

（二）基本问题

顾问律师已提出了奖金不能超过 5 000 元的法律意见，律师事务所还需承担赔偿责任吗？

（三）案例评析

1. 顾问律师出具法律意见书，除了应以法律为准绳之外，还应以聘方提供的事实为基础。顾问律师就聘方项目的决策提供法律意见属于事务性法律咨询范畴，除了应遵循现行法律的规定之外，还应以聘方提供的事实为基础。顾问律师不能仅就项目的开展为聘方提供一般性的法律知识解答，而应当将法律规定与项目开展的事实情况结合起来进行分析，即应以法律的规定为大前提，以聘方提供的事实为小前提，运用三段论的演绎逻辑进行推理，才能为项目的实施提供正确的法律咨询意见。

在本案当中，尽管顾问律师为聘方提供了法律意见书，并且，对销售金额不能超过 5 000 元的规定还作出了特别提示，从表面来看似乎并无不妥。然而，顾问律师并未对聘方的销售方案仔细进行审查，未将实际的销售方案与法律规定结合起来进行演绎推理，其所提供的法律意见只是对抽奖式有奖销售法律规范的一种告知，换言之，顾问律师实质上并未对活动方案进行法律可行性分析，这是导致顾问律师法律意见书不合法的直接原因。

2. 顾问律师未能保证法律意见的合法性，聘方有权追究律师事务所的违约责任

在法律顾问服务活动中，聘方与律师事务所之间实质上已经构成一种法律服务合同关系，律师事务所是服务提供者，其主要义务是为聘方提供法律顾问服务，聘方是法律顾问服务的接受者，其主要义务是支付法律顾问服务费。在法律顾问合同履行当中，如果律师事务所未能按照约定的时间、地点、方式、数量和质量提供法律顾问服务，聘方有权依照《合同法》第 7 章违约责任的规定追究律师事务所的违约责任。并且，因律师事务所的违约行为导致聘方损失的，聘方也可以根据《律师法》第 54 条的规定来追究律师事务所的赔偿责任。①

---

① 《律师法》第 54 条："律师违法执业或者因过错给当事人造成损失的，由其所在的律师事务所承担赔偿责任。律师事务所赔偿后，可以向有故意或者重大过失行为的律师追偿。"

对于律师事务所而言，则可以根据如下事由进行反驳和抗辩：（1）因聘方提供的法律事实、证据、文件失实导致法律顾问服务不具有合法性时，律师事务所无需承担违约责任，但法律顾问合同约定顾问律师对聘方提供的材料有核实义务的除外；（2）聘方未遭受经济损失，或所遭受的经济损失与法律顾问工作不存在因果关系的，或聘方明知顾问律师的法律顾问服务不合法而接受，律师事务所亦无须承担赔偿责任。此外，律师事务所还可以援引《合同法》第7章违约责任规定的其他抗辩事由，如不可抗力、预期违约、先履行、双方违约等等，进行反驳和抗辩。

在本案当中，某律师事务所与某公司之间签订了法律顾问合同，某律师事务所的主要义务是为某公司的有奖销售项目提供法律咨询，确保该项目运作方案不违背法律规定。在合同履行时，由于顾问律师并未就销售方案的合法性进行实质性审查，为某公司有奖销售活动的开展提供了错误的法律意见，并直接导致某公司遭受了工商行政管理部门的行政处罚，顾问律师的行为违背了法律顾问合同的约定，同时，对于该违约行为，律师事务所并不存在抗辩事由，因此，律师事务所应当对某公司承担违约责任，赔偿某公司遭受的2万元经济损失。

案例三

（一）案情简介

2000年，原告聘用某所律师宋某担任其常年法律顾问。翌年，某所与案外人A公司签订“聘请律师合同”，指派宋某担任A公司与B公司欠款纠纷第一审代理人。该案审理终结之后，B公司申请强制执行，因A公司财产已分别被相关法院查封而中止执行。2003年4月10日，原告、宋某及A公司签订协议书一份（以下简称三方协议），协议书确认A公司欠宋某律师费48万元，原告不欠宋某任何律师费。同时规定，因A公司无力偿还该欠款，故原告愿以商品房一套给宋某，用以冲抵欠款；鉴于该房产自购至今已有较大升值，故宋某承诺今后涉及原告及A公司的应诉、非诉以及法律顾问事务等均免费尽职尽力提供服务，如违背承诺，原告有权追索自该房购房至2003年4月升值部分的价值。宋某接受房产后，某所向A公司开具了律师服务发票。同月28日，某所又与B公司签订了“聘请律师合同”，并指派宋某为B公司申请对A公司恢复执行一案中的代理人参与了该案的执行，B公司亦通过执行受偿了部分欠款。嗣后，原告以宋某在涉及A公司的案件中的“双方代理”行为违背了三方协议为由起诉，要求宋某赔偿原告房产升值部分的价值50万元，某所对此承担连带清偿责任。

（二）基本问题

宋某与某所是否应当承担对原告的连带赔偿责任？

（三）案例评析

1. 三方协议具有法律顾问合同的性质，原告、A公司与被告存在法律顾问关系从本案的诉讼标的来看，原告所主张的是违约责任请求权，其理由是被告违背了三方协议。因此，在确定被告是否应当承担违约责任之前，首先必须确定三方协议是否成立和生效。从合同主体来看，三方协议表面上是宋某以自己的名义与原告、A公司签订，但实质上宋某并非合同当事人，只是为某所代办合同事务的工作人员而已，某所才是三方协议真正的一方当事人，这可从某所向A公司开具律师服务发票的事实得到印证。从合同内容来看，三方协议的约定事项有二：一是就某所与原告、A公司在三方协议签订之前的法律服务费用进行结算，二是约定了某所要为原告、A公司提供综合性法律顾问服务。三方协议系原告、A公司与被告某所真实意思的表示，其约定的内容并未违反法律法规的强制性、禁止性规定，属于有效合同。在三方协议生效之后，原告、A公司与某所已依法建立了法律顾问合同关系。

2. 原告虽不能以双方代理为由追究违约责任，但宋某代理B公司执行案仍构成根本违约

在本案当中，原告认为宋某存在双方代理行为，损害了A公司的利益，违背了三方协议之规定，两被告应当承担违约责任。诚然，在A公司与B公司借款纠纷案当中，宋某曾担任过A公司诉讼代理人，在该案执行阶段又担任了B公司的诉讼代理人，根据《律师法》第39条之规定，其行为的确构成了双方代理，A公司也可以根据其与某所签订的“聘请律师合同”和律师法的规定来追究被告的法律责任，但原告并不能以双方代理违背三方协议为由来追究被告的违约责任，因为宋某担任A公司诉讼代理人时，三方协议尚未签订和生效。

尽管如此，原告仍然可根据其他事由来追究被告的违约责任。如前所述，三方协议具有法律顾问合同的性质，根据《律师法律顾问工作规则》第20条之规定，作为法律顾问服务方的某所应当避免利益冲突，不得承揽与原告、A公司利益有冲突的业务。而在本案当中，宋某所代理的B公司执行案，其对方当事人就是A公司，该代理业务与A公司的利益存在冲突，被告的行为显然违背了律师职业道德，违背了法律顾问工作应遵循的诚实信用原则，同时，也违背了三方协议关于被告应“尽职尽力提供服务”的约定，因此，某所的行为已经构成违约，并且完全违背了三方协议的目的，构成根本违约。

3. 宋某的代理行为系职务行为，无须承担连带赔偿责任

根据《律师法》第25条、40条的规定，律师承办业务，由律师事务所统一接受委托，与委托人签订书面委托合同，律师不得私自接受委托。由此可见，律师受律师事务所的指派去办理业务属于职务行为。在本案当中，宋某代理B公司执行案件的行为明显属于职务行为，某所与B公司签订的“聘请律师合同”足以为证。与此同理，宋某与原告、A公司签订的三方协议，以及根据三方协议之约定为A公司提供法律顾问服务的行为均构成职务行为。根据最高人民法院《关于贯彻执行〈中华人民共和国民法通则〉若干问题的意见（试行）》第58条之规定，职务行为对外所产生的法律后果应当由单位来承担，据此认为，因宋某代理B公司执行案的行为所导致的违约责任亦应当由某所来承担。

课后练习

1. 请根据案情起草一份法律顾问合同：某商厦准备聘请某律师事务所律师王××担任常年法律顾问，聘期1年，提供诉讼以外的其他法律顾问服务，并希望王律师能每周到商厦服务半个工作日，紧急情况要随叫随到，法律顾问费10万元，分4次支付，每3个月支付一次，其他业务开支由聘方承担。同时，双方还就顾问工作质量以及延付顾问费问题的违约责任、法律顾问合同的变更和解除等事项进行了协商。

2. 请根据案情起草一份法律意见书：2007年4月，某大学所属商学院就自考助学事项以商学院自己的名义和某公司签订了联合办学协议，并加盖了商学院自己的印章。协议约定：某公司负责组织生源、教学管理，商学院协助办理相关手续，学费由某大学代收，商学院从每年收取的学费中提取33%作为管理费用，其他67%支付给某公司作为招生和教学管理开支。协议签订后，某公司遂开始组织生源，某大学财务处收取了学费。同年7月，某大学为了规范该校的自考助学行为，决定收回自考助学的教学管理权。在协商过程当中，某公司要求按其组织的生源每年所缴学费的40%提取报酬，而某大学考虑到办学成本，只愿意根据某公司在招生当中的实际支出给予适当补偿。双方由此发生争议，但某公司不愿向法院起诉，而是召集大批为该公司组织生源的中介人员到大学的办公楼围观、静坐。该大学遂向其聘请的顾问律师进行咨询，要求该律师就联合办学协议的效力、收回教学管理权的补偿以及纠纷解决途径等问题提出法律意见书。经调查，某公司并不具备自考助学资质。

延伸阅读

1. 李必达主编．中国法律顾问制度与实务．广州：暨南大学出版社，1991

2. ［美］弗拉斯科纳，赫瑟林顿．法律职业就是谈判：律师谈判制胜战略．高如华译，北京：法律出版社，2005

3. ［英］都南，福斯特．法律文件起草之道．陈晓昀译．北京：法律出版社，2006

4. 王进喜，程滔主编．政府律师．北京：北京大学出版社，2007

5. 张庆，张宁．法律意见书的研究与制作．北京：法律出版社，2009

6. 戚庆余．企业合同管理实务：制度与操作．北京：中国法制出版社，2009

7. 乔路主编．企业法律顾问实务全书．北京：法律出版社，2009

8. 李爱华，袁碧华．企业法律实务实验教程．北京：经济科学出版社，2010

9. 陈晓军．公司法律文书范本与制作详解．北京：中国法制出版社，2010

10. 徐永前主编．企业法律风险管理操作实务．北京：法律出版社，2011

第十三章　法律咨询

【内容摘要】

法律咨询是律师对咨询者所提出的有关法律事务的询问，作出解释、说明、意见、建议的业务活动。法律咨询包括“倾听”、“观察”、“询问”、“剖析”、“作答”等五个环节。律师倾听，应当听真、听准、听全；律师观察，应当注重细节；律师询问，应当鞭辟入里；律师剖析，应当严丝合缝；律师作答，应当清楚明了。法律咨询分为一般法律事务的咨询和重大法律事务的咨询。一般法律事务的咨询通常用口头解答的形式，重大法律事务的咨询通常用法律意见书的形式。应当尤其重视法律意见书的写作。

【知识要点】

一、法律咨询概论

（一）法律咨询的概念

法律咨询，又称解答法律的询问，是执业律师的主要业务活动之一，指其就国家机关、企业事业单位、社会团体以及公民个人提出的有关法律事务的询问，作出解释或说明，或提供法律方面的解决意见或建议。法律咨询的主体包括咨询者和律师。法律咨询的客体是法律咨询所针对的对象，即询问人所提出的需要律师解答的和法律相关的各种问题。

律师的法律咨询工作，一般认为主要包括两种情形：一种是接待咨询者，就他们在社会生活、家庭生活中遇到的普通的法律问题提出的询问进行口头的解答、说明或解释。另一种是就政府部门、企业事业单位以及公民所碰到的较重大的法律关系及问题提出的询问，从法律方面提供书面的建议和意见，通常以出具法律意见书的方式来予以解答。

（二）法律咨询的特点

1. 法律咨询是律师事务所提供的一项专业服务。

2. 法律咨询的内容具有广泛性，涉及与法律相关联的方方面面。从鸡毛蒜皮的小事到公司并购、企业破产的大事无所不包，有涉及诉讼的，也有涉及非诉的；有涉及涉外法律问题的，更有涉及国内法律问题的。

3. 法律咨询的意见和建议不具有法律约束力，仅供咨询者参考。

（三）法律咨询的原则

1. 坚持“尽力为当事人服好务的原则”

律师在法律咨询中，和当事人之间的关系是一种服务与被服务的关系，当事人找某一个律师事务所、某一个律师咨询，是出于对他的信任。因此，律师必须认清并扮演好自己服务者的角色，尽力为当事人服好务，这既是律师职业道德的基本要求，又是律师和当事人之间关系融洽的关键。

2. 坚持“以事实为依据、以法律为准绳”的原则

律师在法律咨询中，应辨别咨询者叙述内容的真伪，以咨询者所能提供的证据重新构建事实，在并此基础上，从法律上作出理性的答复，做到解答有理、有据，而不是天马行空，不着边际，答非所问，泛泛而谈。

3. 坚持“和为贵”的原则

律师在解答有关民事关系和民事活动的法律咨询时，应从“和为贵”的角度出发，尽量劝导当事人避免矛盾激化，以达到息讼止纷的目的，切忌刻意挑起事端，一方面给当事人造成不应有的损失，另一方面也使律师沦为讼棍的角色。

4. 坚持“信守正义”的原则

律师在解答法律咨询时，虽然必须铭记律师是为当事人服务的，但是也必须明白，律师为当事人服务是有底线的，底线就是基本的正义观，这是不能突破的。因此，一方面律师在法律咨询时应避免不惜牺牲法律和恶意利用法律来刻意迎合当事人，另一方面应大力支持受害者，积极为受害者提供多种形式的法律帮助，这是律师义不容辞的责任。伸张正义、抑恶扬善既是律师制度存在的根基，也是律师法律咨询的底线。

（四）法律咨询的要求

1. 要有服务意识

有服务意识，就会有责任感，有耐心、热心的服务态度，就会平等对待咨询者并尽力为咨询者排忧解难，也就不会只图省事省力而置咨询者的苦衷于不顾。

2. 要注意文明礼貌

对咨询者文明礼貌，是对咨询者人格的尊重，这样才能取得他的信任，才愿意对律师讲心里话并如实反映所咨询的问题。对待无理、非法要求者，律师的文明礼貌，会在一定程度上化解他的焦虑和不安感，从而使咨询者和被咨询者双方沟通更加畅通，更有利于咨询目标的完成。

3. 解答要有针对性

律师回答问题清楚明白，富有针对性，有助于消除咨询者心中的疑惑，并使他明了解决此法律问题的具体方法，从而达到其法律咨询的目的。相反，如果律师的解答模棱两可，含含糊糊，是达不到咨询者的要求的。

4. 解答要有理有据

一句有理有据的话胜过一万句毫无根据，随意而为的话。律师的解答尤其要强调这一点。因此，律师的解答不能开口瞎说，更不能违反法律出馊主意。对于咨询过程中一下拿不准的问题，律师要经过充分地查阅相关的法律法规，并认真加以思考，必要时甚至要和同行探讨后才正式对咨询者进行解答，切忌为突显自己有“水平”，而即时胡乱解答。

5. 有错必纠

律师不是神，因此律师有可能在法律咨询时解答有误，如果遇到这种情况，律师应及时告知当事人，以免误事，切忌为保全自己的“面子”，而缄默不语，害人害己。

二、律师解答法律咨询的方法

（一）律师解答法律咨询的流程

律师接待咨询者应作记录，在正式开始询问和解答前，律师应当登记询问者的姓名、性别、年龄、职业、民族、文化程度、工作单位、家庭住址、电话号码等一般情况，然后按照《解答法律问题咨询登记表》对咨询者所问的问题进行记录。记录完毕应交给咨询者阅读，如无误务必提醒咨询者签字；如需补充和更正的，可由咨询者在笔录上加以说明。这个功夫虽慢，但为日后可能与咨询者的纷争的解决提供了完备的书面依据。

必须说明的是，律师必须要询问咨询者的文化程度和职业，因为这两项直接涉及律师如何和咨询者沟通的问题，对待不同文化程度和职业的咨询者，律师的沟通策略是不一样的。另外，对于有的咨询者刻意不让律师知道自己的工作单位和家庭住址的，律师也不必打破砂锅问到底，毕竟律师的法律咨询并不是法庭调查。分解来看，律师解答法律咨询的技巧，主要是掌握“倾听”、“观察”、“询问”、“剖析”、“作答”等五个环节。

1. 倾听

就是律师听取咨询者的陈述，这是解答法律咨询的前提。倾听是一门学问，耐心是其中的关键词。有的咨询者文化水平偏低，表达能力差，叙述杂乱无章，关键情节说不清道不明；有的咨询者海阔天空，抓不住问题的实质；有的咨询者顾虑重重，将重要事实藏着掖着，或羞于表达，这就要求律师必须耐心、耐心、再耐心，否则就难以准确把握咨询者的意思。与此同理，集中精力，全神贯注地倾听也很重要。律师对于咨询者的回应，必须建立在重构事实之上，如果律师在倾听咨询者叙述的过程中心猿意马，就可能漏掉某些关键性的情节，将对其重构事实大大不利，从而得出不正确的判断，损害咨询者的信赖利益。听真、听准、听全是对律师法律咨询的最低要求。

要听真、听准、听全，律师在听的过程中应注意以下几点：

（1）思想要集中，不要做让咨询者分神或感觉律师不专心的事。东张西望，或跷着二郎腿晃来晃去，或边听边做和咨询无关的事都是聆听的大忌。相反，律师在咨询时，应该充分利用言语和身体语言鼓励咨询者讲下去，如根据咨询者的叙述内容辅之以“嗯”、“好的”、“后来呢”等短语，或者眼睛直盯对方的鼻尖，或用表情、手势鼓励咨询者讲下去。轮到你发问时，也不要只顾自己一直说下去，要有更深入的互动。

（2）要学会听出咨询者的弦外之音、言下之意。即不仅能细心地聆听咨询者明明白白讲出的话，而且能听出他的“话中话”，听出他没讲出来的话。也许这才是其咨询的主要目的和实质所在，听懂这“弦外之音”，必将有利于律师更有针对性地解答咨询。

（3）对于咨询者所叙述的重要事实和情节，律师要简要地、有条理地重复叙述给咨询者听，让其确认律师对此已获得了准确的理解，这对于律师重构事实至为关键。

2. 观察

首先是指审阅咨询者带来的材料。审阅这些材料，不能怕多怕长，也不要贪多图长，衡量材料是否适量的标准只有一条，就是它是否与咨询的问题有关。如确实无关的，就不要在上面浪费时间。需要提醒的是，为了律师更好地重构事实，这些材料应让咨询者尽可能地提供原件或原物；如当事人实在拿不出原件或原物，一定要向当事人声明，自己对他的法律咨询的解答是建立在依靠这些复制品或复印件所重构的事实基础上的，可能会和依靠原件或原物所重构的事实基础上所作的法律解答有很大的差异。

其次是指观察咨询者的精神是否正常，并注意他的情绪、感情表达方面的变化以及在叙述过程中语气的变化。要把观察到的现象当作洞察他内心世界的媒介，以利于更好地与他沟通和交流。当然，观察是全方位的，多角度的，切忌以偏概全，片面武断。

3. 询问

这是指律师对咨询者叙述情况时的提问。询问的目的有两个：第一，问清楚事件的主要情节，使咨询者的叙述尽量省去不必要的“过程”和“枝节”，提高法律咨询的效率。第二，使所咨询问题涉及的事实更加清晰明确，有利于律师对事实的重构。

询问要得法。为了不使咨询者产生误解，发生疑虑，形成心理压力，律师询问的基本方法是要靠引导。引导的方向就是引向问题的中心点，并以此展开必要的细节。如咨询者是对于离婚纠纷的咨询，律师将咨询者引向的中心点就是解除婚姻关系本身，那么律师询问的要点就是双方的婚姻基础、婚姻登记情况、感情是否已经破裂、双方或各方的财产状况、子女成年与否等和解除婚姻关系本身有密切联系的要件事实，在主导咨询者的叙述时，也应当让其紧紧围绕这些方面加以叙述。

询问的方式要因事而异，因人而异，一般有以下方式：

（1）谈心式

先适当拉拉家常，消除咨询者和律师之间的隔阂，较快地树立咨询者对律师的信任感，从而产生对律师诉说内心的想法和要求的冲动。此方式适用于内向型咨询者或心理压力过大的咨询者。

（2）探讨式

从咨询类型来讲，它适用于一些法律规范冲突、模糊或法无明文规定的法律咨询事务。对这类问题的探讨，重点是研究如何更好地保护当事人的合法权益，特别是在法无明文规定的情况下。对咨询者而言，此方式适用于素质较高，较为理性的咨询者。

（3）迂回式。不直接询问所咨询问题的关键，而是通过对其的外围设问，逐步靠近中心，使其渐渐地暴露自己的真意，不得不叙述真相。它适用于咨询者不愿叙述事实真相的情况，表现为或仅仅叙述对自己有利的事实，或夸大事实，甚或捏造事实的情形。对于有些敏感性问题不便直问，也可以采取这一方式。

（4）提醒式。对一些叙述中说了后面，忘了前面的咨询者，可以辅之以提醒式发问，能迅速让他恢复记忆，让叙述不致中断。

（5）变通式。询问时根据情况，通过改变、调整语序、句式词语等，能收到意外的效果。

4. 剖析

这是指律师对咨询者的陈述在听懂、看清、问明之后，对所提的问题，作一番分析与综合，从法律、法规或政策的角度找出问题的症结，抓住实质进行剖析，涉及咨询者所提问题的合理性、合法性，问题中涉及的法律关系和权利义务以及法律是否予以保护等问题。

律师进行法律咨询，最具有含金量的就是对问题的剖析。一个好的法律咨询，其中必有律师过得硬的法律素养和丰富的社会经验凝结其间，同时也考验着律师的逻辑思维能力和创造性运用法律的能力。只有具有这么多条件，律师对法律咨询的剖析才称得上是一个好的法律咨询。就法律咨询而言，所谓“台上一分钟，台下十年功”的比喻表现最为明显的就是律师剖析这一环节。律师综合分析的方法通常有：

（1）因果关系梳理法

对咨询者叙述的情况，找出其原因和结果，按照因果关系理论予以分析。使用因果分析法，要掌握三点：一是要找出构成因果关系的事实。二是要确定因果关系的性质，通常须解决两个问题：①判断是否真的存在因果关系，哪个为因，哪个为果；②考察因果关系的类型，是一因多果，还是多因一果，还是多果多因。三是对因果关系的程度作出分析，找出影响结果的主要原因或主要矛盾。

（2）分析比较法

对咨询者叙述的情况，从纵向上分析事物的发展变化过程；从横向上律师可以与以前承办的类似案件进行分析比较。通过比较，认清案件的发展规律，找出类似案件的异同点，为下一步准确回答打下良好的基础。进行分析比较，要把握以下几点：一是比较可以在异类对象之间进行，也可以在同类对象之间进行，还可以在同一对象的不同方面、不同部分之间进行；二是比较案件的同与异是比较分析的两项内容；三是要考虑可比性问题，要在可比的事物之间进行比较，不要在不可比的事物之间作比较。

（3）归纳和演绎方法

归纳是指从个别的东西中推导出一般的东西，是从大量的个别事实情节出发形成对咨询事物全貌认识的方法。而演绎则是指从一般的东西出发引出个别的东西，是从一般的法理分析单个案例的方法。归纳法和演绎法在律师咨询中经常运用。中国是大陆法系国家，因此两者相较而言，演绎法用得较为普遍。如法律咨询的问题是一桩纠纷，律师就要在当事人叙述后，甚至在其叙述的过程中，迅速对其纠纷加以定性。当然，在咨询者的叙述过程中，律师对其假定的纠纷性质是可以不断加以修正的，一直到其最终得到满意答案为止。假设其将一桩纠纷定性为买卖合同纠纷，律师就应按照买卖合同所涉及的要件事实来组织咨询者的叙述，并有意识地利用买卖合同所涉及的法律和法理来对问题加以剖析。这个过程很大程度上就是一个演绎的过程。

5. 作答

这是律师针对咨询者提出的主要问题，在分析判断之后，作出的有的放矢的回答。它在法律咨询中是咨询者最为期待的，因此律师解答的好坏，直接关系到咨询者的满意度，也关系到咨询者对律师的评价，从而关系到咨询者是否出于对律师的信任和好感而将法律咨询的案件交由律师办理，建立起委托关系。好的作答，有利于律师拓宽案源；而坏的作答，只会败坏律师的声誉，不可掉以轻心。

律师回答的要求是：

（1）要明确问题的重点，用咨询者易懂的语言，把道理讲清楚，把有关的法律、法规解释得明白透彻。总之，让咨询者听懂、听清是律师解答的第一要务。

（2）要有针对性，有的放矢。

（3）提出的结论或解决问题的办法要具体可行。法律咨询中的解答切忌宏观叙事，用空泛的道理和抽象的法学理论去回答咨询者的具体问题，甚至进行言之无物的空洞说教；或纸上谈兵，所提办法既无法理依据，又无法律依据，甚至连情理依据都不具备。

（4）有的问题，如不能或难以回答，因而不能提供具体法律帮助的，也应保持热情态度，不能令人失望乃至绝望。

（5）有些问题，律师不能一说了之，而应该以对咨询者负责的精神，负责到底，切实帮助解决问题，伸张正义，维护公民的合法权益和法律的尊严。有的问题需要调解解决的，律师则可找对方当事人进行调解（当然，应征得当事人的同意）；有的问题则需要律师帮助当事人进行诉讼方能得以解决（当然，应该有当事人的授权委托书）。

（6）回答问题要有分寸，回答的内容需要掌握范围和幅度，运用词句、语气和语调要注意轻重缓急。话不乱说，有理有节；话不说绝，留有余地。

律师回答的方式有：

（1）正面肯定式。对赞成的问题，宜用“是”、“对”、“有”、“可以”等明确的词语来肯定咨询者提出的问题。

（2）反面否定式。对反对的问题，宜用“不是这样，而是那样”、“没有”、“不同意”、“不能用”等词语来否定对方提出的问题。

（3）真心顺应式。有些咨询者对所咨询的问题，心里有一个较为确定的答案，但无十分的把握，其找律师咨询，无非是想吃颗定心丸。摸清咨询者的心理后，如律师赞同咨询者心中的答案，就应该采用顺应法，以此给他打气，这对于律师发展潜在的客户很有好处。但注意，顺应法只用于律师真心赞同的情形，如律师言不由衷，不但咨询者不能真正达到法律咨询的目的，律师也将自己摆在了不仁不义的位置上。

（4）修正式。对咨询者提出的问题，内涵模糊，不很确切，或提出的观点有偏倚，不很正确，律师就应帮助修正，肯定对的，修正不恰当的，反对错误的。

（5）案例式。对咨询者提出的咨询，律师可以引用以前类似成功的案例，引导咨询者去实践，以此指出解决问题的途径和办法。

（6）让步式。对咨询者错误的观点或主张，律师正面说理无效，可以用让步的方法。即假如当事人实施了这一行为，会产生怎样的不良后果，促使咨询者放弃不正当的念头。此法应用得当的关键在于，环环相扣，步步为营，推理过程一定不能有漏洞。

（7）婉言回绝式。对一些需要律师提供法律服务而又不合理或非法的要求，律师要采取婉言回绝的方法。

（8）延缓作答式。对一时吃不准、需要进一步查阅资料，甚至求教于同仁的咨询，律师可以告诉当事人暂行缓答，等资料查到后再予以答复。

以上“倾听”、“观察”、“询问”、“剖析”、“作答”等五个环节，并不是各自孤立存在的，也不是按部就班的死板的程序；相反，它们之间有着密不可分的联系，需要紧密结合，交替使用。特别是前四个环节，构成了一种交互式的、立体的、动态的联系，听中有察，察中有问，问中有听，听中有析，析中有察，不一而足；而作答不过是这幅复杂的运行图的终点罢了。

（二）常见问题的处理

1. 一般法律咨询工作

（1）关于法律条文的解释。对于法院裁判文书中所引用的法律条文（包括司法解释，下同），要具体问题具体分析，注意法律条文适用的条件是否具备；应重视法律条文的生效与失效时间；应注意法律条文的立法理由和法理基础；应注意法律条文之间的协调和冲突；应重视司法解释和《最高人民法院公报》中的案例所涉及的法律条文。

（2）通常情况下，解答法律咨询时无须对问题进行调查和与有关部门联系解决，但可以为咨询者指出解决问题的途径和办法。

（3）对于理由明显不足而要求再审申请的，应加以说服，使之放弃无理要求。不能感情冲动，随声附和，使当事人徒增讼累。

（4）对于不属于司法机关处理的，应告诉当事人向有关部门要求解决。

（5）为了保护咨询者的合法权益，对于其合法的要求，律师咨询后在征得当事人同意的情况下可通过代理的形式，进一步运用法律手段帮助当事人解决问题（此点的合理运用正是律师拓宽自己案源的方式之一），而对于家庭琐事纠纷或邻居口角之类的是是非非、恩恩怨怨应当加以劝解，促使息讼止纷，化解矛盾。

（6）发现异常情况、特殊问题，如咨询者系精神病患者等，则必须及时与有关部门联系，或报告主管机关，以便尽快予以妥善解决。

（7）法律咨询费的收取方式，应当有言在先，公平合理。

2. 重大法律咨询工作

重大法律咨询工作的方式有：与询问者一方共同协商、邀请各方面专家开座谈会、组织论证会、书面提出法律意见书等。如果说一般法律咨询，口头解答是律师最常见的回答咨询者的方式的话，那么法律意见书则是重大法律咨询律师回答咨询者最常见的方式。按其内容而言，法律意见书包括项目法律解释、可行性分析、风险预测及其对策、对合同的书面审查意见等。

对重大法律咨询工作的处理内容和方法：

（1）项目法律解释

项目法律解释，就是运用与经营决策项目有关的和可能涉及的法律，对项目进行说明。这里所说的项目，包括商品交易、技术转让、工程承包、合资或合作企业等。这里指的法律，应作广义的理解，包括全国性法律、地方性或部门性的法规和法规性文件，司法解释以及其他国家和地区的法律、国际私法等。律师的项目解释包括两个方面：一是编出有关项目的法律目录索引或法律条文摘录；二是就这些法律规定与项目之间的关系作出正确的解释。

做好项目法律解释的要点：一是要收集与项目有关的法律、法规等规定，收集要全、要准、要新；二是运用收集到的法律、法规规定，对项目作出合理、正确的解释说明；三是要运用法律、法规，对项目出现的问题提出解决的方案，包括解决的方法、途径、标准和程序等。

（2）可行性分析

可行性分析，是指对项目在法律上是否可行所作的分析。律师对项目进行可行性分析，首先要看项目是否为法律所允许，其次是项目与各项法律、法规和政策的关系，要分析法律对该项目是鼓励还是限制，以及在法律、政策允许的范围内，经营该项目是否有利和获利大小。一份好的可行性分析务必要全面了解涉及该项目的所有法律规定，并能对所涉及的法律排好位阶，灵活运用，特别应注意到以前类似的项目运行情况，举一反三，因时而变。

（3）风险预测及其对策

律师的风险预测，是指对企业经营计划或合同、保单中可能发生意外损失的那些问题进行分析，提请委托人注意，并制定相应的对策，以期风险一旦出现，尽可能减少损失或保持持续的获利能力。

律师风险预测及其对策的要求和方法有：律师要针对各种不同的风险，为委托人量身定做不同的符合法律的风险转移方法，除对发生的可能性较大而又非人力可以抗拒的一类风险必须采用保险的方法外，对其他风险则应考虑到保险费率和风险发生率之间的关系，以对委托咨询方最有利的条件分别采用债的担保的各种形式，如担保、定金、抵押和其他措施等。对于某一类风险，律师不要局限于提出一种对策，要准备几种方案，当风险一旦发生时，律师应协助选择最佳的方案，以使损失达到最小。

（4）合同审查

第一，根据《合同法》的规定，逐项审查合同的主要条款是否具备，以及所定条款是否适当。合同的主要条款有：各类合同普遍适用的条款；某一类合同必须具备的条款；当事人一方要求必须规定的条款；双方所约定的解决合同争议的条款。需要说明的是，主要条款，毕竟不是合同的全部条款。对次要的条款，一经双方协商形成，便形成约束力，因而也应当严格审查，不能遗漏，否则也易形成隐患，甚至发生争执或纠纷。

第二，审查合同是否合法。

第三，审查合同是否可行。

第四，审查合同条款是否明确、具体，对合同的具体文字、语句，要求准确无误，没有歧义。

【案例评析】

案例一

（一）案情简介

美国知名主持人林克莱特一天询问一名小朋友，问他说："你长大后想要当什么呀？"小朋友天真地回答："嗯……我要当飞机的驾驶员！"林克莱特接着问："如果有一天，你的飞机飞到太平洋上空所有的引擎都熄灭了，你会怎么办？"小朋友想了想说："我会先告诉坐在飞机上的人绑好安全带，然后我挂上我的降落伞跳出去。"当在现场的观众笑得东倒西歪时，林克莱特继续注意着这个孩子，想看他是不是个自作聪明的家伙。没想到，孩子的两行热泪夺眶而出，这才使林克莱特发觉这孩子的悲悯之情远非笔墨所能形容。林克莱特接着问他说："为什么要这样做？"小孩的回答透露出一个孩子真挚的想法："我要去拿燃料，我还要回来，我还要回来。"

（二）基本问题

小朋友说“我会先告诉坐在飞机上的人绑好安全带，然后我挂上我的降落伞跳出去”的真正意思是什么？应当如何倾听？

（三）案例评析

小朋友说“我会先告诉坐在飞机上的人绑好安全带，然后我挂上我的降落伞跳出去”的真正意思是“我要去拿燃料，我还要回来，我还要回来。”可见，小朋友并不想单独避难，而是有更高远的想法。这个例子给我们的启发是，在听别人说话时，请让别人把话讲完，听话不要只听一半，应当耐心、耐心、再耐心，要听真、听准、听全。另外，不要把自己的意思投向投射到别人所说的话上面。

案例二

（一）案情简介

受××市京×公司清算组的委托，就京×公司与富×公司之间的借款合同纠纷出具的法律意见书的事实部分。

1997年9月16日，富×公司（甲方）与京×公司（乙方）签订人民币资金借款合同。合同约定：甲方因收购芦荟项目的需要，向乙方申请流动资金贷款。贷款金额为130万元整，月利率为8.4‰，期限1年，自1997年9月16日至1998年9月16日。甲方未按合同约定的还款计划归还借款本息，也未与乙方签订延期还款计划，或所延期限已到仍不能归还借款时，乙方有权限期或主动追还逾期贷款。对逾期贷款，乙方按银行规定加收50%的利息。

1997年9月16日，京×公司、富×公司、新××公司三方达成协议，约定新××公司以向京×公司销售的“新××大厦”9套房屋作为抵押，等富×公司归还资金，此抵押协议自行取消。富×公司、新××公司在协议书上签字盖章。同日，三方签订保证合同，约定：新××公司作为富×公司还款的保证人。保证金额为130万元及其相应的利息、费用。新××公司对上述款项承担连带清偿责任。富×公司、新××公司在上述抵押协议书、保证合同上签字盖章。

1997年9月16日，京×公司与新××公司签订商品房预售合同。合同约定，京×公司同意向新××公司购买在土地上兴建的新××大厦B座801、802、803、804、805、1201、1202、1203、A座1201房。上述房屋建筑面积为1054.24平方米（包括公用分摊面积），每平方米1227.3元，房价总金额130万元。买方应在合同签订后7日内付款。买方取得该单位的所有权后，可依法享有自由出租、抵押或转让的权利。1997年9月18日，××公证处对上述商品房预售合同进行了公证，证明当事人的签约行为符合法律规定。

（二）基本问题

这份法律意见书的事实部分的写作有哪些问题？法律意见书的写作应当避免犯哪些错？

（三）案例评析

1. 没有写出争议的焦点。本案中主合同为借款合同，从合同有两份，一份是抵押合同，另一份是保证合同；此外，还有一份商品房预售合同。与之相关的，还有每一份合同的履行情况。因此，法律意见书中既要交代合同的主要文本内容，又要交代它们的履行情况，但本文中只注意到了合同的文本内容（甚至还没有充分的概括），而忽略了合同的履行及履行中出现的问题。这部分恰恰是争议的焦点。

2. 表述不清。如对逾期贷款从何时计算，是从合同约定的还款日期计算还是从延期还款日期计算，没有明确的交代。

3. 事实叙述不完整

本案中《商品房预售合同》规定了面积、单价和总金额以及公证事宜。但是，这 9 套房屋京×公司是否已向新××公司支付了购房的全部款项，并已经办理了房屋的产权证一事，没有叙述。

案例三

（一）案情简介

法律意见书

受××能源投资有限公司委托，就其拟与××证券有限责任公司签订之《委托（受托）资产管理协议》及《委托（受托）资产管理补充协议》进行法律审查，出具如下意见。本法律意见仅限于审查协议文本之文字表述是否符合法律规定。

1. 当事人

××能源投资有限公司（协议甲方，下称“能源公司”）

××证券有限责任公司（协议乙方，下称“证券公司”）

2. 主要事实

能源公司拟与证券公司签订《委托（受托）资产管理协议》，约定能源公司在证券公司指定的证券营业部开立资产管理专用账户，将 5 000 万元资产（包括：2003 年［一期］国债，按面值计人民币 4 997 万元；现金 3 万元）委托证券公司进行投资和管理，该项投资仅限于中国境内金融市场发行或公开挂牌交易的包括但不限于股票、债券、基金等有价证券及金融工具，委托管理期限 1 年。在双方拟签订的《委托（受托）资产管理补充协议》中，约定证券公司保证受托资产的年收益率达到一定比例，并承诺无论其收益率是否达到该比例，也不论账户内资产是否亏损，均按照约定比例向能源公司支付收益及归还本金。

3. 法律意见

本法律意见按照《委托（受托）资产管理协议》及《委托（受托）资产管理补充协议》之章节顺序进行审查，但仅列出我们认为需修改或增加的条款，对无须修改的条款，不再赘述。

(1) 关于《委托（受托）资产管理协议》的审查意见

该协议内容合法，结构完整，层次分明，我们仅就其中个别条款予以提示，即关于第 11.3 条，协议的终止。

由于本条的目的在于明确当事人一方行使终止权利的情况，而其中第 11.3.23 属于双方协商解除的情况，非单方行使解除权，第 11.3.4 属于司法机关行使审判权依法终止协议的情况，亦不以协议一方的解除意志为转移，该两项从内容来看，不应包括在一方当事人主动行使解除权的范畴内，建议委托人将此两项内容单独列明。

(2) 关于《委托（受托）资产管理补充协议》的审查意见

◆ 固定收益率条款无效

在《委托（受托）资产管理补充协议》第四条、第六条、第九条、第十二条中，双方约定，证券公司根据委托管理期间的长短，保证能源公司的资产收益率为 7.5%和 8%不等，而不论其实际收益率是否达到该标准，也不论其是否亏损，均保证返还本金并按约定之固定收益率支付收益。该收益保证条款无效。

证券公司接受能源公司的委托，代其买卖证券，属于证券公司的经纪业务。《证券法》第 143 条规定，证券公司不得以任何方式对客户证券买卖的收益或者赔偿证券买卖的损失作出承诺。《合同法》第 52 条规定，违反法律、行政法规的强制性规定的合同无效。能源公司与证券公司关于委托经营证券收取固定收益及保证归还本金的约定，违反了《证券法》的规定，属于无效条款。

◆ 关于补充协议第十一条、第十二条约定的特殊情况

由于上述两条约定因特殊情况，致使能源公司缩短委托管理期限或提前提取本金时，或者致使证券公司提前结束受托期时，其结果是：能源公司收取资产收益或证券公司收取管理费的权利受阻。但该两条并未明确何为特殊情况。

考虑到《委托（受托）资产管理协议》中，双方已约定因不可抗力致使协议不能履行或者不能完全履行时，双方可互相免除全部或部分责任，且协议第 11.3 条还约定，当出现几种情况时（例如国家政策因素造成协议无法履行），一方当事人可以随时终止协议，故而，我们建议委托人在补充协议中，对“特殊情况”予以说明，是否仅指除了《委托（受托）资产管理协议》所指不可抗力及一方随时终止协议的情况之外的其他情况。

××律师事务所
律师：×××
××年×月×日

（二）基本问题

该份合同审查意见书的优缺点有哪些？什么是一份好的合同审查意见书？

（三）案例评析

以上是律师事务所受能源公司委托，就其拟与证券公司签订的两个协议进行法律审查之后而出具的法律意见书。其目的是对合同（协议）进行审查、发表意见。律师在审查合同（协议）时，应对作为依据性的合同（协议）全部审查，而不能有所疏漏。因为疏漏就可能产生片面性，就可能顾此失彼，就可能出具错误的意见。该法律意见书中有三个做法值得肯定：

1. 审查意见范围明确。在意见书的序言部分中即明确指出："本法律意见书仅限于审查协议文本之文字表述是否符合法律规定。"在法律意见部分，又明确指出："仅列出我们认为需修改或增加的条款，对无须修改的条款，不再赘述。"这样，本法律意见书审查内容是什么范围，意见表述是什么范围就十分明确了，一方面可以重点突出，另一方面可以行文简洁，而该法律意见书全文也确实做到了这一点。

2. 主要事实部分与法律部分紧密呼应。该法律意见书审查一组两份协议，金额多达 5 000 万元，可写内容必然很多。但主要事实部分只写了两件事：一是委托（受托）资产管理事项，多少钱、干什么、期限多长；二是无论如何"（证券公司）均按照约定比例向能源公司支付收益及归还本金"。前者是两份协议涉及的基本事实，不能不写，后者则是法律意见中的一个重点——"固定收益率条款无效"要论述的事实。这样前者介绍，后者论述，一呼一应，指出条款内容违反法律规定，虽有文字表述亦属无效。

3. 字斟句酌，指摘有理、有利。签订合同（协议）不仅需要经济知识、法律知识，而且要有语言文字功底。本法律意见书中的法律分析部分从语言运用的角度指出了两个协议中的不足，其指摘意见是正确的，而能作出这种指摘，不经过一番认真审查，不经过一番字斟句酌的推敲，是难以完成的。这种指摘不仅对当事人签订这两份协议有利，而且经过指点，对今后签订其他合同或形成其他文字材料，也是大有裨益的。

当然，本法律意见书也还有不足，表现为数字使用的规范化上。该意见书中，引述到协议中或法条中的条款时，有三种表述方式，现各举一例：(1)"在《委托（受托）资产管理补充协议》第四条、第六条、第九条、第十二条中，双方约定……"；(2)"《证券法》第 143 条规定……"；(3)"我们仅就其中个别条款予以提示，即关于第 11.3 条，协议的终止。"

显然，三种表述方式各不相同，应该说，第一种，符合规范；第二种，如果全文统一运用也可以；而第三种让人不知所云，是第十一条和第三条呢，还是第十一条第三款（项）呢？当然，从第三例的下一自然段中"第 11.3.4 属于……"和"该两项从内容来看"中，我们对"第 11.3 条"表述的内容可以理解，但毕竟费劲，不如改为"第十一条第三项"或"第十一条（三）、（四）项"更为准确、明白、通俗易懂，且不繁冗。

总之，一份好的合同审查意见书在主要事实部分，应重点摘录合同双方的主要权利和义务等内容；在法律意见部分，应指出合同主要的问题，对不当的合同条款及可能产生的不良影响或严重后果，应当一一叙述；并提出切实、可行的修改意见，同时引用有关法律的规定，以论证其合法性。

【疑难问题】

1. 律师在法律咨询中如何更好地处理和当事人的关系？律师如何利用法律咨询的途径拓宽案源？

以诚相待，以理服人，既是律师在法律咨询中处理好和当事人关系的关键，又是律师利用法律咨询的途径拓宽案源的关键。

2. 法律意见书的写作应当注意什么问题？

求真、务实、理性、简洁。

实务训练

两位同学分别扮演律师和张×，现张×向律师陈述了以下事实，请求律师提供法律意见和对策，如果律师认为张×陈述的事实不清，应当如何进一步询问？律师在这个个案中应当怎么作答？

2001年7月至10月，张×与蔡×在超×公司从事礼品销售工作，当时蔡×为超×公司的项目经理，张×是蔡×手下的职员。2001年10月，张×离开超×公司。张×提供说蔡×可能是2002年5月离开超×公司的。

2002年5月8日，受蔡×之约，张×到××宾馆写字楼604室上班（注：该地点成为2002年6月下旬成立的翰×公司的地址，蔡×为翰×公司的老板，该公司也从事礼品销售工作）。蔡×与张×口头约定：对于张×的销售利润，张×与蔡×按7∶3比例分成。当时蔡×给张×的发票是超×公司的。

2002年6月初，张×销售7个名为“镇宅之宝”的礼品，销售收入为现金，全部交给蔡×个人。按约定张×应提成10 472元，有蔡×于6月18日所立欠条为证。后因双方发生口角纠纷，张×让蔡×返还欠款，而蔡×则要求张×在翰×公司干到年底，到年底才支付该欠款，否则不予支付。同时还表明该欠条未经公证，没有法律效力。2002年8月，张×又到超×公司上班。

课后练习

请对下面的法律意见书作一番评价。

法律意见书

致：中国××银行××支行

××律师事务所惠承中国××银行××支行（以下称“出借人”）委托，指派律师×××就××××饮用水有限责任公司（以下称“借款人”）长期拖欠出借人贷款一事出具律师意见书，承办律师认真阅读了出借人提交的下列文件（复印件）：

(1)《人民币资金借款合同》(编号：1995年××字第095107号)

(2)《保证合同》(编号：1995年××字第095107号)

(3)《到期（逾期）贷款催收通知书》

(4)《核定贷款指标通知》

(5)《贷款转存凭证》

承办律师在上述文件信息的基础上出具本律师意见书，供出借人及相关部门决策时参考：

1. 上述文件反映的基本案情

(1) 1995年9月12日借款人与出借人签订《人民币资金借款合同》，借款金额壹佰伍拾万元，利率为月息10.08%，期限半年，即自1995年9月13日至1996年3月12日止。借款人未如期归还本息，对逾期贷款，××支行按银行规定加收20%的利息。

(2) 北京××饭店（以下称“保证人”）为此提供担保，并于1995年9月12日签订《保证合同》，保证人承担连带责任。

(3) 1995年9月13日，出借人如期发放《核定贷款指标通知》，并于9月14日将150万元划至借款人账户。合同期限届满后，借款人并未履行其到期归还本金及利息的义务，出借人数次催款未果。

2. 本案主、从合同的效力

(1) 主合同——借款人与出借人于1995年9月12日签订的《借款合同》意思表示真实，合同必备条款齐全，合同合法有效。

(2) 从合同——《保证合同》签订于1995年9月12日，签约人为：借款人、出借人和保证人。

保证范围：依《保证合同》第一条规定，是借款人根据主合同向出借人借用人民币150万元及相应的利息、费用。

保证方式：依《保证合同》第2条规定，保证人承担的是连带责任保证，其明确规定：“借款人如不按主合同的约定偿付借款本息和相应费用，出借人有权直接向保证人追偿。”

保证责任期限：依《保证合同》第3条，为“从主合同开始至主合同失效时止”，即保证期限与主合同相同。

《保证合同》的内容及形式均符合签约当时的法律和政策规定，合法有效。

3. 律师意见

(1) 借款期限早已届满，应尽可能通过诉讼等强制性手段保障债权的实现，减少借款人和保证人因经营不利或时间跨度长而致无力还款的风险。

(2) 本案诉讼结果是确定的，即借款人除应承担还本付息之责任外，还应承担违约责任；保证人对此承担连带责任。

(3) 本案诉讼中的重点是执行。因此，在诉讼前或诉讼中应对借款人和保证人进行工商资信调查和必要的经营状况调查，以便尽早采取相应的措施。

××律师事务所

律师：×××

延伸阅读

1. 张勇．远见：提升律师执业技能的164个细节．北京：法律出版社，2011
2. 张庆，刘宁．法律意见书的研究与制作．北京：法律出版社，2009
3. 高金波主编．中国律师实务文书．北京：法律出版社，2008

第十四章 代　　书

【内容摘要】

律师代写法律文书简称代书，是律师接受委托人的委托，代替委托人书写法律文书的一种专业性活动。律师代书的范围包括诉讼文书和其他法律文书。律师代书应当“以事实为依据，以法律为准绳”，做到叙述完整清晰，行文格式符合规范，文字简洁、平顺。不同类型的法律文书有不同的格式，律师应当按照各种法律文书格式的内在要求进行代书，遵循基本的语文要求，不得一味迁就当事人，甚至突破律师的职业道德底线。律师代书不可小视，代书质量的高低不仅反映律师的业务水平，而且在一定程度上影响律师的声誉。

【知识要点】

一、律师代书的概念和基本要求

（一）律师代书的概念

代写法律文书简称代书。律师代书，就是律师以委托人的名义，依照事实和法律，代替委托人书写法律文书的一种专业性活动。

律师代书，有其特定的范围，是专指代为国家机关、企业事业单位和公民个人书写诉讼文书和其他有关法律事务文书。律师代书的范围包括：

1. 代写诉讼文书。诉讼文书是为了实施诉讼而制作的文书，包括刑事、民事、行政诉讼文书，如起诉书、上诉状、答辩状、再审申请书等。

2. 代写其他有关法律事务的文书。这是指诉讼文书以外的其他有关法律事务的文书，如协议书、委托书、合同、遗嘱等非诉讼法律文书。

（二）律师代书的基本要求

1. 以律师掌握的基本事实和基本证据为依据。虽然律师通常情况下按照当事人讲的事实代书，但也不能当事人讲什么就写什么，而是必须要经过律师的独立判断。只有律师认可的没有明显瑕疵的基本事实和基本证据，才能作为代书的内容和依据，如果当事人执意不按照律师的理解要求律师代书，律师可以表示拒绝。

2. 代书要有很强的针对性。代书必须首先要考虑当事人哪些主张是明确的，哪些主张是合法的，律师的代书应当围绕当事人明确而合法的主张进行代书。如果当事人无法提供明确而合法的主张，律师应当利用专业知识帮助当事人形成，之后按照此主张来整理材料和写作相关的法律文书；如果形成后的主张并不符合法律的规定，即使已经明确，律师也不宜代书。

3. 叙述要完整清晰。事件发生的时间、地点、参加人、前因后果等都应当有完整的叙述。此叙述不是新闻稿式的，而是紧紧抓住律师所组织的彼此有紧密联系的法律事实而展开的，非法律事实以外的事实，不必叙述。另外，论证要有逻辑性、结构严谨、层次清晰。

4. 行文的格式要符合法律规范，并做到简明、准确。为此，行文的格式应当和法律规定的或约定俗成的格式一致，不必在格式上创新。语言上要简练，词句要平顺，不矫揉造作，做到清楚明了即可。

5. 恰当运用法理和引用法律条文。

二、律师代书的方法

律师要制作一份好的法律文书，首先必须了解事情的来龙去脉；其次要懂得如何组织文字。为此，应了解如何收集、核实证据和认定事实（在证据篇中有专门讲解）；准确适用法律；找对法律文书的种类和文书的样式；拟定好写作提纲，在此基础上完成文书的写作。下面按照完成一份法律文书的时间流程，更具体地加以叙述。

（一）代书准备阶段的方法

1. 了解咨询者的基本情况，其要求代书的主要目的和要求

代书前，要问清咨询者的姓名、年龄等个人基本情况，问清咨询者自身要求代书，还是代替别人请求代书。对有民事行为能力的当事人，如果没有特殊情况，应尽量要求其亲自和律师交流，便于接受律师全面、详细的询问，使律师获得更多的第一手资料，有利于更好地达到代书的目的。对于咨询者想借代书诋毁国体和政体的；有悖于基本道德观念的；明显违背法律的以及不属于律师代书范围的，律师应当坚决拒绝。

2. 了解代书所涉事件的来龙去脉

为了更全面地了解事实的来龙去脉，代书律师要做好以下三个方面的工作：

（1）“倾听”。耐心地倾听当事人的陈述，是代书成功的前提。

（2）“询问”。对于当事人叙述不清、前后矛盾或有遗漏等问题的地方，律师应当询问当事人，让其作阐述和补充，从而对事实的把握更加清晰。对涉及相关法律事实的证据材料，应当进一步询问当事人，要求其提供出来。

（3）“记录”。对当事人叙述的内容，律师要择其要点记录下来，特别是当事人姓名、日期、数字、地点及尚有疑问的地方应当作准确的记录，以备代书时引用或参考。必要时，可用录音笔作记录。

3. 对代书事件作分析判断并及时告知当事人相关事宜

在了解了事情的来龙去脉的基础上，向当事人说明法律的相关规定，告知当事人在此事件中享有哪些权利，应当承担哪些义务，哪些主体是诉讼中适格的主体，哪些主体绝对不应列为当事人，诉讼的时机是否恰当等，以使当事人决定是否有代书的必要性和紧迫性。如果当事人认为有代书的必要性和紧迫性，律师应进一步认真对代书事件加以分析研究，并及时将反馈意见告知当事人。譬如对于证据材料不足的，应当告诉当事人及时补充；如果当事人坚持要在现有材料基础上进行代书的，也可满足其要求，但必须向当事人说明由于代书的内在不足可能会带来不利于当事人的法律后果，最好让当事人在律师的询问笔录上签字确认。

（二）代书制作阶段的方法

1. 要把接待中获得的案件、证据进行全面、认真的分析、整理，按照当事人的诉讼请求，理出一条主线，抓住案情的关键，对所有材料去粗取精、去伪存真，对代书的基本框架进行构思，拟写文书提纲，提出论点，安排论据。

2. 确定各个部分的具体内容，尤其重视关键部分的写作。无论是诉讼文书还是非诉讼文书，都是由特定的组成部分构成的。具体到某一个代书，各个部分怎样合理的安排，需要律师通盘考虑。以诉讼文书为例，诉讼文书一般由首部、正文和尾部构成。这里的首部和尾部都有比较固定的格式，代书律师只需根据本案情况逐一对号入座即可。最为核心的部分是正文，它包括请求及相关的事实和理由，其中请求是纲，事实和理由是目。纲举目张，如何更好地协调纲与目的关系，是代书能否成功的窍门。衡量的标准是由事实和理由构建的逻辑之网是否足以导致当事人的请求变成顺理成章的结论，是否使当事人的请求更加清晰和突出。

3. 代书时，律师要守住职业的底线，并尽量客观地反映出当事人的合法要求。对于当事人不合法的要求，律师应当坚决抵制，甚至拒绝代书；对于当事人合法的要求，律师应尽可能客观地反映委托人的要求，不必添油加醋，言辞偏激。

（三）代书完成阶段的方法

文书的初稿拟定后，代书律师应仔细看一、二遍，并作认真的修改。代书律师认为基本可以之后，转交委托人审阅，也可以读给他听，并就文书中所写的情节，如时间、地点、人物、原因、结果、财物的名称和数量等，逐一进行核对，确认无误或没有遗漏后，经委托人签名或者盖章即为定稿。

三、常见法律文书的写法要点

每一种法律文书除应符合基本要求外，还应根据文书种类的不同，有所侧重。

（一）起诉状

不论是民事起诉状、刑事自诉起诉状、行政起诉状，还是刑事附带民事起诉状，都应当注意以下要点：

1. 要有明确的被告。一个案件有多名被告的，应按责任大小分主次，主要被告排在前面。

2. 请求目的明确具体。如刑事附带民事起诉状的请求事项包括：请求法院依法追究被告人刑事责任；请求法院依法判决被告人承担或者赔偿被害人因犯罪行为而遭受的物质损失。

3. 事实要清楚，理由要充足。事实部分的写作，应叙述当事人之间发生纠纷的经过和结果等基本情况，要写出事实的五大要素，即何时、何地、何人、何因、何果。但应注意事实的叙述要详略得当，在与诉讼请求有密切关系的情节上，在理由部分进行说理时必须用到的事实基础，叙述要详细；在与案件定性和诉讼请求关系不密切，但又必须交代清楚的，可以略写。事实的叙述应当以法律要件事实作为暗线来组织文字，以利于后面理由的阐述。理由部分的写作，应当根据双方纠纷争议的事实，概括地分析其纠纷的性质、危害、法律后果及法律责任，同时以法律为依据证明自己的诉讼请求。理由部分的写作一般分为两个层次，一是从事实方面阐明理由，二是从法理和法律方面阐述理由。从事实方面阐明理由，需要先对事实部分进行概括和提炼，将事实部分内含的可以用来证明诉讼请求的法律要件概括起来，提炼出来。从法理和法律方面阐述理由，是在对事实进行概括和提炼的基础上，使案件事实与法律、法规和司法解释所规定的案件性质和法律责任联系起来，引出案件所应该适用的法理和法律依据，以证明诉讼请求。具体写作时，对事实方面理由的阐明和对法理、法律方面理由的阐明，可以根据不同的案情合二为一，或层次分明。

（二）答辩状

答辩状的写作应当注意以下要点：

1. 要在规定的期间内递交法院。

2. 答辩要有针对性。要针对起诉状或上诉状中的不实之词和引用法律不当或法理论证错误之处进行驳斥，并用证据加以证明或用法理、法律论证对方引用不当，对法律理解有错误。尤其在关键问题上要辨别真伪，分清是非，但不必逐字逐句地反驳，而应抓住要点，力图给法官留下深刻的印象。如果双方都有过错，应实事求是地加以分析，明确双方应负的责任。另外，对上诉状答辩时还要注意表明对一审法院裁判文书的看法和意见。对于不需要通过实体裁判就能解决的案件，答辩状中可从当事人不具有主体资格，案件不属于人民法院的受案范围，原告的起诉不符合起诉条件，上诉人的上诉已过上诉期间等方面入手，直接从程序上推翻对方当事人的诉讼。

3. 如果应该反诉，则应另写反诉状（反诉的具体写法和起诉状类似）。

4. 要实事求是，有几条理由就写几条，不强词夺理，对方合理主张要表示接受。

（三）上诉状

上诉状的写作应当注意以下要点：

1. 要在上诉期内递交法院。

2. 上诉目的要明确，即要明确提出是部分或全部撤销原裁判，或者发回重审等要求。

3. 上诉主要应该针对第一审判决或裁定中认定事实错误或适用法律不当之处，而不是针对对方当事人。

4. 上诉理由要充分。认定事实有错误，就用证据来加以证明；定性不准，则用法理对事实进行分析，准确认定；适用法律不当，则说明理由，指出应适用哪一条款更为恰当；原判漏掉重要事实，则应加以补充，进行简明扼要的叙述；如果一审法院有重大的程序问题，可能影响案件的公正处理的，上诉人也可在上诉理由中详细叙述。

（四）再审申请书

再审申请书在书写要求上与上诉状大体相同，只是对再审申请书要慎之又慎，只有确信原判或调解确有错误，当事人合法权益确实受到侵犯时才予以代书，不宜随便听当事人一面之词，帮助当事人无理缠讼。如果当事人不能用新事实、新证据否定原来的判决或调解，看不出适用法律不当之处，法院审判也没有不公之处，则应说服当事人息讼，以减少人民法院的压力和当事人的讼累。

（五）合同

律师为合同双方当事人代书合同，应当注意以下要点：

1. 签订合同的主体要合法。

2. 签订合同的内容要合法。

3. 签订合同是当事人的真实意思表示。

4. 合同的条款要齐备。除法律或者行业规范确立的标准的合同格式的情形外，一般而言，均包括首部、合同序言、合同内容和尾部几个部分：(1) 首部。首先写明合同的名称、编号、签订日期，其次写明签订合同双方的基本情况。(2) 合同序言。写明签订合同的目的以及所依据的原则、所遵循的有关规定。(3) 合同内容。合同内容由当事人约定，一般包括以下条款：①当事人的名称或者姓名和住所；②标的；③数量；④质量；⑤价款或报酬；⑥履行期限、地点和方式；⑦违约责任；⑧解决争议的方法。(4) 尾部。写明合同生效的方式和时间，以及合同的份数，并由签约人盖章。

(六) 遗嘱

遗嘱是立遗嘱人生前依法对自己的财产或者其他事务作出处理，并于立遗嘱人死亡以后生效的法律行为。

律师代书遗嘱前，要首先查明以下事实：(1) 立遗嘱人有无行为能力；(2) 遗嘱所处分的财产是否是立遗嘱人有权处分的合法财产；(3) 遗嘱是否是立遗嘱人的真实意思表示；(4) 遗嘱的内容形式是否合法。

遗嘱没有固定格式，一般应当写明以下内容：(1) 首部。首先标明“遗嘱”字样，其次写明立遗嘱人的基本情况，包括姓名、性别、年龄等。(2) 立遗嘱的原因。(3) 遗嘱的主要内容。本部分应明确、具体，以便于遗嘱的执行。(4) 尾部。首先由立遗嘱人签章，其次由见证人、代书的律师分别签章，最后注明立遗嘱的时间。

(七) 遗赠扶养协议书

遗赠扶养协议书是公民与被扶养人之间签订的关于扶养人承担遗赠人的生养死葬义务，而遗赠人的财产之一部或全部在其死后转归扶养人所有的协议。其中，扶养人（受遗赠人）必须是法定继承人以外的人。遗赠扶养协议是法定的遗产转移的方式之一。律师在制作遗赠扶养协议时，应当写明以下内容：(1) 标题。写明“遗赠扶养协议”。(2) 遗赠人、扶养人的姓名、性别、年龄等基本情况。(3) 订立遗赠扶养协议的原因。(4) 遗赠扶养协议双方的权利义务。遗赠内容方面应当明确遗赠财产的名称、数量、处所；扶养内容方面应当明确提供扶养的具体内容、办法和期限。(5) 尾部。首先由订立遗赠扶养协议的双方签章，其次由见证人及代书律师签章，最后注明订立协议的日期。

(八) 收养协议书

收养协议书是指收养人为了与他人子女建立拟制的父母子女关系，和送养人依照法律规定所签订的书面协议。律师在代写收养协议书时，首先要查明收养行为是否符合法律规定。根据我国《收养法》规定，被收养人必须是不满 14 周岁的丧失父母的孤儿，或者查找不到生父母的弃婴和儿童，或者生父母有特殊困难无力扶养的子女；送养人必须是孤儿的监护人、社会福利机构或者特殊困难无力扶养子女的生父母；收养人必须无子女、有抚养教育被收养人的能力、未患有在医学上认为不应当收养子女的疾病，并且年满 30 周岁。收养三代以内同辈旁系血亲的子女条件略为宽缓。华侨收养三代以内同辈旁系血亲的子女，还可以不受收养人无子女的限制。

律师代写收养协议书，一般应写明以下内容：(1) 标题。写明“收养协议书”。(2) 当事人的基本情况。依次写明送养人、收养人和被收养人的姓名、性别、年龄、籍贯、住址等。(3) 协议内容。首先写明送养、收养的原因，其次写明具体协议的条款。(4) 尾部。首先由当事人签名和盖章，其次由代书律师签名和盖章，最后注明协议签订的日期。

四、律师代书中存在的问题

代书质量的高低不仅反映律师的业务水平，而且在一定程度上影响律师的声誉。律师代书应避免下面问题的发生：

(一) 超越律师代书的业务范围

有的律师只要当事人要求代书，不管它是否在律师代书的业务范围之内，有求必应，从不推托。正确的做法是首先要问明当事人要求代书的目的和要求，如果其目的和要求所适用的文书类型不在律师代书的业务范围之内，应予拒绝，但可向当事人指明解决问题的途径。

(二) 一味满足当事人无理的或不现实的请求

对于当事人无理的或不现实的请求，律师代书于事无补，对大家都没有好处。正确的做法是做好当事人的工作，使其真正理解律师不愿代书的内在原因，也使他发自内心地选择息讼止争的道路。

(三) 录音机式的代书

对于当事人所叙述的内容，不区分法律事实和非法律事实，真实事实和虚假事实，照单全收，不但使文书显得臃肿，而且使文书内容显得杂乱无章，缺乏专业性。

(四) 不按格式和基本的语文要求代书

律师代书通常都有固定的格式，不能随意创新，标新立异。因此，哪种情形用什么样的法律文书是不可选择的；每种法律文书包括哪几个部分，每部分有些什么样的写法，各个部分之间如何组合起来是不大有选择余地的。一句话，律师在格式问题上照单抓药即可。法律文书的文风追求质朴、规范、准确，这也是法律文书和其他文体的不同之处。律师在这个问题上常见的毛病除格式错误外，还包括叙述不清楚，内容芜杂，甚至随意使用或偷换概念；论证不给力，如逻辑矛盾，分析失当，层次混乱，解释或引用法律不当，缺乏针对性；请求目的不明确或不当；滥用文言或外国句式；错用或不用标点符号等。

【案例评析】

案例一

（一）案情简介

起诉状

原告：××报社

法定代表人：

住所地：

被告：杭州××文化传播有限公司

法定代表人：赵××

住所地：

诉讼请求

1. 判令解除原、被告合作协议；

2. 诉讼费用由被告承担。

事实与理由

2004年5月，原、被告签订关于合作拍摄《中华世纪大团结》音乐电视献礼片的协议书，约定由被告负责音乐电视片的摄制工作，主题歌曲为《中华世纪大团圆》，词曲所有权归文化传播公司所有。

协议签订后，被告单方面组织成立所谓的“中华世纪大团结系列活动组委会”，在未经原告授权的情况下，以该组委会的名义单方面向各政府机关、民主党派、相关企事业单位及其主要领导发放邀请函，利用原告的社会知名度对该音乐电视片进行宣传并拉取赞助。

在协议签订后，原告多次要求被告提供该音乐电视片的主题歌曲的著作权权属证明，以明确合作拍摄音乐电视片的合法前提，被告提供了曲作者的授权证明，并称其法定代表人赵××系该歌曲词作者。经查，《中华世纪大团圆》歌曲系第六届共青团“五个一工程”获奖作品，词作者系谢立明、文天。该歌曲词作者谢立明于2004年9月29日向原告来函表示该歌曲的歌词系由其独立创作完成，其将保留追究剽窃者法律责任的权利。据此，原告考虑该音乐片主题曲著作权存在纠纷，告知文化传播公司暂停该项目的合作。但文化传播公司仍然单方面利用原告对该项目进行宣传并拉取赞助。无奈之下，原告于2004年11月20日通过媒体发布《律师联合声明》，决定暂停与被告该项目的合作。

原告认为，原、被告的合作协议依法成立，但由于该音乐电视片主题歌词曲著作权存在纠纷，且被告至今仍未予以解决。但是该片是以该获奖歌曲为核心而展开的，如著作权存在纠纷，将直接影响到摄制该片的合法性问题。为避免不必要的纠纷，原告依法诉讼至贵院，恳请法院依法判决解除双方合作协议关系。

此致

××区人民法院

具状人：××报社

2005年1月×日

（二）基本问题

请指出该起诉状的错误和不足。

（三）案例评析

1. 关于原、被告签订的协议书的叙述内容不完整，对双方的主要权利和义务交代不清；未写明双方合作的前提或者说必要的条件。

2. 被告单方面组织成立“中华世纪大团结系列活动组委会”等行为有没有违约，有没有对双方的协议产生影响，在诉状的叙述里看不出来。就起诉状的写法而言，事实和理由都应当紧紧围绕原告的诉讼请求而展开。

3. 诉状中所叙述的一些协议签订后的事实，说明了纠纷产生的原因和现状。对这些事实的交代是非常必要的。但也存在着缺点，在这个诉状中被告和文化传播公司应该是同一个人，但文中表述前后未统一。

4. 关于理由的阐述很重要。这个理由应该紧紧围绕原告的诉讼请求展开，至少要谈到两点：一是你这个案子中的法律关系是什么；二是支持你诉讼请求的法律依据是什么？文中谈到的诉讼请求是解除合同关系，那么解除合同的法律依据是什么？此案由有利于原告吗？提供著作权证明是被告的约定义务，还是本合同签订的前提？如果是前提，那么这个法律关系就不是合同生效后的违约问题，而是合同成立后合同的有效性问题，是原告在签协议时有没有作出真实意思表示的问题，所以应该指出这个纠纷的法律关系是欺诈，是合同可撤销的问题，而诉讼请求应该是判令撤销协议，原告是行使撤销权。如果诉讼请求是解除协议，而且是凭诉状上的这些理由，肯定是无法获得法院的支持的。

案例二

（一）案情简介

民事答辩状

答辩人：厉×，男，××岁，汉族，×××××革命纪念馆馆长，住××市××区×路×号。

答辩人：王××，女，××岁，汉族，×××××革命纪念馆干部，住×××

××烈士陵园×号。

因被诉侵犯罗××烈士著作权纠纷一案，提出答辩如下：

1. 原告罗×民、罗×会不具备本案诉讼主体资格，理应驳回其无理诉讼请求。理由是：

二原告要求答辩人支付的是罗××烈士诗文被《××诗篇》和《×××××烈士陵园烈士诗文》两书收录使用的报酬，但根据著作权法的规定，罗××烈士著作的使用报酬依法应由其法定继承人获取。根据继承法的规定，罗××烈士的法定继承人为其配偶、父母和子女，因此，从法律上讲，罗××烈士诗文的著作权中的使用报酬只有其配偶、父母和子女才有权通过继承获得。二原告罗×民、罗×会为罗××烈士的堂弟、堂妹，属旁系血亲，显然不在继承法所规定的法定继承人之列。故二原告均无权对罗××烈士诗文的著作权提出任何请求。

2. 答辩人作为革命纪念馆工作人员，宣传烈士事迹，收集、整理、保管、研究烈士遗物、诗文等，是我们的责任和义务，编辑出版书刊资料是为了提高群众教育的工作质量。我们今后仍将继续弘扬红岩精神，宣传革命烈士，并且在实际工作中严格依照著作权法处理相关事宜。

综上所述，根据相关规定，答辩人认为二原告的起诉明显不符合受理条件，依法应驳回起诉。

此致

××市××区人民法院

答辩人：厉×

王××

××年×月×日

（二）基本问题

请指出该起诉状的错误和不足。

（三）案例评析

1. 论述前后矛盾。前半部分称“原告罗×民、罗×会不具备本案诉讼主体资格，理应驳回其无理诉讼请求。”后半部分却说：“答辩人认为二原告的起诉明显不符合受理条件，依法应驳回起诉。”驳回诉讼请求必须进行实体判决，而驳回起诉所用的法律文书是裁定，两种表述意思是完全不一样的。

2. 引用法律未注明法律条文。文中谈到了著作权法和继承法，但却未引用相关的条文，让人不知道这两部法律的何条何款有答辩状上所论及的法律内容。

3. 答辩状的第二部分纯属多余。答辩状应当针对起诉状中的不实之词和引用法律不当或法理论证错误之处进行驳斥，或直接从程序上给予对方致命一击。本案很明显，罗×民、罗×会不是适格的原告，法院理应驳回起诉，故从此程序法的角度展开答辩即可。答辩状的第二部分和此思路无关，但即使是实体法的思路，这部分